내 인생의 인문학

내 인생의 인문학

초판 1쇄 인쇄 2021년 11월 20일
초판 1쇄 발행 2021년 11월 27일

지음 마틴 하글런드 **옮김** 오세웅

펴낸이 이상순 **주간** 서인찬 **영업 지원** 권은희 **제작이사** 이상광

펴낸곳 (주)도서출판 아름다운사람들
주소 (10881) 경기도 파주시 회동길 103
대표전화 (031) 8074-0082 **팩스** (031) 955-1083
이메일 books777@naver.com **홈페이지** www.book114.kr

생각의길은 (주)도서출판 아름다운사람들의 인문 교양 브랜드입니다.

ISBN 978-89-6513-725-2 (03100)

....

이 도서의 국립중앙도서관 출판예정도서목록(CIP)은 서지정보유통지원시스템 홈페이지
(http://seoji.nl.go.kr)와 국가자료종합목록시스템(http://www.nl.go.kr/kolisnet)에서
이용하실 수 있습니다. (CIP제어번호 : CIP2019009352)

파본은 구입하신 서점에서 교환해 드립니다.

위태로운 존재들을 위한 견고한 철학적 기초

내 인생의 인문학

미턴 하글런드 지음   오세웅 옮김

차
례

들어가며   **우리 삶을 이끄는 견고한 철학적 기초**   7

1
PART

인생은 살 가치가 있다는, 통속적 믿음   49

인생이 견딜 수 없거나 혹은 견딜 수 없는 것처럼 보여도 인생은 살 가치가 있다는 믿음이 우리를 버티게 해준다.

1. 믿음   51

우리 자신의 삶, 타인의 삶을 배려함으로써 우리는 필연적으로 인생이 살 만한 가치가 있다고 믿는다.

2. 사랑   91

삶의 소유는 사랑하는 것의 소유가 아니라 사랑하는 것을 사랑할 소유다. 무엇을 하며 어떤 인생을 영위하는지는 우리가 사랑하는 것의 운명에 의존한다.

3. 책임   167

자신 이외의 무엇인가에 속박된 사람만이 책임감을 가질 수 있다. 상실의 의미를 아는 사람만이 누군가를 세상에 둘도 없는 존재로 여길 수 있다. 절망의 위험 즉, 자신의 세계가 무너질 가능성이 있다는 예상은 자신의 인생에서 무엇이 중요하고 왜 자신의 행위가 중요한지를 일깨워준다.

PART 2

우리가 누구이며 무엇이 중요한지를 이해하기 위한, 정신적 자유 231

우리는 자기만족을 추구한다. 그러나 자기만족은 자연적으로 주어지지 않는다. 자기만족은 우리 사회에서 무엇이 중요하고 우리를 움직이게 하는 정신적 요인이 무엇인지에 의해 좌우된다.

4. 자연적 자유, 정신적 자유 233

정신적 자유는 고통을 초래할 가능성이 있는 것에서 해방되는 게 아니라 돌이킬 수 없는 상실과 최종적 보장이 없는 것에 지속적으로 충실한 것으로부터, 즉 그 취약성 속에서 정신적 자유의 가능성이 열린다.

5. 유한한 시간의 가치 285

우리 삶이 유한하기에 우리 자신이 궁극적으로 가치 있는 목적으로 존재할 수 있다. 우리에게 필요한 것은 우리가 누구이며 우리에게 무엇이 중요한지를 이해하기 위한 시간, 우리 자신을 배우게 할 시간, 우리에게 진정으로 유의미한 행위가 무엇인지를 탐구할 시간이다.

6. 민주사회주의 361

민주사회주의의 가능성의 조건은 자본주의적 가치의 재평가이다. 가치의 재평가는 경제의 정치적 개혁을 통해서만 이룰 수가 있다. 우리가 어떻게 경제를 조직하느냐는 우리가 어떻게 함께 살아갈지, 우리 대다수가 어떤 것에 가치를 둘지에 관한 본질적인 질문이다.

결론: 우리의 유일한 삶 445

우리의 실존적 정체성을 유지하는 것은 우리가 소중히 여기는 것에 따라 인생을 영위하는 것이다. 우리에게 필요한 것은 우리가 누구이며 우리에게 무엇이 중요한지를 이해하기 위한 시간이다.

참고문헌 522

만일 내가 천국에 간다면… 넬리, 아마 무척 괴로울 거야… 실은 꿈을 꿨거든. 딱 한 번, 천국에 간 꿈이었어. 천국은 내 집 같지가 않았어. 상심한 나는 울먹이면서 다시 집으로 보내달라고 했지. 천사들이 무척 화가 나서 날 내동댕이치더라고. 어디냐고? 황무지에 있는 폭풍의 언덕(워더링 하이츠). 거기서 나는 이번에는 기쁨의 눈물을 흘리면서 잠에서 깨어났어.

- 에밀리 브론테, 『폭풍의 언덕』

우리 삶을 이끄는 견고한 철학적 기초

1
...

우리 가족은 스웨덴 북부 출신이다. 내 모친이 태어난 집도 발트해에 있고, 나는 매년 여름을 그 집에서 보내고 있다. 그곳은 광활한 숲이 한 눈에 들어오고, 울퉁불퉁한 산들이 산재하며 높은 절벽에 부딪치는 파도가 거품을 내며 부서지는 드라마틱한 일품의 장소다. 1,200년 전인 마지막 빙하기에서 떨어져 나온 얼음이 부딪쳐 형성된 깎아지른 듯한 절벽 아래로는 세찬 파도가 넘실댄다. 육지는 여전히 꿈틀대고 있다. 빙하의 후퇴 작용으로 풍경이 조금씩 변한다. 모친이 어릴 때는 모래사장이었는데 지금은 우리 정원의 일부가 되어 있다. 내가 딛고 선 바위는 우리가 겨우 작은 점에 불과했을 때의 지질 시대를 연상시킨다. 여기 있자니 내 삶의 무게는 내가 회상하는 시간의 성질에 따라 달라진다는 것을 느낀다. 조모가 살고 있는 집의 벽에는 우리 가족의 가계도가 걸려 있다. 16세기까지 거슬러 오르는데 농민, 시골 노동자의 역사가 엿보인다. 바다에 떠오른 산에 오르면 과거 빙하기의 규모가 어땠는지 그리고 현재도 여전히 우리 삶에 영향을 끼치면서 꿈틀대는 풍경을 엿볼 수 있다. 내 가족이 살고 있는 집에 돌아온다는 행위는 내 삶이 역사에 얼마나 의존하는지를 일깨워준다. 진화의 자연적인 역사, 내 앞을 살아간 사람들의 사회적 역사, 그 두 가지이다.

내가 나로서 존재할 수 있고, 내가 해왔던 일은 나 혼자서 할 수 있는 게 아니었다. 내 삶은 앞선 세대와 나를 보살펴준 사람들에 기댄 결과다. 사실 우리 모두는 지구의 역사에 의존하고 있다. 역사가 조금만 달랐어도 우리라는 존재는 태어나지 않았을지도 모른다. 더욱이 내 삶은 주어지지 않은 미래로 향한다는 점에서 특히 역사적이다. 내가 수행하는 과제는 역동적으로 성장하고 바뀔 수 있는 한편 붕괴되거나 위축되고 심지어 죽을 가능성도 내포한다. 내 가족과 친구들을 통해서 보이는 세계, 관계된 과제, 정치적 활동은 내 삶을 꾸려주지만 인생이 황폐해지거나 그 의미를 상실할 위험도 있다. 한 마디로 말해 내가 종사하는 일이든 과제든 유한한 것이다. 여기에는 주로 두 가지 의미가 있다. 다른 사람들에게 의존해야 하고, 죽음과 더불어 살수밖에 없다는 것이다. 나홀로 삶을 살아갈 수도 없고 언젠가 죽기 때문에 나는 '유한'한 삶이다. 또한 내가 전념하는 과제는 거기에 관여한 사람들의 노력으로 유지되기에 그들이 손을 놓으면 절로 소멸된다는 점에서 유한하다. 나 자신의 죽음 그리고 내가 사랑하는 사람들의 죽음에 대해 생각하면 가슴이 아프다. 나는 죽고 싶지 않다. 내 삶과 사랑하는 사람들의 삶을 유지시키고 싶기 때문이다. 동시에 내 삶이 영원히 지속되는 것도 원치 않는다. 영원한 삶은 바랄 수도 없을 뿐더러 바라지도 않는다. 왜냐면 내 삶을 뜨겁게 해줄 정열을 빼앗아가기 때문이다. 이 점은 영원한 생명을 약속하는 종교에서도 논점이 되곤 한다. 'U.S 가톨릭'지에 이런 질문이 실린 적이 있다.

"천국은 지루할까?"

대답은 "아니다."였다.

천국에서 영혼은 '영원한 휴식'이 아닌 '영원한 행위', '영원한 사회적 관심'으로 부르기 때문이라는 것이다. 하지만 천국에서는 걱정거리, 고민거리가 전혀 없기에 '아니다'라는 대답은 오히려 문제점만 강조할 뿐이다. 걱정은 뭔가 잘못 되거나 상실할 가능성을 전제로 삼고 있다. 그렇지 않으면 우리는 전혀 신경쓰지 않을 것이다. 영원한 휴식과 마찬가지로 영원한 행위는 멈출 수도 없고 계속 유지하려고 애쓸 필요도 없기에 누구에게도 고민거리가 안 된다.

영원한 행위가 지루하다는 게 문제가 아니라, 내가 직접 겪는 행위로서 이해가 안 간다는 것이다. 나의 행위(지루한 것까지 포함해서)는 계속 유지할 필요가 있지만, 영원한 활동은 지루함을 느끼는 사람, 다른 방법으로 관여하는 사람이 존재할 수 없다. 영원한 행위는 누군가가 받쳐주는 열심에 의존하지 않기에 내 삶을 유의미하게 만들어주기는커녕 영원히 무의미하게 만들 것이다. 내 행위에 어떤 목적도 수반되지 않기 때문이다. 내가 뭘 하거나 누굴 사랑하는지는 나 자신을 인간으로서 이해한다는 이유만으로 내게는 중요한 의미를 띤다. 죽음이 필연적인 인간은 자신을 이해한다는 것이 구체적 혹은 이론적일 필요는 없다. 다만 내가 관여한 실질적인 행위, 최우선 사항에 암묵적으로 포함되어 있을 뿐이다. 내 삶에서 내가 뭘 해야 할지에 관한 문제는 내가 활동하면서 겪는 문제와 별 차이 없다. 나는 내 시간이 유한하다는 것을 전제로 삼고 있으니까. 혹여 누가 자신의 인생을 어떻게 이해할 수 있느냐는 질문을 던지면 나는 죽을 수밖에 없다는 사실을 믿지 않을 수 있느냐고 반문할 것이다. 삶이 영원히 지속된다면 내 삶을 위험에 처하게 놔두지도 않을 것이고, 내 시간을 써서 뭔가를 열심히 할 필요성에 쫓기지도 않을 것이다. 과제나 기타 활동에 긴급함을 부여하는 유한한 삶의 감각이 없기에 인생의 후반까지 살아보지 않아도 살면서 뭔가를 할 의미를 이해하는 것조차 불가능할 것이다. 한번밖에 없는 인생이라는 감각은 그것이 머지않아 끝날 것이라는 감각과 분리될 수 없다. 나는 매년 여름 익숙한 풍경을 보려고 되돌아오지만, 그것을 두 번 다시 보지 못할 수도 있다는 두려움은 늘 마음을 찌른다. 자연환경의 유지기간을 언제까지 보장할 수 없다는 점을 잘 알고 있기에 자연을 보존하려고 신경을 많이 쓴다. 사랑하는 사람들에게 내가 쏟는 헌신을 그들이 결코 당연하게 여기지 않는다는 점에서 그 의미는 똑같다. 가족, 친구와 보내는 시간은 소중하다. 우리의 시간은 영원히 지속되지 않으며, 우리의 삶은 쉽게 망가질 수 있기에 서로 돌봐준다. 유한의 감각(우리가 신경 쓰는 모든 것이 궁극적으로 취약하다는 감각)은 우리가 '통속적 믿음 secular faith'이라고 부르는 중심에 놓여 있다. 통속적 믿음이란 언젠가 끝날 인생에 전념한다는 뜻이다. 실패하거나 좌절할 수도 있는 일에 애쓴다는 뜻이다. 구체적(장례식을 치르거나)인 것부터 일반적(인생을 살만한 가치가 있게끔 만들어주는 것)인 것까지 통속적 믿음은 관여한다. 통속적 믿음은 사랑하는 사람을 애도하는 방법을 알려주고, 주어진 과제에 충실하게 만들며, 세상을 유지하도록 애쓴다. 내가 통속적 믿음이라고 부르는 이유는 그것이 제한된 인생을 꾸려가는 데 기여하기 때문이다. 라틴어 'saecularis'는 세속적, 일시적(시간적)이라는 뜻이 있는데, 통속적인 방식으로 사람이나 일에 바친다는 의미다. 사람이나 일은 상실하거나 잘못될 우려가 늘 도사린다. 그렇기에 신경쓰고 열정을 다한다. 내가 말하는 통속적 믿음은 바로 그런 것이다. 우리 모두는 자신을 위해, 타인을 위해 혹은 자신을 발견할 수 있는 세계를 위해 애를 쓴다. 상실될 수도 있다는 걱정과 관계가 깊기 때문이다. 대조적으로 내가 종교적 신앙 religious faith이라고 부르는 것은 유한한 우리의 존재를 보다 깎아내린다는 공통점이 있다. 세상의 종교(힌두교, 불교, 유대교, 이슬람교, 기독교)는 최상의 존재 혹은 최고로 바람직한 생명은 유한하지 않고 영원하다고 가르친다. 종교적인 성향이 있거나 자신의 삶에서 종교적 견해를 취하는 태도는 우리의 유한성을 결핍, 환상 혹은 존재가 추락한 상태로 간주하게 만든다. 그 태도는 조직화된 종교, 실제로 그 종교를 신봉하는 사람에게만 국한되지 않는다. 종교적 신앙을 갖지 않은 사람들조차 인간은 유한하고 지극히 제한된 존재이기에 영원한 생명의 결핍에 시달린다는 생각에 동조한다. 종교적 관점에서 바라보면 우리의 유한성은 이상적으로 극복해야 마땅한 비참한 상태라고 여겨진다. 이 책에서 내가 전제로 삼은 주제이기도 하다. 나는 살아갈 가치가 있는 사람은 유한이어야 하고, 통속적 믿음이 필요하다는 주장을 펼치려고 한다. 통속적 믿음은 사람에게 헌신하는 한편 상실되기도 한다. 또한 미래에 살도록 만들어준다. 통속적 믿음은 무턱대고 죽음에만 자신을 맡기지 않고, 죽음을 미루거나 삶의 상태를 개선하려고 노력한다. 물론 계속 살아가는 것이 영원히 산다는 뜻은 아니다. 계속 살아가겠다는 마음가짐은 영원히 살겠다는 소망이 아니다. 보다 오래 살고 보다 잘 살며 죽음을 극복하는 게 아닌 그 기간을 연장하고 자기 삶의 질을 높여보겠다는 의지다. 살겠다는 결의는 그 자체에 내포된 유한함을 절실히 느끼는 감각을 창출한다. 얼마나 오래 살지 모른다. 얼마나 삶의 질이 개선될지도 알 수 없다. 하지만 모든 것은 언젠가 끝난다. 우리는 자신의 삶을 한참 초월하는 유토피아(미래를 위한 정치적 비전, 다음 세대를 위한 지속가능한 유산)를 지키려고 애쓴다. 사라질지도 모르고 결코 오지 않을 수도 있는 것들을 위해서 말이다. 이러한 유한한 감각이야말로 누군가가 되어야하고, 무엇이 존재해야 할 이유가 된다. 우리는 그 존재를 더 살아있게 하려고 보다 나은 방법을 모색한다. 그렇게 하지 않으면 잃어버릴까 두려워서다. 상실의 두려움이 없다면 우리의 노력은 결코 발휘되지 않을 것이다. 우리는 어떤 존재를 창출하고 연장하고 강화하는 보다 좋은 방식을 선택함으로서 그런 행동을 취하지 않으면 상실될지도 모르는 감각을 갖고 산다. 통속적 믿음은 그 목적이 믿음의 실천이라는 사실을 인정할 필요가 있다. 굳이 통속적 믿음이라고 부르는 이유는 통속적 믿음의 대상(가령, 우리가 꾸려나가는 삶, 구축하려는 제도, 달성하려는 커뮤니티)은 우리가 그것을 실천하는 것과 어떻게 실천하는지를 따로 떼어놓을 수 없기 때문이다. 통속적 믿음을 통해 우리는 개인으로서 커뮤니티의 일원으로서 우리가 어떤 존재가 되어야 하는지를 정해진 규범에 맞추며 산다. 하지만 이상ideal이라는 것은 우리가 자신의 삶을 어떻게 믿느냐에 따라 달라진다. 도전을 받거나, 변하거나, 뒤엎어져도 마음을 열고 계속 나아가는 것이다. 반면 종교적 신앙의 대상은 유한성에서 따로 떨어져 있다고 간주한다. 신이든 다른 형태의 무한한 존재이든 어떤 형태의 유한한 생명에도 의존하지 않기에 최종적으로는 종교적 신앙의 실천에서 분리할 수 있다고 생각한다. 우리의 삶에서 가장 극단적인 유한함의 예를 들자면, 지구자체가 파괴되는 것이다. 지구가 파괴되면 인간에게 중요한 모든 생명체가 소멸된다. 누구도 살아남지 못하고 우리가 살았던 흔적도 전혀 기억에 남지 않을 것이다. 하지만 종교적 신앙의 관점에서 바라보면 그런 인생의 끝은 명확할 따름이다. 가령 모든 형태의 삶이 끝나도 본질은 유한이 아닌 영원이기에 본질이 상실될 리는 없기 때문이다. 가령, 불교의 목적은 누군가가 살아가기 위해서도 아니고. 지구 자체가 살아남기 위해서도 아닌, 아무런 문제가 존재하지 않는 열반(니르바나)의 상태에 도달하는 것이다.

그렇다고 불교가 특별하다는 말은 아니다. 영원에 관한 종교적 신앙을 명확히 제시하고 있을 뿐이다. 만일 영원한 생명이 목적이라면 유한한 생명은 그 자체가 그리 중요하지 않겠지만 구원을 얻는 강력한 에너지원으로 유한한 생명은 기능적으로 쓸모가 많다. 가령 자신이 지극히 종교적이라고 내세운다 해도 지구에 살고 있는 삶에 대해 여전히 관심을 기울일 수 있다. 내가 말하고 싶은 것은 우리의 삶의 형태 그 자체를 목적으로 삼고 있다면 설사 본인이 종교적이라고 주장해도 그 사람은 통속적 믿음에 따라 행동하고 있다는 것이다. 종교적 신앙은 도덕적 규범에 순종하도록 가르치지만 우리가 하는 일의 궁극적인 목적, 즉 우리가 서로와 지구를 어떻게 대하는 지가 중요한 궁극적인 이유인 연약한 삶이라는 것을 인식하지 못한다. 종교적 관점에서는 우리가 행하는 궁극적 목적이 우리의 삶을 공유하고 다음세대의 미래를 책임지기 보다는 신을 위해 봉사하거나 구원받기 위함이다.

우리의 유한한 삶과 유한한 자산을 계승할 다음 세대는 그 자체가 유한하다는 것을 인식하게 되면 우리의 믿음이 종교적이 아닌 통속적이라는 사실에 눈 뜨게 된다. 따라서 우리가 겪는 생태학적 위기는 통속적 믿음에 의거해야만 심각히 받아들일 수 있다. 오직 통속적 믿음만이 유한한 생명에게 자양분을 줄 수 있다. 유한한 생명은 지구상에서 생명유지가 지속가능한 형태라야 하고 그 자체로서 삶이 끝나는 것을 말한다. 만일 지구 그 자체가 우리 시대의 생태학적 위기의 직접적인 대상이라면 언제든지 소멸하거나 고갈될 수 있는 자원이기 때문이다. 손상되거나 파괴될 수 있는 생태계라는 것을 우리가 인식하고 있기 때문이다. 우리가 지구 그 자체를 위하든 지구에 의존하는 생명체를 위하든 간에 상관 없이 그 불안정한 존재를 인식하는 것이야말로 우리가 지구에 신경을 쓰는 본질적인 이유다. 물론 지구가 파괴될 가능성이 있다고 해서 우리가 지구를 걱정하는 게 아니다. 오히려 그 이유는 우리로 인해 혹은 지구 그 자체로 인해 사라질 수도 있다고 인식하기 때문이다. 우리 자신의 삶, 사랑하는 사람들, 책임지고 있는 사람들에 대해서도 똑같이 말할 수 있다. 사람이나 일에 관심을 가지려면 그 가치를 믿어야 하지만 한편으로는 사라질 수도 있다는 것을 믿는 게 필요하다. 말하자면 미래를 기회만으로 단정 짓지 말고 위험하다고 간주해야 한다. 그래야 발생할 수 있는 실패 혹은 가능성이 다분한 소멸을 염두에 두면서 비로소 그 삶과 생명을 유지하려고 애쓰게 된다. 통속적 믿음 그 자체로는 책임 있는 삶을 영위하는데 충분하지 않다. 자동으로 개선되지도 않는다. 하지만 윤리적 정치적 인간적인 행위의 동기 부여로서 필요하다. 그래서 나는 통속적 믿음이 책임감의 중심에 놓여있다고 생각한다. 예를 들어 보자. '내가 대접 받기를 원하듯 남에게도 그렇게 하라.'라는 이른바 황금률은 통속적 혹은 종교적인 도덕 가르침으로 양쪽의 기본 원칙이다. 하지만 황금률은 어떤 종교적 신앙도 필요로 하지 않는다. 뿐만 아니라 다른 사람을 진심으로 보살피는 행위는 통속적 믿음에 기반을 두지 않으면 안 된다. 황금률이 신의 명령이라고 믿고 따른다면 다른 사람을 위하는 게 아니라 그 동기는 신에게 순종하는데서 비롯된다. 또한 그 행위가 신의 보상(업보로부터의 해탈)을 받는다고 믿기에 황금률을 따른다면 다른 사람의 행복을 배려하는 게 아니라 자신이 구원받지 못할 수도 있다는 두려움에 행동하는 것이다. 만일 다른 사람을 종교적 신앙으로 보살피다가 그 종교적 신앙이 사라지면 그 사람 보살피기는 계속 이어지기 힘들 것이다.

이 책에서 다루는 모든 논의처럼 나는 신앙심 깊은 사람들과 통속적인 사람들을 모두 상대하고 있다. 나는 다른 사람을 위한 배려가 신의 명령 또는 신에 대한 복종에 기인한 것인지 어떤지를 스스로 물어 보겠다고 마음을 여는 독자를 초대하고 싶다. 나아가 종교적 혹은 통속적인 모두에게 책임감이라는 측면에서 유한한 인생에 대한 자신들의 행위를 인식해주기를 바라는 마음에서 이 책을 썼다.

황금률은 종교적인 영원의 세계와는 무관하다. 오히려 통속적인 유한함에 의존한다. 내가 대접받기를 원하듯 남에게도 그렇게 하는 것은 유한한 존재라야 비로소 할 수 있다. 그러니 우리가 공유하는 유한함을 깨닫는 게 마땅하다. 왜냐면 유한한 생명이기에 서로 도와줄 필요성이 생기기 때문이다. 무한한 존재는 아무런 부족함도 없다. 누가 무엇이 어떤 대우를 받는지 신경 쓸 필요도 없다. 황금률은 우리가 서로를 유한한 존재라고 인식하고 그 유한함이 우리 자신과 더불어 끝난다는 믿음을 갖길 원한다. 나는 유한한 존재라서 남의 도움을 필요로 하며 어떻게 대우 받고 있는지가 내게는 꽤 중요하기 때문이다. 마찬가지로 다른 사람도 그 자신이 유한한 존재임을 인식하고 있다. 우리가 공유하는 취약점과 유한함을 인식하지 못하면 서로의 요구를 이해하지 못한다. 그렇다고 우리에게 서로를 배려하라고 강제하지도 못한다. 그래서 통속적 믿음과 우리의 본질적인 유한함을 인식할 수 있다는 가능성을 비전으로 제시하고 싶다. 통속적 믿음을 제대로 인식하는 것은 말 그대로 '가능성'에 지나지 않는다. 통속적 믿음은 통속적 삶과는 다르기에 지금의 통속적 삶에서 통속적 믿음이 정착하기도 쉽지 않다. 설혹 정착한다고 해도 우리의 행위에 의해서만 유지되기 때문에 늘 취약하다. 유한함을 인식한다고 해도 올바른 방법으로 우리가 서로를 배려해준다는 보장은 없다. 우리가 공유한 유한함의 인식은 서로를 보살펴야 한다는 것을 이해할 수 있는 필요조건이지만, 그 인식만으로는 결코 실제 상황에서 충분하지 않다. 오히려 우리의 상호의존과 유한함의 취약성이 우리에게 사회정의와 복지제도를 더 발전시키라고 부추긴다. 다른 사람을 대하는 우리의 태도는 부모에게 받은 최초의 사랑에서 시작해 자신을 재발견하는 사회, 조직에 이르기까지 자신이 어떤 대우를 받았으며 어떤 보살핌을 받았는지에 따른다. 통속적 믿음은 우리가 책임을 지고 유지해야만 할 관행이고, 본질적으로 행해야 할 것으로 통속적 믿음을 가져야 비로소 규범적인 관행(교육, 노동, 정치 통합 등)에 초점을 맞출 수 있다. 또한 자연적, 초자연적인 법령에 의해 주어진 게 아니라 우리가 직접 묻고 바꾸며, 유지하는 것이다. 때문에 통속적 믿음은 자유의 조건이다. 자유는 모든 제약 속에서도 주권을 쥐거나 아예 해방되는 것이다. 우리는 자신에게 주어진 시간으로 뭘 할까를 자문할 수 있기에 자유다. 모든 형태의 자유(가령, 행동의 자유, 말할 자유, 사랑할 자유)는 우리가 자신의 시간으로 뭘 할지를 스스로 결정하는 한, 자유로서 인식할 수 있다. 그런데 우리가 행동하거나 말하거나 사랑하는 것이 단지 주어진 것이라면 우리는 그걸 자유라고 부르지 않는다. 이 질문을 해보는 능력 즉 내 시간으로 뭘 해야만 할까, 라는 질문은 내가 정신적 자유라고 부르는 개념의 기본조건이다. 자유롭고 영적인 삶을 보내려면(그렇다고 본능적으로 살아가는 인생이 아닌) 무엇을 하든 스스로 책임감을 짊어져야 한다. 그런데 나는 유한한 능력을 갖고 태어나기를 선택하지 않았고, 누가 나를 보살펴주거나, 주위 사람이 내게 뭘 해주는 것을 막을 수도 없다. 내 가족, 내가 태어난 것보다 훨씬 큰 역사적 배경은 내가 그것에 대해 뭔가를 해보기도 전에 나의 모습을 만들어냈다. 마찬가지로 사회 규범은 내가 뭐가 될 수 있는지 혹은 내 인생에서 뭘 할 수 있는지를 알려주려고 계속 유지되고 있다. 사회 규범은 내가 발명한 것도 아니고, 그 안에서 나 자신이 어떤 사람인지를 알았을 뿐이다. 그럼에도 나는 이 규범을 지지하고, 도전하며 변화시킬 책임이 있다. 나는 단순히 자연적 혹은 규범에 의해 멋모르게 결정되지 않았기 때문이다. 이야말로 내게는 정신적인 삶을 보내는 태도다. 내 자신의 생물학적 생존, 물질적 행복, 사회적 지위를 희생해도 나는 자신을 지금까지 버티게 해준 원칙과 내가 믿는 목적을 위해 내 삶을 바칠 수 있다. 내 시간으로 무얼 해야만 할지, 행동을 하거나 말을 하거나, 좋아하는 일에 흠뻑 빠져 있을 때도 이 질문은 내 삶에 계속 살아있을 것이다. 나도 일에 종사하기에 그 일이 나중에 지겨워지지는 않을까라는 우려도 감수해야 한다. 그렇지 않으면 내 일은 강제적 성격을 띠고 만다. 내가 좋아하는 일을 하기에 그 일을 잃거나 포기할 걱정도 껴안아야 한다. 그래야 자신이 좋아하는 일을 계속 유지할 수 있고 적극적으로 대처할 수 있다. 뭐라 해도 어쩔 수 없는 죽음과 더불어 살아가야 한다는 게 가장 중요한 기본이다. 그렇지만 않다면 내 시간은 영원하고 내가 부지런을 떨어야 할 대상도 전혀 존재하지 않으니까. 우리가 자유로우려면 먼저 우리 자신이 유한하다는 사실을 받아들여야 한다. 인생은 무한하지만 동시에 죽음이라는 관문이 있기에 유한하다. 그 사실을 염두에 두어야 삶에서 뭘 해야 할지를 자신에게 물을 수 있다. 그렇기에 영원을 취급하는 모든 종교적 비전은 최종적으로 부자유한 비전이 될 수밖에 없다. 영원한 세계에서는 우리의 삶을 앞에 두고 어떻게 뭘 할지를 고민할 필요가 전혀 없다. 영원히 행복에 젖어 살 것이기에 삶과 우리 사이에 중개 역할을 해줄 것이 아무 것도 없다. 우리가 직접 뭘 하고, 사랑하고, 자유롭게 관계를 맺는 게 아니라 그것을 그저 즐기면서 행복하라는 강요만 있을 것이다.

2
...

앞서 언급했듯이 이 책의 대상 독자는 종교적 또는 통속적인 사람 모두를 포함한다. 나는 종교적(혹은 종교적 경향이 있는)인 사람에게 정말로 영원한 세계를 믿는지 그렇다면 그 신앙이 본인의 삶을 어떻게 활기차게 하는지를 자문해보길 권하고 싶다. 나아가 종교적이든 통속적이든 모든 사람을 포함해서 삶의 유한함이 곧 부족함, 제한, 혹은 추락한 상태가 아니라는 것을 이해했으면 한다. 영원이 결핍된 상태를 한탄하지 말고, 우리의 삶은 무수한 위험 속에 놓여 있지만 누구나 자유롭게 살려는 필수적 조건으로서 유한함을 인정하는 것이다. 내가 종교적 신앙을 비판할 때는 과학적 지식을 동원하지 않는다. 종교적 가치를 비판할 때도 마찬가지다. 오히려 우리가 믿는 것과 소중히 여기는 것에 대해 새로운 시점을 제안한다는 편이 맞을 것이다. 우리는 다른 사람을 보살피고 혹은 부서지거나 없어질지도 모르는 대상에 몰입함으로서 자신도 모르게 암묵적인 형태로 통속적 믿음을 실천하고 있다. 내 목적은 우리가 뭘 하는지를 이해하는 한편 통속적 믿음을 명확히 인식함으로서 우리의 관심사를 실천하고 공동체를 변화시키기 위한 자유의 가능성을 활짝 여는 것이다. 여러 조사에 따르면 많은 미국인들은 도덕적이고 책임감 있는 삶을 살려면 종교적 신앙이 필요하다고 한다. 마치 뛰어난 철학자와 일반 시민 사이에 벌어진 정치신학(정치, 사회, 경제와 관련된 사상에 대해 신학적 개념과 방법을 연구하는 신학-옮긴이 주)의 논쟁을 보는 것 같다. 저명한 역사가 피터 E. 고든은 찰스 테일러, 위르겐 하버마스, 호세 카사노바 같은 사상가의 발자취를 따라가면서 정치신학의 가장 광범위한 정의를 제시했다. 그에 따르면 정치신학은 두 가지 주제로 구분된다. 첫 번째 주제는 규범의 결여 이론이다. 통속적인 삶만 영위하면 도덕적 실체가 부족한데서 괴로워한다. 그렇다면 삶에서 균형을 이루어야 할 기반을 동시에 확립할 수가 없다. 두 번째 주제는 종교적 풍요로움을 전제로 하는 이론이다. 통속적 삶의 규범에 의한 도덕적 규범의 결여를 메우려면 통속적인 삶은 사회적인 결속이 불가능한 종교에 눈을 돌려야만 한다. 고든이 제시한 이 두 가지 정치 신학의 테마는 사상의 역사뿐 아니라 현대 철학, 사회학에서도 영원히 계속되는 주제이기도 하다. 하지만 이러한 논의는 통속적인 삶의 가능성에 관해 광범위하고 부정적인 내용만 더할 뿐이다. 우리가 살고 있는 통속적인 시대는 영원한 생명, 영원한 존재에 관한 신앙이 점점 빛을 잃고 있다고 일컬어진다. 하지만 종교적 신앙이 실추하면 큰 손실이다. 영원에 대한 희망이 비록 실현될 수 없어도 영원은 우리의 가장 큰 소망이기도 하니까. 통속적인 삶은 규범적 결여 혹은 실존적 결여 양쪽에 모두 해당한다. 통속화 덕분에 사회를 결속하는데 필요한 도덕적 기반, 삶의 의미를 찾기 위해 필요한 속죄를 잃어버렸다고 생각한다. 통속적 삶에 대한 부정적인 평가를 내림으로써 사람들에게 많은 영향을 끼친 사람은 20세기 초 사회학자 막스 베버였다. 통속적인 삶은 세상의 '환멸'에 괴로워한다는 그의 유명한 주장은 정치신학의 주춧돌로서 계속 기능했고 신뢰할 수 없는 사회가 절망적인 환멸을 심어준다고 믿게끔 만들었다. 막스 베버에 따르면 환멸을 느끼는 데는 세 가지 영향이 있다고 한다. 첫째, 환멸은 이 세상에서 일어나는 일을 더 이상 신비스럽고. 헤아릴 수 없는 거대한 존재 혹은 다른 형태의 초자연적인 설명으로도 해결할 수 없게 되었음을 뜻한다. 둘째, 베버는 환멸을 더할 나위없는 숭고한 가치관이 공공 생활에서 쫓겨난 것이라고 말한다. 그 결과 모든 형태의 순수한 커뮤니티를 빼앗겼다는 것이다. 셋째, 환멸로 인해 죽음이 더 이상 유의미한 현상이 아니게 되었다는 것이다. 베버는 매혹적인 세계에 살았던 사람(그의 주장에 따르면 아브라함 혹은 옛날 옛적의 선한 백성)은 '삶에 충만하다'가 죽는다고 생각했기에 죽음과 유의미한 관계를 가졌으며, 자연스럽고 유기적인 삶의 순환을 누렸다고 말한다. 아브라함 혹은 옛적의 선한 백성은 죽음을 맞이할 때 '삶이 제공해야만 하는 것을 당연히 받았기에', '더는 풀어야 할 의문이 일체 남지 않았기에' 인생은 충분했다고 자신을 평가할 수 있었다는 것이다. 대조적으로 베버가 탐탁지 않게 생각하는 사람(문명화된 사람)은 과정의 가능성(지식, 발상에 의한 문화의 계속적인 풍요로움)에 집착했기에 인생이 완료되었다고 생각할 수 없었다는 것이다. 문명화된 사람은 결코 자신의 삶을 완결하기 못하기에 늘 불만을 안고 산다고 베버는 주장한다. 그의 말을 들어보자. '문명화된 사람이 잡으려고 애쓰는 것은 늘 잠정적인 것이지 결정적인 것이 아니다. 그러니 본인에게 죽음은 무의미할 뿐이다.' 그런데 죽음은 인생의 유의미한 결론 혹은 영원으로의 상승이 아니라 인생의 무의미한 중단으로 보면 어떨까. 그렇다면 베버의 입장에서는 진보에 대한 집착이 삶을 유의미한 것이 아닌 무의미한 것이라는 결론에 부딪치게 된다. 죽음은 무의미하기에 문명화된 생활 자체가 무의미하다. 따라서 대단한 진보는 죽음을 무의미하게 만든다. 20세기 초, 베버가 진단을 내린 이후로 많은 사상가는 사람에게 통속적 믿음 속에 내재한다고 여겨지는 환멸과 무의미하게 느껴지는 감각의 치료법을 제공하려고 많은 공을 들였다. 내 입장에서는 그 진단 자체가 심각한 오해를 불러일으킬 뿐 아니라 모든 면에서 의문시된다는 점이다. 기본적인 문제점을 꼽으라면 베버는 현재의 통속적 삶의 명확한 역사적 성과인 자유에 대한 열정을 파악하지 못한다는 것이다. 베버의 주장대로 하면 우리의 삶에서 종교적 규범, 가치관을 빼고 남는 것은 '궁극의 가치관'과 '순수한 커뮤니티'를 무효로 만드는 빈약한 이유뿐이다. 우리가 삶을 영위하는 목적이 없다면 그 이유를 따질 수도 없다. 왜냐면 우리가 삶 자체를 목적이라고 가치를 부여하지 않는다면 삶을 어떤 수단이라고 간주할 수도 없기 때문이다. 우리에게 명확한 이유가 없다면 즉, 모든 게 수단이라고 간주한다면 우리가 뭘 한다는 자체를 이해하기가 불가능하다. 종교적 신앙과는 대조적으로 통속적 믿음은 우리 삶의 명확한 목적이 우리의 행위, 헌신, 열정에 의존하다는 것을 알고 있다. 우리의 삶에 신의 계시 혹은 자연스러운 특성으로 그 권위를 부여할 수는 없지만, 우리의 행위에 의해 확립되고 지지를 받으며, 정당화되어야 한다. 신비적인 힘이나 초자연적인 권위에 호소할 수 없다고 해서(베버의 주장대로), 모든 것을 합리적이고 이성적인 수단으로 해결할 수 있다고 무턱대고 믿는다는 의미는 아니다. 오히려 통속적 믿음을 갖는다는 것은 우리가 본질적으로 서로 의존해야 함을 인정하는 것이다. 또한 우리 모두는 자유롭고 유한한 존재이기에 그걸 모르는 다른 사람에게 가르쳐줄 수도 있다. 우리의 삶에서 규범이라는 것은 의문시되고, 격론의 대상이 되며, 나중에는 바뀔 가능성도 있다. '순수한 커뮤티니'를 방해하는 것이 아니라 우리가 공동체의 삶에 책임이 있다는 인식은 민주주의를 향한 현대의 통속적인 행위의 중심에 놓여 있다. 하지만 베버는 우리가 갖고 있는 실제적인 힘인 민주주의를 믿지 않는 대신 민주주의는 카리스마 지도자에 종속되어야 한다고 믿는다(베버는 히틀러가 권력의 정점에 오르기 15년 전에 이미 그 사실을 지적했다). 베버에게는 종교적 권위의 역할을 떠맡는 지도자가 없으면 민주주의는 아마도 생생한 영혼을 잃을 것이다. 왜냐하면 순수한 커뮤니티에서 사람들을 맺어줄 수 있는 통속적 삶 자체에 특징이 없기 때문이라고 주장했기 때문이다. 베버는 자신을 '가치중립적'인 진단을 내리는 인물이라고 묘사하지만, 통속적 삶의 가능성에 대한 그의 부정적 평가는 그의 종교적 전제를 오히려 부정한다. 여기서 종교적 전제는 베버가 신 혹은 영원을 믿는다는 의미가 아닌 우리의 유한함을 부정적인 제한으로 간주한다는 의미다. 통속적 삶은 필연적으로 그 자체의 의미가 결여되기에 괴로워한다고 가정하는 것이다. 베버는 종교 없이도 인생의 '공허함'에 맞서는 용기를 가질 수 있다는데 자긍심을 느낀다. 자신과 대조적으로 '시대의 운명을 견딜 수 없는 사람들'이 '오랜 교회의 품 안으로' 도망치고 있다고 말하지만, 그가 말하는 공허 혹은 무의미한 인생 그 자체가 사실은 종교적 개념이다. 베버가 지구상에서 우리가 삶에 대해 열정을 갖는 것을 유의미한 게 아니라 무의미한 것으로 주장할 때, 그가 기댈 수 있는 권위는 종교 작가인 톨스토이다. 베버의 주장은 자유롭고 유한한 삶의 영위 즉, 역동적인 힘을 이해하는 게 불가능하다고 말하는 셈이다. 그는 충실한 인생이란 인생의 '부족함 없이 충분'하며 죽음 그 자체를 '유의미한' 것으로 환영할 수 있어야 최종적으로 만족감 혹은 완성감으로 연결된다고 생각한다. 마치 '그'의 인생을 이끄는 '그'

가 대체 뭘 의미하는지 심각히 오해하고 있다. '그'가 된다는 것은 달성할 수 있는 목표가 아닌, 유지하지 않으면 안 되는 목적이다. 가령 내가 직업을 사회학자로 삼는다면(베버가 그랬듯이), 사회학자가 되려고 애쓰는 내 삶을 이해한다. 사회학자가 된다는 것은 완성된 과제가 아닌 자신의 삶을 영위하는 한편 자신의 일에 종사하기 위한 목적이다. 사회학자로서의 내 삶에 만족했다고, 내가 사회학자로서 충분한 자질을 지녔다는 의미는 아니다. 내가 사회학자로서의 내 삶을 유지하는데 헌신했다는 것을 의미한다. 내가 사회학자를 은퇴하고 다른 활동에 전념해도, 내가 해온 일과 동일시하는 한, 나는 사회학자로서의 내 자신에 헌신하는 것이다(내 견해를 수정하거나 혹은 다른 사람의 일이 내 일을 대신해도 어쩔 수 없이 인정하는 것까지 포함해서). 내가 사회학자가 되는 것을 정말로 끝냈다는 것은 내가 한 일과 내가 사회학자로서 어떤 형태의 관심도 포기했다는 것을 의미할 것이다. 사회학자로서의 임무는 끝났어도 내 인생은 완전하지 않다. 내가 삶을 영위하는 한, 한 가지 혹은 몇 가지 목적에 따를 필요가 생긴다. 가령 은퇴하면 조부모가 되거나, 시민이 되거나, 친구가 되는 등, 자신이 누구인지를 정의하게 된다. 내 삶을 영위하면서 자신의 정체성을 정의하는 것은 충만한 삶으로 끝낼 수 있기 때문이 아니라, 내게 중요한 무엇을 지속적으로 유지하기 위한 적극적 행위로 보는 게 타당하다. 설혹 내 삶의 명확한 목적이 무너져도, 오히려 그로 인해 내가 목적을 가지려고 더 애쓰기 때문에 목적의 붕괴도 내게는 중요하다. 나의 삶을 영위하는 행위(목적을 갖고 노력하는 것)는 원칙적으로 완결이 불가능하다. 내 삶이 완전하다면 그 자체로 종결되기에 내 삶 자체가 사라지고 말 것이다. 내 삶의 영위는 내가 누구인지에 대한 '불가능한 완성'을 추구하는 게 아니라, 내가 누구인지를 알려고 애쓰는, 가능하고 연약한 일관성을 위해서다. 만족할 만한 삶을 보내려면 완결의 상태를 이루는 게 아닌, 내가 하는 일에 열중하고 내게 중요한 행위를 어려움에 노출시키는 것이다. 마찬가지로 내가 '충분한' 삶을 살았기에 죽음을 환영한다고 해도 내 삶에 부족함이 전혀 없었고 내 삶의 최종적인 의미가 마지막에 명확해진 것은 아니다. 그 반대다. 삶이 '충분'했다면 유의미한 인생을 보내지 않았다는 뜻이다. 내 삶은 '완결'할 수가 없기에 죽음이 내 삶에서 유의미한 완결이 될 수가 없다. 나의 죽음은 나 자신을 배제시키기 때문에 어떤 완결로서 내가 경험할 수 없다. 내 삶이 오롯이 내 것인 이상, 즉 내가 인생을 영위하는 이상 내 인생의 책은 여전히 열려 있으며, 스스로 '완결'하는 게 불가능하고 게다가 바람직하지도 않다. 베버의 신념과는 반대로 유의미한 인생을 보내는 것과 이미 그렇게 되기로 결정된 삶의 완결형으로서 죽음을 받아들이는 것은 전혀 상관관계가 없다. 우리의 삶이 자신에게 중요한 이상, 우리는 자신의 삶(완결이 아닌)에 지속적으로 헌신한다. 마찬가지로 진보의 가능성에 대한 헌신(우리의 삶이 완결형이 될 수 없기에)도 우리의 삶을 무의미하게 만들지 않는다. 오히려 우리가 행하는 것의 일부는 미래 세대에 중요할 뿐 아니라, 미래를 지금보다 더 낫게 만들 수 있다. 민주적인 진보의 가능성을 진심으로 받아들이면 베버가 지닌 보수적이고 매력적인 세계를 그리워하는 마음에 얼마든지 대항할 수 있다. 비평가인 브루스 로빈스는 베버의 주장에 대해서 '순수한 커뮤니티가 존재한다는 생각은 그러한 커뮤니티에서 제외된 사람들(수많은 사례 중에서 적당히 하나를 고르자면)인 고대 그리스의 노예와 여성을 고려 대상에 넣지 않았다. 커뮤니티의 진정성에 대한 논의는 누구의 경험을 참고로 했느냐에 따라 달라진다. 만일 중세의 토지 소유권이 없는 노동자에게 물어본다면 그런 커뮤니티는 절대 진짜처럼 여겨지지 않았을 것이다.'라고 베버의 분석을 비판했다. 나아가 현대의 노동자가 베버가 과거에 상상했던 농민보다 자신의 삶에 더 불만이 있다면, 그 이유는 '환멸'이 아니라 기대가 커서 생긴 결과이며, 그들의 피할 수 없는 운명을 짊어지고 몇 세기에 걸친 통치에 저항해 온 민주적 진보의 산물이다. 물론 당시는 권태감이란 게 없었던 시기였다. 왜냐면 사람들은 자신이 있어야 할 장소를 알았기 때문에 베버와 그의 추종자가 내놓은 생각에 비해 전혀 다른 진단을 내릴 수 있기 때문이다. 우리가 현재 통속화의 상태에 불만을 갖은 이유는 브루스 로빈스가 강조했듯이 불만은 오히려 '진보의 실패' 즉, 전근대적 세계가 달성하려고 조차 시도하지 않았던 수준의 사회적 정의를 달성하지 못한데서 기인한다. 통속적인 삶의 약속을 이해하려면 칼 마르크스의 저서에서 찾아볼 수 있다. 마르크스의 사상은 20세기의 총체적인 공산주의 체제와 자주 혼동되고 있다. 마르크스는 자유와 민주주의를 위한 통속적 헌신의 가장 중요한 계승자라고 감히 말할 수 있다. 베버나 다른 정치신학자와 대조적으로 마르크스는 전근대 세계에 향수를 품고 있지 않았다. 자본주의와 자유주의가 그가 신봉하는 노예 해방 선언을 가능하게 만든 역사적 조건임을 밝혀냈다. 그가 자본주의와 자유주의를 비판하는 와중에도 우리의 삶에 독자적인 조건이 있다고 생각했다. 그는 자본주의와 민주주의가 자유와 민주주의를 위한 그들 자신의 내면에 있는 통속적인 헌신 덕분이라고 언급하면서 그들 자신이 극복할 필요가 있음을 보여주려고 했다. 마르크스가 살았던 시대, 그리고 그 후에 그의 저서가 끼친 영향으로 우리는 다른 방법으로 뭔가를 해낼 수 있는 통속적 인식이 높아졌다. 그러니 종교나 자본의 법칙에 따를 필요는 없지만, 집단행동을 통해 우리의 역사적 상황을 개혁하고, 사회적 개인의 자유로운 발전 그 자체를 목적으로 하는 제도를 갖출 수 있다. 19세기 후반에서 20세기 초에 걸쳐 베버가 '순수한 커뮤니티'의 상실을 한탄한 시기만큼 마찬가지로 수십 년 동안 노동자들은 윤리적, 정치적 목적뿐 아니라 실제적인 정체성과 연대감을 제공하는 민주 사회주의 조직을 만들었다. 노동자의 활동으로 말미암아 청년 그룹, 합창단, 독서 그룹, 스포츠 팀, 그 밖의 공동 활동이 조직화되었다. 그들은 자신들의 활동에 얽힌 이해 관계과 목표에 대해 개방된 토론을 위한 포럼을 제공하는 일간지와 저널 형식의 책자를 발간함으로써 현장에서 민주주의를 추구했다. 모든 종류의 노동자에게 모든 종류의 교육이 제공되고 여성들도 합심해서 자유를 추구하고 보다 나은 사회를 구축하기 위한 공통의 노력에는 공통의 이유가 있었다. 1912년, 33살에 8명의 자녀를 둔 독일인 광산 노동자가 남긴 말은 이 시대의 많은 노동자의 증언을 대변하고 있다. "현대의 노동 활동은 인식의 고양을 통해 나와 나의 모든 친구를 풍요롭게 해준다. 우리는 더 이상 강철을 만들 때 받침대로 쓰이는 도구가 아니라 아이들의 미래를 만드는 해머이고, 그 마음만큼은 금보다 가치가 뛰어나다."

　이러한 정신적 자유의 감각(단지 역사의 피상적인 대상으로서의 우리가 아닌, 우리 자체를 우리 역사의 대상으로 삼을 수 있는 것)은 마르크스가 주장한 해방이라는 개념의 핵심이다. 국제적 연대 의식으로 노동자 활동의 기운이 높아졌지만, 1914년 발발한 1차 세계대전, 1917년의 러시아 혁명으로 대부분이 수그러들었다. 따라서 새로운 형태의 사회를 만들어내려는 물리적 사회적 조건들도 크게 훼손되었다. 당시의 위대한 사상가이자 페미니스트이며 사회 활동가였던 로자 룩셈부르크가 언급했듯 러시아는 세계대전으로 인해 피폐했고 제국주의의 망령에 묶여 전 세계의 무산계급(하류계급)에게 따돌림 당한 고립된 토지였다. 그런 상황에서는 규범적 민주사회주의의 실현이 거의 불가능했다. 룩셈베르크는 이를 두고 "혁명가는 기적을 일으키는 기대는 벗어났지만 역사적 가능성의 범위 내에서 이해하지 않으면 안 된다."라고 말했다.

　그녀는 러시아 혁명의 초기 단계에서조차 민주주의를 위한 책임을 잃어버릴 위험에 대해서도 분명한 경고를 한 바 있다. 나아가 그녀는 '러시아에서 필요성과 강제성에 의해 규정되었던 모든 사회적 부조리를 새로운 발견으로서 창고에 집어넣어야 한다.'고 주장했다. 그녀 자신이 마지막으로 분석한 내용에 따르면 창고에 집어넣어야 할 구시대의 '새로운 발견'은 세계대전으로 인해 국제사회주의의 파멸이 초래한 부산물이었다. 스탈린과 마오가 통치하던 시대는 국제 사회주의의 파멸이 완전한 효력을 발휘했을 것이다. 오늘날 마르크스의 사상을 언급하는 사람들도 실제적인 측면에서뿐 아니라 이론적으로도 마르크스의 통찰력을 제대로 파악하지 못했던 전체주의 체제를 위한 변명을 할 수는 없을 것이다. 마르크스의 통찰력을 새로운 방향으로 이끌어내서 발전시키려면 그가 관심을 가졌던 자유의 근본적인 문제를 우리가 대신해서 파고들 필요가 있다. 이 작업은 꽤 중요하다. '자유 시장'을 지키는 데 도움이 되고 최근 수십 년 동안 정치적 권리의 과제에서 개인의 자유가 축소되는 상황 속에서의 자유를 위한 호소이기 때문이다. 이에 따라 정치적 좌익을 대변하는 많은 사상가는 자유를 위한 호소에서 뒤로 물러서든가 분명한 거부조차 서슴지 않았다. 이는 치명적인 잘못이다. 자본주의 비판에는 자유의 개념이 필요하다. 자유를 위한 헌신의 입장을 가져야만 억압, 착취, 소외감을 이해할 수 있다. 자유에의 헌신만이 우리가 달성하려는 것과 그것이 중요하다는 이유를 설명할 수 있다. 따라서 마르크스가 말한 자유의 개념을 이해하지 못하는 한, 마르크스의 자본주의 비판도 이해하기 어렵다. 이 사실을 이해하려면 경제와 물질적 조건의 문제가 모두 정신적 자유의 문제와 뗄 수 없는 이유를 이해할 필요가 있다. 우리 사회의 경제조직은 단지 개인의 목적을 추구하기 위한 수단이 아니다. 오히려 우리의 공유 경제는 그 자체가 수단과 목적의 관계를 어떻게 이해하는지를 보여주고 있다. 경제 문제는 추상적이 아니지만 우리가 우리의 시간으로 무엇을 해야 할지에 대해 가장 일반적이고 구체적인 질문과 관련이 있다. 우리가 어떻게 경제를 조직화하느냐는 우리가 어떻게 함께 살아갈지, 우리 대다수가 어떤 것에 가치를 둘지에 관한 본질적인 질문이다. 초기부터 후기의 성과까지 살펴보아도 마르크스의 경제문제에 관한 분석은 자유로운 삶의 의미를 철학적으로 파악하는 것부터 시작한다. 모든 생물은 자급자족도 안 되고, 필연적으로 죽는 유한한 존재다. 따라서 생물은 자신의 삶을 유지하기 위해 환경을 이용할 수밖에 없다. 생물은 그저 존재할 수는 없지만, 살아가려면 뭔가를 해야만 한다(살아가기 위해 필요한 노동력을 유지하려는 것). 우리는 살아 있는 존재이기에 자신을 유지하려는 뭔가를 해야 한다. 하지만 우리가 가진 모든 시간은 반드시 우리의 생물학적 생존을 보장하기 위해 필요하지는 않다. 남는 시간으로 뭘 해야 할지는 늘 열린 질문이 되어야 한다. 이것이 마르크스 입장에서도 우리에게도 자유의 영역에 살고 있는 이유다. 뭘 해야 할지, 그것이 옳은지 어떤지를 자문자답할 수 있기에 자유로운 활동으로서 생활을 영위할 수 있다. 나아가 기술혁신(단순한 도구부터 최첨단기술이 응용된 기계까지)을 통해 시간을 단축할 수도 있다. 우리의 '살아 있는' 노동력의 대부분을 사회적 재화를 생산하기 위한 '죽어 있는' 노동력으로 바꾸면서까지 우리 생존을 보장하고 그 외양을 넓히려는 헛된 시간을 단축할 수 있다. 그렇게 우리는 필요성의 영역(자신을 유지하기 위해 필요한 시간)을 줄여나갈 수 있다. 더불어 자유의 영역을 늘일 수 있다. 우리가 정신적 자유를 행사하려면 생산에 관한 물리적 조건과 사회적 관계에 관한 인식이 필요하다. 일에 충실한 게 아닌 그저 살아가기 위한 수단으로서 시간을 보내는 한, 자신이 누구인지를 표현한다고 단언할 수 없기에 노동 시간은 자유가 아니다. 무엇으로 우리의 인생을 살아갈 가치가 있는 것으로 만드느냐는 문제 즉, 우리의 시간으로 무엇을 하느냐의 문제에 자유롭게 몰두하는 대신에 우리의 삶은 생존에 필요한 노동형태에 저당 잡힌 셈이다. 자유로운 삶을 영위하려면 자유로 향하는 길을 걷는 것만으로 충분하지 않다. 우리는 스스로의 자유를 추구하고 우리의 시간으로 무엇을 해야 할지에 관한 문제를 '소유'할 수 있는 중요한 자원과 교육의 형태에 접근하지 않으면 안 된다. 우리 한 사람마다 속한 것 즉 우리 자신의 것이라는 것은 재산이나 상품이 아닌 우리 삶의 시간이다.

따라서 여러분의 인생을 '소유하는' 것은 독립적이지만 여러분이 남에게 의존한다는 것도 인정하는 것이다. 좋은 예를 들자면 사랑의 경험이다. 우리가 누군가를 사랑할 때(가령 친구나 부모, 인생의 파트너로서) 상대에게 의존한다고 우리의 자유가 제한되지는 않는다. 오히려 다른 사람에게 의존하는 것은 우리가 스스로를 내 자신이라고 단언하는 것이다. 사랑하는 사람을 위한 행동은 이질적인 목적이 아닌, 내가 인식할 수 있는 행위의 표현이다. 타인의 이익과 행복을 배려하는 행위는 우리가 누구인지를 스스로 이해하는 과정의 일부이기 때문이다. 마찬가지로 우리가 하는 일이 스스로의 목적으로서 우리가 믿는 어떤 것을 위한 것이라면(가령 내가 학생을 가르치거나 이 책을 쓰는 것 같은) 그 일에서 오는 어려움, 소모적인 요구는 자유를 침해하는 외부의 간섭이나 방해가 아니다. 내가 학생들에게 받는 요구나 집필의 어려움은 내가 헌신하는 생활

형태의 본질적인 부분이다. 일을 유지하기가 어려운 경우에도 내가 안고 있는 과제로서 인식한다. 자신의 직업을 통해 자신을 바라볼 수 없다면 많은 급료를 받고 사회적 명성을 누린다 해도 그 직업은 진정한 삶과 멀어진다. 이 세상에 필요한 물건을 만들어내는 대부분의 사람들의 노동조건과 비교하면 사소한 문제로 보일지도 모른다. 공장에서 컴퓨터를 조립하거나 혹은 옷을 만드는 사람과, 컴퓨터의 전원을 켜거나 옷을 입으면서 그것이 만들어진 노동조건을 잊어버리는 사람 사이에는 차이가 있다. 왜냐하면 우리의 공유경제 생활이 어떻게 조직되는지, 그것이 우리의 자유에 어떻게 비현실적인지와 관련이 있기 때문이다. 자유로운 생활을 보내고 우리가 하는 것을 소유할 수 있으려면 양쪽의 시선으로 우리 자신을 바라보아야만 한다. 우리 직업의 목적과 우리 생활을 지탱해주는 노동의 사회적 조건에 대한 그러한 식별(우리가 의존하고 공헌하는 시스템 속에서 자유를 위한 우리의 행위를 인식)은 우리 행위의 목적이 변할 수 있는 가능성을 추구할 자유 즉 사회적 노동제도의 민주적 변화에 참가할 자유와 다양한 직업 속에서 우리가 예상한 직업을 포기하거나 의문을 가질 자유가 필요하다. 우리의 자유는 우리의 시간으로 무엇을 해야만 하는지에 대한 문제를 소유할 수 있어야 한다. 마르크스는 정치적 진보란 그것에 대한 자유를 얼마나 부여하는지의 여부로 측정할 수 있다고 여겼다

　그 말은 전체주의 국가 또는 유한함을 극복하는 유토피아 삶의 형태를 최종적인 정치의 목표로 제시했던 마르크스의 주장을 전부 뒤집고 만다. 목표는 유한함을 극복하는 게 아니라 자유로운

삶을 보내려는 우리의 능력을 질적으로 바꾸는 것이다. 아무리 이상적인 환경이라도 우리의 삶은 사랑하는 것을 잃거나 사랑하는 것을 할 능력을 잃을 수도 있는 위험이 도사리는 유한적인 삶이라는 사실을 생각하지 않으면 안 된다. 그러한 위험은 자유 그 자체가 가진 고유한 것이기 때문이다. 여기서 필요성의 영역을 언급하지 않을 수 없다. 우리가 자유의 영역에서 삶을 어떤 식으로 영위하느냐는 필요성의 영역에서 우리의 삶이 어떤 식으로 거짓되느냐와 뗄 수 없는 관계다. 살아있는 생명으로서 삶을 유지하기 위해 늘 어떤 형태든 일을 해야만 하기에 노동 자체는 나쁠 수 없다. 앞서 언급한 교육과 집필의 나의 사례처럼 모든 형태의 자유로운 활동은 그 자체가 노동의 형태다. 완전히 해방된 인생은 일이 없는 인생이 아니라 자신이 기꺼이 헌신할 수 있는 일을 추구하는 인생이다. 우리에게 사회적으로 필요한 노동조차 그것이 공공의 이익을 위해 공유되면 우리의 자유의 표현이 될 수 있다. 따라서 그 목적은 그 둘 사이의 관계를 민주적인 판단에 따라 필요성의 영역을 줄이고 자유의 영역을 늘리는 것이다. 우리는 늘 좋든 싫든 일해야 하지만 무엇이 필요한 노동인지 혹은 무엇이 자유로운 노동인지는 우리의 행위와 사회 조직에 관한 문제다. 마찬가지로 필요와 자유의 관계를 한번에 해결할 수 없기에 늘 교섭할 필요가 있다. 마르크스에게는 결정적인 정치적 해결책이 없었지만 중대한 문제를 명확히 해주었다. 우리의 자유의 조건이 유한한 시간을 어떻게 성장시키느냐에 대해 우리가 개인적 혹은 집단적으로 교섭할 필요가 있다는 것이다. 따라서 자본주의의 도래가 마르크스가 말한 진보의 한 가지 형태라는 까닭을 이해할 수 있다. 자본주의 체제 아래서 임금 노동은 역사적으로 최초의 사회형태이며 원칙적으로 우리 한 사람마다 삶의 시간을 '소유'하고, 우리의 생애는 본질적으로 '가치 있는' 것으로 인식되고 있다. 시간의 소유권을 체제적으로 거부당한 노예와는 달리 우리는 노동력을 구입할 의사가 있는 사람에게 '자유롭게' 팔 수 있다. 또한 임금노동은 우리가 자유로운 생활을 영위하는 것에 확실한 '수단'이기도 하다. 하지만 임금노동을 통해 자유를 얻는다는 약속은 자본주의 체제에서 우리 삶의 가치를 어떻게 측정하느냐에 따라 필연적으로 모순된다. 자본주의 체제에서의 가치의 척도에 대한 마르크스의 비판은 그가 했던 일 중에서도 가장 중요한 논제인데도 가장 많은 오해를 불러일으키고 있다. 왼쪽에 앉아 있는 그의 신봉자와 오른쪽에 앉아 있는 그의 비판자 사이에서 마르크스는 노동이 모든 부(富)의 필요한 원천이라고 주장하는 일반적인 노동가치설에 동의하지 않는다. 오히려 그는 자본주의 체제에서 부의 생산은 역사적으로 특정한 가치의 척도(사회적으로 필요한 노동시간)를 수반한다고 주장한다. 하지만 이는 자유시간의 가치와 모순된다. 자본주의의 가치의 측정에 대한 마르크스의 비판을 발전시킨다면, 나는 자본주의의 가치의 측정에 대해 가치의 재평가를 요구한다고 주장하겠다. 가치의 재평가는 이론뿐만 아니라 살아가는 방식에 대한 실질적인 변혁도 필요하다. 우리가 하는 노동의 사회적 조직화, 상품의 기술적 생산, 교육의 형태에 이르기까지 우리는 모든 것이 중요하고 모든 것이 가치가 있는 것이라야 한다는 조건으로 유한한 수명을 인정하는 재평가를 추구할 필요가 있다. 마르크스 자신은 자본주의를 초월해 우리의 삶을 어떻게 영위할 수 있는지에 대해 악명 높은 발언은 하지 않았다. 하지만 마르크스가 공산주의라고 부르는 것을 응용해서 나는 서로가 의존한다는 사실을 서로가 인식하고 자유로운 생활을 영위하기 위해 우리 한 사람마다 물질적 혹은 정신적 조건을 제공할 것을 약속하는 '민주사회주의'의 새로운 비전을 제시할 것이다. 자본주의와 자유주의를 독자적 언어로 비판함으로써 나는 민주사회주의의 일반 원칙을 특정하고, 그것의 구체적 의미를 자세히 설명하겠다. 내가 민주사회주의라고 부르는 것은 그럴 듯한 청사진도, 추상적 유토피아도 아니다. 나는 민주사회주의의 원칙을 우리가 이미 공언한 자유와 평등에 대한 우리의 헌신에서 이끌어낼 것이다. 민주사회주의의 정치적 과제에는 통속적 믿음이 필요하다. 자유를 실현할 가능성을 믿는 것은 그것이 보장되거나 그것을 확보할 수 있다고 믿는 것이다. 자유의 가능성을 믿는 것은 늘 불안정하고 다툼의 여지가 있는 뭔가를 믿는 것이기도 하다. 자유를 위한 투쟁은 본질적으로 유한한 개인적 혹은 집단적 생활의 형태에 헌신하는 것으로 통속적 믿음의 행위이다. 자유롭고 유한한 삶에 대한 헌신은 착취와 소외에 대한 저항의 형태로 나타나는데 종종 암묵적으로 통용된다. 악용되거나 소외될 가능성이 있는 유일한 것(그리고 통념에 구애받지 않는 유일한 것)은 우리의 시간으로 무엇을 해야 하는지에 대한 문제를 소유한 우리의 능력이다. 왜냐하면 그 능력은 모든 형태의 자유에서도 전제되기 때문이다. 그 능력은 발달할 수 있고 문화적 형성을 필요로 하지만 그러한 능력에 신뢰가 없으면 자유의 사고방식 자체를 이해하지 못한다. 만일 누군가의 삶의 착취나 소외에 대응하려면, 그 사람이 시간을 소유하는 능력이 허약할 가능성 그리고 시간의 소유에 대한 그 사람의 능력에 대한 고유의 가치를 믿을 필요가 있다. 자신이 착취당하거나 소외당하고 있다는 것을 이해하려면 살아가는데 있어서 유한하고 귀중한 시간이 있는데, 그 시간을 뺏기면 자신의 인생을 뺏긴다고 믿어야 한다. 따라서 진보적 정치는 통속적 믿음의 육성이 뒤따를 수밖에 없다. 자유를 추구하려면 그 자체가 목적으로서 자유의 물질적 혹은 사회적 조건의 개선에 힘써야 한다. 마르크스가 종교를 비판하면서 우리 삶의 기존의 형태에 대한 비판도 같이 해야한다는 것을 강조하는 것도 이 때문이다. 노예가 되거나 빈곤 속에서 살아가는 사람들이 자신의 생활을 계속 영위하려면 신에 대한 신앙이 필요할지도 모른다는 것은 종교적 신앙을 촉진하는 이유가 아니라, 노예제도와 빈곤을 폐지하는 이유가 되어야 한다. 이처럼 비판적이고 자유로운 관점의 필요성은 무엇보다 절박하다. 우리는 사회적 불평등, 기후변동, 지구 규모의 불공정이 이들 문제의 궁극적인 중요성을 부정하는 종교적 권위의 부활과 얽혀 있는 시대에 살고 있다. 대개는 진보의 가능성에 대해 통속적인 믿음을 거두고 도덕적 혹은 정신적 삶을 영위하기 위해 '충만함'의 종교적 감각이 필요하다고 주장한다. 나는 그 모든 형태의 정치신학과 견주어보려고 이 책을 썼다. 반면, 나는 우리의 시간으로 무엇을 해야 할지에 대한 그 이유의 통속적 비전을 제시하고 있다. 영원을 바라보는 종교적 신앙의 쇠퇴는 한

탄할 일은 아니다. 오히려 우리의 통속적 믿음을 명확히 하고 강화하는 기회를 제공한다.

3
...

이 책은 통속적 믿음과 정신적 자유라는 두 가지 개념으로 나누어져 있다. 통속적 믿음과 정신적 자유의 첫 부분은 통속적 믿음과 종교적 신앙의 차이를 따져본다. 내가 종교적 신앙이라고 부르는 것은 시대를 초월한(가령, 열반), 초월적인 신, 내재한 신의 성질을 지닌 것으로 영원한 존재 혹은 모든 형태의 신앙을 일컫는다. 종교적 신앙은 내가 반증하려는 신념이 아니다. 내가 의문시하는 것은 '영원'이 바람직하냐는 것이다. '영원'이 바람직하다는 가정은 그 존재에 관해 주장하는 어떤 확실성보다도 훨씬 광범위하게 보급되고 있다. 신의 존재를 증명하는 신학적 시도는 현대의 많은 종교 신자들에게조차 시대에 뒤떨어진 것으로 여겨지고 있는데, '영원'은 바칠 수 있는 가치가 있다는 생각은 종교적 신앙의 옹호에 불가결하다. '영원'을 믿는 이유는 우리가 사랑하는 것의 상실에 대한 유의미한 위로, 대체 혹은 벗어남을 가져다준다고 믿지 않는 한 성립되지 않는다. 반면에 영원한 생명의 개념은 우리에게 살고 싶다는 바람을 가지지 못하게 한다. 영원한 생명이 아닌 살아 있음에 헌신하는 것은 통속적 믿음의 중심이다. 통속적 믿음은 모든 형태의 헌신에 내재한다. 하지만 우리의 역사적 상황에서 신앙의 이해는 여전히 종교적인 사고방식과 깊게 맞물려있다. 우리가 이어받은 신앙의 개념을 바꾸려면 그러한 사고방식에 직접 관여할 필요가 있다. 그래서 이 책의 전반부에는 종교적 사고방식과의 분명한 논의를 다루었다. 따라서 나는 성서, 불교 철학, 그리스 로마의 스토어 학파(금욕주의)에서 성 아우구스티누스 같은 저명한 종교 저술가를 비롯해 마틴 루터, 단테, 스피노자, 찰스 테일러, 에크하르트, 키르케고르, 폴 틸리히, C.W.루이스에 이르기까지 그들을 통해 통속적 믿음을 자세히 설명하겠다. 그들이 통속적 믿음을 초월하는 것을 목표로 삼았기에 통속적 믿음의 위험에 통찰력을 지니고 역동적으로 설명한다. 제1장에서는 모든 형태의 헌신에 대한 나의 설명을 언급하겠다. 통속적 믿음의 현상을 선명히 하기 위해, 나는 가장 힘들고 고통스러운 일 즉, 세상에서 제일 사랑하는 사람의 죽음부터 시작하겠다. 내 목적은 딸의 죽음을 슬퍼하는 마틴 루터, 부인을 잃은 C.W.루이스처럼 종교적 신앙을 가진 사람들에게조차 통속적인 믿음이 중요하다는 것을 시사하는 것이다. 다양한 역사적 시대를 통해 그들의 슬픔에 관한 서술은 신과 영원한 신앙이 사랑하는 사람에 대한 헌신을 열정 있게 해주는 통속적 믿음과 어떻게 양립할 수 없는지를 증명하고 있다. 통속적 믿음만이 사랑과 상실의 경험을 정의롭게 할 수 있다. 이는 우리의 정열과 고통에 내재한 것을 명확히 할 때 현저히 드러난다. 제2장에서는 아우구스티누스의 고백록에 나오는 시간과 영원의 분석을 통해 통속적 믿음의 개념을 자세히 설명하겠다. 아우구스티누스의 고백록은 가장 영향력 있는 개종 모델의 하나이면서 스스로의 고백이다. 특히 시간의 문제에 대처하는 방법에서는 서양의 전통에 최초의 중요한 자서전이자 심오한 철학적 논문으로 인식되고 있다. 그는 통속적 믿음이 우리 생활의 모든 면에서 작용하고 있다고 밝히고 있다. 축복이든 상처이든 기쁨이 되었든 고통이든 우리는 사라진 과거와 올지도 모르는 미래에 살고 있다. 아우구스티누스가 말하는 모든 행위(말하기, 노래하기부터 사랑하기, 기대하기, 기억해내기에 이르기까지)의 의미는 살아 있는 시간의 경험에 의존한다. 반대로 아우구스티누스가 종교적 바람의 목표로 가진 영원한 존재는 그러한 행위에 종지부를 찍는 것이다. 시대를 초월한 존재 속에서는 살아갈 수가 없고 영원한 존재 그 자체로서는 아무것도 중요한게 없기에 영원에 유의미한 행위는 있을 수 없다. 이처럼 아우구스티누스 자신의 설명은 우리에게 일시적으로 삶의 믿음을 지니게 하는 한편 영원한 신앙을 극복할 이유를 제시해준다. 그의 견해는 종교적 고백보다는 통속적 믿음에 가깝다. 나는 칼 오베 크나우스고르의 저서인 '나의 투쟁'에서 그러한 통속적 고백을 느낀바 있다. 그의 고백은 아우구스티누스의 현대적 반응이라고 볼 수 있다. 통속적 믿음에 대한 크나우스고르의 세심한 주의는 우리를 일상생활의 정중앙에 붙들어 매준다. 아우구스티누스처럼 그는 우리를 다른 사람과 연결시키는 행위, 시간의 경험이 어떻게 모든 순간을 헤쳐 나가는지를 탐구한다. 하지만 아우구스티누스가 우리를 영원으로 향하게 만들 때, 크나우스고르는 우리를 유한한 삶으로 향하게 하고 중요한 것을 질문하게 만든다. 그가 밝힌 역동적인 원칙은 유한한 삶에 대한 애착이고, 모든 애착에 지속적으로 충실하다는 점에서 의미심장하다. 통속적 삶에 전념함으로써 우리는 축복과 황폐, 희망과 절망, 성공과 실패의 양쪽 어디든 옮겨갈 수 있다. 크나우스고르는 죽을 운명에 처한 삶에 대한 믿음을 유지하는 의미를 분명히 밝히고 있다. 이러한 통속적 믿음은 모든 정열과 유의미한 헌신에 대한 가능성을 열어준다.

제3장은 제1장과 제2장의 내용에 관해 반드시 생기는 질문부터 시작한다. 왜 통속적 믿음(이 세상에 헌신하고 유한의 삶에 투자하는)은 필연적으로 영원을 향한 신앙과 대립될까. 종교적 신앙의 옹호자는 유한의 삶에 투자하는 것이 삶에서 멀어지는 게 아니라 주어진 삶에 더 충실할 수 있는 것 자체를 반대하는지도 모른다. 나는 철학자를 통해 이 반론을 깊이 생각했다. 키르케고르는 그의 훌륭한 작품인 '두려움과 떨림'에서 그것을 깊이 추구했다. 그에게 종교적 신앙은 우리를 이 세상에서 이끌어주는 게 아닌 우리가 살아가는 삶에 보다 깊은 헌신을 가능하게 해주어야 한다는 것이다. 그는 일시적이고 유한한 존재에 대한 헌신과 영원하고 무한한 존재에 대한 헌신과의 대립을 잘 알고 있었다.

'두려움과 떨림'에서 이 대립은 아브라함이 아들인 이삭을 신에게 산채로 바칠 때 드라마틱하게 묘사된다. 아브라함의 이삭에 대한 사랑은 살아기는 목적의 헌신을 나타낸다. 그는 이삭의 삶이 그 자체로 축복받길 바랐고 그 자신의 유산을 남겨줄 유일한 그릇이 이삭이라고 추켜세웠다. 하지만 이삭의 삶은 영원을 위해 포기해야만 했다. 이삭에 대한 사랑은 돌이킬 수 없는 손실을 통감할 수밖에 없었다. 왜냐하면 이삭은 유한한 생명이었고 그는 신을 위해 희생하도록 되어 있었기에 일찌감치 포기할 수밖에 없었다. 그럼에도 키르케고르는 최고의 신앙의 형태는 이삭을 향한 모든 사랑 즉, 유한한 모든 것에 대한 사랑을 유지할 수 있으며 동시에 그를 포기하게 만들었고, 신이 잃어버린 모든 것을 회복하게 해준다고 믿었다. 이러한 신앙은 모든 것이 신을 위해 가능하다고 믿는 것으로 사람이 유한한 세계에서 완전히 헌신할 수 있도록 해주고 동시에 손실에 대해서도 무방비라는 것을 일깨워준다. 하지만 아브라함의 종교적 신앙이 끼친 영향은 어떤 일이 발생해도 실제로는 무관심이라는 사실이다. 아브라함은 신이 이삭을 다시 데려올 것으로 믿었기에 아들인 이삭을 죽일 수 있었다. 결국 이삭이 희생물이 되는지의 여부는(그의 신앙의 관점에서) 아무런 상관이 없다. 마찬가지로 현대판 아브라함(신앙의 기사)도 최종적으로는 유한한 운명에 무관심하다. 신앙의 기사the knight of faith는 유한한 삶을 살지만, 그 삶에 대한 희망이 부서지면 '이상하게도 똑같아진다.' 자신의 신앙이 자신을 상실의 경험에서 꺼내줄 것이라는 이유만으로 본인은 실제로 일어나는 일의 결과에 신경쓰지 않는다. 이러한 문제는 유독 키르케고르의 주장에 국한되지 않는다. 왜 헌신과 책임이 종교적 신앙을 밑바탕으로 둘 수 없는지를 우리에게 알려준다. 이삭에 대한 당신의 책임이 신의 명령에 따랐을 뿐이라고 주장한다 치자. 신의 명령이 확실하다면 당신은 이삭을 죽일 것을 약속한다. 반면에 신은 절대로 그런 명령을 내릴 리가 없다고 여기면 이삭을 죽이는 게 잘못이라고 믿기에 신에게서 벗어난 독립적 가치 기준에 대한 신앙을 주장한다. 동시에 유한한 삶의 둘도 없는 가치에 대한 믿음도 주장한다. 만일 이 가치를 서로 바꿀 수 있다고 믿는다면(이삭이 영원히 사느냐 혹은 지상으로 다시 되돌아오느냐) 우리도 죽음에 처한 이삭의 운명과 다를 바 없다. 이삭이 죽든 살든 궁극적으로 우리에게는 별 차이가 없다는 말이다. 잃어버린 것은 모두 되돌아오니까. 반면에 이삭을 보살피는 행위는 되돌릴 수 없는 가치 있는 한 사람의 삶에 대한 통속적 믿음에 의해 유지된다. 통속적 믿음은 인생을 결정짓는 헌신, 소중한 모든 것의 조건이다.

그리고 이어서 통속적 믿음의 열린 가능성을 알아보겠다. 생명, 시간, 가치의 구성에 관한 기본적 질문에 관련해 정신적 자유의 개념도 살펴본다. 또한 마르크스의 자본주의와 종교에 관한 비판에 새로운 방식을 도입함으로써 이 책 전체의 맥락을 종합하고 우리가 어떻게 자신의 삶을 영위할 것인지에 대해서 광범위에 걸친 논의를 전개할 것이다. 제4장에서는 생명의 유한성이 자유에 왜 필요한 조건인지 그 이유에 대해 중요한 철학적 이론을 제시할 작정이다. 나의 출발점은 모든 생명의 근본적인 행위 즉, 자기 유지의 행위다. 살아가는 활동에 종사하지 않는 한, 비록 살아 있어도 삶의 형태를 이해할 수 없다. 따라서 모든 형태의 생명은 유한해야 하고 부서지거나 상하거나 붕괴하기 쉬운 물질의 형태에 의존할 수밖에 없다. 생명이 붕괴하지 않으면 자기 유지의 활동(먹고 마시고 잠자는)은 그 목적이 사라진다. 생명을 유지하면서 위기에 처하는 상황은 죽음의 위험을 감수하기 때문이다. 본디 살아 있는 시간이 있다는 것은 자기 유지의 활동을 통해서만 그렇다. 생명의 자기유지는 필연적으로 그 자체를 살아 있게 만들려고 '소비할' 필요가 있는 보다 많은 생명을 탄생시킨다. 그래서 모든 생명은 적어도 최소한의 잉여시간이 있다. 단순한 생물조차 그 생존에 필요한 영양분을 확보하려고 모든 시간을 소비할 필요는 없는 것이다. 잉여 시간은 자기 보존의 활동과는 다른 자기 즐거움의 활동에 종사할 능력을 갖춘 동물의 생활에서도 명백히 나타난다(가령, 새의 지저귐, 고양이의 갸르릉 거리는 소리, 개가 무심하게 즐겁게 장난치거나). 이처럼 자기 즐거움을 통해 많은 종류의 동물은 '자유로운' 시간의 형태로서 잉여시간을 즐기는 능력을 갖추고 있다. 자기의 시간을 자유시간으로서 관리할 수 없거나, 자신의 시간으로 무엇을 해야 할지 자문할 수 없으면 자기를 즐기기 위한 고도로 세련된 능력을 갖춘 동물조차 내가 '자연스러운' 자유라고 부르는 범위 내에 그치고 만다. 반면에 내가 정신적 자유라고 부르는 것은 자신의 시간을 어떻게 보내야 할지, 자신의 삶을 낭비할 위험에 책임감이 있는지의 여부를 말한다. 그러한 위험을 염두에 두지 않으면 우리는 자신의 시간으로 무얼 해야 할지, 우리에게 무엇이 소중한지를 놓치고 말기에 정신적으로 자유로운 삶을 영위할 수도 없다.

제5장에서는 마르크스가 논한 자본주의 비판, 자유를 누릴 가능성이 우리가 잉여시간으로 무엇을 해야 할지, 어떤 영향을 줄지에 관해 그의 관점에서 바라보겠다. 중요한 것은 경제와 가치의 문제가 우리의 정신적 자유의 중심에 있다는 것을 이해하는 것이다. 우리가 어떻게 경제를 구축하느냐는 우리가 시간으로 행할

가치가 있다고 생각하는 것과 우리가 사회에서 우선하는 것에 따른다. 자본주의 체제 아래에서는 우리의 공동적인 우선순위는 이윤이다. 왜냐하면 그 우선순위는 우리의 삶을 유지하는 부를 어떻게 측정하고 창출하느냐에 초점이 맞춰져 있기 때문이다. 자본의 성장이 없으면 우리는 사회 전체에 분배하는 사회적 부를 갖지 못한다. 마찬가지로 꼭 할 필요가 있다고 믿는 것과 실제로 행하는 것이 의미가 있다고 우리가 믿고 행하는 것을 희생시켜도 유익한 것을 우선할 필요가 생긴다. 마르크스는 이윤의 우선순위에 이어 유해한 결과에 대해서도 강한 주장을 펼친다. 가령, 노동에서 소외, 우리 시간의 착취, 우리 생활의 상품화, 실업의 필요성 등이다. 나는 그의 주장을 분석해서 재구성하고 우리가 살아 있는 역사적 조건을 이해하기 위한 관련성도 제시하겠다. 그렇지만 그것만으로는 자본주의 가치의 척도를 완전히 이해할 수는 없을 것이다. 왜 이윤의 우선순위가 우리를 정신적인 자유에서 멀어지게 하는지와 똑같은 이유다. 비록 마르크스가 전제했지만 명시적으로 해명하지 않은 차원의 분석이 필요하다. 이러한 분석은 정신적 삶의 경제를 어떻게 이해할 수 있을까에 관한 것이다. 어떤 것이 얼마의 가치가 있는지를 시간의 경제 관점에서 파악한다면, 그 사람의 우선순위가 그대로 반영된다고 볼 수 있다. 더 깊게 분석함으로써 우리는 마르크스의 가치관을 새롭게 이해하고, 고전적 논의나 경제학의 영향력에서 벗어나지 못하는 신고전주의 혁명으로부터도 자유로워질 수 있다. 나는 수요와 공급에 관한 지배적 이론이 마르크스가 분석한 가치의 중심적 개념 속에 있다는 것을 제시할 것이다. 제6장에서는 가치의 재평가가 이론과 실천의 양쪽에서 우리에게 뭘 요구하는지 대해 자세히 설명하겠다. 마르크스에게는(지속적 오해와는 반대로) 자본주의의 극복은 민주주의를 폐지한다는 의미가 아니라 실제적인 민주주의를 가능하게 하려는 것을 의미한다. 자본주의 체제하에서는 우리의 경제적 목적이 민주적 토론의 힘을 넘어서기에 우리가 공동적으로 무엇을 소중히 할지에 관한 근본적 문제를 실제로 교섭하지 못하게 만든다. 우리는 사회적 부의 분배에 관해 결정을 내릴 수 있지만 우리가 부(이윤)를 생산하는 최종 목적은 이미 결정되어 있다. 따라서 우리가 실제적인 민주주의를 달성하는데 헌신한다면 부의 재분배뿐 아니라 부의 생산을 구체화하는 가치의 척도를 재평가하는데도 관여해야만 한다. 대부분의 좌익정치의 형태(대부분의 마르크스의 주의에서 사회민주주의 복지국가, 기본임금의 옹호자까지)는 자본주의 비판을 분배 형태로 제한하기에, 생산의 형태에 정보를 부여하는 가치의 척도를 조사하기 어렵다. 모든 재분배 개혁은 내가 설명하고 예시하는 모순에 꼼짝 못하게 될 것이다. 중요한 것은 재분배 개혁을 방치하지 말고 민주사회주의의 목적을 향한 수단으로서 전략적 혹은 실질적인 개혁을 재고할 필요가 있다는 점이다. 실질적 개혁은 우리가 함께 살아가는 방법의 근본적이고 실천적인 재평가에 의해서만 도달할 수 있다. 민주사회주의의 과제를 제시하고 그에 따르기 위해 나는 정치 경제에서 자유로운 사상을 가진 사람 밀, 존 롤스, 케인즈, 프리드리히 하이에크의 뿌리 깊은 비판을 설명할 것이다. 민주사회주의의 목적은 우리가 우선하는 것에 대한 경제적 문제를 단칼에 해결하는 게 아니다. 왜냐하면 그 문제는 우리의 정신적 자유에 내재되어 있기 때문이다. 내가 민주사회주의의 원칙을 자세히 언급할 때는 민주사회주의 체제의 생활이 우리가 유한한 시간으로 무엇을 해야 할지에 관한 문제를 개인적이나 집단적으로 '소유'할 방법에 대해 설명하겠다. 마찬가지로 나는 자본주의의 극복과 유한성의 극복을 혼동하는 모든 형태의 유토피아적(공상적) 마르크스주의도 논의대상으로 삼을 것이다. 가장 적합한 예로서는 폭넓은 마르크스주의에 영향을 준 철학자이자 사회학자인 테오도어 아도르노를 들 수 있다. 나는 그가 통속적 자유의 약속(유한한 생명의 자유)을 종교적인 구원의 약속(유한한 생명으로부터의 자유)과 어떻게 관련짓는지를 제시하면서 이 장을 마무리하겠다. 반면에 나는 마르크스의 종교 비판에 관한 이해관계도 논의하면서 왜 우리가 구원이 아닌 자유로서 헌신하는지를 설명하겠다. 마지막으로 이 책의 결론으로서 마틴 루터 킹 주니어의 정치철학과 정치활동을 깊게 논하겠다. 그의 전반적인 활동을 살피면서 자유의 실현을 외치는 그의 헌신이 그를 왜 점점 자본주의의 과격한 비판가로 만들어갔는지를 알아보겠다. 그의 정책 제안은 부의 재분배에 초점이 맞춰져 있지만 동시에 그는 자본주의 체제의 가치에 보다 심각한 문제가 있다고 느끼고 있었다. 그의 삶이 종착역을 향하면서 그는 내가 가치의 재평가라고 부르는 것에 가까워지고 있었다. 가치의 재평가는 민주사회주의에 필요하다. 나는 그의 궤적을 따라가면서 실제적인 해방을 추구함과 동시에 통속적 믿음과 정신적 자유의 힘겨운 줄다리기가 어떻게 관련되는지를 알 수 있었다. 그의 정치연설과 그가 참여한 구체적이고 역사적인 사건을 깊이 들여다보면 그의 정치적 활동을 생기 있게 만들어주는 신앙은 그가 공식적으로 지지하는 종교적 신앙보다 통속적 믿음의 관점에서 보면 훨씬 이해하기 쉽다. 그의 업적을 통속적으로 이해하기 위한 열쇠는 마르크스와 그에게 둘 다 중요한 철학자 헤겔이 제공해주었다. 헤겔의 철학은 철학사 전체를 통틀어 가장 난해한 작품일지도 모르고, 그의 철학에 대한 해석은 물의를 일으킬 가능성이 충분하다는 점을 염두에 두어야 한다. 철학자인 마이클 톰슨은 헤겔을 "완벽하게 변호의 여지가 없는 글로 된 표현"이라는 표현을 썼고 젊은 시절의 마르크스는 부친에게 보내는 편지 속에서 다음처럼 말했다. "헤겔 논문은 섬뜩한 돌투성이 멜로디."

하지만 비할 데 없는 그의 논리적 치밀함과 파괴적인 아름다움의 순간을 증언하는 사람은 드물다. 나는 헤겔로부터 가장 깊은 교훈을 얻었다. 그것은 정신적인 삶의 영위를 의미한다. 왜냐하면 우리의 자유는 본질적으로 사회적, 역사적, 물질적, 그리고 유한한 생명으로서 서로를 인식해야 만이 가능하다. 영원을 향한 신앙을 통해서는 분명한 대답이 없다. 오히려 우리의 정신적 헌신은 돌이킬 수 없는 상실에 대해 신경을 쓰고, 최종적인 보장을 부여할 수 없는 것에 지속적으로 충실한 것으로부터 비롯된다. 통속적 믿음은 늘 불안정하지만 그 취약성 속에서 정신적 자유의 가능성이 열린다.

인생은 살 가치가 있다는,
통속적 믿음

인생이 견딜 수 없거나 혹은 견딜 수 없는 것처럼 보여도 인생은 살 가치가 있다는 믿음이 우리를 버티게 해준다.

믿음

우리 자신의 삶, 타인의 삶을 배려함으로써 우리는 필연적
으로 인생이 살 만한 가치가 있다고 믿는다.

1

...

그는 이처럼 느낄 줄은 몰랐다. 그녀가 그의 삶에 들어와 그의
인생을 바꾸고 그의 몸과 마음을 열어젖혔다. 그 모두를 통해 그
는 그녀에 대한 자신의 헌신이 신을 향한 그의 헌신과 타협하지
않았다고 스스로를 납득시켰다. '통속적인 행복을 생각하지 말라
고 나는 자신에게 경고했다.'고 그는 회상한다. 하지만 그것이야말
로 그가 한 행위였다. 그녀를 사랑했다. 그리고 그녀를 사랑했기에
그녀의 죽음이 가슴을 찢어놓았다. 그는 밤낮을 가리지 않고 '광
기어린 언어, 쓰디쓴 분개, 위 속에서 펄럭이는 날갯짓, 악몽의 비
현실, 눈물에 젖다.' 따위의 언어를 써내려갔다. 그의 경건한 친구

는 그에게 '희망이 없는 것처럼 침울하지 말라.' 같은 하느님과 성 바울로의 언어로 위로를 받으라고 말했다. 하지만 성 바울로의 말은 죽은 자가 아닌, 신을 사랑하는 사람만 위로할 수 있다는 뜻임을 알아야 한다. 그녀를 사랑하고 그녀의 죽음을 애도할 때조차 그는 신과 영원의 믿음으로 위로받지 못할 것이다. 그는 영원한 평화에서 안식하기를 원하지 않는다. 그와 그녀의 삶이 함께 계속 이어지기를 바랄뿐이다. '이 세상에서 가장 사랑하는 사람'이라고 그는 쓰고 있다. 그는 그녀의 결점, 저항, 예상할 수 없었던 것을 알고 싶어 한다. 이것은 그녀에 대한 이미지나 기억이 아니다. 그녀가 죽은 후에도 여전히 그가 그녀를 사랑하고 있다는 뜻이다.

위는 C. W. 루이스가 그의 아내가 죽은 후 쓴 '헤아려본 슬픔A Grief Observed'에 나온 내용이다. 루이스는 그 자신이 살던 시기에 가장 영향력이 있던 기독교 작가 중 한 명이었다. '헤아려본 슬픔'은 별도의 시점을 선사해준다. 그가 가장 사랑하는 사람을 잃은 고통과 절망을 파헤칠 때, 그는 상심의 체험에서 자신에게 무엇이 일어났는지를 설명하거나 해석하지 않고 그저 덤덤히 묘사한다. 그의 부인의 죽음이 그로 하여금 신의 존재를 의심하게 만든 것은 단순히 믿음의 붕괴가 아니었다. 보다 심오한 그 무엇이다. 신에 대한 그의 믿음조차 한 사람을 잃어버린데 대한 위로를 줄 수 없다는 통찰이다. "만일 어머니가 죽은 아이를 잃었음에 슬퍼한다면 그녀는 여전히 더 위대한 것 즉, 하나님을 경외하며 그를 즐거워하라는 성서의 구절이 그녀 내면의 영원한 영혼에는 위안이 되지만. 그녀의 어머니의 입장에서는 위안이 되지 못할 것이다. 특히 어머니로서의 행복은 지워 버려야만 하리라. 어느 곳 어느 때에도 그녀는 다시는 무릎 위에 아이를 올려놓지 못할 것이며, 목욕 시키지도, 이야기를 들려주지도, 아이의 미래를 계획하지도, 손자를 보지도 못하리라."라고 루이스는 적고 있다.

그의 종교적 신앙과는 대조적으로, 유한한 인생에 대한 정열적인 헌신에 대해 설명한다. 아이를 애도하는 엄마, 사랑하는 여자를 추도하는 남자는 관계에 대한 정열적인 헌신이 뭔지를 알아가는 시간이 필요하다. 사랑은 아무 때나 거저 일어나는 게 아니다. 사랑은 시간을 초월해 다른 사람을 배려하는 마음이다. 사랑하는 사람과 함께 있다는 미래지향적인 성향이다. 루이스가 썼듯이 영원에 대한 희망은 위로가 될 수 없다. 만일 영원을 향한 희망이 충족되어도, 함께 나누었던 삶으로 되돌아올 수는 없는 법이다. 만일 그녀와 내가 수년 동안 공유했던 지상의 생활이 실제로는 상상을 초월하는 두 가지 사안 즉, 초우주적이고 영원한 것의 기초, 전주곡 혹은 지상의 외관에 불과하다고 가정해보자. 그렇다면 그 중 어떤 것도 구(球)로서 묘사할 수 있다. 자연의 평면이 구를 횡단하는 장소 즉 지상의 생명은 두 가지 원으로 표시된다(원은 구의 단면). 두 원은 서로 만난다. 만난 지점은 내가 슬피히거나, 향수병에 걸리거나, 어떤 일에 몰두할 때다. 당신은 내게 '그녀는 계속 가고 있다'고 말한다. 하지만 내 마음과 몸은 울부짖으며 다시 제자리로 돌아와 자연의 평면에서 내 원에 닿는 원이 되어 달라고 한다. 나는 그것이 불가능함을 알고 있다. 내가 바라는 것은 결코 얻을 수 없는 것임을 알고 있다. 예전의 삶, 농담, 마실 것, 토론, 섹스, 소소하지만 가슴이 찢어질 것 같은 당연했던 것들이다. 어쨌든 'H는 죽었어.'라고 말할 뿐이다. 과거의 일부가 되었다. 과거는 과거이고 시간의 의미이며 시간 자체는 죽음의 또 다른 이름이며 천국은 '내 앞에 있는 것이 사라진 상태'이다. 완벽한 지상의 언어로 쓰여진 '피안'에서 사랑하는 사람과 만난다는 것을 문자 그대로 믿지 못할지도 모른다. 그것은 성서에 반하고 그저 석판에 적힌 불경스러운 찬미가이니까. 성서에는 그런 말이 단 한 마디도 없다.

다시 루이스를 등장시켜보자. 그는 사랑하는 사람과 함께 살면서 자신이 헌신을 통해 사랑하는 사람에 대한 애착을 선명히 표현하고 있다. 그는 아내의 죽음을 도저히 받아들일 수가 없었다. 왜냐하면 그는 둘의 관계에서 독특한 느낌을 전해준 시간적 리듬과 구체성 속에서 둘의 인생을 쭉 함께하고 싶었기 때문이다. 그는 자급자족으로 시대를 초월한 존재가 되길 바라지 않는다(그는 상상을 초월하는 두 원의 초우주적이고 영원한 무엇이라고 표현하고 있지만). 그는 둘은 서로를 필요로 하는 약한 존재이며 서로의 접촉으로 인해 변하고 받아들이기를 원한다. 마찬가지로 영원한 존재의 약속은 그의 소망을 이뤄주지 못한다. 영원의 도달점(여기서는 내 앞에 있는 것이 영원히 사라진 천국의 형태)에서는 둘의 관계가 살아 있을 시간이 존재하지 않는다. 영원은 둘의 시간을 동시에 종결시키고 그 상태로 둘의 사랑은 되살아나지 못한다.

그가 사랑하는 사람에 대한 헌신을 표현한 '헤아려본 슬픔'은 신에 대한 그의 헌신과 대립된다. 기독교 신학의 상식적인 신념을 가진 그로서는 그는 우리처럼 어차피 죽을 존재를 그 자체의 목적으로 사랑하는 게 아닌 신의 사랑에 대한 수단으로서만 여기고 있다는 것을 잘 알고 있다. 그는 '헤아려본 슬픔'에서 "목표가 아닌, 길도 아닌, 종말도 아닌 수단으로 주님을 따른다면, 진실로 주님에게 다가갈 수 없다."라고 썼다. 성서는 우리의 인생 속에서 사랑한 사람들과의 재회를 계획하는 내세의 비전을 지지하지 않는다고 루이스가 강조한 이유다. 그 비전은 종말로서 신을 향하는 게 아닌 죽을 운명을 지닌 사랑하는 사람을 되돌리기 위한 수단으로서 신을 바라보고 있다. 그런 내세의 비전은 신의 영원 속에서 사는 게 아닌 사랑하는 사람과 함께 살아가는 것에 집착할 뿐이다. 루이스는 이처럼 계속 살아가는(일시적으로 수명을 늘이는)것과 영원한 (시대를 초월한 존재에 흡수되는) 것의 사이에 놓인 우리의 중점적인 구별을 명확히 하고 있다. 그가 고민했듯이 지금과 내세를 한 자리에서 화해시키지는 못한다. 그는 아내를 애도함으로써 자신의 수단이 아닌 목적으로 아내를 사랑한다. 그녀 이외의 어떤 것도 바라지 않는다. 그녀가 돌아와 사랑하는 사람으로서 둘의 인생이 계속되기만 원한다. 농담하고, 마시고, 대화하고 섹스 같은 사소하지만 당연한 소망들 말이다. 그가 가장 사랑한 사람이 되돌아오기를 바란다고 영원한 생명이 달성될 수도 없고, 바람직하지도 않다. 그는 둘의 관계가 영원한 생명에 함몰되는 게 아닌, 둘의 삶이 계속 영위되기를 바란다. 여기서 지상의 지속적인 삶 혹은 영원한 생명 중 어느 것을 선택해야하나, 라는 의문에 부딪칠지도 모른다. 내세에 대한 일반적인 개념은 영원히 사는 것과 영원히 있는 것을 조합할 수 있기에 그 자체의 개념을 잃지 않고 미래적인 삶의 질을 유지할 수 있다. 따라서 내 의견에 대해 저명한 신학자 미로슬라브 볼프는 영원에 대한 기독교인의 비전은 시간을 초월한 존재가 아닌 무한한 존재로 이해하는 게 바람직하다고 강조했다. 그는 시간이 없는 상태의 경험과, 시간이 없는 상태에서 발생한 일은 있을 수 없기에 시대를 초월한 삶은 무의미하다고 인정한다. 그럼에도 그는 영원한 삶이 바람직하다고 주장한다. 그처럼 영원히 즉 시간이 남았을지도 모르지만, 시간의 변화가 어떻든 부정적인 손실로서 경험할 수는 없다. 오히려 모든 형태의 변화는 신에 속한 선(善)의 계속적인 일부로서 경험할 것이다. 그렇다면 내세는 비극적 상실의 가능성이 언급되지 않는 영원의 경험 속에서 사랑하는 사람과 함께 사는 게 가능해질 것이다. 하지만 나는 끝이 없는 인생은 시대를 초월한 인생과 마찬가지로 무의미하다고 생각한다. 비극적 상실을 초래할 위험(자신의 생명 혹은 자신이 사랑하는 사람의 생명을 잃는 것)은 배제할 수 있는 성질이 아니라, 그것이 우리 인생에 어떻게 중요한지에 대한 본질적인 부분이다. 자신과 자신이 사랑하는 사람이 본인의 인생이 유한하다는 것을 믿지 않는다면, 어느 쪽이 되었든 간에 자신의 인생에 위험을 초래할 수가 없게 되고, 자신의 시간으로 무엇을 해야 할지, 그 긴급성이 사라진다. 자신을 비롯해 서로가 공유할 헌신에 신경 쓸 일이 없다. 왜냐하면 자신에게 취약성이라는 감각이 없기 때문이다. 마찬가지로 다른 사람이 나를 떠나거나, 자신과의 관계가 무너질 우려도 없기에 본인은 관계를 위해 노력할 필요를 느끼지 못한다. 친밀한 사이의 감각은 소중한 것이 아니라 그저 주어진 상태로만 경험할 것이다. 사랑하는 사람의 예기치 못한 상대의 반응에 일일이 대응하지 않고, 모두 저절로 해결되기만 기대할 것이다. 사랑하는 사람과 함께 살아가는 게 상상력 차원에서조차 영원히 있는 것과는 양립하지 않기 때문이다. 유한함과 취약성의 감각을 제거하면, 가능한 모든 사랑의 관계에 대한 정열도 제거하는 셈이다. 유한함의 감각은 우리 인생의 모든 측면에 영향을 끼친다. 계속 살아가는 것은 우리에게 늘 취약한 상태를 제공한다. 계속 살아가는 것은 두 번 다시 할 수 없는 것에 대한 후회, 주어진 야망을 채우지 못한 고통, 사랑하는 상대에게 남겨진 비탄의 상처에서 우리를 지켜주지 못한다. 사랑하는 모든 것이 죽은 이후에도 내가 살아있다는 이유만으로 내 세계가 무너질 수도 있다. '죽음'은 특히 내가 앞으로도 살며 견뎌야할 똑같은 죽음이기에 생각보다 훨씬 고통스러울 수도 있다. 누군가 혹은 잃어버릴 수도 있는 어떤 것에 집착하는 한, 고통을 더 받기 쉽다. 영원히 평화로운 상태를 이루려면 사랑하는 것에 대한 고통에서 벗어나야만 한다. 그런 가능성이 있다고 쳐도 그리 문제될 게 없다. 말 그대로 아무런 신경도 쓰지 않아도 되니까. 가치가 있는 것을 잃어버리지 않기에 뭔가를 하기니 다른 사람에 대한 사랑을 유지할 긴급성이 사라진다. 간단한 행위를 유지하기 위한 동기부여조차 사라진다. 설혹 어떤 행위에 몰두하지 않아도 손실로서 여겨지지 않기 때문이다. 가장 사랑하는 사람과 함께 살아가는 정열과 비애는 영원한 생명의 안전과 양립하지 못한다. 특별한 것,

세상에 둘도 없는 것이라는 감각은 그것이 상실될 가능성도 있다는 감각과 뗄 수 없다. 그런 상실의 관계는 살아 숨 쉬는 생명의 형태에 고스란히 새겨져 있다. 살아가는 것은 사라진 과거에 이어, 오지 않을지도 모를 예측 불가능한 미래 앞에서 존재한다. 시간의 불안정한 경험은 부정적 위험도 되지만, 태어나고 살아가고 행동하는 데 동기부여를 해주는 긍정적 가능성도 있다. 모든 형태의 생명이 살아남기 위한 동기는 시대를 초월한 혹은 끝이 없는 목표로서 그저 휴식을 취하는 게 아니다. 어떤 것에 대한 헌신을 유지하고 일련의 행위를 추구하려면 그 목적이 불안정할 필요가 있다. 그것은 사실로서 주어지는 게 아니라 신념과 충실함에 따라야만 한다. 목적의 가치를 믿을 필요는 있지만 목적이 없어질 가능성도 있고, 유지할 필요도 있다는 사실을 믿을 필요도 있다. 누군가를 사랑할 때 그 사랑은 우리가 그것을 유지할 때만 존재한다. 사랑은 사실로서 주어지는 게 아니라 유지하고 발전시켜야만 한다. 이 목적은 사랑의 가치를 믿어야 하지만, 사랑을 상실할 가능성이 있다고 믿고 헌신하는 것도 필요하다.

2
...

헌신과 믿음의 관계는 오랜 철학적 계통이 존재한다. 아리스토텔레스는 그의 특징적인 명철함으로 어떤 형태의 헌신도 믿음에 의존한다고 말했다. 우리가 품고 있는 믿음은 이론적인 제안으로서, 나아가 실제적인 헌신으로 이해되어야 한다. 그는 우리의 가장 직접적 감정조차 우리가 믿고 따르는 믿음의 관점에서만 이해할 수 있다고 한다. 가령, 죽음을 두려워하면서도 자신의 삶의 가치를 믿지만, 한편으로는 자신의 삶이 죽음의 위협에 처해있다는 사실도 믿는다. 아리스토텔레스는 '그에게 아무 일도 일어나지 않는다고 믿는 사람은 누구도 두려워하지 않으리.'라고 지적했다. 이처럼 불안정한 감각은 자신의 죽음뿐 아니라, 우리가 소중히 생각하는 모든 것에도 미치게 된다. 가령, 사랑하는 사람이 절벽 끝을 걸을 때 우리가 공포를 느끼면, 그것은 사랑하는 사람이 무방비라고 믿고 있으며 그 혹은 그녀의 삶이 귀중하다고 믿는 두 가지 측면이 있다. 두 가지 신념 중 하나라도 없으면 상황의 다른 요소가 똑같아도 사랑하는 사람에 대한 헌신이 소중한지 취약한지를 따지지도 않고, 두려움도 느끼지 않는다. 아리스토텔레스의 분석에 담긴 함의를 추구한 그리스 로마의 스토아학파는 인간의 정열은 모든 믿음의 형태라고 주장한다. 믿음은 의식적으로 유지할 필요는 없지만, 정열 자체는 실천적 헌신의 형태라고 분명히 말할 수 있다. 어떤 것을 갖고 싶지만 그러지 못할 때, 우리는 다른 누가 가진 것의 가치를 믿고 그 희망을 이루려고 한다. 혹은 분노에 휩싸였을 때, 우리는 다른 누가 상저 준 것의 가치를 믿고 보복하려든다. 슬픔에 젖어있을 때, 우리는 상실한 것의 가치를 믿고 그것을 기억하려고 한다. 기쁨에 취해 있을 때, 우리가 받은 것의 가치를 믿고 그것을 유지하려든다. 정열은 타인에 대한 의존, 자신의 존재를 조절하는 것에 대해 의존하겠다고 인정하는 것이다. 희망이 있을 때는 약속된 것의 가치를 믿고, 두려워할 때는 위협받는 것의 가치를 믿는다. 마찬가지로 우리는 최종적으로 무엇이 일어날지를 조정할 수 없기에 우리는 취약한 존재다. 우리의 희망은 부서지고 두려워했던 것이 실현될지도 모른다. 스토아학파의 목표는 그 취약성을 극복하는 것이다. 스토아학파는 우리가 가진 모든 것을 뺏길 수 있다는 사실을 잘 알고 있는데, 우리가 상실로 인해 받는 고통에서 정열을 배제하려고 한다. 이 주장을 발전시켜서, 철학자 스피노자는 정열의 속박에서 '해방'을 촉구했다. 스토아학파와 스피노자는 모두 종교적 사상에 흠뻑 빠져있고, 영원을 위한 종교적 헌신을 통해 통속적 믿음에 대한 헌신 즉, 타인의 취약한 인식에 의존할 수밖에 없는 삶을 배제하려고 애쓴다. 스피노자는 종교적 미신, 권위에 대한 경건한 복종에 비판적이었다. 하지만 종교의 심오한 목적을 이루려고 그만의 철학적 방법을 도입했다. 즉, 진정한 구원과 축복으로 가는 길을 제공한다. 마음의 진정한 평화를 유지하는 길이라는 것이다. 스피노자는 스토아학파의 정열적인 분석을 이용해 마음의 진정한 평화가 어떤 것인지 다음처럼 적고 있다.

"사랑받지 않는 것 때문에 분쟁은 결코 일어나지 않는다. 그것이 파괴되면 슬프거나, 타인이 갖고 있으면 부럽거나, 두려움이나 미움도 생기지 않는다. 한마디로 말해 정신의 혼란이 아니다. 이 모두는 파괴되거나 상실할 수 있는 것에 대한 사랑 속에서만 일어난다. 하지만 영원하고 무한한 사랑은 슬픔에서 완전히 벗어난 기뻠을 통해 마음의 양식이 된다. 이 사실은 굉장히 바람직한 것이라 우리가 온힘을 다해 원해야 한다."

슬픔, 두려움을 비롯해 질투, 미움에 이르기까지 모든 '정신의 혼란'의 원인을 그는 파괴되거나 상실할 것이 뻔한 것에 대한 사랑으로 특정 짓는다. 마음의 평안을 이루려면 파괴될 것에서 우리의 사랑을 제거하고 대신에 우리의 사랑을 영원으로 향하게 하라는 것이다. 그것이야말로 '슬픔에서 완전히 벗어난 기쁨을 통해 마음의 양식'이 된다고 주장한다. 그 기쁨 자체는 정열이 아니다. 오히려 스피노자는 종교적 구원과 '완전한 마음의 평화'를 동일시한다. 그에게 구원은 개인적인 불멸의 영혼으로 말미암아 또는 초월적인 내세로 가는 길을 통해 달성되지 않는다. 오히려 구원은 우리의 정열을 놔버리고, 그가 신 혹은 자연의 섭리라고 부르는 것의 일부로서 우리 자신을 바라볼 때 비로소 이룬다고 말한다. 신과 자연의 섭리는 스피노자에게 서로 교환이 가능한 용어다. 어느 쪽이든 소멸하는 유한한 생명과는 대조적으로 존재하는 모든 것의 영원한 내재적 실체를 가리킬 수 있기 때문이다. 스피노자가 주장하듯이 유한한 존재에게 주어진 가르침이나 애정은 분해되기 쉽다. 나아가 유한한 생명체로서 우리는 늘 자신보다 강한 외부의 힘에 압도되면서 자신이 부서지는 고통을 겪는다. 하지만 신이나 자연의 섭리의 영원한 실체와 자기 자신을 일치시킴으로써 우리는 그 모든 것에 치우침 없이 인내할 수 있다. 우리는 유한한 것에 대한 정열적인 사랑으로 이끌리는 게 아니라 신의 영원한 성질에 대한 지적이고 명상적인 사랑에 의해 이끌리기에 희망도 두려움도 없다는 것이다. 따라서 스피노자는 우리가 순수한 심사숙고를 통해 노력할 것을 주장한다. 우리가 정열을 쏟는 모든 것이 상실된다는 사실로부터 벗어날 수는 없지만 영원의 관점에서 세상을 바라봄으로써 그 상실을 고통으로 만드는 정열을 제거하고 마음의 평화를 실현할 수 있다는 것이다. 스피노자는 내가 영원을 향한 종교적 소망이라고 부르는 것의 명확한 견해를 제시하고 있다. 그 소망은 초월적인 내세의 비전뿐 아니라 완전한 평화를 이룬다는 내재적 이상과도 관련이 있다. 나는 상실의 고통에서 벗어난다는 이상적인 믿음을 종교적이라고 규정하고 있다. 많은 종교적 이상은 구원의 길로 가기 위한 필요한 절차로서 고통과 아픔이 포함되어 있는데, 궁극적인 목표는 취약성에서 벗어나기 위해서다. 그러려면 우리의 생활에서 정열적인 헌신을 제거하는 셈이라서 이루려는 것이 불가능해지고 우리의 노력에 걸맞은 목표도 아니게된다. 그 같은 행위가 초월적이든 내재적이든 우리의 유한한 삶에 대한 헌신을 포기할 것을 요구한다. 그 행위는 죽음을 피할 수없는 존재를 그 자체로서 사랑할 수는 없고, 고통의 마지막 순간을 향한 수단으로서만 사랑할 수 있다. 그렇게 되면 우리는 더 이상 누가 죽든 말든 신경 쓸 필요도 없게 된다. 아무 것도 일어나지않는다면 그것을 손실로 여기지 않기 때문이다. 따라서 계속 영원함 속에 머무르는 것은 이해하기 어렵다. 영원을 추구하는 입장은 우리가 이 세상에서 할 수 있는 모든 형태의 실질적인 헌신을 제거하기 때문이다. 내 주장은 스피노자와 일치하는 사상가의 주장과 비교하면 도움이 되지만, 실제로는 통속적 믿음의 정열을 파악하는데 중점을 두고 있다. 프리드리히 니체가 종교적 사상에 가한 비판은 그의 유명한 '신은 죽었다'로 함부로 축소시킬 수는 없다. 신의 죽음은 영원한 생명, 영원한 존재에 대한 믿음이 신뢰를 얻지 못한다는 뜻이기 때문이다. 니체의 중요한 요점은 신의 죽음을 나쁜 소식으로 받아들일 필요가 없다는 것이다. 영원한 생명이 없다고 한탄한다면, 여전히 종교적 이상을 갖고 있는 셈이다. 비록 종교적 이상이 실현될 수 있다고 믿지 않아도 그렇다. 반면에 니체는 고통, 상실이 없는 영원한 생명의 가치에 대한 재평가를 추구한다. 그가 강조하듯 영원한 생명 혹은 영원한 존재의 이상을 지지하는 것은 일시적으로 유한한 생명에 대한 헌신을 밑으로 끌어내려 낮추기 때문에 유해하다. 고통과 상실은 축복이나 피할 수 없는 불행한 상황의 과정에서 그저 필요한 발걸음이 아니다. 인생을 살아가는 가치가 있는 것으로 하려는 본질적인 부분이다. 하지만 '고통은 우리가 바라는 인생의 일부'라고 말하는 것과 '우리가 고통을 바란다'는 것은 결정적 차이가 있다. 니체의 깊은 통찰은 고통은 우리가 바라는 인생의 일부를 고집했지만, 점차 우리가 고통을 바란다는 쪽으로 기울어지고 있다. 가령 그는 어떤 고통이라도 어떤 것이 발생해도 분노하지 않을 만큼 '강인한' 운명애(愛)를 주기적으로 주장하고 있다. 또한 고통을 겪는 것은 뭔가 발생한 것에 대립하는 것으로 그 발생한 것에 맞서는 것이기도 하다. 그렇다면 고통을 겪을 일이 없어진다. 니체는 죽음의 '강인함' 혹은 '포용'을 이상화시켰지만, 그가 주장하는 고통의 상태 그 자체를 부정하는 셈이다. 그의 주장과는 반대로 죽을 수밖에 없는 삶을 긍정한다면 죽음의 수용이 필요 없어진다. 유한한 생명을 긍정하는 것은 죽음에 대항하는 것이고, 저항이며, 될 수 있다면 뒤로 연기시키는 것이다. 하지만 유한한 생명은 본질적으로 죽음과 관련되기에 그 반대하는 것과 내부적으로 연결되어 있다. 유한한 생명에 대한 믿음을 유지하려면 어떠한 강인함도 최종적으로 습득할 수 없는 고통에 대해 취약한 상태로 있는 것이다. 유한함은 인생을 유의미한 것으로 해주는 과정에 내재되어 있지만 인생의 의미를 잃고 견딜 수 없게 될 가능성도 포함한다. 중요한 것은 그 취약성을 극복하는 게 아니라 그 취약성이 우리 생활의 중요한 이유와 우리가 신경쓰는 이유의 본질적인 부분임을 인식하는 것이다.

3
...

통속적 믿음은 모든 형태의 헌신에 대해 이해하는 정도를 나타내는 조건이다. 중요한 것으로 이해하는 모든 것 즉 위기에 처한 것의 모든 것에 대해서 누가 혹은 유한한 무언가에 대한 둘도 없이 소중한 가치를 믿을 필요가 있다. 이 통속적 믿음은 살아 있는 사람, 소중한 것에 대한 배려로 나타난다. 통속적 믿음은 헌신과 관여의 가능성에 대한 조건이다. 마찬가지로 통속적 믿음은 우리를 황폐함과 슬픔에 처하게 한다. 통속적 믿음의 가장 기본적인 형태는 인생은 살 가치가 있다는 믿음이고 그 믿음은 모든 형태의 헌신에 내재되어 있다. 우리 자신의 삶, 타인의 삶을 배려함으로써 우리는 필연적으로 인생이 살 만한 가치가 있다고 믿는다. 이는 믿음의 문제다. 왜냐하면 인생에 따르는 모든 고통에도 불구하고 인생이 살 가치가 있다는 것을 증명할 수는 없기 때문이다. 그 인생이 살 가치가 있다는 것은 논리적 추론, 합리적 계산으로 증명할 수 없다. 오히려 인생이 견딜 수 없거나 혹은 견딜 수 없는 것처럼 보여도 인생은 살 가치가 있다는 믿음이 우리를 버티게 해준다. 본디 우리 인생이 견딜 수 없고, 견딜 수 없게 보이는 것은 인생은 살 가치가 있다고 우리가 믿기 때문이다. 인생이 살 가치가 있다고 믿지 않으면 인생의 질적 향상에 무관심하고 무슨 일이 일어나도 꿈쩍도 안하기에 충실한 인생, 견디기 어려운 인생을 체험할 수도 없다. 우리의 가장 기본적인 헌신 능력조차 통속적 믿음에 의존한다. 통속적 믿음은 세 가지가 서로 연관된다. 헌신의 역동성과 떼려야 뗄 수가 없지만 분석적으로 구별할 수는 있다.

첫째, 통속적 믿음은 지루하고 지겨운 헌신이다. 살 가치가 있는 삶은 어떤 생명력으로 촉발되는 게 아니라 부서지기 쉬운 형태의 생명에 대한 헌신으로 구성되는 믿음이다. 우리가 헌신하는 생활형태는 규범적이다. 우리는 자신이 누구며 무엇을 해야 할지라는 개념에 미루어 삶을 영위하기에 우리의 기존 생활형태에 대한 헌신은 자기보전에 대한 의욕이며 가장 이타적인 행위조차 그 조건이 된다. 타인을 위해 삶을 헌신하는 까닭은 상대의 인생이 살 가치가 있다고 믿고 있으며 상대 자체를 유지시키려고 전력을 다하고 있기 때문이다. 마찬가지로 대의를 위해 자신의 인생을 희생한다면 그 중요성을 믿고 대의가 역사 속에서 면면히 이어지도록 도우려고 하기 때문이다. 생활에 대한 어떤 형태의 실존적 헌신은 배려하는 마음의 조건이다. 인생이 살 가치가 있다는 신념이 없다면 과거의 기억, 보다 나은 미래를 위해 분투하도록 강요받을 일이 결코 없을 것이다.

둘째, 통속적 믿음은 필요한 불확실성이다. 우리가 뭔가를 대할 때, 우리는 미래, 우리가 의존하는 사람들을 믿지 않으면 안 된다. 타인이 뭘 하는지 확신이 서질 않아 내 믿음에 의존해 그들과 관계를 맺을 수밖에 없다. 믿음은 타인과의 관계를 맺는다는(그들을 신뢰하는) 미래 지향적인 기회를 제공하지만 속거나 배신당하는 부정적 위험에도 문을 열어준다. 똑같이 미래의 관계에 적용할 수 있다. 무슨 일이 생길지 몰라도 미래를 믿지 않으면 안 된다. 통속적 믿음은 미래(헌신하는)를 향유할 가능성을 제시한다. 하지만 마찬가지 이유로 미래는 필연적인 위험을 동반한다. 우리의 희망을 깨부수고 우리가 헌신했던 원인을 파괴할지도 모른다.

셋째. 통속적 믿음은 불안정, 의욕을 일으키는 힘이다. 사람, 목표 혹은 원칙에 대한 헌신을 통해 표현되었는지의 여부에 상관없이 인생의 형태로 믿음을 유지하면서, 우리는 믿음의 대상이 불안정함을 믿지 않으면 안 된다. 누군가 혹은 어떤 것을 위해 계속 이어지는 삶에 대한 우리의 헌신은 그것을 당연하다고 치부할 수 없다는 내 견해와 분리될 수 없다. 어떤 생명을 유지하면서 위기에 처하면 그 손실을 예상하지 않으면 안 된다. 손실에 휘둘리지도 않고, 헌신하는 행위에 동기를 부여해줄 가능성에 손실이 없으면 뭔가에 헌신할 동기 자체가 없다. 사람, 목표, 원칙처럼 신뢰를 유지하도록 우리를 몰아세우는 것은 그것이 상실되거나 타협할 여지가 있고 그로 인해 우리가 충실할 필요가 있다. 통속적 믿음은 우리가 보호하고 싶은 것과의 관계와 이루고 싶은 것과의 관계 모두를 역동적으로 만들어준다. 그러면서 우리는 자신이 가진 것과 유지하려고 하는 것뿐 아니라 가지지 않는 것과 이루려고 노력하는 것에도 전념할지 모른다. 후자의 경우도 통속적 믿음의 세 배나 되는 역동성이 작용한다. 미래에 대한 우리의 믿음은 실존적 헌신을 나타낸다. 우리는 별도의 가능성이 아닌 어떤 가능성을 추구하는데 헌신한다. 이 같은 헌신은 우리가 전념할 가능성을 추구할 때, 실패 혹은 상실의 위험을 감수하기에 통속적 믿음에 필요한 불확실성이 뒤따른다. 나아가 실패, 상실의 위험은 헌신 자체의 동기 부여의 힘에 내재되어 있다. 행동의 의욕을 높이려면 그 가능성이 딱 한 번만 주어지는 게 아니라 직접적으로 관여함으로써 그것을 유지할 필요가 있음을 믿어야 한다. 그러므로 상실의 위험은 통속적 믿음의 역동성에 관한 본질적인 부분이다. 정치적 변혁, 효도에 관한 것, 예술적 계몽에 대한 실존적인 헌신을 갖고 그에 대한 믿음을 갖는 것은 우리가 믿는 것이 없어지거나 없어질 가능성이 있기에 늘 우리를 외톨이로 만들 수가 있다. 그래서 헌신의 가장 바람직한 형태는 결코 잃어버릴 리가 없는 항상 존재하는 누군가 혹은 무언가를 믿어야 한다고 생각할지도 모른다. 이처럼 영원한 이상은 여러 형태를 띨 수 있는데, 내가 종교적 믿음의 형태라고 부르는 것과 공통분모를 갖고 있다. 내가 목표로 삼는 이상은 특정한 형태의 제도화된 종교에 한정되지 않기에 형용사의 종교(명사의 종교가 아니라)를 강조한다. 또한 종교적 신앙에 관한 나의 비판은 초자연적인 신, 우주의 신성한 창조에 국한되지 않는다. 적어도 세상의 대중적 종교 중 하나(불교)는 초자연적인 신, 우주가 존재하는 이유를 설명하는 우주기원론을 논하지 않는다. 불교가 특이한 점은 우리가 바라는 최대의 목표인 열반이 다른 세계의 존재 상태가 아니라 지금 여기에 있는 방법임을 강조한다. 하지만 어떤 경우든 열반을 이루려면 그 시간과 그 유한함에서 '해방' 되어야만 한다. 열반을 이룬 사람은 유한한 모든 것에서 분리되어 있기에 무엇을 잃어도 고통받을 일이 없다. 그렇기에 불교의 열반 개념은 세상에 존재하는 것의 내재적인 고요함으로서 혹은 삶을 넘어선 초월적인 평화로 여겨지느냐의 그 여부에 상관없이 영원한 종교적 이상으로 명확하고 일관된 비전이다. 분리를 주장하지 않는 종교적 교리에 따르면 통속적인 목표에 대한 헌신은 영원에 종속적으로(혹은 영원을 향한 첫 걸음으로서) 기능하지 않으면 안 된다. 아우구스티누스가 자신의 고백에서 '영혼이 당신을 기쁘게 하면 신의 은총 속에서 그 영혼을 사랑하라. 왜냐하면 그 영혼자체가 변화할 수도 있으리니.'라고 강조하고 있다. 만일 누군가가 유한한 생명을 사랑하고 통속적 목적에 헌신한다면, 우리는 그 자체의 목적으로서 그것들에 집착하는 게 아닌, 그것들을 통해 영원을 사랑해야만 한다. 그러니 내가 종교적 신앙이라고 부르는 것은 우리를 통속적 믿음에서 개종시키려는 시도에 의해 특징지어진다. 왜냐하면 이 믿음은 우리를 세상에 둘도 없는 것에 대한 상실에 약하게 만들기 때문이다. 종교적 신앙은 우리의 궁극적인 목적이 우리가 공유하는 유한성을 초월해야 한다고 생각한다. 그 결과는, 지금의 인생이 평가 절하되고 우리는 구원받아야 할 대상이라는 과도적 상태로 비추어진다. 이에 비해 나는 우리의 유일한 삶에 대한 헌신과 열정을 인정함으로써 비로소 열리는 변화의 가능성에 따르자고 제시한다. 내 주장은 찰스 테일러의 독창적인 책 '통속적인 시대'와 관련해 해명할 수 있다. 통속성의 상승에 관한 그의 철학적이고 역사적인 설명은 내 주장의 중심적인 질문에 관한 동기와 일치한다. 즉, 테일러가 '통속적인 시대'라고 부른 시대의 믿음의 조건은 무엇일까?(테일러의 주장은 여기서 출발한다) 통속성이 확립된 개념은 주로 두 가지 현상을 가리킨다. 첫째, 통속성은 공공지역으로부터의 종교의 후퇴와 이성의 공적인 이용을 뜻한다. 가령, 종교적 신념을 위협할 가능성이 있어도 종교적 신념이나 과학적 조사에 의존하지 않는 공공재로서의 신앙적 수용이 장려된다. 종교적 교의는 이미 공적생활의 권위 있는 이유로서 받아들여지지 않고 오히려 사적인 신념의 문제가 된다. 둘째, 통속성은 종교적 신념 자체의 쇠퇴를 가리키고, 점점 더 많은 사람들이 종교를 실천하지 않고 살아가고 있다. 테일러의 중요한 공헌 중 하나는 그가 통속성의 세 번째 측면을 명확히 표현했다는 것이다. 통속적인 시대에 사는 것은 종교적 신념을 계속 지닌 사람들에게조차 믿음의 조건을 바꾸게 한다. 테일러는 다음처럼 말한다.

"신을 믿지 않는 게 사실상 불가능했던 사회로부터 가장 완고

한 신자에 이르기까지, 그들의 믿음이 인간의 가능성을 열어주는 사회로 우리를 이끌고 가고 있다는 점은 내 자신이 정의를 내리고 싶고, 추적하고 싶은 변화다. 내가 내 믿음을 포기하는 것은 생각할 수가 없지만, 아마도 나와 비슷한 사람이 있겠고, 그들은 신앙이 없는 사람, 맹목적인 사람, 타락한 사람, 더 이상 신을 믿지 않는 사람, 이미 가치가 없는데도 솔직히 버릴 수 없는 사람들을 포함한 많은 사람들이다."

테일러의 역사적 이야기(신을 믿지 않는 게 사실상 불가능했던 사회)에 의문을 가질 사람도 있을지 모른다. 그는 종교적 신앙의 압력이 거세지는 것에 대해 통찰력 있는 논의를 던지고 있다. 이전의 역사적 시대는 무신론자가 되는 게 불가능하지 않았지만, 공적으로 무신론자가 되기는 꽤 힘들었다. 통속적인 사회에 사는 이러한 종교적인 신념을 쥔 패권에 압력을 가하는 것은 통속적 사회가 자신의 신념을 공유하지 않는 사람들 가까이에 살고, 협력하도록 이끌 가능성이 있을 뿐 아니라 종교에 의해 이전에 주장되어온 영역이 제시되기 때문이다. 종교의 권위에 관계없이 결정되는 공익사회에서는 자연과학은 종교적 주장을 부정하는 세상을 설명해주는 역할을 맡고, 그렇기에 종교적 신념은 더 이상 똑같은 방식으로 정당화될 수 없다. 신념의 조건이 변한다는 것을 부정하고 정치, 과학, 기타 공적 생활의 영역에서 종교의 권위를 다시 주장하는 사람은 여전히 많다. 그 같은 종교원리주의는 과학적 지식으로 종교적 신앙을 들쑤시는 이른 바 신(新)무신론자의 주된 표적이다.

그래도 신뢰받을 만한 사람들의 대다수는 자신의 신앙과 지식을 경쟁상대로 여기지 않는다. 과학적 탐구와 민주적 다원주의의 자유를 받아들이면서도 종교적 신앙이 인생의 정신적 형태와 그 깊은 의미에서 볼 때 중요하다고 여긴다. 이러한 종교의 감각에 관여하지 않는 무신론은 신앙에 대한 뿌리 깊은 개념을 바꿀 수 없다. 자신이 종교적 믿음을 갖지 않는 많은 사람들조차 그 같은 믿음을 갖는 게 바람직하고 유익하다고 믿는다. 유익하다는 태도는 철학자인 대니얼 데닛이 말한대로 신을 믿는 것을 믿는다는 것이다. "그런 사람은 신을 믿지 않는다. 하지만 어떻하든 신을 믿는 조건이 갖춰지면 바람직한 마음의 상태가 될 것이다."라고 그는 적고 있다.

종교적 신앙의 존재적 가치에 대한 이러한 신념은(종교적 주장의 진실이 아닌) 사회를 조직하거나 과학을 법제화할 권위가 인정된 후의 통속적 시대의 종교에 대한 중요한 방어선이다. 테일러는 실존적 언어로 종교를 분명히 옹호하기에 유익한 사례가 된다. 무신론과 종교적 믿음 간에 대화의 공간을 만드는 것을 지향하는데 있어, 테일러는 우리가 주로 그 각각의 입장을 존재에 대한 '경쟁상대 이론'으로 간주해야 하는 게 아닌 '우리의 인생을 이해하는 데 관여하는 여러 종류의 살아 있는 경험에 주의를 돌려야 한다. 신자 혹은 불신자로서 어떤 형태로 살던지 간에.'라고 올바르게 강조한다. 테일러의 초점은 주어진 삶을 활기차게 해주는 '충실full-ness'의 개념이다. 테일러는 다음처럼 설명한다.

"모든 사람, 모든 사회는 인류의 번영이 무엇인지에 관한 몇 가지 개념과 더불어 살아간다. 가령, 무엇이 충실한 생활의 요소인가? 무엇이 삶을 진정으로 가치 있게 만드나? 우리는 무슨 이유로 사람들을 가장 칭송하나? 우리는 이러한 질문들을 삶에서 방치해 둘 수가 없다. 우리는 살아가면서 그 대답에 관해 애쓰며 나름대로의 정의를 찾고 있는 것이다."

테일러는 종교적 신앙에 의존하지 않고도 충실함에 관한 많은 개념들 즉 살 가치가 있는 인생에 비전이 많다는 것을 잘 알고 있다. 통속적 시대의 특징 중 하나는 사회정의의 실현, 커뮤니티 형성, 질 높은 삶이 종교적 신념 없이도 개발되고, 토론되고, 유지되는 것이다. 하지만 그는 충실함에 대한 통속적 개념은 최종적으로 충실한 삶을 이끌어줄 수 없다고 주장한다. 종교적 충실함을 고려하지 않고 자신의 인생을 정의하는 사람은(테일러의 정의에 따르면) 삶을 초월한 무언가에 반응하기 위해 근절할 수 없는 경향 즉 절대적으로 삶을 초월한 선에 대해 억제할 수 없는 필요성을 갖게 된다고 한다.

테일러에게 종교는 시간과 유한함으로부터 면제된 충실함에 의해 인간의 삶을 방향 지어줄 다른 형태와는 구별된다(그의 주된 사례는 영원한 생명에 관한 기독교 교리, 불교의 열반이다). 종교적 관념에서 최고의 선은 유한한 인생의 번영이 아니다. 오히려 테일러가 주장하듯 최고의 선에 대한 종교적 개념은 유한한 생명의 번영에서 '독립'하고 '초월하는 것' 즉, 절대적 충만 혹은 불교처럼 절대적 공허에서 나타난다고 한다. 이 사고방식은 인생에 대한 종교적 견해의 유일하게 가능한 정의는 아니다. 다른 정의도 많고 각각의 관련성은 어떤 식으로 개입하느냐의 맥락에 따라 달라진다. 테일러의 정의에 초점을 맞추는 이유는 통속적 삶이 쓸데없이 애쓰다 허무하게 끝나는 종교 혹은 종교라고 부르는 것에 대해 인간은 본질적인 필요성이 절대 필요하다고 말하기 때문이다. 그런 주장을 옹호하려고 공동체 감각을 제공하고, 나름의 전통에 따라 우리의 삶을 조직하고 또는 윤리적 가치관에 기초한 행동을 권장하는 게 오직 종교의 능력이라고 단언할 수는 없다. 이는 종교적 행위가 다른 많은 행위와 어우러지면서 생긴 특징이기 때문이다.

우리는 종교적 신앙에 호소하지 않고도 커뮤니티를 구축하고 윤리적 가치관을 육성할 수 있고 정치적 공헌을 촉진할 수 있다. 하지만 통속적 생활 형태로는 결코 보장 못하는 것이 한 가지 있다. 영원한 생명 또는 영원한 존재의 상태다. 따라서 테일러가 제시하는 이론은 그가 종교적 충족에 대한 욕구를 '영원을 위한 욕구'로 정의할 때 가장 선명히 나타난다. 우리가 영생에 대한 근본적 욕구를 가지고 있다고 가정하면, 유한한 생명의 형태와 관련된 모든 통속적 형태의 충만함은 우리의 욕구를 부족하게 하며, 본질적으로 채울 수 없나는 것을 알게 된다. 테인러가 언급한 주된 사례는 사랑하는 사람의 죽음에 대한 경험이다. 프랑스의 역사가 필립 아리에스의 작품(동시대의 믿음에 관한 사회학적 연구도 했던)을 언급하며 테일러는 사랑하는 사람을 잃은 상실감을 통속적 시대에서 견뎌내기가 가장 어려운 경험이라고 강조한다.

"오늘날의 죽음, 그 주위에서 일어나는 드라마는 사랑하는 사람과의 분리 바로 그것이다. 아리에스는 꼭 그렇지도 않다고 말한다. 중세후기에서 근세에 걸친 시기에 큰 문제였던 것은 죽어가는 사람이 직면한 판단이었다. 그 이전에는 어떤 의미에서 죽은 자는 아직 살아있는 자와의 공동체였다. 아리에스는 시기에 따른 기간을 구별하려고 '우리의 죽음', '나의 죽음', '너의 죽음'이라는 제목을 달았다. 지옥이 사라졌다는 이유만으로. 하지만 사랑의 관계는 우리 생활의 의미의 중심이고 우리는 '너의 죽음'la mort de toi'을 안고 살아간다."

여기서 주어진 역사적 설명이 과연 상세한지 의문을 가질지도 모르겠다. '너의 죽음'에 대한 경험은 호메로스 이후의 문학사를 읽어보면 알겠지만 현대가 도래하기 훨씬 오래전부터 깊고 선명한 고통이었다. 그래도 중요한 것은 사랑하는 사람을 상실하는 고통과 고민이 누가 봐도 통속적인 시대에 보다 큰 힘으로의 융합이 허용되었다는 점이다. 문제는 영원에 대한 종교적 개념이 슬픔과 위로의 경험을 다룰 능력이 있는지의 여부다. 테일러는 이를 당연한 것으로 간주하고 영원한 생명에 대한 신념의 철회를 한탄하며 '여기는 허무함과 깊은 곤혹감이 있다'라고 주장하면서, 그 이유의 설명으로 영원에 대한 신념의 결여를 덧붙인다. "우리는 장례식에서 곤란한 경우가 가끔 있다. 유족에게 무슨 말을 해야 할지 잘 모르기 때문이다. 가능하다면 문제를 피하고 싶을 때가 있다." 게다가 그는 "다른 방식의 삶을 사는 사람들조차 종교적 장례식에는 기댈 수 있다. 왜냐하면 그것을 전부 믿을지 혹은 믿지 않을지의 확신을 못 가진 경우라도 적어도 여기서는 영원의 필요성에 알맞은 언어가 있기 때문이다."라고 덧붙인다.

사랑하는 사람을 놓아주는 것에 대한 사랑과 저항은 영원에 대한 종교적 욕구를 증명해준다. 왜냐하면 그로 인한 사랑은 영원히 울려 퍼지기 때문이다. 여기서 테일러가 시간과 영원의 관계를 어떻게 표현하는지를 잠시 검토할 가치가 있다. 그래야 테일러의 논의에 대한 이해관계를 이해할 수 있다. 테일러는 '통속적 시간 secular time'의 개념을 상호의 본질적인 관계가 없는 단순한 순간의 연속으로 바라본다. 이와 반대로 과거를 보전하고, 미래에 투영하는 모든 형식의 '수확시간gathering time'은 우리의 '영원함에 대한 억제가 불가능한 갈망'이라는 것이다. 테일러는 우리의 수확시간의 형태는 영원에 대한 절대적 충족을 이루지 못하리라는 것을 인식하고 있다. 그는 그 같은 충족이 목표라고 생각한다. 그에 따르면 영원은 어떤 상태가 아닌, 순간의 시간이 모인 것으로 이해되어야 한다. 테일러는 "신의 영원함은 시간을 없애는 게 아닌 순간적으로 모인다."라고 말한다. 테일러의 그 같은 구별은 많은 기독교 사상가에 의해서도 언급되었는데, 한번쯤 의문을 품어볼만하다. 왜냐하면 시간을 없애는 것과 순간적으로 시간을 모으는 것을 이해할 수가 없기 때문이다. 시간을 모아서 순간이 되면 그 순간은 미래에 길을 양보하지 않고 과거가 되기에 시간 자체가 없다. 모든 것이 존재하고 뭔가 일어나는 시간이 없는 것이다. 테일러 자신이 강조하듯 신의 영원함은 '늘 신에게 현재로서 존재하고, 신은 그 현재를 신의 확장된 현재에 포함시킨다. 신은 모든 시간을 갖고 있다.' 그러한 영원함은 지금 시간을 '수확'할 수 없고, 대신 시간의 감각을 제거한다. 신의 영원성과 우리가 살면서 시간을 그러모으려는 노력은 유사점이 없다. 우리의 경험을 축적해서 살아가게 하기는커녕 영원한 지금은 우리에게서 과거와 미래를 빼앗을 것이다. 우리의 생애는 한순간으로 단축되기에 삶 그 자체가 없어진다. 그러니 영원함과 살아가는 것은 명백히 구별된다. 우리가 사랑하는 사람들의 삶이 쭉 이어지기를 바랄 때, 그것은 영원토록 지속됨이 아닌 그들의 인생이 그저 탈 없이 이어지기만 바랄 뿐이다. 마찬가지로 우리가 유의미한 관계망(네트워크)에서 '시간을 축적(수확시간)'할 때도 우리는 영원함을 갈망하지 않는다. 테일러의 주장은 우리는 통속적 형태로 살아가는 방식을 열망하지만, 오히려 종교적 형태의 영원을 열망하는 듯 보인다는 혼란에 따른 것이다. 시간의 통속적 경험은 불연속적인 순간들의 집합이 아니다. 시간의 경험은 과거를 유지하고 미래에 투영하는 것이다. 이야말로 최소한의 삶의 형태이고 모든 형태의 '수확 시간'의 조건이다. 삶의 형태는 과거와 미래를 묶어주고, 즉 우리의 삶을 영원하게 해주고, 시간을 초월해 연결될 수 있지만, 원칙적으로 영원한 현재의 동시성에 대해서 시간을 단순화할 수는 없다. 살아간다는 것은 이미 존재하지 않는 과거와의 관계와 아직 존재하지 않는 미래와의 관계를 유지하는 것이다. 삶의 형태는 우리가 사랑하는 것을 지키고 중요한 것에 대한 책임을 유지하게 해주지만, 여전히 속박된 행위의 고유한 취약성을 보여주고 있다. 또한 사랑의 관계에 대한 취약성은 우리의 삶 속에서 사랑을 믿는 이유의 본질적인 부분이다. 테일러 그 자신의 말에서도 드러나듯이 사랑은 상실할 가능성이 있는 관계를 유지하는 것으로, 따라서 영원함이 아닌 삶에 대한 헌신이다. 그것을 '깊은 사랑A deep love'이라고 테일러는 말한다. '다툼, 기분전환, 오해, 고민, 분노에도 불구하고 과거와 현재를 이어주며, 삶의 변천과 변화에 이미 존재한다.'는 것이다. 그러니 어떤 누구를 사랑함은 우리를 갈라놓는 힘에도 불구하고 삶을 유지하면서 그 안에서 활기찬 시간을 보내는데 헌신하는 것이다. 사실 삶의 유한함은 충족함의 경험과 밀접한 관계가 있다. 사랑의 최고 행복의 순간(공유된 삶의 질적인 경험이 축적되면서 보다 깊어지는 것)조차 그 순간은 공유된 과거의 기억과 미래에 대한 열망까지 미치기에 한순간에 사라지게 할 수는 없다. 테일러가 강조하듯이 '그 순간조차 가장 깊고, 가장 강력한 종류의 행복도 유의미한 감각에 빠진다.'는 것이다. 그래서 '인생을 돌아보면 그러한 행복의 순간은 태양 아래를 여행한다. 그 순간들은 다른 시간들, 다른 여행들을 자각할 때 깊이 와 닿는데, 마치 지금 그것이 살아있는 것처럼 보인다.' 테일러의 설명에 따르면 사랑의 경험은 과거와 미래를 넘어 살아남는다. 그는 인생의 시간을 늘리고 싶은 소망 즉 사랑하는 것을 보존하고 싶은 소망을 영원에 대한 소망이라고 상정하고 다음처럼 말하고 있다.

"모든 기쁨은 영원에 굶주린 갈망이다. 왜냐하면 그것이 오래

가지 않으면 그 감각의 일부가 상실되기 때문이다. 기억을 보존하는 것만으로도 시간을 계속 살게 하는 것이다. 만일 그 점에 대해 논한다면 예술에 비유할 수 있다. 예술은 모든 종류의 영원을 지향한다. 마치 미래의 시대라 말할 수 있는 것처럼. 하지만 영원을 대체하는 것도 있다. 영원을 일족, 부족, 사회, 삶의 방식으로 만들 수 있다. 우리의 사랑, 그리고 거기서 비롯되는 아이들은 자연스럽게 자신이 있을 장소가 마련된다. 우리가 그 부족 혹은 삶의 방식을 보존하거나 보다 좋게 만들 때, 동시에 그것을 손에서 놓는 셈이다. 그처럼 의미는 계속된다. 이처럼 기쁨은 영원에 굶주린 갈망이다. 비록 원하는 것보다 작은 형태라도, 우리에게 혹은 대단히 개성적인 현대인에게 중요한 뭔가를 생략한다고 쳐도, 우리에게 가장 유의미하고 특정적인 것은 우리가 행한 일반적인 영향으로 서서히 상실된다. 물론 이 영원은 정말로 잊혀진 사람, 흔적을 남기지 않는 사람 혹은 제외된 사람을 보존할 수 없다. 감사의 심정을 담은 후세의 이 같은 '영원'에 일반적으로 부활이란 없다."

테일러는 여기에서 우리가 뭔가를 마지막으로 삼고 노력할 때, 우리는 영원을 위해 노력한다고 상정하고 있다. 하지만 잘못된 추론이다. 우리가 뭔가를 마지막으로 삼고 노력할 때, 우리는 그것을 영원히 하려고 노력하는 게 아니라 우리에게 중요한 사람, 과제, 다음 세대를 위해 뭔가를 계속 살리려고 노력한다. 기억을 통해 우리는 '시간을 계속 살리는' 귀중한 축복의 시간을 늘릴 수 있다. 예술적 창조와 아이들의 육성을 통해 우리는 자신의 유산을 자신의 죽음을 초월해 살아 있게 할 수 있다. 타인과의 공동체, 정치적 열의, 지속가능한 사회에 대한 헌신을 통해 자신의 삶의 기간을 훨씬 뛰어넘는 목적의식을 확장할 수 있다. 이러한 노력은 영원을 향하는 게 아니라, 우리 자신의 유한함을 고려하지 않으면 안 될 삶의 방식에 대한 헌신을 일컫는다. 기억은 부서지기 쉽고 최종적으로 소멸된다. 예술 작품도 망각할 수 있고 낡아빠질 수 있다. 미래 세대의 존재 자체도 보장된다고 결코 말할 수 없다. 테일러는 충족힘에 대한 종교적 욕구의 개념에 이어 이들 모든 형태의 삶은 '보다 적은 양상 혹은 영원의 대용'이라고 주장한다. 우리 자신이나 타인의 삶을 유지하려고 '시간을 계속 살아가는 것'에 정열을 쏟을 때, 단지 '대용'인 일시적인 삶에서 영원을 찾는다는 것이다.

유한한 생명의 번영은 영원을 향한 욕구를 동반하지 않는다. 자신의 삶, 타인의 삶, 사회의 삶을 연장하려면 우리는 살기 위한 특정한 시간의 한계를 초월하려고 한다.

살고 싶다는 우리의 소망을 채우려면 영원은 우리가 경험한 슬픈 삶을 빼앗을 것이다. 영원한 생명은 우리의 통속적 시대의 중심적인 문제인 상실을 구원할 수가 없다. 테일러의 영원의 구제책(불교의 열반, 기독교의 영생)으로서의 종교적 언급은 사실 사랑하는 사람이 되돌아오는 것을 제공할 실마리조차 되지 않는다. 열반에 드는 전제조건은 죽을 운명으로 태어난 사랑하는 사람에 대한 애착을 지원하는 게 아니라 상실할 가능성이 있는 모든 것을 분리시킨다. 마찬가지로 천국에 산다는 것은 예수가 우리에게 일깨워줬듯(부활 때에는 장가도 아니 가고 시집도 아니 가고-마태복음 22장30절) 육체를 가진 사랑하는 사람의 삶을 존중하고 추구하는 게 아니라 신에게 숭배와 존중을 돌리는 것이다.

　테일러에 따르면 장례식에서 깊은 안도감에 공명해야 할 영원의 종교적 언어는 우리가 바라는 것을 실제로 반영하지 못한다. 테일러 자신도 '우리의 가장 강렬한 감정을 논하는 죽음의 의식'을 찾아내기 어렵다고 말한다. 우리가 경험하는 통속적 장례식은 사랑하는 사람의 상실을 비통하게 추도하는 것이지, 테일러가 말하듯 '종교적 신앙이 없는 장례식으로 돌아가는 부끄러움과 부자연스러움'으로 단정짓지 못한다. 오히려 통속적 장례식은 그 생명을 상실할 때의 황폐감과 마찬가지로, 유한한 삶에서 세상에 둘도 없는 가치에 대한 통속적 믿음(과거의 가치에 대한 믿음, 그것을 미래의 우리에게 투영하는 중요성)의 깊은 느낌을 표현하기 위한 공간을 제공해 왔다. 죽은 자를 매장하는 것은 통속적 믿음의 기본적 형태로 여겨야 한다. 매장의 행위(여기서는 고인을 추모하는 모든 형태)를 통해 우리는 되돌릴 수 없는 생명의 상실과 그 생명에 대한 지속적인 충실함을 모두 인정한다. 우리는 고인을 추억하고 존경하는 모습을 보여줌으로써 이제는 존재하지 않는 사람들에 대한 책임을 표명한다. 고인은 우리 속에서 우리를 통해서만 살아갈 수 있다(우리가 행동을 통해 혹은 그들을 우리 자신의 일부로서 인정하는 범위 안에서). 고인을 부활시킬 수는 없다. 그들을 되돌리기가 불가능하기 때문이다. 따라서 상실의 고통은 장례식에서의 충실함의 형태로 경험할 수 있다.

　내가 상대를 사랑함은 상대의 죽음에 직면해 내가 그 유족이 되기를 원하지 않는 것을 의미한다. 이 책임감은 통속적 믿음의 관점에서만 이해할 수 있다. 왜냐하면 죽을 운명으로서 인식되고, 죽을 운명이라는 이유만으로 우리에게 그것을 요구하는 삶에 헌신할 수 있기 때문이다. 영원을 위한 종교적 신앙은 장례식의 존엄과 비통함에 아무것도 보태줄 수 없다. 우리는 상실감을 줄임으로써 장례식의 그러한 감정을 누그러뜨릴 수 있다. 종교적인 사람들이 장례식에서 공공연히 비통해하지 않는다는 말이 아니다. 하지만 그들이 장례식을 치르는 동안은 장례식은 영원을 위한 종교적 신앙이 아닌, 유한한 생명의 둘도 없는 가치를 위한 통속적 믿음으로 생생해진다. 만일 영원한 존재를 진짜로 믿는다면, 영원한 생명의 훌륭한 가치를 믿는다면, 유한한 생명의 상실을 애도할 이유가 없다.

불교의 완전한 깨달음을 얻는 자는 죽어가는 삶을 지속적으로 이어가고 싶다는 욕망을 없애고 장례와 상실의 고통을 초월하라고 가르친다. 기독교 창설자들도 마찬가지 이론을 주장한다. 성 아우구스티스는 죽을 운명의 상실을 애도하는 것을 반대하면서도, 그의 모친이 죽었을 때, 눈물을 억제하지 못했는데, 우는 것조차 죄라고 비난하고 있다. 마르틴 루터는 1542년에 딸인 막달레나가 죽었을 때, "나는 정신적으로는 기쁘지만 육체적으로는 비참하다."라고 강조했지만, 장례식이 끝난 후 거기 모인 사람들에게 "우리 기독교인은 슬퍼해서는 안 된다."고 연설했다. 따라서 자신의 종교적 신앙을 진심으로 받아들이고 있는 사람은 그것이 장례식의 경험을 생생하게 해주는 통속적 믿음과 어떤 식으로 부딪치는지를 경험할 것이다. 이는 루터의 경우에서 명백히 나타난다. 딸의 죽음은 그를 정신적으로 기쁘게 해준다면서도 "육체는 그에 따르지 않는다. 이별은 우리를 모든 수단에도 불구하고 슬프게 만든다."라고 감정에 북받쳐 말하고 있다. 루터는 친구인 유스튜스 요나스에게 쓴 편지에서 막달레나의 죽음은 신에게 감사해야 할 일이지만, 마음은 그런 감사를 느끼지 못한다고 고백하고 있다.

"나와 아내는 막달레나가 육신의 압박에서 벗어남으로써 행복한 결말과 마지막 축복을 받은 걸 기뻐하며 감사할 따름입니다. 하지만 우리의 자연스러운 사랑의 힘은 대단히 크기에 우리는 마음속으로 울면서 슬퍼하지 않고는, 우리의 죽음을 경험하지 않고는, 이를 마냥 받아들일 수 없습니다. 그 증거로 살아있는 딸과 죽어가는 딸의 말과 행동이 우리의 가슴에 깊게 새겨져 있습니다. 그리스도의 죽음조차… 이를 모두 없앨 수는 없습니다."

위에서 루터는 유한하며 둘도 없는 인생의 가치에 대한 그의 통속적 믿음을 고백하고 있다. 영생의 약속은 다시는 돌려받을 수 없다는 마음의 고통 때문에 그와 그의 부인을 계속 고통스럽게 한다. 그들의 '자연스러운 사랑'의 힘은 종교적 신앙의 힘과 대립하며 루터 자신도 자연스러운 사랑이 신앙보다 더 강하다는 것을 기록하고 있다. 3년 후인 1545년에 안드레아스 오시안더에게 쓴 편지에서 루터는 "기묘하게 들릴지 몰라도 나는 아직 죽음을 애도하고 있습니다… 그리고 딸을 결코 잊지 못합니다. 하지만 딸이 천국에 있는 걸 알고 있습니다. 딸은 거기서 영생을 누리고 있으니까요."라고 쓰고 있다.

보다 많은 자유를 가능하게 해주는 통속적인 시대에 쓰여진 '헤아려본 슬픔'을 통해, 작자인 루이스는 똑같은 갈등을 더 깊고 자세하게 표현하고 있다. 루이스가 보다 표현력이 풍부한 만큼 장례식을 깊은 의미로 만들어주는 통속적 믿음과 종교적 입장의 충돌이 점점 뚜렷해진다. 그는 자신의 종교적 신앙의 관점에서 그의 아내가 죽은 후에 유족이라고 느낄 이유가 없다는 것을 주장한다. 오히려 그의 아내의 죽음은 그를 신을 향한 헌신으로 일깨워주어야 마땅하다. 어차피 유한한 삶은 죽을 운명인데, 신을 향한 헌신은 죽을 운명인 사랑하는 사람을 향한 헌신보다 우선된다. 그는 다음처럼 적고 있다.

"내 앞에는 실질적인 문제가 전혀 없다. 나는 두 가지 위대한 율법을 알고 있다. 나는 그것을 앞으로도 계속 지키는 게 좋다고 여긴다. 아내의 죽음이 실질적 문제를 끝내게 해주었다. 그녀가 살아있는 동안 나는 그녀를 신의 앞에 놓을 수 있었을 지도 모른다. 말하자면 나는 신이 원하는 것 대신에 그녀 자신이 원하는 것을 했을 수도 있다는 말이다, 만일 갈등이 없었다면. 내가 할 수 있었던 게 뭐였든 간에 어느 쪽도 문제가 되질 않는다. 오직 감정과 동기 같은 것들이 차지하는 비중만 남는다. 내게는 나를 어느 한 곳에 갖다놓는 게 문제였다."

그런데도 루이스는(루터처럼) 이 같은 교훈을 마음속으로 받아들이지 못했지만, 그는 헌신의 뛰어난 가치를 믿는다고 공언했다. 신에 대한 자기 자신 혹은 신비적인 결합으로 신과 융합함으로써, 슬픔 속의 '감정과 동기의 무게'는 그가 사랑하는 사람과 함께 있기를 계속 원하는 경향으로 기울어진다는 것이다. 내가 처음에 분석한 그 같은 경향을 말해주는데 주목할 만한 가치가 있는 다음의 내용은, 루이스가 죽음의 병상에서 아내인 조이 데이빗먼과 나누었던 대화가 그가 쓴 '헤아려본 슬픔'의 마지막 부분까지 영향을 미치고 있다.

"그녀의 임종이 다다랐을 무렵 나는 '당신이 할 수만 있다면, 그것이 허락된다면, 내가 죽을 때도 내 곁에 와 주오.'라고 말했다. 그녀는 '허락된다면 이라고요?'라고 말했다. '천국에서 날 붙잡고 있으려면 애 좀 먹어야겠지요. 만약 지옥에서 날 붙잡는다면, 지옥을 박살 내 버리겠어요!' 그녀는 자신이 일종의 신화적 어법에, 심지어는 희극적인 요소까지 곁들여 표현하고 있음을 알고 있었다. 눈은 물기와 더불어 반짝거리고 있었다."

『헤아려본 슬픔』, 홍성사, 강유나 옮김에서 발췌

그녀의 의지는 상정된 신의 의지, 조화에 어긋나지만, 죽어가는 사랑하는 사람을 붙잡아주는 의지 바로 그것이다. 이 열정적인 헌신 즉, 놓아주기에 저항하는 것은 그녀에 대한 루이스의 애도, 그들이 함께 지녔던 것에 대한 헌신을 빛내주는 것이기도 하다.

'그러한 사랑의 관점에서는 불행의 근원은 분리의 고통이면서, 그 고통이 끝나지 않을 것이라는 미래의 상황까지 포함된다. 그 고통은 그녀의 상실이 더 이상 고통으로 느껴지지 않는 상태, 그녀를 되돌리고 싶다는 간절한 욕망을 느끼지 않는 상태다. …'이 운명은 우리가 사랑했고 결혼했던 날들이 마치 매력적인 에피소드(휴일처럼)를 회상하듯이 느껴질 때가 가장 괴롭다. 이 운명은 우리의 영원한 삶을 뜬금없이 간단히 방해했다. 그녀는 내게 있어서 두 번 죽었다. 처음보다 두 번째가 더 괴로운 사별이다. 그것만 아니라면'이라며 루이스는 비탄에 잠겨 쓰고 있다. 루이스가 마지막에 쓴 내용은 종교적 결의로서 그와 그의 부인을 이어주는 의지의 결렬을 나타내기에 더욱 인상적이다. 위에 나온 죽음의 병상에 대한 묘사와는 반대로 책의 마지막 부분에서는 그와 함께 있겠다는 의지에 대한 그녀의 경건한 단념을 축복하고 있다.

그녀는 내가 아닌 신부님에게 이처럼 말했다.
"저는 하나님과 더불어 평화롭습니다."
그녀는 미소 지었으나 그 미소는 나를 향한 것이 아니었다.

루이스가 책의 마지막 문장에 쓴 것은 이탈리아어로 단테의 신곡 중 천국 편에서 인용했다. 번역하자면 '그리고 그녀는 영원의 샘으로 돌아갔다.'인데, 단테가 사랑한 베아트리체는 그를 천국으로 가는 언덕으로 데려간 후, 그와 헤어져 신의 영광을 향해 나아간다. 베아트리체는 이렇게 '무한한 기쁨'(신 안에서의 완전한 행복)

을 성취한다. 이 무한한 기쁨은 단테에 따르면 욕망의 궁극적인 실현이다. '그 빛이 우리에 닿으면 우리는 다른 것을 찾는다고 두리번거리지 않게 된다(불가능하리라).'라고 단테는 쓰고 있다.

베아트리체는 단테 인생의 사랑(그 반대의 경우도 마찬가지)인데, 그들이 상정한 궁극적 욕구는 둘이 더 이상 서로 바라보지 않고 신경 쓰지 않는 상태다. 베아트리체의 궁극적 기쁨에는 단테에게 없고, 단테의 그것도 베아트리체에게 없다. 이에 유추해보면 천국의 루이스에게 데이빗먼은 없고, 마찬가지로 데이빗먼에게도 루이스가 없다. 그들은 신의 영광에 흡수되는 것 말고는 아무 것도 불가능하기에 그들 자신의 존재도 없어지는 셈이다. 이러한 종교적 완성이 그들의 사랑과 인생을 풍요롭게 해주길 바란다. 그들은 말 그대로 신의 무한한 기쁨 속에서 사라지기에 오히려 그들을 파괴하는 셈이다. 따라서 영원함을 받아들이는 종교적 신앙은 유한함을 공유하고 그 삶을 위한 헌신을 계속하려는 통속적 믿음과 직접적으로 대립한다. 장례를 치르는 사람의 입장에서 가장 나쁜 상황(즉 사랑하는 사람의 부재를 더 이상 신경 안 쓰는 상태)은 종교적 입장에서는 오히려 가장 좋은 상태가 된다. 그럼에도 많은 종교적인 사람들이 내세에 있는 사랑했던 사람들과 재회한다는 소망으로 위안을 삼고 싶어 하고 그 위안은 어떤 이유로든 빼앗 길 이유가 없다고도 한다. 내세의 위안이 부서지기 쉬운 상실의 경험에 대처하기 위한 도움이라면 그 나름대로 존중해야 마땅하다. 하지만 이 논의 자체는 통속적 헌신에 토대를 두고 있다는 점에 주의해야 한다. 왜냐하면 헌신에 의해 동기가 부여되기 때문에 우리는 그들이 계속 살아있다고 믿는 위안을 그 안에서 발견할 수 있기 때문이다. 또한 사랑하는 사람과 재회하고 함께 산다는 희망은 루터와 루이스의 사례에서 알 수 있듯이 영원의 개념이 실제로 실현되리라고 약속되지 않는 뭔가에 대한 희망이다. 약속된 종교의 위안이 붕괴하면, 많은 종교 신자들이 똑같은 운명에 괴로워하고, 그들이 경험한 것을 분명히 해주는 별도의 방법에 접할 수 있으며, 거기서 다른 이점을 취할 수 있다고 생각한다. 우리의 애통함, 사랑, 희망, 믿음을 표현하는 다른 방법이 필요한 이유를 이해하는 게 이 책이 제시하는 목적 중 하나다. 테일러와는 대조적으로 많은 통속적인 사람들이 여전히 종교적 장례식에 의존하는 이유는 종교적 장례식이 '영원의 필요성'을 말해주기 때문이 아니다. 오히려 그것은 공동의 방법으로 장례식을 인정하는 통속적인 형태가 아직 발전되지 않았기 때문이다. 이 상황은 이미 변하고 있다. 통속적인 장례식의 발전이 이루어지는 한편 장례식의 과정, 종교적 신념에 의존하지 않는 카운슬링, 집단적 지원의 형태를 이해하려는 통속적인 방법도 있다. 지원은 많은 방법으로 개선할 수 있지만, 더욱 발전시키기 위해 필요한 것은 종교적 신앙, 종교적 어휘가 아니다. 반대로 사랑하는 사람의 추도를 인정하고 보다 풍요롭게 표현된 有의미한 형태(테일러가 언급했듯이 우리의 가장 강렬한 감정을 말하는 죽음의 의식)을 달성하고 싶을 때 표현하는 언어가 필요하다. 인생의 가치에 대한 우리의 믿음과 죽은 자의 기억을 유지하려는 것에 대한 우리의 헌신, 통속적 믿음이 어떻게 기능하는지를 이해하기 위해 미국의 대중 사회에서 그것을 어떻게 표현하는지를 알아보는 게 도움이 될 것 같다.

코네티컷주 뉴타운의 샌디 훅 초등학교에서 발생한 총격사건이라는 현대적이고 비극적인 사망에 대해 생각해보겠다. 2012년 12월 14일, 20명의 아이와 6명의 어른이 살해되었다. 대량학살의 뉴스는 미국 전역을 비통한 슬픔에 휩싸이게 만들었고, 총기 규제를 변경하고, 공격용 무기의 사용을 제한하자는 뜨거운 여론으로 번졌다. 나는 여기서 그 같은 중요한 노력과 사랑하는 사람을 상실한 슬픔에 정의를 억지로 부여하지는 않겠다. 내가 강조하고 싶은 것은 총기규제를 강화하려는 노력과 잃어버린 생명에 대한 슬픔이 이미 끝난 생명의 둘도 없는 가치에 대한 통속적 믿음을 나타낸다는 점이다. 이 통속적 믿음이 사라진다면 세상에 둘도 없는 어떤 것이라도 전혀 상실되지 않기에, 애통할 이유도 없어진다. 보호를 받아야 할 위험이 없기에 비슷한 일이 발생할 것을 막겠다는 동기도 사라진다. 그렇지만 위로를 제공해야 하는 종교적 신앙은 세상에 둘도 없는 손실의 부정 혹은 상대화에 치중한다.

이처럼 뉴타운 총기 사건의 희생자 추도식에서 버락 오마바 대통령은 다음처럼 말했다. "예수님은 말했습니다. 아이들이 내게 오는 것을 용납하고 금하지 말라. 하나님의 나라가 이런 자의 것이니라."(마가복음 10장 14절-옮긴이) 이러한 종교적 신앙은 만일 그것을 믿는다면 뉴타운의 총격사건에 대한 반응을 근본적으로 바꿀 것이다. 살해된 아이들은 무엇보다 소중한 존재가 아닌 보다 높은 존재로 옮겨질 수 있기 때문이다. 살해 자체는 최종적으로 비극이 아니라, 신이 어린이들을 천국의 '집'이라고 부르는 신으로 향하는 도중의 과도기이다. 특정한 신념(어린이들이 살해된 된 것 즉 신이 그 아이들을 집으로 데려가는 것)은 종교적 신앙을 지지하는 많은 사람들에게조차 불유쾌하다는 느낌이 들지도 모르겠지만, 마찬가지로 죽음의 상대화는 속죄에 대한 종교적 신앙으로 일어난다는 것을 알아둘 필요가 있다. 통속적 믿음은 죽음을 되돌리지 않아도 된다. 발생한 사건에서 되돌릴 수 없는 상실이 존재한다는 것을 인정할 수 있을 뿐이다. 통속적 위안은 애통함을 유지해주는 사회적 헌신에 보다 집중할 수 있게 해준다. 또한 슬픔에 내재된 사랑을 인식하게 해주고, 그것을 다른 사람에게 헌신하도록 확장시켜주며, 똑같은 비극이 일어나지 않도록 우리의 허리띠를 바싹 매어준다(이를테면, 뉴타운의 경우, 보다 엄격한 총기규제법, 보다 나은 정신적 정서적 치료 지원, 보다 확대된 사회 정의). 하지만 종교적 위안에 대해 명확한 어떤 것이 있으려면 그것은 뭔가 다른 것을 제공하면서 동시에 형이상학적 관점에서 문제의 죽음은 실제로 최종적이 아님을 주장해야만 한다. 마찬가지로 모든 종교적 위안도 죽음의 중요성을 감소시키고 유한한 생명에 대한 우리의 책임이 중대하다는 사실도 축소시키고 있다. '헤아려본 슬픔'에서 루이스는 다음처럼 정확히 지적하고 있다.

"죽음은 없다, 죽음은 문제기 되질 않는다고 말하는 사람들에게 인내심을 유지하는 게 쉽지는 않다. 죽음은 분명히 존재한다. 그리고 뭐든지 문제가 된다. 무슨 일이 생겨도 결과가 있고, 그것은 결코 되돌릴 수 없는 것이다. 차라리 탄생이 중요하지 않다고 말하는 편이 낫다."

그는 자신이 겪은 애통함의 경험을 말하면서 깊은 믿음을 명확히 제시한다. 초월적 신이나 죽음에서 구원받는 믿음이 아닌 되돌릴 수 없는 죽음에 이르는 소중한 것에 대한 가치의 믿음이다. 무엇이 일어났는지가 중요하고, 우리의 행동에 결과가 있다면 그 일을 원래대로 되돌리지 못한다. 어떤 것이 중요하다는 감각은 통속적 믿음이다. 유한하고 부서지기 쉬운 생명의 형태를 위해 헌신을 유지하는 것이다. 죽음의 위험은 어떤 것을 다른 것보다도 신경 쓴다는 이유를 설명하는 것으로 '헌신'의 원인은 아니다. 하지만 죽음의 위험은 우리가 뭔가를 신경 쓰지 않으면 안 되는 이유의 본질적인 부분이다. 무슨 일이 발생한 것에 책임을 진다, 되돌릴 수 없는 손실의 위험이 없다면 무슨 일이 생겨도 유의미한 결과는 없다. 또한 우리가 사랑하는 사람과의 신뢰를 유지하는 데 어떤 갈등이나 문제도 있을 수 없다.

사랑

삶의 소유는 사랑하는 것의 소유가 아니라 사랑하는 것을 사랑할 소유다. 무엇을 하며 어떤 인생을 영위하는지는 우리가 사랑하는 것의 운명에 의존한다.

1
...

1,600년 전에 성 아우구스티누스는 간단한 실험으로 시간의 경험을 탐구했다. 오늘날에도 그 실험은 누구라도 가능하다. 가령, 좋아하는 곡을 고르고 마음으로 그 곡을 익힌다. 곡의 모든 부분과 곡조의 변화를 익힐 때까지 계속 연습한다. 그런 다음 노래하면, 어떤 곡이 연주되고 마지막까지 얼마나 남았는지 알 수 있다. 그래도 노래하다보면 놓치는 부분이 있다는 것을 알 수 있다. 곡이 마음에 존재하는 순간은 결코 없다. 지나간 악보를 남긴 채, 지금부터 노래할 악보를 예측해서 노래할 뿐이다. 각각의 음정조차 존재하지 않는다. 울리는 순간부터 과거로 변한다. 아우구스티누

스에 따르면 이러한 시간의 경험은 우리 삶의 여러 순간에 작용하고 있다. 혹여 우리는 오늘 여기 있다고 생각할지도 모른다. 하지만 우리가 하는 모든 일은 과거와 미래로 나누어져 있다. 아침에 일어나면 그 날의 일부는 이미 과거로 물러갔고 그날의 나머지는 아직 오지 않은 상태다. 새벽에 일어나 그날의 최초의 한 시간만 집중한다고 쳐도, 그 시간을 현재의 시간으로 붙잡아둘 수 없다. "한 시간… 그 자체는 다른 사이의 순간들로 이루어진다. 시간의 어떤 부분은 과거로 날아갔다. 시간의 나머지는 미래다."라고 아우구스티누스는 적고 있다. 우리는 그 시간을 잊고, 현재에 모든 집중을 쏟을지도 모른다, 현재의 시간 즉 우리가 경험하는 것에 집중한다. 하지만 우리가 현재의 순간을 파악하려고 들면 그것은 없어지는 중이다. 아우구스티누스가 관찰했듯이, '현재가 늘 존재하고, 과거에 불과하다면 그것은 전혀 시간이 아니라 영원이다.' 가장 직접적인 경험조차 이러한 일시성에 의해 특징지어진다. 시간그 자체는 쉬어가는 존재가 결코 아니다. 시간의 모든 순간은 사라지고 만다. 이것은 시간의 경험이라고 말할 수 없다. 환상이다. 우리가 하는 모든 일에 작용한다. 어떤 경험이든 당신은 이미 과거를 유지하고 아직 오지 않은 미래에 자신을 투영할 필요가 있다. 아우구스티누스는 다음처럼 시간의 경과에 대해 말하고 있다.

"우리의 '시간'은 매일 실패하지 않을까. 그 시간들은 제대로서 있기나 할까. 올해가 왔다면, 올해는 이미 존재하지 않는다. 아직 오지 않는 내년도 존재하지 않는다. 지나간 시간은 이미 지나갔고, 우리의 미래에 올 시간도 순서대로 사라진다. 일 년이나 오늘 하루나 마찬가지다. 오늘을 살아야 한다. 우리는 지금 이 순간에 말을 하고 있지만 이전의 시간은 지나갔고 앞으로 올 시간은 아직 도착하지 않았다. 그 시간이 도착하자마자 그 시간은 도망간다."

그의 설교에서 많이 언급되듯이, 아우구스티누스는 현재의 자신이 말하는 행위에 주의를 집중시킴으로써 시간의 경과를 극적으로 표현하고 있다. 그는 자신이 체포될 때조차 자신이 현재 하고 있는 말이 사라진다는 비유를 들고 있다. "나는 현재를 원하지만 아무것도 정지하고 있지 않다. 내가 말하는 것은 사라지고 있다. 내가 말하려는 것은 아직 오지 않았다. 내가 한 것은 이미 존재하지 않는다. 내가 하려는 것은 아직 도착하지 않았다." 아우구스티누스는 라틴어 동사인 'tendere'의 아름다운 표현을 통해 자신의 통찰을 표현하고 있다(손을 쭉 뻗어서 분투하라to stretch and to strive). 뭔가를 향해 긴장하고, 누군가에게 손을 뻗으라는 의미다. 우리가 하는 모든 일에는 손을 뻗어 노력하는 요소가 담겨있다. 우리가 쉴 때조차 자신에게 휴식하는 기간을 늘려 본인의 휴식을 유지하도록 노려하지 않으면 안 된다

모든 활동이 일시적이기 때문이다. 우리가 종사하는 활동(휴식 활동을 포함해)은 한순간에 줄일 수는 없지만 시간을 들여 유지할 필요가 있다. 휴식 기간을 늘임으로써 지금의 상태를 유지하고 계속성을 향해 손을 뻗친다. 좋아하는 곡을 노래할 때 쉼표라는 단

순한 행위조차 지금의 상태를 유지하고 자신을 계속성에 투영하는데 필요하다. 아우구스티누스는 시간의 경험에 관한 형식을 그것을 유지하고, 그것을 분리시키는 양쪽의 특성으로 설명하고 있다. 우리는 과거를 유지하면서, 우리의 판단을 초월한 미래에 투영하지 않으면 안 되기에 시간의 경험은 늘 긴장 상태에 머무르고 있다. 마찬가지로 우리가 사랑하는 것들을 유지할 수 있다는 보장은 어디에도 없다. 행복은 우리가 사랑하는 것을 갖고 유지하는 데babere et tenere 있다. 하지만 우리 자신이나 우리가 사랑하는 사람 모두 일시적인 것으로 우리가 가진 것과 우리가 유지하는 것은 늘 상실을 예감하게 만든다. 기억을 유지하려고 손을 뻗친 순간, 그것은 빼앗길지도 모른다. 우리가 희망을 위해 긴장할수 있는 순간도 결코 도착하지 않을지도 모른다. 그 결과 기회와 위기가 분리될 수 없는 인생이 태어난다. 기회와 위기가 우리의 삶에 넘칠 때조차 더할 나위 없는 행복한 빛도 늘 상실의 그림자를 동반한다. 이에 아우구스투스는 "우리가 사랑하고 얻은 것을 상실하는 것, 우리가 사랑하고 바란 것을 얻지 못하는 것"이라고 말하고 있다. 이것이 통속적인 조건이다 아우구스티누스는 라틴어 'saecularis통속화'를 사용해 공유된 세계와 역사, 우리의 전 세대, 후세대에 대한 헌신을 통해서 시간에 의해 어떻게 우리가 제한되는지를 묻고 있다. 우리가 자신을 발견하는 역사적 세계는 '세상, 속세saeculum'이고 이 세상hoc saeculum-this world은 시간을 초월해 전후 세대에 의존하고 있다.

놀랍게도 아우구스티누스는 이 세계에 사는 것은 늘 믿음의 문제라고 강조하고 있다. 영원을 향한 종교적 신앙이 아닌 유한하며 일시적인 통속적 믿음으로 내가 이 책을 통해 추구하고 옹호한 믿음이다. 그는 종교적 계시를 지지하며, 통속적 믿음의 조건을 초월하기를 지극히 바라고 있지만 이 장에서는 아우구스티누스 자신의 통찰을 인용해 통속적인 믿음이 깊은 헌신을 낳게 하고 유지하는 양상을 살펴보겠다. 통속적인 믿음(종교적 신앙이 아닌)은 세상에 대한 우리의 열정과 상호의 배려를 낳는 원천이다. 제일 쉬운 예로는 다른 사람과의 관계와 의존이다. 아우구스티누스는 그의 논문인 '만사의 믿음Faith in Things'에서 지적하듯이 타인이 우리를 사랑하고, 선의를 품고 있다는 것을 확실히 알 수는 없다. 타인이 선행을 베푸는 등의 모습을 볼 수 있을지는 몰라도 이들 행위는 타인을 신뢰할 수 있는 보장을 제공하지 못한다. 친절을 가장해서 악의를 은폐하거나, 우리에게 위해를 가하려고 계획할지도 모른다. 그렇지만 우리는 뭔가의 이점을 기대하기에 타인은 사랑을 갖고 있지 않아도 우리에게 사랑을 보여줄 수 있다. 타인을 신뢰함으로써 우리는 볼 수 없는 것을 믿지 않으면 안 된다. 물론 맹목적으로 타인을 믿고 따르라는 의미는 아니다. 하지만 우리가 아무리 최선을 다해도 타인에게 주는 믿음과 신뢰를 간단히 줄일 수는 없다. 가장 직접적이고 친밀한 관계에서도 우리는 결코 증명되지 않는 어떤 것 즉, 타인이 우리를 사랑한다는 것을 믿지 않으면 안 된다. 이러한 불확실성의 순간은 없어지지 않는다. 아우구스티누스는 "당신의 마음으로부터 당신은 당신 것이 아닌 마음을 믿는다."라고 표현하고 있다. 또한 그는 통속적 믿음이 사회적 혹은 공동생활 전반에 걸쳐 어떻게 우리 삶의 측면에 영향을 끼치는지(우정, 결혼, 부모 자식 간에 이르기까지)를 언급하고 있다. '만일 인간의 삶에서 이 믿음을 없앤다면, 무질서가 얼마나 커질지, 어떤 무서운 혼란이 이어질지 그 누가 살펴볼 것인가!'라며 아우구스티누스는 묻고 있다. 이어서 그는 말하고 있다.

"사랑 그 자체는 보이지 않는다. 만일 내가 보이지 않는다는 이유로 믿지 않는다면? 가령, 우정은 서로의 사랑이라고 말할 수 있기에 완전히 사라질 것이다. 아무것도 보이지 않는다고 생각하면 다른 사람으로부터 대체 뭘 받을 수 있을까. 우정이 사라지면 마찬가지로 결혼의 인연이나 관계, 친밀함의 인연도 마음에 남지 않는다. 왜냐하면 이들은 우호적 조화의 정신이 깃들어 있기 때문이다. 그러면 부부는 사랑이 보이지 않는 한, 사랑이 있다고 믿지 않기에 서로 애정을 품을 수가 없다. 또한 아이가 사랑을 되돌려줄 것이라고 믿지 않기에 아이 갖기를 원하지 않게 된다. 만일 아이가 태어나 성장하면 부모 자신은 스스로를 사랑하는 일이 적어지고, 사랑은 눈에 보이지 않기에 아이의 마음속에 부모를 향한 사랑이 있는지 볼 수도 없다… 따라서 우리가 보지 못한다고 믿지 못하면 조화는 깨지고 인간 사회 자체가 제대로 성립될 수도 없다."

여기서 아우구스티누스는 내가 통속적 믿음에 필요한 '불확실성'이라고 부르는 것에 대한 설명을 제공하고 있다. 우리는 살면서 타인에게 우리의 번영을 의지하기에, 친구나 파트너, 자녀들을 지속적으로 믿지 않으면 안 된다. 그 같은 신앙은 '조화의 정신 spirit of harmony'으로 유지될지도 모르지만, 신뢰할 수 있는 것은 각각 가변적이고 좋든 나쁘든 우리의 기대를 뒤엎을 가능성이 있기에 늘 부서지기 쉽고 파괴되기 쉬운 가능성에 고민한다. 나아가 통속적인 믿음의 불확실성은 타인과의 관계뿐 아니라 우리 자신의 경험에서도 필요조건이다. 아우구스티누스가 강조하듯이 모든 시간적(통속적) 경험에는 그것을 이해(지성)하는데 있어서 고유의 신념을 믿는 요소가 포함되어 있다. 그는 이 발언을 더 이상 전개시키지는 않지만 그의 시간의 분석에 따르면 그 논의를 해석할 수 있다. 과거는 확실성의 대상이 되지는 못해도, 자신의 기억, 타인의 일에 대한 설명을 신뢰할 필요는 있다. 또한 미래는 아직 믿지 못하기에, 통속적 믿음은 우리의 경험에서 더 이상 어떻게 해볼 수 없는 부분인 불확실성에 처하게 한다. 우리가 현재의 순간(늘 과거의 기억과 미래의 기대에 의존하면서)에서 결코 쉴 수 없다는 사실을 생각하면 우리의 통제를 초월한 것에 의존하게 된다. 통속적 믿음에 필요한 불확실성은 적극적인 기회와 부정적인 위험, 양쪽의 근원이다. 불확실성은 과거를 회상하게 해주고, 미래의 약속을 열어준다. 하지만 이 약속에 대한 믿음을 유지하는 것은 무슨 일이 일어나느냐에 따라 고민을 안겨 줄 수도 있다. 마찬가지로 믿음은 타인을 신뢰하고 사랑할 수 있게 해준다. 하지만 믿음을 다른 것으로 대체하게 되면 배신을 당하거나 따돌림을 당할 지도 모른다. 이 같은 취약성은 통속적인 믿음에 내재하는 실존적 헌신을 증명한다. 우리는 미래에 부서질지도 모르는 삶을 유지하는데 자신 혹은 자신이 배려하는 사람을 위해 헌신하기 때문이다. 우리가 사랑하는 사람과 함께 살면서, 긍정적 방향을 함께 나누면서 헌신하는 까닭은 우리가 이별의 슬픔에 취약해서다. 이들 헌신은 아우구스티누스가 '쿠피디타스cupiditas-욕망'이라고 부르는 일시적인 것으로 통속적인 사랑이다. 상대를 위해 누군가를 사랑하거나 통속적인 세계의 번영을 위해 삶을 함께 나누는데 전념하면 우리는 아우구스투스가 말한 쿠피티타스에 사로잡히는 셈이다. 설혹 통속적인 사랑이 가장 바람직한 형태로 유지된다고 해도 그것은 우리 혹은 누군가가 아직 안전하지 않은 무언가에 집착하고 있기에 위험한 그대로다. 사랑하는 사람은 언제든 죽을 가능성이 있고, 우리가 유지하려는 세상은 붕괴할 가능성이 있다. 아우구스티누스는 이러한 손실과 상실에 처하는 상황이 우리가 신경 쓰는 이유의 본질적인 부분이라는 것을 인식하고 있다. 우리가 행하는 모든 것, 사랑하는 모든 것은 종말을 맞이하기에 마음을 거기에 두고 염려할 수 밖에 없다. 우리가 하고 있고, 사랑하고 있는 것은 그저 사실로서 주어지는 것이 아니라 유지하지 않으면 안 되는 것이다. 이러한 유한성(우리의 유한성과 우리가 사랑하는 것에 대한 유한성)은 통속적 믿음에 대해 강한 동기를 부여하는 힘에 내재되어 있다. 우리가 사랑하는 것에 대한 믿음을 유지하라고 우리에게 떠미는 이유의 일부는 그 관계가 상실될지도 모르기에 그에 따라 우리의 헌신이 필요하게 될 거라는 걱정이다. 통속적인 믿음의 역동성을 구체적으로 하려면 당신이 지금 읽고 있는 책을 쓴 나의 사례부터 시작하는게 좋을 듯싶다. 이 과제를 실시하는데 통속적 믿음에 필요한 불확실성을 꼽자면, 내가 쓴 책을 당신이 읽을 거라는 미래의 나와 관련된 상황을 들 수 있다. 우선, 내 언어가 당신에게 가서 닿을지 어떨지도 모른다. 만일 가서 닿는다 해도 당신이 어떻게 받아들일지 나는 모른다. 내가 주장하는 것을 당신이 이해하리라고 믿을 수밖에 없다. 나아가 내가 이들 언어를 쓸 때의 불확실성은 내 자신의 경험에 따른 상황이다. 이 문장이 끝날 무렵에 도달하기 전까지는 내 자신에게 무엇이 일어날지를 확신 못한다. 내 자신의 논점을 이끌어주는 실마리를 떠올리게 되면, 내 심장은 계속 고동칠 것이고, 내 뇌로 지속적인 산소의 공급이 이루어질 것이라는 믿음을 가져야만 받아들일 수 있다. 이것이 내게 중요하다면, 내 인생을 영위하는 과제에 실존적 헌신을 갖고 있기 때문이다. 이 책을 쓸 때, 나는 책을 다 끝낼 때까지, 출판 기념회에 나갈 때까지 충분히 살 수 있을까, 라는 데만 신경쓰지 않는다. 지금의 나는 성공이나 실패할 가능성이 있는 철학적 과제에도 도전하는 중이다. 나는 성공의 기준을 유지함으로써, 계속 실패할 가능성에 처한 셈이 된다. 그 책은 거절당하거나 오해를 받을 수도 있고, 책은 이러저러해야 한다는 나 자신의 개념에조차 따르지 않을지도 모른다. 실패의 가능성은 책을 쓴다는 나의 헌신을 유지하는 동기 부여의 힘에 내재되어 있다. 내게 할 마음을 일으키는 힘은, 내가 말하지 않으면 안 될 것의 중요성에 대한 내 신념에 의존하지만, 내가 실패할 가능성이 있다는 내 신념에도 의지한다. 내가 실패할 가능성이 있다는 신념은 성공하려는 동기의 일부고, 내가 하는 것에 주의를 지속적으로 기울이고 내 논점 등을 개선하기 위해서다. 통속적인 믿음의 역동성은 내가 지향하는 것을 달성한다고 끝나지 않는다. 역동성은 사는 것, 일하는 것, 그리고 사랑하는 것에 대해 진심의 상태로 계속 대하는 것이다.

내가 당신을 사랑하고, 당신이 나를 사랑하기에 우리는 행복하다는 시나리오를 떠올려 보자. 이 사랑의 완성조차 통속적인 믿음의 역동성이 작용하고 있다. 당신을 사랑한다는 것만으로 나는 우리의 관계가 어떻게 변할지 알 수 없다. 내가 당신을 사랑한다는 것의 일부는 당신이 나와 동일하지 않고 당신이 내게 뭔가를 할지를 내가 제어할 수 없는 것이다. 이처럼 알 수 없는 것에 대해 내가 처해지는 상황은, 당신을 믿어야 할 가능성을 부여해주고 예상치 못하는 것에 대해 마음을 대비하게 해주는 한편 고통과 슬픔을 남기기도 한다. 이들은 우리의 사랑에 필요한 불확실성이다. 마찬가지로 우리의 행복은 서로 믿음을 유지하는 것에 의지한다. 함께 있는 것이 우리 삶에서 최선이라고 주장할 수는 없다. 우리는 그것이 그렇다고 믿고 그 믿음에 따라 행동하지 않으면 안 된다. 이는 우리가 사랑에 헌신하는 것이다. 나아가 우리의 헌신을 유지하려면 우리 사랑의 가치뿐 아니라 그 불안정조차 믿지 않으면 안 된다. 우리는 자신의 사랑이 실패할 가능성도 믿지 않으면 안 된다. 그것은 한번만 주어지는 게 아니라서 우리는 늘 신경을 쓰지 않을 수 없다. 이 실패의 위험은 우리의 사랑에 동기 부여를 해주는 힘에 내재되어 있다. 내가 지금까지 언급한 것은 개인의 소망 혹은 친밀한 관계의 사랑 중 어느 한쪽에 초점을 맞춘 것이다. 하지만 통속적인 믿음의 역동성은 공동의 노력으로 나타난다. 가령, 우리가 보다 큰 사회 정의를 실현하는 과제에 종사한다면 우리는 나름대로의 원칙과 그 원칙이 요구하는 실천의 형태에 대한 실존적 헌신을 공유한다. 우리는 특정한 가치관과 불화, 투쟁을 통해 그것들을 지지하는 것의 중요성을 믿는다. 이 실존적 헌신은 통속적 믿음에 필요한 불확실성의 영향을 받는다. 우리의 집단 과제가 깔끔히 마무리되고 우리가 행동한 결과가 미리 열매를 맺으리라고 확신할 수 없다. 이렇게 필요한 불확실성은 과제를 위험에 처하게 한다. 성공 못할지도 모르고 내부의 이견, 외부와의 대립으로 무산될지도 모른다. 그러나 위험은 과제에 대한 헌신을 동기부여하게 해주는 힘의 일부이기도 하기에 우리는 사회정의에 전념한다. 그것은 사실로서 주어진 것이 아니라 그 존속을 위해 우리의 노력이 필요하기 때문이다. 사회정의는 늘 유지되지 않으면 안될 일상의 형태이기에, 우리가 노력하는 사회정의를 달성했을 때, 이 신념의 역동성은 끝나지 않는다. 사회정의에 애쓰는 것은 사회적 관계가 있는 한 계속되는 과제에 애쓰는 것이다. 따라서 통속적 믿음의 역동성은 개인의 소망, 사랑의 관계, 집단적인 노력에 그치지 않고 계속적인 헌신의 가능성을 설명해준다. 이들은 시간에 얽매인 과제에 전념하기 위한 통속적 믿음의 형태다. 그렇다면 통속적 믿음과 종교적 신앙의 차이는 뭘까. 현대 신학자인 폴 틸리히의 저서 '믿음의 역동성'은 내 논점에 관해 언급하고 있다. 그는 믿음을 '궁극적인 걱정'을 지닌 것이라고 정의하고 있다.

우리가 다른 누구, 다른 것 그 자체를 목적으로 뭔가에 전념할 때, 우리는 믿음(궁극적인 걱정)을 가진 것이고, 만일 상황이 요구하면 우리가 믿는 것 혹은 가치가 있는 것을 유지하기 위해 다른 것을 위한 흥미나 열정을 희생하는 것도 괘념치 않는다. 이렇게 따지고 보면 통속적인 사람이나 종교적인 사람도 신앙을 갖고 있는 셈이다. 하지만 결정적 차이점은 종교의 궁극적 관심은 모든 관심을 배제하려는 존재가 되는 것이다. 종교적 신앙은 의구심과 불확실성에 처해 있지만 그 목표는 '도달하려는 거리의 요소가 극복되면서, 그와 더불어 불확실성, 의구심, 용기 그리고 위험'의 상태에 도달하는 것이다. 종교적 노력의 목적은 완전한 안전을 달성하는 것이다. 거기서는 불확실한 믿음에 기댈 필요도 없어지고 모든 걱정을 가볍게 놓아버릴 수 가 있다.

틸리히는 '믿음은 없다. 신의 조용한 비전에 믿음은 없다. 하지만 그처럼 조용한 비전에 도달할 가능성에 대한 무한한 걱정이 있다.'라고 강조한다. 마찬가지 논리로 아우구스티누스는 믿음은 잠정적인 것이라서 신의 앞에 섰을 때라야 바뀔 것이라고 주장한다. 우리가 구원을 얻을 때, 그것은 희망이나 믿음이나 소유를 넘어서는 것이리라. 구원은 모든 헌신과 애씀에 종지부를 찍는다. 종교적 의미에서 구원받는 것은 신경 쓸 사안은 아니다. 그래서 종교적 신앙과 통속적 믿음을 두 가지 서로 다른 동기 부여의 구조로서 설명할 수 있게 된다. 내가 종교적 신앙에 동기 부여받는다면, 내 노력의 목표는 평화에 머무르는 것이 될 것이다. 그 평화는 결코 안 올지도 모르지만 소망이 이루어지면 어떤 걱정도 사라진다. 궁극적인 관심사는 걱정하지 않는 것이니까. 반대로 통속적 믿음에 동기 부여를 받는다면, 걱정거리가 내가 지향하는 것이니 일부가 된다. 내 소망이 완전히 채워진다 해도(달성된 완벽한 사회정의 속에서 내가 사랑하는 사람에게 행복하며 만족스럽고, 내가 하는 일이 번창한다 쳐도) 내가 신경 쓰는 것은 모든 시간을 들여 유지하지 않으면 안 되기에 나는 여전히 걱정한다. 내가 헌신하거나 신경 쓰는 모든 것이 제 때 유지되지 않거나 상실할 수도 있기 때문이다. 상실의 위험은 내가 신경 쓰고 있으며, 어떤 일이 생기면 꽤 중요한 사안이 되기에, 내게 계속 충실할 것을 강요하는 이유가 되기 때문이다.

2
...

아우구스티누스의 관점으로 바라보면 통속적인 믿음은 가장 비통하고 잘못된 형태의 사랑이다. 그는 큐피디타스Cupiditas(유한한 사랑, 끝날 수밖에 없는 삶의 유한한 형태) 즉, 우리가 상실할 가능성이 있는 것에 의존하기에 '잘못된' 사랑의 종류에 빠진다는 것이다. 이러한 종류의 사랑은 우리의 정열을 자극할지 모르지만 파괴적인 감정으로 이어질 수도 있다. 가령, 정치적 목적에 전념했는데 그 원인이 어떤 이유로 훼손된다면 분노와 절망을 느낄지도 모른다. 마찬가지로 어떤 사람을 사랑했지만, 상대에게 버림받으면 복수하거나 그대로 무너져 앉을지도 모른다. 우리의 헌신과 사랑은 두려움과 증오로 변하고, 우리의 공격성을 키워준다. 이는 아우구스티누스가 큐피디타스를 모든 악과 모든 죄의 근원이라고 비난하는 이유다. 우리가 상실할 가능성이 있는 것을 사랑하기에, 우리는 상처 받고, 타인을 상처 주는 경향이 있다. 여기서 아우스티누스는 제1장에서 언급했던 그리스와 로마의 스토아학파가 깊게 이해했던 문제를 거론하고 있다. 스토아학파는 우리의 취약성의 가장 깊은 원인은 우리의 몸이 약하거나 사고 따위가 우리에게 덮치거나, 타인에게 배반당할 가능성이 있기 때문이 아니라고 주장한다. 우리를 취약하게 만드는 것은 이들이 중요하다는 우리의 신념이자 우리가 누군지를 정의하기 때문이다. 우리가 최종적으로 제어할 수 없는 것에 자신을 엮음으로써(가령, 사랑하는 사람들이나 정치적 커뮤니티의 운명) 우리에게 무슨 일이 일어나느냐에 따라 부서질 위험이 있다. 우리는 상실할 수 있는 것에 의존함으로써 분노와 슬픔에 우리를 열어둘 수 있다. 반면에 스토아학파의 목적은 우리를 동요시킬 가능성이 있는 모든 것에서 독립시키는 것이다. 이는 우리를 괴롭힐 가능성이 있는 것의 가치를 믿는 것을 그만 둘 필요가 있다. 우리가 상실 가능성이 있는 것에 집착하지 않으면 상실감을 느끼지 못한다. 누군가 우리에게 해를 끼쳐도 그 피해를 받기 쉬운 자신의 어떤 부분에도 집착하지 않기에 화내거나 보복지도 않는다. 이토록 '분리를 실천하면 우리는 무슨 일이 일어나도 안심을 유지한다. 스토아학파의 목표는 말 그대로 무관심(apatheia-아파테이아, 스토아학파가 주장한 정념에서 해방된 혹은 초월한 상태-옮긴이)이다. 모든 열정에서 벗어난 자유다. 열정은 우리를 우리가 통제 못하는 세계에 인질로 묶어놓기 때문이다. 이 같은 스토아학파다운 해결책은 아우구스티누스의 입장에서는 환상이다. 그래서 그는 그 환상을 거절한다. 그가 강조하듯이 우리는 자신을 자급자족의 독립된 존재로 바꿀 수 없다. 우리는 본질적으로 서로 의존하는 열정적인 살아 있는 존재다. 우리는 자신의 존재를 유지하려고 자신 이외의 것에 손을 뻗치지 않으면 안 된다. 그래서 해결책은 우리의 욕망을 없애거나, 사랑을 철회하는 게 아니다. 결정적인 요인은 오히려 우리가 누구를 사랑하고 무엇을 사랑하느냐다. 아우구스티누스는 "사랑… 하지만 사랑하는 것에 조심해야 한다."라고 말한다. 유한한 사람을 사랑한다면 우리는 슬픔에 빠진다. 하다못해 그 같은 사랑은 죽음이나 분리에 의해 중단된다. 최악의 경우, 그것은 격동과 고통이 따르는 배반으로 이어진다. 아우구스티누스의 입장에서 우리는 유한한 존재cupiditas에 대한 사랑을 신의 영원한 존재(caritas, 카리타스, 신의 사랑에 머무른다는 뜻-옮긴이)로 바꾸어야 한다. 우리가 자신을 사랑하거나 타인으로 사랑을 넓힌다면, 그것은 우리가 타인의 유한한 존재성에 집착하는 게 아니라 우리의 이웃을 우리 자신으로서 사랑한다는 기독교인의 사명이라는 뜻이다. 아우구스티누스가 설명하듯이 사명은 우리가 자신을 위해 이웃을 사랑해야 한다는 의미가 아니다. 우리가 자신이나 이웃을 그 자체로서 사랑하라는 의미다. 우리 자신도 이웃도 스스로 가치를 갖고 있지 않고, 오직 신의 영원함에 속할 때라야만 그 가치를 갖는다. 따라서 아우구스티누스는 그 자체의 목적으로서 주어진 생의 모든 것을 즐겨서는(frui, 프루이, 영어의 enjoy에 해당-옮긴이) 안 된다고 강조한다. 오히려 우리는 신의 영원함에 대한 헌신의 수단으로서 우리가 사랑하는 것을 사용(uti, 우티, use)해야 한다는 것이다. 우리에게 친구, 배우자, 자녀가 있다면 그들 자신을 위해 그들을 사랑해서는 안 된다. 우리는 그들을 신을 사랑하는 것의 목적을 위한 수단으로서 그들을 사랑해야 한다. 이러한 사랑의 전환을 통해 우리는 다른 유한한 존재에 의존하지 않고 오직 신에게만 의존하게 될 것이다. 우리의 친구가 적이 되어도 우리는 그를 여전히 사랑하고 그의 가장 흉악한 행위도 용서할 수 있다. 우리는 그의 특정한 존재나 특정한 행위에 집착하지 않지만 신을 사랑하는 기회로서 그를 사용하기 때문이다. 마찬가지로 우리의 배우자에게 배신당해도 우리는 분노하거나 마음이 황폐해질 필요가 없다. 배우자를 통해 신을 사랑하고 그 사랑은 배우자의 행위에 영향을 받지 않기 때문이다. 만일 당신의 자녀가 죽어도 당신은 비통해하지 않을 것이다. 자녀가 신의 영원함에 속해 있다면 사랑하지 않을 이유가 없기 때문이다. 아우구스티누스와 스토아학파는 똑같은 종교적 목표를 달성하는데 서로 다른 방법을 제시하고 있다.(상실감에서 벗어나 마음의 평화를 갖는 것) 그 차이는 아우구스티누스는 그러한 종교적 충족감이 이 세상에서는 이루어진다고 생각하지 않는다. 우리는 인생 그 자체를 위해 지금의 인생을 사랑하는 듯이 오해될 가능성이 있고, 신의 은총에 의존하는 우리의 구원에 대해 끊임없이 걱정하지 않으면 안 된다. 하지만 구원 그 자체는 모든 헌신과 열정의 마지막으로 여겨진다. 구원은 모든 노력이 끝나고 모든 행동이 멈추고 모든 욕구가 정지하는 상태에 도달하는 것이다. 우리가 그것을 아는지 모르는지에 상관없이, 아우구스티누스는 그러한 평화에 우리가 노력을 기울이는 게 당연하다고 여긴다. 이 세상에서 생활에 전념하는 우리들조차 실제로는 신의 영원한 존재로서 영원한 안식(quies)을 추구한다는 것이다. 그가 '고백록'에서 밝혔듯 '우리의 마음은 스스로 휴식을 찾을 때까지 쉴 수가 없는' 것이다.

따라서 우리 삶의 궁극적 목적은 평안한 휴식이다. 이 같은 전제는 영원에 관한 모든 종교적 이상의 공통분모다. 이는 우리에게 충실감(최상의 존재의 상태)이 어떤 것인지 생각하게 만든다. 말할 것도 없이 모든 헌신에서 해방된 상태를 말한다. 우리는 늘 삶에 헌신하고 있는데도 종교적 목표는 그 헌신에서 해방되고 벗어나는 것이다. 따라서 우리의 유한한 삶에 대한 애착은 우리가 구원을 얻는데 방해가 된다. 우리가 자신을 포함해 유한한 삶에 집착하는 한, 우리는 걱정에서 해방될 일이 결코 없다. 무슨 일이 일어나느냐에 따라, 우리는 고통과 즐거움, 희망과 절망에 좌우될지도 모른다. 영원을 위한 종교적 이상을 받아들인 사람에게 그 같은 취약성은 구원의 길로 나아가는데 필요악으로 인식될지도 모른다. 하지만 그것은 선 그 자체의 일부로서 간주할 수 없다. 바람직한 사례를 들자면 불교의 열반이라는 개념이다. 열반에 들어가면 무적이라고 강조한다. 열반은 우리가 어떤 고민도 겪지 않고 해를 입을 모든 가능성에서 벗어난 상태다. 우리는 완전한 휴식과 절대적 영속성의 상태에 도달했기에 아무런 걱정도 없다. 불교에서는 그 같은 상태를 진정한 의미의 유일한 '만족'이라고 여긴다. 다른 모든 형태의 경험은 기본적으로 '불만족'이라고 생각한다. 여기서 중요한 용어는 '둑카dukkha'인데, 괴로움이라는 의미이지만 정확히 번역하자면 '불만족'이다. 불교 신자의 주장은 우리의 가장 큰 행복과 기쁨의 경험을 포함해 유한한 삶의 모든 경험은 영속적이 아니라서 충분하지 못하다는 것이다. 오랫동안 지속한다고 해도 우리는 늘 그것들을 잃을 가능성이 있다. 그래서 불교는 무상인 모든 것으로부터의 분리를 주장한다. 유한한 삶에 집착하는 것은 자신을 위험하게 만들고 일어난 일로 인해 상처를 받기 때문이다. 그래서 불교는 우리가 자신을 무상에서 분리하고 열반의 평화 속에서 휴식하기를 열망해야 한다고 말한다. 절대적인 영속성의 가치에 동의함으로써 불교는 영속적이 아닌 모든 것의 가치를 끌어내린다. 우리의 헌신이 불만족스럽고 가치가 없다는 것이다. 하지만 무상한 것을 모두 제거하면 삶 그 자체를 없애는 것이고 죽으면 말 그대로 아무 것도 남지 않는다. 열반에는 죽음이 없지만, 탄생, 불안, 행위, 활동, 노화, 성장, 고통, 정열도 없다. 평온을 방해하는 것도 없다. 말하자면 아무 일도 일어나지 않는 상태다. 열반은 역설적으로 영원함에 대한 모든 종교적 개념에 상반된다. 절대적 충족은 절대적 허무와 분리할 수 없고, 절대적 존재는 절대적 부재와 분리하지 못한다. 내 주장은 그 같은 존재의 상태를 위해서 우리가 노력해야 한다는 생각을 거부하자는 것이다. 내재적 분리가 되었든, 초월적 영원이 되었든지 간에 상실감에 대한 종교적 구원은 어떤 문제든 해결책이 될 수 없다. 우리의 꿈을 실현시켜주지 못하고 우리가 누군지 우리의 존재조차 사라지게 만든다. 슬픔에 대해 불사신이 되는 것은 완벽함이 아니다. 헌신의 능력을 빼앗는 것이다. 그리고 평온 속의 휴식도 취할 수 없다. 그저 죽음일 뿐이다. 어쩌면 이 논의는 치유의 문제다. 나는 삶이 꽉 막혔다는 생각을 놔버리라고 말하는 것이다. 영원한 안식은 오직 무덤 속에서만 존재한다는 것을 인식하자는 것이다. 취약해지자는 게 아니라 그 취약성이 우리가 바라는 선의 일부라는 것을 배울 필요가 있다는 뜻이다. 그럼으로써 우리의 유한함(우리가 사랑하는 것에 대한 유한함)을 바라보는 법을 배울 수 있다. 유한함 그 자체는 제한을 받지 않는다. 유한한 삶으로 맺어진 우리의 인연은 우리를 제한하지만, 우리를 지탱해주고 세상과 다른 사람들에게 우리를 열어주기도 한다. 이러한 치유는 유한한 삶에 전념하는 위험에서 우리를 해방시켜주지는 않는다. 우리는 스스로 삶을 견디지 못할 뿐더러, 우리가 의존하는 사람들이 우리의 인생을 망칠 가능성도 있다. 우리 자신의 힘은 유한적이기에 고갈되면서 삶을 견디지 못하게 될 가능성이 있다. 말 그대로 위험한 것이다. 그렇다고 완전히 유한함을 초월할 이유는 되지 못한다. 우리의 상호 의존을 진정으로 받아들이고 함께 살아가기 위해 보다 나은 방법을 찾아볼 이유는 된다. 상호의존의 인식은 통속적 믿음이 필요하다. 보장할 수는 없지만 타인과의 신뢰 관계를 유지할 필요가 있다. 혹여 우리가 상실감에 대해 무방비가 될 수 있어도 사랑하는 것을 계속 믿기를 요구한다. 사실 이려요 일이다. 상실할 가능성이 있는 것을 사랑함으로써 아우구스티누스가 특정한 것에 따르는 모든 것의 위험은 실제의 가능성이기 때문이다. 우리의 사랑은 상처를 받으면 분노하고, 죽음이 찾아오면 비통해하고, 희망이 부서지면 절망으로 이어질 가능성이 있다. 하지만 그 취약성은 우리를 세상, 자기 자신, 그리고 타인에게 받아들여지도록 해준다. 기쁨, 인연, 사랑을 느끼는 능력은 물론이고 불확실성과 위험의 감각도 차단할 수 없다. 우리가 제어할 수 있는 것을 초월한 뭔가의 중요성을 인정해야 비로소(즉, 취약성을 통해서만이) 우리는 무엇이 일어났을 때 감동할 수 있다. 소중한 기쁨의 내면적 질감은 그 불안정감의 감각과 분리할 수 없고, 타인과 인연을 맺는 가치는 그 인연이 끊길 위험이 없이는 느끼지 못한다. 따라서 취약성은 수동적인 표출뿐 아니라 모든 형태의 능동적인 헌신의 조건이 된다. 어떤 것에 헌신하는 것은 성공과 실패에 대해 취약하다는 것을 뜻한다. 우리가 어딘가에 헌신한다면, 그것을 실패로서 경험할 수 있기에 우리 자신을 위험에 노출시키는 셈이다. 그래도 자신이 하고 있는 것을 즐기면서 평가할 수 있는 것은 헌신한다는 위험을 무릅쓸 때뿐이다. 마찬가지로 우리가 다른 사람에게 헌신할 때, 우리 삶에 다른 사람의 존재를 받아들이는 경이로움에 자신을 활짝 여는 동시에 배반이나 상실의 위험에 노출시킨다. 엄숙한 평정심이 있다손 치더라도 자신을 완전히 지킬 수는 없다. 반대로 최상의 행복과 고통, 성공과 실패, 가능성과 위험의 관점에서 어떤 일이 생기는 것을 경험할 것이다. 아우구스티누스 그 자신은 그 같은 헌신이 얼마나 깊은지에 대해 잘 느끼고 있다. 그는 '고백록'에서 타가스테에서 수사학의 스승으로 있을 때의 우정에 관해 회상하고 있다. 이 우정은 그의 표현에 따르면 대단히 빛났기에 많은 학자들은 그 두 명의 젊은 남자들이 연인 관계가 아닌지 의문스러워했다고 한다. 그는 이전에는 없었을 만큼 그의 인생을 빛나게 해준 최상의 행복에 관해 '우정은 내가 경험한 인생의 모든 감미로움을 초월한 나만의 감미로움이자, 내 영혼은 그가 없이는 견딜 수 없었다.'라고 언급하고 있다. 그가 상대를 받아들이고, 상대에게 헌신하는 행위는 시간의 리듬에 대해 갈수록 취약해진다는 것을 뜻했기 때문이다. 그는 그 친구가 없을 때에는 '초조함을 느꼈고' 그 친구가 돌아왔을 때에는 기쁨에 휩싸였다. 함께 지내는 시간은 새로운 절정으로 향한 상승기류였고, 그가 없을 때 느꼈던 고통을 저 멀리 떼어 놓았다. 이처럼 사랑의 경험은 그의 인생에 보다 예민한 초점을 선사했는데, 동시에 그가 타인에게 더 깊게 의존하게 만들었다. 이는 로마의 시인 호라티우스의 '그는 내 영혼의 절반이었다.'는 한 마디로 더욱 강렬하게 표현할 수 있다. 아우구스티누스는 그 친구와 상당히 친밀했기에 그가 그 친구의 존재의 본질 그 자체를 공유했다는 것을 뜻한다. 만일 그가 그 친구를 잃었다면 아우구스티누스는 자신의 존재 자체로부터 분리될 가능성이 있음을 의미한다. 그런데 우려했던 일이 발생했다. 그 둘의 정열적인 관계가 1년도 채 지나기 전에 그 친구가 죽었고, 아우구스티누스는 반쪽을 잃었으며 유족이 되었다.

"내 마음은 고통으로 캄캄해졌고, 내가 본 모든 것은 죽음이었다. 내 나라는 내게 고통이었고 내 집은 기묘한 불행이었다. 우리가 함께 지낸 것, 말한 것은 모두 그가 없는 지금, 내게는 그저 고문일 뿐이다. 내 눈은 어디라도 그를 찾고 있었지만, 그를 발견할 수 없었다. 우리가 만났던 장소는 그가 없기에 모두 혐오스럽다.

그가 살아있을 때, 사람들이 날 보며 '저봐, 그는 금세 올 거야.'라고 말하기도 불가능하다. 나는 스스로에게 어려운 질문이 되어가고, 왜 슬픈지 왜 나를 이토록 불안하게 하는지 내 영혼에게 물어보았다. 내 영혼은 어떻게 대답해야 좋을지 모른다고 했다. 내가 신을 믿는다고 말해도 영혼은 날 따라주지 않았다. 왜냐하면 내가 가장 사랑하는 사람으로 내가 잃은 내 친구는 내 영혼이 믿으라고 한 환상의 신보다 더 현실적이고 더 뛰어났기 때문이다."

그 친구의 죽음이 상실의 고통과 절망에 처하게 만들어도 아우구스티누스는 그 친구에 대한 사랑을 계속 유지하려고 애쓴다. 이는 통속적인 믿음의 행위다. 왜냐하면 유한성을 지녔으며 사랑의 원천이기도 한 취약성을 이 한사람에게 바쳤기 때문이다. '그 슬픔이 내게는 너무 쉽게 그리고 깊숙이 침투한 이유는 인간이라면 언젠가 죽을 운명인 남자를 사랑함으로써 모래 위의 물처럼 내 영혼을 쏟아 부었기 때문이다.'라고 그는 회상하고 있다. 기독교 신자인 아우구스티누스는 그 사랑에 쓸데없이 애쓴 것을 유감으로 생각하고 있다. 상실의 가능성이 있는 삶에 사랑을 속박시키지 말고 신의 영원함에 사랑을 쏟아야 했다. 그래도 아우구스티누스는 그 자신의 고백을 통해 통속적인 아우구스티누스의 면모를 보여주고 있다. 사랑했던 그 친구가 '내 친구는 내 영혼이 믿으라고 한 환상의 신보다 더 현실적이고 더 뛰어났기 때문에' 한번 가면 오지 않는 인생을 신의 생각에 따라 위로받기를 거부했다. 그가 공식적으로 밝힌 이야기에 따르면, 그가 거부한 신은 그가 인생의 후반에 발견한 진정한 기독교의 신이 아니었다고 주장한다. 하지만 그의 저작물은 별도의 이야기를 전해주고 있다. 그가 신의 위안을 거부한 것은 신성한 영원성을 이해하지 못했기 때문이 아니라, 그 친구를 사랑했기에 그리고 둘이 함께 보낸 시간이 지극하리라고 믿었기 때문이다. 그는 신의 영원함을 추구하기 보다는 둘의 인생이 계속 이어지기를 원했을 뿐이다. 그 자신이 밝혔듯이 그 같은 통속적 사랑은 영원성을 추구하는 종교와 양립할 수 없다. 영원성에 기반을 둔 종교적 사랑은 유한한 사랑을 수단으로 취급한다. 그리고 그 자신의 권리로 함부로 사랑하지 않도록 주의해야 한다. 아우구스티누스는 고백록의 첫 부분에서 말했듯 '내 죄는 이렇다. 나는 쾌락과 고양감, 믿음을 신 자체가 아닌 신의 피조물(내 자신과 다른 모든 것들)에서 찾아 헤맸다. 그래서 나는 슬픔과 혼란, 그리고 잘못된 길로 접어들었다.'

그는 자신의 영혼이 죽어가는 것을 붙잡는 '어리석은' 짓에 얽매이지 않도록 간절히 원하고 있다. 영혼이 신의 영원함을 향하지 않는다면 그것은 '슬픔에 고정된다.' 왜냐하면 일시적인 것은 모두 사라지기 때문이다. 놀라울 만큼 정확하게 그는 정열적인 사랑뿐만 아니라 육체적 감각의 기본적인 즐거움에 대한 상실의 위험을 파헤치고 있다. 세상을 비추는 빛을 즐기는 것은 그를 일시적인 것에 의존하게 만들기에, 아우구스티누스에게는 위험한 유혹이다. '육체의 빛은 매력적이라서 위험하고 달콤하다.'라고 말하고 있다. 그 빛을 기뻐하고 즐긴다면 그는 보다 많은 빛을 바라게 되고 결국은 그것이 없으면 고통스러워하게 된다. 빛이 세상을 '볼 수 있게' 해주기에 그는 세상을 사랑하게 된다. '갑자기 빛이 사라지면 난 그것을 찾아 헤맨다. 그리고 그 찾는 시간이 길어지면 나는 슬픔에 빠진다.'

아우구스티누스는 낭독하거나, 노래에 감동하면 그는 시간과 더불어 사라질 음악과 말에 집착하는 것도 경고하고 있다. '내 몸을 떨리게 하는 사랑의 접착제glutine amore인 그러한 것들에 내 영혼을 집착하지 말게 하소서. 그 모두는 존재하지 않는 방향의 길을 따라 움직인다. 그 모두는 전염성의 욕망으로 영혼을 갈가리 찢어놓는다.' 노래 등에 집착하는 것은 여기서는 시간과 더불어 갈가리 찢기는 삶에 대한 애착의 소규모 버전이다. 그러한 인생을 위해 정열을 추구하는 대신에 아우구스티누스는 그의 영혼으로 하여금 신의 영원한 언어인 '흔들림 없는 평화가 깃든 곳'으로 방향을 돌리도록 간청한다. 이렇게 영원함으로 전환하는 것은 그의 종교적 개종을 이끈다.

3
...

그는 제 아무리 종교적이고 신앙심이 깊은 사람도 역사의 일부이자 사회적 관계에 의존하는 통속적인 세상에 살수 밖에 없다는 것을 잘 알고 있다. 하지만 종교적 개종의 결정적인 측면은 통속적인 세상이 목적이 아닌 수단으로서 다루어지는 한편 그것으로 끝이 아니라는 것이다. 우리가 친구, 가족, 그리고 다른 사람들과 함께 커뮤니티의 따뜻함을 체험하려고 교회에 간다고 치면, 아우구스티누스는 사회적 인연을 유지하고 축복하는 통속적인 수단으로서 종교적 의식을 이용하는 것을 비난한다. 그는 또한 미사에서 사용하는 음악이 신의 영원함을 숙고하는 게 아닌 일시적 경험을 맛보는데다 거기 모인 사람들이 자신의 몸과 상호작용함으로써 너무 많은 기쁨을 느끼지 않겠느냐는 걱정까지 한다. 그는 '숭배하는 음악의 대단한 유용성'은 인정하지만, 그것이 수단으로서 도움이 되거나 기쁨의 원천으로 즐겨서는 안 된다고 말한다. '내게 그 음악은 그 자체의 목적보다 더 많은 감동을 느끼게 한다. 고로 나는 벌 받을 죄를 지었다고 고백하지 않을 수 없다.'라고 그는 쓰고 있다.

아우구스티누스의 목적은 시간에 얽매인 통속적인 체험의 열정을 신의 영원함에 대한 열정으로 바꾸는 것이다. 그는 머지않아 과거와 미래의 사이를 찢어놓을 삶의 드라마에 고통받지 말고 영원한 평온을 구하는 게 바람직하다고 우리를 설득하려고 든다. 그는 영원함의 평가를 거부하는 정당한 이유를 우리에게 제공하고 있다. 즉, 영원함의 매력은 '아무것도 잃지 않는 것'이다. 하지만 영원함이 어떤 것도 잃지 않는다면, 말 그대로 잃을 게 아무 것도 없다는 말이다. 어떤 일이 일어나도 더 이상 문제될 리가 없고, 천국에서 제공되는 '행위'는 너무 단조롭다는 뜻이 된다. 아우구스티누스는 '우리의 행위는 모두 아멘과 할렐루야를 찬양함으로써 비롯된다. 우리는 종일 신을 찬양한다. 우리가 사는 이 세상이 끝나지 않듯 우리의 찬양도 멈추지 않는다.'라고 말한다. 영원히 뭔가를 노래하거나 찬양하는 게 가능한지의 여부는 별도로 쳐도, 진짜 문제는 시대를 초월한 기쁨의 절정으로 전환할 때, 이 세상에서 우리가 누구이며 우리가 뭘 원하느냐다. 영원함에 흡수되면 우리가 할 것은 아무 것도 남지 않는다. 시작도 없고 끝도 없다. 한 마디로 죽은 것이다. 그 영원함은 자신의 죽음을 동반하는 것임을 아우구스티누스의 고백에서 엿볼 수 있다. 그는 시간의 감각에 의지하는 삶이 어떤지에 대해 심오한 통찰을 제시하고 있다. 시대를 초월한 존재 속에서의 평온한 휴식의 불가능성은(아우구스티누스가 추락한 상태라고 한탄하는) 변화에 마음을 열고 아직 미래가 남아 있는 삶을 영위할 가능성이다.

분명한 점은 시간의 영향을 받는 사람만이 미래를 기다릴 수 있다는 것이다. 이 미래는 결코 보장받지 못하지만, 우리가 그 미래의 문을 닫아걸면, 인생을 영위할 문도 닫아걸게 된다. 시간의 제약은 뭐든지 존재하게 만들어준다. 반면에 뭐든지 사라질 운명이기도 하다. 아우구스티누스가 우리에게 상기시켜주듯이 삶의 모든 순간은 '사라지고 누구도 자신의 몸의 감각으로 그것들을 좇을 수 없다. 그것들이 존재한다 해도 누구도 제대로 파악할 수 없다.'

시간의 움직임은 모든 것을 사라지게 하기에 우리는 오로지 기억에만 의지한다. 감각의 인식도 무슨 일이 일어났으며, 무슨 일이 일어나는지에 관련된다. 삶의 순간들은 스쳐 지나가기에 기억을 통해 유지하고, 기대를 통해서 미래로 자신을 열어두지 않으면 안 된다. 아우구스티누스는 시간의 팽창이 자신의 영혼의 가장 깊숙한 부분에 이르는 모든 길로 통한다고 주장한다. 그의 가장 헌신적인 심사숙고와 종사한 행위조차 시간에 갈기갈기 찢기고 그의 '영혼이 분산distentio animi' 된다는 것이다. 뭔가를 추구할 때, 그는 과거에서 미래로 향해 자신을 확장시켜야 하고, 그렇게 함으로써 그는 갈기갈기 찢길 위험을 무릅쓴다. 이는 아우구스티누스가 기억의 힘을 대단히 중시한다는 뜻이다. 기억이 없으면 그는 시간을 들여 자신을 다듬어 정리할 수 없고 한순간이라도 자신의 정체성을 유지할 수 없다. 기억의 힘은 부서지기 쉽고 그가 파악할 수 있는 영역을 넘어서기에, 오히려 그 자신에게 인생을 영위할 기회를 부여한다. '내 기억의 힘을 이해할 수는 없다. 왜냐하면 나 자신을 부르는 것조차 불가능하기 때문이다.'라고 그는 쓰고 있다. 그가 그의 기억을 더듬어 알아보려고 한다면, 그런 행위야말로 그의 존재의 상태를 알아보는 것과 다름없다. 기억의 힘은 그의 삶에 연속성을 부여했는지도 모르지만, 동시에 그의 현재의 자기 감각과 불연속인 모든 것을 떠올리게 해준다. 기억은 그가 누구였는지를 소생시킬 수 있는 내부 공간을 열어주지만(나는 나 자신을 만나, 나 자신을 떠올린다) 그것은 또한 그에게 '숨겨졌고 흩어졌으며 무시된' 모든 것들을 떠올리게 한다. 나아가 아우구스티누스는 가장 안정된 기억마저 변화, 마모, 소거되기 쉽다는 것을 통감하고 있다. 기억이 그의 삶에서 일어난 일을 유지할 수 있고, 그 기억들이 사라져도 어떻게 계속 살아갈 수 있는지를 생각하면 '놀라움이 나를 사로잡는다.'라고 그는 고백하고 있다. 이는 명백히 통속적인 놀라움의 감각이다. 그의 놀라움의 목적은 시대를 초월한 영원함이 아닌 유한한 존재에게 속한 기억의 힘이다. 실제로 아우구스티누스는 기억의 힘이 없이는 불가능하다고 공언하고 있다. '기억의 힘은 감탄스럽다. 유한한 존재의 삶의 힘이기에 실로 감탄스럽다.' 반면에 종교적인 아우구스티누스의 입장에서는 기억은 잘해봤자 신으로 향하는 수단일 뿐이다. '당신은 나의 진정한 삶입니다.'라고 그는 신을 향해 말한다. '나는 기억이라고 부르는 것을 초월할 작정입니다. 나는 그것을 넘어 당신을 향해 나아갑니다.'

그는 기억의 뿌리 깊음에 놀라 통속적인 연구를 해보지만 그의 종교적 목적은 기억하는 게 아닌 자신을 잊기 위함이다. 그가 명백히 주장하듯 '만일 모든 게 가능하다면 우리가 자신을 잊어버리는 방식으로 신은 찬미를 받아야 한다.' 통속적인 통찰과 종교적으로 깊은 신앙심 사이에서, 아우구스티누스의 사랑의 탐구도 이와 똑같은 대조적 입장을 보여주고 있다. 그의 기억에 관한 철학적 연구가 자신의 통속적인 이해를 말해주는 것과 마찬가지로 '고백록'에서 보여주는 시적이고 에로틱한 그의 기질은 그가 애초 의도했던 종교적 목적을 초월해 널리 퍼져나가고 있다. 신조차 '나의 아름다움', '최고의 미', '나의 인생', '나의 빛', '나의 달콤함'으로 부드럽게 부르고, 인간이 최고로 사랑하는 사람인 것처럼 묘사한다. 또한 그가 신을 향한 동경을 표현할 때면, 사랑하는 사람에게 보내는 열렬한 육체적 욕구에 사로잡힌 언어를 말하고 있다.

"나는 당신을 늦게 사랑했습니다만, 아름다움은 아주 오래되었지만 아주 신선합니다. 나는 당신을 너무 늦게 사랑했습니다… 당신은 큰 소리로 날 불렀고 내 욕망을 부셔버렸습니다. 당신은 빛나고 눈이 부십니다. 당신은 나를 맹목적이게 만듭니다. 당신은 향기롭습니다. 나는 숨을 깊이 들이마시고, 그 향기에 어쩔 줄 몰라합니다. 나는 당신을 맛봅니다. 나는 당신에게 굶주리고 목말라합니다. 당신은 나를 어루만집니다. 나는 당신의 평온함 속에 불타오릅니다."

그가 신으로 향하는 과정의 감동적인 행위는 시간의 감각과 밀접한 관계가 있고 그가 예상하지 못했지만, 자신의 인생을 바꾸었던 일을 불러일으키게 만든다. '나는 당신을 늦게 사랑했습니다만'은 행운과 소중한 시간의 문제로서 너무 늦기 전에 찾아와 준 것의 경험을 나타낸다. 하지만 이러한 독백은 너무 늦을 수도 있다는 가능성도 상기시켜준다. 이렇게 위험한 감각은 그가 표현하는 별도의 것에 대해 깊게 의존하고, 목마름과 굶주림이 그의 사랑을 실현하기 위한 삶과 죽음의 문제로 만든다. 이처럼 그의 말은 사랑의 통속적인 경험 속에서 표현된다. 사랑하는 사람과 사랑 받는 사람 둘 다에게 유한한 통속적인 사랑은 시간의 불안정이 그 사랑을 가치가 있는 중요한 것으로 해준다. 주어진 모든 것은 마찬가지로 모두 뺏길 수가 있고, 이러한 위험이 없으면 헌신하는데 어떤 문제도 일어나지 않는다. 우리의 사랑은 활기가 넘치고 서로 밝게 비추어줄 수 있지만, 사랑하는 사람에 대한 우리의 수용 감각은 우리의 통제를 벗어나 상대에 대해 취약하게 만든다. 하지만 아우구스티누스의 종교적 견해에 비추어보면 취약성의 경험은 신과의 결합의 종착역을 향한 수단에 불과하다. 그가 아직 자신의 구원을 찾고 있는 한, 욕망에 견뎌내고 무슨 일이 일어나도 좌지우지당하면 안 된다. 하지만 목표는 욕망이 끝나고 두 번 다시 그를 파괴하지 못하는 상태(신의 절대적 존재 속에서 평온)를 달성하는 것이다. 그는 신의 평화를 원하는 욕구로 정열이 '불타오를지' 모르지만, 이 욕구가 채워지지 않으면 정열의 모든 불꽃은 꺼질 것이다. 따라서 아우구스티누스의 저작은 사랑의 종교적 완성으로 에로틱한 인생의 죽음을 마무리하는 것이라고 말할 수 있다. 그는 그것이 바람직하다고 우리를 설득시키려고 한다. 에로틱한 정열의 위험을 극적으로 표현함으로써 그는 우리에게 욕망을 붙잡고 있는 것은 채워야할 필요가 있는 부족함, 치유할 필요가 있는 질병이라고 우리로 하여금 느끼게 만들고 싶어 한다. 그는 자신의 에로틱한 언어의 힘이 무엇을 밝히는지를 알아보는 것을 거부한다. 산산이 부서질 가능성이 있는 위험이 극복할 약점은 아니다. 사랑은 그 자체의 충족감으로 남기 때문이다. 감동은 상처받는 것의 고통과 따로 떼어놓을 수 없다. 큰 상실감은 큰 기쁨의 일부다. 아우구스티누스는 맹목적이었기에 다소 완고해질 수도 있다. 사랑하는 것이 유한하다는 것을 아는 것, 그리고 사랑하는 것의 유한함이 그것을 사랑하는 이유의 일부임을 알게 되면 고통스럽다. 이 사실은 우리에게 상처를 준다. 그래서 사랑 자체를 잃어버리는 것 이외에 그 고통을 잃어버리는 방법은 없다. 그래도 나는 사랑과 슬픔의 인연을 바라보자고 굳이 말한다. 이 비전을 추구하려면 나는 종교적인 고백과는 다른 통속적인 고백을 글로 쓸 수밖에 없다. 이 같은 나의 고백은 시간의 경험이 어떻게 모든 순간을 아우르는지에 대해 아우구스티누스의 탐구심을 자극할지도 모른다. '고백록'에서 그가 밝히듯 '보라, 내 삶은 팽창하고 있거늘 Ecce distentio est vita mea'라고 선언하고 있기 때문이다. 영원함에 대한 종교적인 계시에 의해 시간의 팽창은 삶 그 자체의 시작으로 간주되고, 그렇게 느끼게 될 것이다. 우리의 과제는 주어진 삶을 내팽개치는 게 아니라 우리가 가진 유일한 삶이라는 사실을 '소유'하는 것이다. 아우구스티누스는 우리를 세상과 연결시키는 '헌신의 결속curae glutino'을 비난하지만 통속적인 고백은 우리가 누구인지, 무엇이 되는지를 알게 해주는 유한한 인연을 통해서만 이루어지는 것이다.

4

•••

여기서 칼 오베 크나우스고르의 저작인 '나의 투쟁' 속의 통속적인 고백에 눈을 돌리려 한다. 처음에는 노르웨이어로 출판되었지만 지금은 세계 각국에 번역되어 널리 알려진 '나의 투쟁'을 읽으면 아우구스티누스에 대한 만족스러운 대답을 얻을 수 있을 것이다. 3,600페이지를 넘는 방대한 양의 '나의 투쟁'은 자신의 인생에 대한 진실을 상세하게 전달하려는 크나우스고르의 의지로 점철되어 있다. 그는 살아 숨 쉬는 자신의 삶을 설명할 의무를 걸머지고 그 경험과 영향이 아무리 일상적이고 고통스럽고 사적인 영역이라도 자신이 실제로 경험한 것만을, 그 경험이 자신에게 어떤 영향을 미쳤는지 만을 쓰고 있다. 그의 글은 단지 그럴듯한 모험의 삶이나 부끄러운 고백, 행위를 나열한 게 아니다.

보통의 삶에 바쳐진 보통 이상의 수준의 주의를 기울였기 때문이다. 독자의 입장에서 우리는 일상생활 중에서 내레이터 겸 주인공인 칼 오베 크나우스고르(저자 자신과 일치)에 따라가게 된다. '나의 투쟁'을 쓴 시점에서 그는 40대 초반에 결혼해서 세 명의 자녀에 흠뻑 빠진 시기였다. 가정생활로 그의 집필 활동이 계속 방해받지만 그는 오히려 그것을 이야기 자체의 주제로 삼고 있다. 독자는 그 책의 많은 부분에서 식료품을 사러 가거나, 시내에서 유모차를 밀거나, 아이들과 매일 노는 것을 만난다. 이 모두는 체험을 이상화하거나 권장하지도 않는 일상생활에 충실히 표현되어 있다. 가정생활의 요구에 응하면서도, 혼란한 무질서에 직면했을 때 집에서 느껴지는 축 처지는 감각, 끝이 없는 일에 시달려 마비가 되는 일까지 독자를 익숙하게 끌어 들인다. 한편으로는 그 상황이 일상생활의 빛나는 순간도 만들어낸다. 저자인 크나우스고르가 자신의 평범한 존재를 탐구하는 것에 고집하기에 오히려 독자들에게 이 세상을 새롭게 보여준다. 그는 그 시점을 과거로 돌려 25살, 18살, 12살, 7살이었던 자신의 세계를 발굴하는 순간에도 적용시킨다. 그가 잘한 점은 단지 추억을 회상하는 게 아니라 다시 그것을 체험(추체험)하고 있다는 것이다. 세상이 단번에 쥐어준 방법에 따라 살면서 제약과 약속, 실수와 행운을 최초에 경험한 때와 똑같은 힘으로 다시 삶에 반영한다. 7살에 사랑에 빠지

고, 12살에 미래에 절망했던 그 영향은 부모를 잃을 때의 고통이
나 어른의 인생에서 아이를 가졌을 때의 기쁨과 마찬가지의 질량
으로 부활한다. 그래서 그는 독자가 보다 깊은 주의와 염려를 갖
고 자신의 삶에 되돌아올 수 있게 해준다. 이 효과는 저명한 비평
가뿐 아니라 그의 작품에 매료된 많은 일반 독자에 의해서도 설명
된다. '나의 투쟁'이 노르웨이에서 출판 되었을 때(불과 인구 500만 미
만의 나라에서 50만 권 이상이 판매), 독자들은 그가 글쓰기를 통해 자신
의 삶을 활짝 열었듯이 독자 자신의 삶도 활짝 열게 해주었다고
증언하고 있다. 노르웨이에 국한되지 않고 미국과 다른 나라의 많
은 독자들도 똑같은 증언을 하고 있다. 그의 작품이 가져다준 효
과는 그의 문화적 배경이나 개인적 상황을 공유하는데 그치지 않
는다. 우리는 우리가 이끌어 가는 삶에 대한 헌신을 탐구하고, 깊
이 추구하기 위한 행위에 자극을 받는, 기한이 정해져 있고, 실제
로는 헌신적인 행위자라는 이유 때문에 그의 삶을 잠재적으로 맡
아 놓고 있는 수취인이다. 그의 글은 우리 자신의 삶에 새로운 접
근방식을 보여줄 수 있다. 꼭 그의 경험에 따라 자신의 정체성을
탐구하는 게 아니라, '나의 투쟁'은 살아 있을 때 삶에 대한 충실한
(우리가 자신의 삶에 관련된 것을 끄집어내고 실천할 수 있는 충실함)헌신을 제
시하는 사례이기 때문이다.

여기서 중요한 것은 그의 작품을 특징짓게 만드는, 즉 주의를
끌게 만드는 지속적인 행위다. 가령, 그는 비 오는 수요일 아침에
딸들과 아침을 먹는데 책의 20페이지를 할애한다. 또한 어느 겨울
밤에 수영 연습을 하고 돌아오는 도중의 12살짜리 자기 자신을 상

기하면서 거기에 관한 모든 감정과 감각을 찾아보려고 한다. 그렇다고 독자에게 자신의 삶을 억지로 떠밀지는 않는다. 그는 우리(그리고 그 자신)에게 잊어버리기 쉬운 것을 어떻게 상기할 수 있을지를 가르쳐주고 있다. 세심한 주의를 기울이면서 설명해주기에, 아무 것도 일어나지 않은 것처럼 보이는 날이라도 뭔가가 일어난다는 것을 알려줌으로써 우리의 눈을 뜨게 만든다. 그리고 그는 과거의 자신을 소생시킴으로써 모든 것이 사라졌다고 생각한 순간을 들춰서 우리를 민감하게 만든다. 고통을 상기시키는 상처를 들춰내는 게 아니라, 우리를 다시 살아가게끔 만들어주는 기억을 유발시켜, 우리의 가슴에 새겨주고 있다. 그의 글은 우리의 눈으로 그의 삶을 보도록 강요하지 않는다. 오히려 그의 눈으로(그가 삶에 바친 세심한 주의력) 우리의 삶을 살피도록 해준다.

그렇기에 비록 뻔한 일상생활 속에서 우리가 죽었다고 느끼거나 길을 잃었다고 방황할 때조차 실제로는 살아가는 무수한 방법을 인식할 수 있도록 해준다. 눈앞에 놓인 해야 할 일, 사랑의 무게와 회피했던 일의 무게, 그리고 우리가 누구였던지 혹은 무엇이 되려고 했던지의 역사 같은 것들이다. 아무도 기억하지 못하는 나만의 밤들, 가령 눈이 내려 얼굴을 부드럽게 스친 날, 우산도 없이 소낙비를 맞았던 날, 완전히 혼자라고 느낀 날, 누가 나를 만들었으며, 나는 누구인지를 느끼게 해준 날들의 역사다. 우리가 남겨둘 수 없거나 되돌리길 원할 수 없는 것들이 분명히 있다. 그리고 우리가 지울 수 없는 희망이 있다. 그것이 묻혀졌던 혹은 끈질기던, 무너졌던 혹은 확신에 차 있던 간에 어느 한쪽이 다른 한쪽을 결코 배제할 수는 없다. 그렇게 얽힌 삶은 크나우스고르의 글이 우리 자신의 것으로 인식하도록 만들어준다. 과거를 향해 팔을 뻗치고 미래를 힘껏 당김으로써 우리를 통해 세상이 나타나도록 해준다. 우리가 이 세상을 만들지 않았다. 우리가 세상에 의해 만들어졌다. 그리고 우리는 지금 세상을 유지하고 있다. 이것이 우리의 인생이다. 다른 아무 것도 없다. 무엇을 할지는 우리가 지금까지 풀어왔던 것보다 더 심오한 방법으로 우리를 세상에 연결해준다. 투쟁이라는 것은 인생을 우리의 것으로 만드는 방법이다. 이것이 크나우스고르가 계획한 과제의 출발점이다.

'나의 투쟁'이 시작되면서 그는 살아 있는 삶에서 그 자신이 멀어져간다는 것을 느꼈다. 그는 자신이 하지 않으면 안 될 일을 감내하지만 지금 일어나고 있는 일들에 진지하게 관여하지 않았다. 그 자신의 존재에서 멀어지니, 잃어버릴 게 아무 것도 없고, 인생 자체가 무의미하게 느껴졌다. '내 주위의 삶은 의미가 없었다. 나는 늘 거기서 벗어나기를 갈망했다'라고 그는 쓰고 있다. 자신의 삶을 자신의 것으로 한다는 것은 자립하거나 자급자족을 뜻하지 않는다. 자신이 누구인지, 무엇을 하려는 지를 자발적으로 결정할 수 없다면 자신의 인생이 아니라는 뜻이다. 크나우스고르는 우리가 창조하지 않은 세계에 어떻게 우리가 속하며, 우리의 통제를 벗어난 타인에게 어떻게 의존하는지에 대해 예민한 감각을 보여주고 있다. 이러한 의존에서 자신을 자유롭게 하자는 게 아니다. 오히려 자신의 존재는 필요불가피한 조건이다. 가령(그가 '나의 투쟁' 첫 부분에서 그랬듯이) 결혼해서 아이들을 두었기 때문에, 자신의 존재를 자유롭게 못할 것이라는 감각을 오히려 이겨낼 수 있을지도 모른다. 우리는 성공하려고 애쓴다, 사랑하는 사람들을 위해 그 자리에 있으려고 애쓴다. 하지만 계속 실패하고 그 과정에서 자주 무너진다. 이러한 상황에서 우리의 삶을 부정한다는 것은 인내하는 길뿐이라며, 자신을 마비시키면서 한편으로는 행위를 경험하면서, 어딘가에 있을 자신을 꿈꾸는 것이다.

크나우스고르는 이러한 유혹에 동조하고 있다. 그리고 그가 반복해온 자신의 인생을 부정한다. 그래도 그가 집필활동을 통해 투쟁하려는 행위는 그의 인생을 소유하는 것이다. 그는 열정적으로 그가 하고 있는 것을 통해 그 자신의 정체성을 찾으려 들고, 그가 사랑하는 것을 인식하려고 애쓴다. 이는 진행 중인 '투쟁'이다. 우리가 무엇을 하며, 어떤 인생을 영위하는지는 우리가 헌신하는 것의 운명에 의존한다. 삶의 소유는 사랑하는 것의 소유가 아니다(우리의 소유가 아니기 때문이다). 하지만 사랑하는 것을 사랑할 소유는 있다. 이것은 우리에게 소중한 것 즉 의미를 가진 것에 대한 조건이 되지만, 우리 삶에 위험을 가져다주기도 한다. 우리가 하고 있는 것을 소유한다면, 그 위험을 어떻게 받아들일지에 따라 많은 영향을 받는다. 말하자면 우리가 유의미한 활동에 종사하기 때문에(중요한 어떤 것을 하고 있기 때문에) 우리는 실패의 경험에 영향을 받기 쉽고 민감해진다. 마찬가지로 우리가 사랑하는 것을 소유하기에 자신에게 무슨 일이 일어날지에 대해 취약하게 만든다. 우리의 꿈이 이루어질지도 모르고, 희망이 부서질지도 모른다. 우리에게 중요한 뭔가를 갖고 있기에 역설적으로 잃어버릴 것을 갖고 있는 셈이다. 인생을 소유한다는 것은 우리 자신의 주권에 의한 재산으로서 소유하는 게 아니다. 인생의 소유는 우리 자신을 드러내놓는 것이다. 자신의 인생을 소유하는 사람만이(자신이 하고 있고 사랑하는 것에 의지해 자신의 인생을 만드는 사람만이) 잃어버림 즉 상실의 경험을 할 수 있다.

따라서 우리 인생을 부정하고 싶은 유혹(실패하기 전에 희망을 접거나, 고통받기 전에 사랑에서 물러서거나)이 존재한다. 이는 삶과 자신을 분리하는 길이자, 사전에 자신을 매각하는 것으로 실패나 상실의 고통에서 자신을 지킬 수 있다. 그런 전략은 합리적이라고 판단되기에 우리의 삶을 견디려면 어느 정도의 분리가 필요한 상황은 분명히 있다. 그렇지 않다면 뭔가가 우리를 망가뜨릴 수가 있다. 하지만 원칙적으로 분리의 길은 가다보면 막히고 만다. 의미의 결핍으로 이어지거나 세상을 냉소적으로 거부하게 된다.

크나우스고르의 작품에서 역동적인 원칙은 헌신의 일부로 나타난다. 헌신에 대한 모순에 믿음을 두기에 더욱 통찰력이 있다. 그의 작품에 보이는 그의 신조는, 내가 언급하겠지만, '나의 투쟁'을 통해 자주 등장하는 문구인데 번역하기가 조금 까다롭다. 그는 'Det gjelder a feste blikket'라는 노르웨이어로 표현했는데, '시선을 집중시킬 필요가 있다.' 혹은 '중요한 것은 시선을 집중시키는 것'이라고 바꿔 말할 수도 있겠다. 하지만 시선을 집중시키는a feste 이라고 번역되는 노르웨이어의 동사는 말 그대로 '첨부한다, 첨가한다, 연결한다'는 의미다. 그래서 위의 의미는 단순한 설명이 아니라 개인적으로 필수적인 명령이다. 따라서 더 나은 번역은 다음처럼 말할 수 있다. 우리가 보고 있는 것에 몸을 두고, 보고 있는 것에 몸을 둠으로써 우리의 시선을 집중 시킨다. 이것이 '나의 투쟁'의 명령이다. 이 피할 수 없는 명령은 세 가지 서로 다른 의미로 이해할 수 있다. 세 가지 감각은 섞여있는데, 크나우스고르의 작품에서 보이는 다양한 측면을 확인하려면 그것들을 구별하는데 도움이 된다. 첫 번째 명령은 실제로 살아가는 삶에 시선을 집중시키는 것이다. 이는 크나우스고르가 대단한 일보다는 사소한 활동에 더 많은 페이지를 할애했다는 이유를 설명해준다. 그는 실제로 살아가는 삶에서 시선을 돌리려고 한다면 어둠 속에서도 자라는 트라우마, 지극히 행복했던 순간(탄생, 죽음, 사랑, 상실)을 포착할 수 없었을 것이다. 그러나 그는 그가 기억하고 싶지 않은 날들을 그 순간들이 강요하는 시간까지 뻗어나가서 포착해야만 한다. 가령, 테이블 세팅을 하거나 집을 청소하거나 책을 들춰보거나 잿빛 하늘의 오후를 산책하거나 창밖을 내다보거나 하는 것들이다. 크나우스고르는 그 같은 순간을 열어젖히고 확장하는 비범한 능력의 소유자다. 둔감한 경험조차 세상에 있는 존재로서 감각적, 지각적, 그리고 회상의 풍요로움으로 살아 움직이게 만든다. 하지만 우리의 시선을 행동에 집중시키는 것만으로는 충분하지 않다. 우리가 보는 것에 집착하는 방식을 인정해야만 한다. 이는 두 번째 명령이다. 크나우스고르는 지루함과 드높음, 야심과 욕구불만, 벅찬 기쁨과 때로는 멍해지는 것을 자신의 삶의 리듬으로 만들려고 한다. 무엇보다 그는 자신에게 최고로 유의미한 것에 시선을 집중시키려고 한다. 고통스러운 우유부단을 고백하는 희생을 치루더라도 그가 보고 있는 것에 어떻게 집착하는지를 인정하는 것도 문제다. 우리는 그와 그의 부인을 이어준 눈 먼 사랑에 대해서도 배우겠지만, 공포나 사소한 불만, 일상에서 일어나는 분노, 거의 그 둘을 갈라놓을 뻔했던 격한 대립도 배울 수 있다. 그의 자녀들에게 그의 시선을 집중시킴으로써, 아이들의 특별한 개성, 매일이다 싶게 느끼는 아이 자신들의 취약성을 돌봐주는 것처럼 예외적인 경향이 있을 수도 있다. 한편으로 분노, 소모, 단념으로 인해 부모의 사랑에 구름이 끼었을 때, 아이들이 필요로 하는 것을 왜 놓쳤는지에 대한 상세하고 고통스러운 내용도 들어 있다. 여기서 크나우스고르의 작품은 마인드풀니스(의식적 자각, 마음챙김)의 형태로서 설명할 수 있는데, 마인드풀니스를 불교 신자의 명상과 분리할 필요가 있다. 불교 교리에 따르면 우리는 자신의 내면에 초점을 맞추고 마음의 다툼으로부터 자신을 분리할 목적으로 내면에 집중해야 한다. 의식 중에서 생기는 생각이나 감정을 주의 깊게 들여다봄으로써, 거기서 벗어날 수 있다는 것을 배운다. 즉, 생각하거나 느끼는 것과 동일시하지 않는 것이다. 더 이상 그것들에 신경 쓰지 않기 위해 완전한 고요함이 있는 순수한 의식의 상태를 달성하는 게 목표다. 따라서 어떤 명상법은 세상과의 재결합이라는 통속적인 목석에 석용시킬 수 있다. 가령, 우리를 부정적인 경험에서 벗어나게 해주거나, 아니면 그저 주의력과 에너지를 높일 수 있게 해준다. 불교의 종교적인 목적은 전혀 다르다. 통속적인 이해의 관점에서 명상으로 인한 분리는 삶의 집착으로 인해 계속되는 투쟁에 임할 수 있도록 받아들인 상대적 혹은 일시적 수단이다. 하지만 불교는 절대적인 분리 그 자체가 목적이다. 모든 애착은 고통이 따라오기에 절대적 분리만이 우리의 구원자로서 고통을 배제시켜준다. 불교에서 최종적으로 중요한 것은 우리가 누구인지, 무엇을 하는지가 아니다. 모든 게 중요하지 않게 되는 의식상태에 이르는 것이다. 그러면 우리는 안심하고 쉴 수 있게 된다. 크나우스고르의 마인드풀니스의 목적은 반대다. 그의 애착으로 인해 생기는 투쟁을 성취함으로써 그는 그 투쟁들을 보다 깊은 관점에서 동일시하려고 한다. 살아있는 동안에 더욱 애착을 가지려고 한다. 이는 그가 피할 수 없는 세 번째 명령이라고 말할 수 있다. 우리는 보고 있는 것에 애착을 가져야 한다(비록 고통이 따르더라도). 애착 없이는 아무 의미도 없기 때문이다. 신경을 쓸 사람이나 우리를 세상에 묶어둘 사람이 없기 때문이다. 가령, 허무주의에 빠진 사람은 크나우스고르의 통속적 고백에서 볼 수 있는 역동적인 목표를 간과해서는 안 된다.

"무관심은 7대 죄악 중 하나다. 아니, 7대 죄 중에서도 가장 크다. 왜냐하면 무관심은 생명에 대한 죄를 범하는 유일한 죄이기 때문이다."라고 '나의 투쟁'에서 쓰고 있다. 또한 그는 우리의 시선에 초점을 맞춰, 우리가 보고 있는 것에 우리 자신을 결부시킬 수 있다는 것을 보여주고 있다.

"나는 당신이 애착심이 없이 뭔가를 바라보고 있는 게 어떤 의미인지 알고 있다. 집, 나무, 자동차, 사람, 하늘, 지구처럼 모든 게 다 있다. 하지만 뭔가 빠져있다. 거기에 있는 것만을 의미하지는 않기 때문이다. 어떤 것이 있는 경우도 있지만, 전혀 없는 수도 있다. 그저 보이는 것만으로는 세상이 무의미해진다. 무의미한 세상에 사는 것도 가능하다. 단지 참아 넘기는 문제라서 필요에 따라 그렇게 할 것이다. 세상은 아름다워질 수도 있다… 하지만 당신에게 별 차이는 없다. 당신에게 영향을 끼치지도 않는다. 당신이 보고 있는 것에 집착하지 않고 세상에 속해있지 않기에 어떤 파도가 밀려오면 거기를 떠나면 그뿐이다."

이는 자신의 인생을 부정한 누군가를 묘사한 것이다. 세상을 무의미 혹은 유의미한 것으로 하려면, 세상에 존재하는 객관적 특징이 아닌 애착이 어느 정도인지가 방향을 결정짓는다. 이는 우리가 세상의 의미를 멋대로 결정한다는 뜻이 아니다. 하지만 유의미한 관여는 타인에 대한 애착과 세상에 존재하는 것에 의존해야 함을 필요로 한다. 애착은 단지 우리하기 나름이 아니다(우리에게 무슨 일이 일어나느냐에 따라 유효할 수도, 아닐 수도 있다). 하지만 애착을 갖느냐, 안 갖느냐, 어떻게 관여하는지에 따라 세상의 모든 것에 차이를 만든다. 그러한 삶을 소유하는 것의 어려움은 크나우스고르가 작품 활동을 하는 데 피할 수 없는 부분이다. 그는 현재 보고 있는 자신이 삶은 포기하고 싶은 유혹과 투쟁한다. 한편으로 우리가 우리의 존재를 포기하려는 많은 방식에 관심을 보인다. 일상적인 방식으로는 서서히 증가하는 무관심이 천천히 죽어가는 것이지만, 그의 작품에서 눈에 띄는 것은 알코올 의존증의 수렁에서 빠져 나오려는 의무를 계속해서 무모하게 포기하거나, 우울증으로 겪는 감정의 불연속성, 그리고 자살을 통한 궁극적인 자기 파괴다.

크나우스고르는 이러한 경험을 도덕적인 판단에서 그 원천을 찾지 않는 대신 자신의 삶을 포기하는 방식으로 탐구한다. 그의 탐구를 통해, 그는 우리에게 삶을 소유하는 것이야말로 그렇게 된다는 사실을 일깨워준다. 그에게 삶이란 세상의 본질적인 존재이며, 유의미한 존재가 될 기회를 뜻한다. 이는 그의 고백에서 알 수 있듯이 통속적인 깨달음이다. 그의 시선을 자신의 삶으로 집중시키고 그가 보고 있는 것에 현실적인 태도로 몸을 둠으로써 그는 우리를 되돌아보게 한다. 영원함이 아닌 유한한 삶이 있는 곳으로 시선을 향하게 한다. 모든 깨달음과 마찬가지로 이는 단번에 혹은 모든 사람이 성취할 수는 없다. 우리의 삶을 소유하는 것은 끊임없는 투쟁이니까. 하지만 종교적 깨달음과는 달리 통속적인 깨달음은 투쟁을 투쟁으로 끝내는 게 목적이 아니다. 오히려 삶의 소유는 그 투쟁이 우리가 영위하길 원하는 바로 그 삶에 속한다는 것을 알게 해준다. 만일 우리의 삶이 중요하기를 원하면, 우리가 상실할 수도 있는 어떤 것을 원하고 있는 것이다. 따라서 크나우스고르의 고백과 아우구스티누스의 고백을 비교해보면 유익하다. 아우구스티누스는 그의 종교적 맥락에서 특별한 감동이 담긴 고백 형식의 자서전을 우리에게 제시한다.

아우구스티누스의 이전에는 성인(성인전)의 삶에 바쳐진 글은 모두 제3자가 썼고 성인 자신은 세상에서 한 발 물러나 다른 누군가에게 초월의 경지를 쓰게 했다. 대조적으로 아우구스티누스는 자신의 삶을 스스로 말하고, 의심이나 육욕, 죄를 고백한다. 제3자의 입장에 숨지 않고 그때까지 없었던 1인칭 시점으로 묘사하고 있다. 우리는 그의 늙어가는 육체, 심리적인 갈등, 그의 몽정조차 알게 된다. '내 기억 중에는 내 성적 습성으로 말미암아, 거기에 고정된 과거의 행위에 관한 생생한 이미지가 여전히 살아있다. 이런 이미지는 나를 엄습한다… 수면 중에는 아주 즐겁고, 그 결과는 이전의 행위와 아주 흡사하다.' 자신을 그처럼 상세히 폭로하는 것은 신학적 권위에 위협적일 수도 있지만, 그에게는 전략의 일부다. 그는 유한한 인생이 얼마나 부끄러운지를 보여주면서 동시에 신의 영원함과는 도무지 비할 수 없다는 사실을 일깨워주고 있는 것이다. 이는 그가 일컫듯 '진리의 창조'veritatem facere이다. 진리의 창조는 진실을 말할 뿐더러(지난날의 고백), 세상의 죄와 단절하고 그 대신 신의 품으로 가겠다는 진리의 창조도 아우른다. '고백록'을 쓰는 그의 명백한 동기는 그 자신과 다른 사람에게도 진리의 창조가 가능도록 독려하는 것이다. '나는 왜 당신 앞에서 많은 이야기를 늘어 놓아야 하는지요?'라고 그는 신의 대답을 갈구한다. '당신은 나를 통해 그러한 것들을 알도록 해주셨고, 나 자신과 나의 애독자들이 당신에게 헌신하도록 가르쳐주셨기 때문입니다.'

하지만 아우구스티누스는 그의 삶에서 통속적으로 전해 내려온 것들의 여지를 그의 삶에 남겨두었어야 했다. 통속적인 삶 속에서 진리의 창조는 신에게 온전히 헌신하는 게 중요하지 않다. 유한한 삶에 믿음을 남기는 것이다. 위대한 작가인 장 자크 루소는 이러한 가능성을 1769년의 그의 획기적인 고백에서 최초로 언급했다. 하지만 크나우스고르는 그것을 더욱 진전시켰다. 루소와는 달리 그는 예외적인 것은 주장하지 않고 시대를 초월한 존재의 약속을 붙들지 않는다. 아우구스티누스나 루소가 생각하지 않았던 평범한 일상의 세부적인 사항에 세심한 주의를 기울인다. '나의 투쟁'의 작가로서 그가 인정하는 의무 중 하나는 지금의 인생에 충실하는 것이다. 그럼에도 크나우스고르는 종교적 관점에서 자신의 인생을 평가절하하고 있다. 그의 책에는 그가 교부라고 일컬어지는(아우구스티누스가 그중 제일 유명하다) 사람들의 책을 읽고는 그들의 신비적인 황홀감에 비해 자신의 경험이 비천하다는 느낌을 받는다는 내용이 있다. 그 자신이 꾸준히 추구하는 의미는 신비함에 헌신하는 것보다 뒤떨어지기에 그 자신을 세상에 존재하는 많은 영혼이 없는 평범한 사람들 중의 하나라고 자책한다. 이는 아우구스티누스가 자극시키고 싶다고 바란 수치심의 감각과 일치한다. 종교적 관점에서 속죄가 없는 유한한 삶은 영혼이 없고 평범한 것이다. 이 견해는 종교적 신앙이 없는 많은 사람들에게도 (자신에게 영원의 개념이 없기에 삶이 무의미하다고 생각하는) 널리 전해져왔다. 그리고 크나우스고르는 '나의 투쟁'의 많은 부분에서 그러한 유혹을 받고 있음을 내비치고 있다. 그는 성스런 감각을 되돌릴 수 있는 예술적 열망을 반복해서 말하고 있다. 우리는 더 이상 그것을 이룰 수 없다며 후회한다. '낭만적인 예술이 표현하는 갈망과 우울은 바로 이것을 바라는 것… 그것의 상실로 인한 탄식, 적어도 낭만적 예술에 내가 왜 끌리는지 설명해준다.'라고 그는 성스런 종교적 감각에 대해 쓰고 있다. 이 개념에 따르면 예술은 특별한 세계를 받아들이려고 애써야 한다. 그 세계는 시간과 유한함에 저촉받지 않는 성스러운 감각이라야 하고 모든 것이 그 자체로 존재하지만 우리는 들어갈 수 없다. 왜냐하면 우리는 초신성함 그 자체의 존재로서 살아갈 수 없는, 선한 불빛을 모조리 꺼버린 추락한 존재이기 때문이다. 이러한 종교적 사고방식은 우리에게 익숙하다(심오하다고 받아들여진다).

그 사고방식은 크나우스고르의 작품에 길라잡이로서 다루어지는 듯 보인다. 하지만 그것은 잘못되었다. '나의 투쟁'(특히 마지막 부분에서) 전체를 통해 책의 철학을 제시하는 듯 보이는 다수의 언급 또는 소소한 내용이 들어있다. 그러한 내용의 대부분은 서로 모순되거나, 내부적으로 모순된다. 크나우스고르는 훌륭한 작가이지만 그의 특별한 재능은 그 내용을 이야기의 일부로서 두드러지게 만들어야 한다. 이론적인 반영은 실제적인 행위와 마찬가지로 똑같은 평범함 속에 존재한다. 그것은 이야기의 외부에 있으면서 그 의미를 통제하려는 누군가의 시점을 표현하는 게 아닌, 특정의 시간에 누군가 어떻게 생각했으며, 느꼈는가의 반영이다. '나의 투쟁'의 철학적 시학을 이해하려면 우리는 많은 그리고 가끔 모순되는 의도와 함께 이야기에서 파생되는 것에 주의를 기울여야 한다. 우리의 통속적인 삶은 영혼이 없고 평범하다는 견해(우리의 시간에서 해방될 필요가 있는)는 그의 작품 속에서 삶을 단념하는 경향으로 나타난다. 이 경향은 '나의 투쟁'을 통해 지속되는데 책의 집필 그 자체는 반대 방향으로 나아가고 있다. '나의 투쟁'의 작가는 그의 인생을 영혼이 없는 혹은 평범한 것으로 여기지만, 유한한 삶의 경험에는 대단히 중요하고 깊이가 있는 게 존재하고, 가장 미묘한 뉘앙스나 감정적 잔향도 탐구할 가치가 있다는 신념에 의존하고 있다. 그 목적은 삶을 초월하는 게 아닌, 삶에 더욱 깊이 집착하는 것이다. 이 관점에서 아우구스티누스의 신비적 황홀감과 닮았다. 아무 고통도 없는 영원을 바라며, 평범하고 영혼도 없는 이 세상을 뜨고 싶어 한다. 아우구스티누스에게 심오한 것은 천국으로의 상승이 아닌 시간적인 기억의 하강이다. 이러한 하강은 크나우스고르가 작가로서 직접 실천하고 있다. 여기서 중요한 것은 시간이다. 아우구스티누스는 일인칭을 사용함으로써 시간의 경과와 더불어 찢어져 나가는 것의 의미를 극적으로 표현하고 있다. 그의 고백에서 엿보이는 추상적인 철학적 추측조차, 그가 절망하고 고민하고 희망이나 두려움에 사로잡혀, 통찰을 드높이고 가다가 길이 막혀 안절부절못했기에 오히려 그의 구체적인 존재를 특징짓게 해준다. 아우구스티누스의 고백은 시간에 대한 의식의 철학적 분석을 추구할 때, 시간의 문제가 얼마나 친밀하고 개인적인 관심사인지를 독자에게 느끼게 해준다. 시간의 탐구는 그 자체가 일시적 활동이기에 언제라도 무너질 가능성이 있다는 사고방식이다. 따라서 그 자신의 논의를 명확히 할 노력을 전제로 한다. 마찬가지로 아우구스티누스가 기억을 분석할 때도, 자신의 기억의 '동굴로 그보다 더 깊은 동굴로' 하강해 완전히 회복할 수 없는 과거에 의해 자신의 완전성이 파괴된 방식을 밝히고 있다. 또한 그가 '고백록'을 쓰는 동안에, 여전히 정신적 변화에 대해 취약했기에 그 내용도 책의 일부가 되어 있다. 책에서는 다음처럼 일순의 시간을 강조하고 있다. '지금 이 순간in ipso tempore, 고백하건대, 내가 뭘 하는지를 생각한다.' 똑같은 정황이 크나우스고르의 '나의 투쟁'에서도 추구되고 있다. '오늘은 2008년 2월 27일, 시간은 오후 11시 43분,' 그가 집필을 시작한 밤을 기록한 것으로 '나의 투쟁' 첫 부분에서 독자는 이미 알 수 있다. 몇 페이지를 넘기면 그가 책상에서 다시 집필하는 시간이 6일 경과했다는 것을 알 수 있다. '지금은 아침 8시가 조금 넘은 시각이고 2008년 3월 4일, 나는 사무실에 앉아 마루에서 천장까지 책에 둘러싸인 사무실에서 내가 지금까지 쓴 내용과 어디로 글의 방향을 정할지를 생각하면서 스웨덴 록밴드인 던전Dungen을 듣고 있다.'

이처럼 명백한 시간의 징표는 '나의 투쟁' 전반에 걸쳐 반복되고 있다. 또한 '나의 투쟁'의 마지막 단계에서는 특별한 경향을 보인다. 그는 원고를 완성하려고 '지금 글을 쓰는 이 순간 나는 오로지 혼자다. 2011년 6월. 아침 6시 17분, 내 방 위에서는 아이들이 자고 있고, 집의 한쪽 끝자락에는 린다가 자고 있다. 창문 밖에는 서너 미터 길이의 정원이 보이고, 각진 햇빛이 사과나무 위로 떨어지고 있다. 떨어진 잎들은 빛과 어둠으로 가득차 있다.' 이는 '나의 투쟁'의 시적인 부분을 나타내주기도 하는 단순한 관찰처럼 보인다. 크나우스고르의 글은 그가 있는 장소와 시간에 세심하게 주의를 기울인다. 이 같은 세심한 주의의 기본적인 형태는 그 순간에 무엇이 일어나는지, 지금의 삶에서 포착하려고 애쓴다. 그 목적은 일시적인 체험을 늦추면서 시간이 존재하는 순간을 확장하는 것이지만, 반대로 지금의 순간이 어떻게 멈추는지, 어떻게 기억에 붙들리고 있는지에 대한 민감한 감각이라고 할 수 있다. 이러한 순간의 감각을 의식적으로 행하면서 크나우스고르는 자신의 주의와 독자의 주의를 눈뜨게 하려고 애쓴다. 그는 습관에 대항하고 싶다고 생각한다. 오늘 당연하게 여겨지는 삶과 세상을 새롭게 바라본다. 살아있는 감각을 의식하고 순간을 보다 선명히 새기려는, 지금까지의 습관을 타파하려는 의도는 필연적으로 유한한 감각과 엮어있다. 그의 인생은 유한하기 때문이다. 그렇지만 당연히 그 사실을 받아들이지 못한다. 그의 사라져가는 순간에 매달리고 싶다는 바람은 사라져가는 것을 의식함으로써 비로소 깨닫게 된다. 일시적인 감각은 순간 그 자체가 빛나는 본질적인 부분이다. 새로운 눈으로 바라보는 세상은 유한하다는 감각과 분리시킬 수 없다. 언제나 그 자리에 있다고 장담할 수 없기에 소멸하기 전에 간직할 필요가 있다. 따라서 기쁨의 순간은 늘 그 흐름의 유한함에 의해 특징지어진다. 가령, '나의 투쟁'에서 크나우스고르는 7살 때의 첫 사랑을 특별히 취급하고 있다. 그가 보고 있는 것에 대한 애착이 세상을 어떻게 환하게 해주었는지 그가 최초로 기록한 경험이다. '내 안에, 가장 익숙한 생각과 행동조차 새삼스럽게 느껴지는, 말하자면 새로운 하늘이 갑자기 찾아왔다.'라고 그는 쓰고 있다. 여기서 그가 말하는 새로운 하늘은 두터운 연한 물색 재킷에 하얀 모자를 쓴 까맣고 강렬한 눈동자를 지닌 앤 리즈벳이었다. 어느 날 오후, 둘은 숲에서 연극을 하면서 놀고 있었다. 오랫동안 바다에 나갔다가 돌아온 선원 역할을 그가 맡았는데, 둘은 반가운 나머지 서로에게 달려갔고, 그녀가 그를 꽉 껴안아주자 그의 세상이 변했다.

"내 심장은 격하게 떨렸다. 나는 단순히 머리 위로 하늘을 올려다보면서 숲의 바닥을 디디고 있는 게 아니었다, 나는 자신의 가장 밑바닥을 디디고 있었고 환하고 활짝 열어젖혀진 행복을 올려다보고 있었다. 그녀의 머리칼에서는 사과향이 풍겼다. 그녀가 입은 두터운 패드를 댄 재킷을 통해 나는 그녀의 몸을 느낄 수 있었다. 그녀의 차갑고 부드러운 뺨은 나와는 대조적으로 빛나고 있었다."

자신의 가장 밑바닥을 디디고 있었다는 경험은 그가 보고 있는 것에 집착하고, 한 사람을 사랑함으로써 세상에 묶이게 된 경험을 말한다. 가을이 겨울이 되듯 앤 리즈벳에 대한 애정은 그에게 일어나는 모든 일의 감정적 뉘앙스를 부드럽게 만들어준다.

"눈이 내리기 시작하자, 우리는 뛰어 내리거나, 미끄러져 내려오거나, 구멍을 파는데 적당한 곳을 이리저리 찾으면서 걸어 다녔다. 그 때의 그녀의 따뜻하고 빨간 뺨, 기온에 따라 많이 바뀌는 부드럽지만 명확한 눈송이의 내음, 그 모두가 우리 주위에 존재했다. 존재했던 모든 가능성이었다. 한번은 나무들 사이로 구름이 끼었는데 공기는 안개비 때문에 짙었다. 우리는 바다표범처럼 눈 위에서 잘 미끄러지는 방수복을 입고 있었다. 언덕 꼭대기에 올라가 나는 앞을 보고 누웠고, 앤 리즈벳도 내 옆에 다리를 쭉 벌리고 준비를 갖추었다. 우리는 배를 깔면서 아래로 쭉 미끄러졌다. 내가 지금까지 경험한 최고의 날이었다. 우리는 몇 번이고 그 놀이를 했다. 그녀가 내 어깨를 잡으며, 우리가 속도를 냈을 때 그녀가 보인 기쁨의 환성, 우리가 바닥에 닿았을 때 멋지게 뒤집어지면서 서로 엉켰던 일… 축축하고 짙은 연두색의 가문비나무 사이로 안개가 소리 없이 깔리고, 대기 속의 안개비가 우리의 얼굴을 얇은 필름처럼 스쳐지나갔다."

여기서 느낄 수 있는 모든 가능성의 감각(이 그 모두가 우리 주위에 존재하는)이 '나의 투쟁' 속에서 행복한 모든 순간이 되어 널리 퍼져나간다. 그 순간은 자기완성형도 시대를 초월한 것도 아니다. 오히려 그들의 흥분은 미래의 감각에 있다. 이전에는 불가능했던 감각이나 행동의 방법으로 향하게 해준다. 순간은 부서지기 쉽다. 앤 리즈벳에 대한 그의 사랑은 그를 들뜨게 하지만 다가온 상실감에 의해 부서지고 만다. '가장 모순된 감정이 나를 꿰뚫고 지나갔다. 내가 눈물바다를 이루었을 때, 그 다음 순간은 내 가슴이 행복으로 터질 지경이었다.'라고 그는 쓰고 있다. 이 지극히 행복한 고통은 그의 '나의 투쟁' 속에서, 행복한 모든 순간에 자주 재현된다. 그가 보고 있는 것에 애착을 더 가질수록, 그는 사별에 대해 더욱 취약해진다. 하지만 이 고통은 그의 경험을 생생히 만들어주고 깊게 해주는 것의 일부다. 그가 앤 리즈벳과의 접근성을 잃을 수 없다면 그는 그녀에게 가까이 다가가는 기적도 느낄 수 없다. 잃어버릴 가치가 없다면, 상황을 받아들이고 무엇이 발생했는지에 주의를 기울이고 자신이 느끼는 것을 유지하려고 애쓸 이유가 없다. 크나우스고르의 글은 헌신과 상실, 받아들임과 취약성이라는 관계를 파악하려고 주의를 집중시킬 때 가장 강력한 힘을 발휘하고 있다. 그가 두 번째 사랑에 빠졌을 때, 그의 나이는 16살이었다. 겨울이 봄으로 바뀌기 직전이었고 주위의 풍경과 마찬가지로 그의 마음속에도 들뜬 기운이 자리하고 있었다.

"…새들이 지저귀며 나무들 사이를 날아다니고, 초록이 나오면서 따뜻해지면… 녹기 시작한 호수는 벌써 봄과 여름을 기다리고… 눈에 보이는 유일한 백색은 바다를 향해 온화하게 흐르는 강의 푸른 물… 푸른 하늘을 가로질러 유유히 움직이는 구름… 모든 것이 다가온다. 3월의 어느 밤, 눈은 비로 바뀌고, 산에 덮인 눈은 무너져 내린다… 4월의 어느 아침, 나무에 봉오리가 생겼고, 노란 풀 속에는 초록의 흔적이 있으며, 수선화가 피고, 아네모네도 출현하면서 따뜻한 공기가 경사면의 나무들 사이에 기둥처럼 우뚝 솟는다… 이 모두가 흔적을 남긴다. 봄이라는 것을 아는 최초의 봄이며… 그것을 어떻게 기억하고 유지하느냐의 문제다. 모든 행복, 모든 아름다움, 모든 것에 존재하는 모든 것의 미래다… 학교에서 돌아오는 길, 길 위의 눈이 녹아내리고 있었고, 가게 바깥에는 차양막 아래에 놓인 과일 상자가 있고… 주택가를 걷는데 갑자기 비가 내렸고, 내 눈에 눈물이 차올랐다."

위의 묘사는 낭만적이고 생기 넘친다. 봄이 터져 나오는 풍경은 사랑의 상승을 반영하고 있다. 얼어붙은 풍경은 봄의 생생한 움직임으로 다양한 색깔로 다시 태어난다. 이 모두는 자연 속에서, 보고 있는 것에 집착하는 10대 소년의 마음속에서 맥박치고 있다.

생생한 감각은 유한한 감각과 분리하지 못한다. 삶은 늘 그랬다고 한정짓지 못하고, 늘 그렇게 되리라는 보장도 없다. 그래서 아름다움의 경험은 마음을 찌르는 상처가 되고, 그는 오래 가지 못하는 모든 것을 붙잡아두려는 욕망에 사로잡혀 있다. '모든 행복, 모든 아름다움, 모든 곳에 존재하는 모든 것의 미래'라는 욕구에 사로잡힌 그는 최초와 최후의 양쪽에서 아름다움을 보는 감각을 갖고 있다. 최후에 아름다움을 보는 것은 그의 경험을 더 빛나게, 더 강렬하게 해줄 수 있다. 그가 사랑하는 것을 잃을지도 모르는 끝자락에 서 있기 때문이다. 하지만 그가 사랑하는 것을 잃을지도 모른다는 감각은 그가 최초로 아름다움을 본 경험 속에서 이미 작동하고 있었다. 세상의 색깔은 아름다웠고, 동시에 두 사람은 그들과 함께 사라지는 미래를 잉태하고 있었다. 즉, 예상된 미래 색깔의 퇴색은 그들의 열정의 일부분이다. 그가 세상의 색깔에 사로잡혔을 때, 그것들이 퇴색하리라는 감각은 그에게 그것들의 아름다움에 한층 주의를 기울이게 만든다. 그 아름다움을 오래 끌게 만든다. 시간의 팽창(과거와 미래의 끄트머리에서 시간이 어떻게 떨고 있는지를)은 통속적인 정열의 빛 속에서 솟아나온다. 팽창은 상실의 부정적인 상태일뿐더러 경탄의 긍정적 상태이기도 하다. 시간에 의해 갈라진 사람만이 감동을 느끼고, 영향을 받는다. 오직 시간의 유한함을 아는 사람만이 살아간다는 기적을 느낄 수 있다.

5
...

시간의 경험을 다른 어떤 작가보다 심도 있게 추구한 마르셀 프루스트는 크나우스고르의 위대한 전임자라고 말할 수 있다. 그는 프루스트의 작품인 '잃어버린 시간을 찾아서'를 읽었고, 사실상 그것을 흡수했다고 회상하고 있다. '나의 투쟁'은 프루스트에게 빌린 많은 구절들이 남아있다. 그 영향은 '나의 투쟁'에서 이미 명확하게 보인다. '잃어버린 시간을 찾아서'는 3천 페이지가 넘는 분량을 할애해서 그의 인생을 되새기는 남자에게 헌정되고 있다. '나의 투쟁'도 동일한 모델을 추구했고, 자신의 인생을 되돌아보는 남자에게 3천 페이지 이상의 분량을 안겨주고 있다. 크나우스고르는 프루스트의 과제를 중요한 방식으로 전환했고, 거기서 그가 프루스트에게 배운 것을 깊게 이해했다는 흔적이 빛나고 있다. 사실, 프루스트 그 자신은 '잃어버린 시간을 찾아서'를 통해서 배우고 있었다. 일찌감치 작가가 되고 싶었지만 자신의 책의 주제 즉, 자신의 삶을 발견할 때까지는 자신의 재능에 자신감을 갖지 못했다. 글쓰기의 재능을 초월했다기보다는 그의 상상력의 빈 칸은 늘 남겨져 있었다. '그가 자신의 책의 토대'라고 여기는 것은 '주어진 삶, 슬픈 기억, 기쁨의 추억'이다. 그는 '진정한 예술의 위대함은 우리를 재발견하고 파악하고 인식해주는데 있다… 우리가 저도 모르는 사이에 죽는다는 위험을 무릅쓰는 이 현실은 그야말로 우리의 인생이다.'라고 그는 언급하고 있다.

프루스트는 그의 작품이 '우리에게 가장 귀중한 것' 즉 '우리의 진정한 삶, 우리가 느끼는 현실'에 전념하기를 강조한다. 그렇기에 그는 30페이지 이상을 잠들어 있는 장면에 할애하거나, 에로틱한 감정, 명멸하는 기억, 자각의 깨달음을 속속 끄집어내고 있다. 그의 문장력을 통해, 그는 우리의 지각을 다듬어주고, 세련되게 해준다. 그 목적은 우리를 다른 삶으로 인도하는 게 아니라 우리가 이미 살고 있는 삶을 체험시켜 주는 것이다. 그리고 프루스트가 이해하듯이 이 목적을 이루려면 시간과의 관계를 바꿀 필요가 있다. 습관이 우리의 경험을 약하게, 둔하게 만드는 경향을 보일 때, 그것은 우리의 감각에 대해 시간의 영향을 감소시키기 때문이다. 매일이 다르고, 다른 날이 또 있다는 보장은 어디에고 없다. 습관은 우리를, 우리의 삶이 모두 똑같고 무기한으로 지속되는 것처럼 느끼게 만든다. 따라서 우리가 사랑하는 것을 보는 것에만 익숙해지면 그 대상에 대한 깊은 이해나 그 존재에 대한 경이로움이 사라지고 만다. 마찬가지로 우리가 사랑하는 사람과 함께 살아가는 데만 익숙해지면, 상대를 당연한 존재로 여겨 사랑하는 사람의 독특한 자질을 더 이상 인정하지 않게 될 위험에 빠진다. 습관을 타파하려면 우리가 사랑하는 것을 상실할 가능성을 떠올려야 한다. 인생의 가치를 저평가하지 않으려면 상실의 깨달음, 그것을 가치 있는 것으로서 부각시키는 행위다. 우리는 언젠가 죽는다는 사실을 알고 있을지 모른다. 하지만 예술의 역할은 우리에게 그것이 무엇을 의미하는지를 느끼게 만들고, 그것으로 인해 우리 삶의 헌신을 강화하는 것이다. 그래서 프루스트는 그 자신의 삶을 낱낱이 밝히면서 동시에 자신의 과거 경험에서 오는 느낌과 삶에 미친 영향을 더욱 세심히 살피고 있다. 그런데 그의 기억 속에서 명쾌한 질감을 갖는 그에게 일어난 많은 일은, 본인에게는 불행하거나 평범하기 이를 데 없다. 그래도 그 모두가 상실의 관점에서 볼 때, 세상에 둘도 없는 것처럼 보인다. 현재 경험의 가치는 그것이 상실된다는 감각에 의해 드높여질지도 모르기 때문이다. 그래도 프루스트는 먼 과거에 관련해서만 그의 통찰을 추구할 뿐, 그가 쓰고 있는 자신의 진행 중인 삶에 관련해서는 그렇지 않다.

'잃어버린 시간을 찾아서'는 그와 우리를 이끌어주는 새로운 발견이다. 그럼에도 우리는 프루스트가 어떤 상황에서 글을 썼는지, 얼마나 시간을 들였는지, 책을 완성하려고 할 때 어떤 고생을 했는지에 대해서는 알 도리가 없다. 말하자면 '잃어버린 시간을 찾아서'는 그의 자서전이 아니다. 그의 삶의 이야기를 말하는 게 아니라, 소설이라는 틀 안에서 그의 삶의 이야기를 쓰고 있는 가공의 인물인 프루스트의 자서전이다. 그는 13년 이상이나 '잃어버린 시간을 찾아서'에 몰두했고 죽기 전까지 책을 완성하지 못했지만, 인쇄 막판 직전까지 원고를 수정하려고 애썼다. 하지만 소설이라는 틀 안에서는 우리가 읽고 있는 책의 저자라고 생각되는 인물이, 프루스트 본인의 투쟁인지는 목격할 수가 없다. 그가 쓰고 있을 때의 그의 일상생활, 그가 자서전을 구상하는 시기에 그에게 무슨 일이 일어났는지는 우리가 이해할 방법이 없다. 그의 모든 노력은 그의 현재의 삶이 아닌, 그의 과거에 의미와 중요성을 부여하는 데 중점을 두고 있다. 이에 대응하는 것이 크나우스고르의 작품이다. '나의 투쟁'은 내레이터인 칼 오베 크나우스고르 자신의 현재 삶 그 자체가 이야기의 일부가 되고 그가 이 책을 다 쓰는데 시간이 얼마나 걸렸는지조차 정확히 전달되고 있다. 그는 오후 1시 43분에 제1권의 작업을 시작한다. 2008년 2월 27일이다. 그리고 2011년 9월 2일 오전 7시 7분에 마지막 권을 완성한다. 실제로는 내레이션의 개시와 종료를 이토록 정확한 일시와 시간으로 기입할 수는 없겠지만, 중요한 것은 진행 중인 삶의 일부로서 그의 집필을 그 안에 앉히려는 의욕적인 야망이다. 이 책에서 그의 집필이 아이들의 유치원, 실질적인 걱정, 대인관계, 개인적 걱정으로 인해 어떻게 중단되는지를 알려준다. 이 모두는 '나의 투쟁'이라는 책 자체의 주제에 속한다. 투쟁은 과거를 되돌릴 뿐 아니라 이어지는 삶을 붙잡아, 그 삶에 종사하는 것이기도 하다. 이에 따라 크나우스고르는 프루스트가 숨기려는 경향이 있는 어려움을 애써 밝히고 있다. 먼 과거에만 초점을 맞추면(프루스트가 그러하듯이) 과거를 숙고의 대상으로 바꿀 수 있기에 삶의 새로운 인식을 얻는 게 비교적 간단하다. 지금까지 놓치고 있던 세세한 사항까지 파고들어가 당시는 이해 못했다는 사실을 받아들이고 처음으로 경험했을 때, 당시는 몰라서 즐기지 못했던 것에 그리움을 느낄 수도 있다. 두 번 다시 오지 않을 것 같은 감각은 실제보다 소중하게 여겨질 수 있다. 과거의 향수는 여전히 살아가야만 할 삶의 요구에서 우리의 피난처가 되어주기도 한다. '잃어버린 시간을 찾아서'는 프루스트가 글을 쓰려고 세상에서 한 발짝 물러서는 것에 다름 아니다. 그의 삶은 사실상 끝나고, 남은 것은 그의 이야기를 하는 것뿐이다. 물론 프루스트는 아직 살아가야만 하지만 과거에 몰두하려면 이를 잊어야 한다. 내레이션을 통해 그를 잠시 들여다볼 수 있는 장면이 몇 번 있다. 그의 관여를 최소한으로 억제하고, 현재의 삶에 가치를 두지 않는 누군가의 이미지이다. "나, 기묘한 인간, 죽음이 자신을 해방시키길 그가 기다리는 동안에, 닫힌 문의 뒤편에 살고, 세상일은 전혀 모르며, 올빼미처럼 움직이지 않고 앉아서, 어둠 속에서 사물을 확실히 볼 수 있는 것밖에 할 줄 모르는 새처럼…" 대조적으로 '나의 투쟁'의 구조는 '잃어버린 시간을 찾아서'의 구성을 의도적으로 반전시킨 것처럼 보인다. 프루스트의 책은 자신의 이야기를 쓰겠다는 결심을 통해 작가가 되는 것으로 끝나지만, 크나우스고르의 책은 자신의 삶의 이야기를 쓰기로 결심한 작가이며, 책이 완성된 후에는 더 이상 작가가 아니라는 선언으로 끝난다. "좋다. 더할 나위 없이 좋다. 더 이상 작가가 아니라는 것이"라는 문장은 '나의 투쟁'의 마지막 언어로, 그의 처자식에게 보내는 두 개의 유일한 문장이 들어간 별도의 페이지가 이어진다. "린다, 바니아, 헤이디 그리고 욘, 나는 그대들을 사랑한다." 프루스트가 삶에서 문학으로 가는 마무리를 했다면, 크나우스고르는 문학에서 삶을 향한 마무리를 하고 있다. 문학은 크나우스고르에게 삶을 이해하고 바라볼 능력에 있어서 불가결한 부분이다. 그럼에도 불구하고 그가 '잃어버린 시간을 찾아서'의 끝부분을 바꾸려는 방식은 그것에 자신의 삶을 도입하려는 도전이다. 다시 집필하겠다는 그의 의지는 실제의 삶으로 이끌어준다. 거기서 벗어나기 위함이 아니다. 그는 변화를 분명히 원하고 일상의 삶에서 보다 좋은 사람이 되고 싶어 한다. 과거를 회복하는 것뿐 아니라

'나의 투쟁' 속에서 그가 하는 일은 지금 보고 있고, 지금 살아 있는 것을 계속 믿는 것이다. 몇 년 후에 그저 과거를 되돌아보겠다는 것이 아니다. 또한 그는 자신의 삶을 평가하고, 깊은 애착을 유지하려는 어려움에 맞서야만 한다. 그의 처자식을 사랑하는 것은 한 번에 이루어지지 않는다. 지루함에 길을 내주는 기쁨, 무관심, 욕구불만으로 타협된 애정이 담긴 배려, 엉망인 습관 속에서 잃어버린 놀라움의 감각으로 모든 날들을 바쳐야 하는 헌신적인 행위이다. 그리고 늘 실패할 가능성이 있다. '나의 투쟁'의 목적은 이쪽을 저쪽으로 정화하는 게 아니라, 그 사이에 있는 날들에서 생기는 끝없는 투쟁에 맞서는 것이다. 이는 우리가 프루스트처럼 삶에서 동떨어진 장소가 아니라 삶의 한복판에서 내레이터(자신)를 찾는 이유다. 크나우스고르는 결코 쉴 수가 없다. 집필 데스크에 되돌아올 때조차 그는 일상생활의 실제적인 행위에서 벗어나지 못한다. 거기에 관여하는 것은 고통스럽거나 혹은 열정적, 지루함, 가슴이 뛸 가능성이 있지만 중요한 것은 그 모두를 구체적으로 빛내야 한다는 것이다. 그는 과거를 이야기하면서도 집필 시점에서의 자신을 묘사하는 것으로 옮겨간다. 문장의 열려진 공간 속에서 독자는 그의 젊은 시절에서 수십 년 후의 그의 나이든 시절로 옮겨갈 수 있다. 이것이 처음으로 묘사되는 부분은 책 첫 부분인데, 그가 책의 집필을 개시하는 2월의 밤은, 그가 현재의 삶을 알 때다. 그가 8살 때의 어느 밤을 몰입해서 묘사한 후, 책상에서 눈을 들어 우리에게 'in ipso tempore그때에'라고 말을 건다… 글을 쓰고 있는 바로 '그때에'라고.

"그로부터 30년이 지난 지금, 나는 여기 앉아 그때의 일을 회상하며 글을 쓰고 있다. 창문은 내 얼굴을 흐릿하게 반사해내고 있다. 반짝이는 눈동자는 어둑한 빛을 머금고 있었으나, 상체의 왼쪽 부분은 그림자에 가려 있다. 이마를 깊게 파들어 간 두 개의 굵직한 주름, 그리고 두 볼을 따라 입가까지 내려간 또 다른 두 개의 주름. 그 주름들은 어둠으로 가득 차 있다. 진지하게 쏘아보는 듯한 두 눈동자, 아래로 쳐져버린 입 꼬리. 이 얼굴이 우울하게 보이지 않는다고 누가 말할 수 있는가. 그 얼굴에 들어차 있는 건 도대체 무엇인가. 오늘은 2008년 2월 27일 밤 11시 43분. 이 글을 쓰고 있는 나, 칼 오베 크나우스고르는 1968년 12월에 태어났다. 그러니까 지금 이 글을 쓰고 있는 나는 서른아홉 살 인 셈이다. 내겐 아이가 셋 있다. 바니아, 헤이디, 그리고 욘. 나는 결혼을 두 번 했고, 지금의 아내 이름은 린다 보스트룀 크나우스고르다. 가족들은 지금 내 서재를 둘러싸고 있는 각자의 방에서 세상모르고 잠에 빠져 있다. 우리는 1년 반이라는 세월을 말뫼라는 스웨덴의 한 도시에서 살았다. 이 도시에는 아는 사람이 거의 없다. 바니아와 헤이디가 다니는 유아원의 학부모 몇 명을 제외하고선. 하지만 난 외로움도 그리움도 느끼지 않는다. 나는 솔직히 사교적인 사람은 못 된다. 나는 절대 나만의 솔직한 생각을 털어놓지 않는다. 내 의견을 입 밖에 내놓는 일이 없으며, 항상 상대방의 말에 큰 관심을 기울이고 있는 것처럼 시늉한다. 하지만 술을 마시면 이야기가 달라진다. 가끔은 평소의 나와는 정반대로 행동할 때도 있다. 그럴 때면 다음 날 아침 눈을 떴을 때 말할 수 없는 불안감에 휩싸이곤 한다. 이 불안감은 수년 동안 서서히 나도 모르게 내 속에서 자란 것이고 일단 술을 통해 밖으로 빠져나오게 되면 몇 주 동안이나 나를 괴롭힌다. 술을 마실 때면 가끔 블랙아웃을 경험하기도 한다. 그럴 때면 통제되지 않은 나의 행위와 말들은 절망적이고 멍청하게 변해버린다. 가끔은 위험하게 변할 때도 있다. 그래서 나는 작정하고 술을 끊어버렸다. 난 그 어떤 사람도 내 속에 들어오는 것을 허용하지 않는다. 누군가가 나를 보는 것도 좋아하지 않는다. 그렇다. 나는 그렇게 변해버렸다. 내게 다가오는 사람도, 나를 봐주는 이도 없다. 바로 이것이 내 얼굴을 헤집고 들어온 것이다. 바로 이것이 내 얼굴을 그토록 뻣뻣하게 만든 것이다. 이젠 길을 걷다 우연히 상점의 유리창에 비친 내 얼굴을 보면, 그게 나라는 생각도 들지 않는다."

– 『나의 투쟁』 한길사에서 발췌

이러한 내용은 그가 책을 쓰기 시작한 한밤중의 상황만으로 끝나지 않는다. 그 자신의 과제의 제로 시점이라는 뜻이다. 지금 자신을 바라보는 그는, 자신을 거의 인식하지 못하는 그 자신이다. 그는 자신의 삶을 세상에서 멀리 떼놓지만, 동시에 그의 삶을 인정하지 않는다. '나의 투쟁'의 집필은 이 상황을 역전시켜서 자신의 삶으로 되돌아오려는 시도다. 그 자신이 진정으로 생각하는 것, 진짜로 의미 있는 것을 말하지 않기에 지금 상황이라면 수천 페이지도 그런 식으로 이어질 것이다. 누구한테도 자신이 보여지길 원하지 않으며, 다른 사람이 자신에게 다가오기를 원하지 않는 그가,

자신을 낱낱이 밝히고 누구나 볼 수 있도록 자신의 삶을 개방하려고 한다. 이는 그가 타인에게서 독립되어 있고 자유롭게 밝힐 준비가 되어 있다는 개성을 갖고 있다는 뜻이 아니다. 그의 삶을 소유하는 것이 얼마나 어려운지 그가 세상에서 취하는 방법에서 떼어 놓으려는 것이다. 타인에게서 멀어지는 것조차 그들과 함께 있는 형태이며, 세상을 내버려두는 것 자체도 사실은 그 세상 안에 있는 것이다. 그에게 삶을 소유하는 것은 이러한 의존을 인정하는 것이다. 더 좋아질 수도 있고 더 나빠질 수도 있다는 것을 인정하는 것이다. 따라서 삶의 소유란 그 자신이 보고 있는 것에 헌신하는 것이다. 그의 삶을 소유하려는 과제는 말 그대로 자신의 되돌아봄부터 시작된다. 그는 어두운 창문에 비친 자신의 얼굴을 바라보면서 지금 자신에게 일어난 일에 임해야 한다. 어떤 의미에서 '나의 투쟁'의 모든 부분은 그가 다음처럼 묻는 질문에 대답하려는 시도처럼 보인다. "내 얼굴에 뭐가 새겨져 있을까?" 그는 자신의 삶을 되돌리려고 과거에 닻을 내릴 뿐더러 현재와 미래에도 관여할 수 있게 된다. 그 결과, 그는 프루스트가 "구체화된 시간temps incorpore"이라고 말한 것에 맞서야만 한다. 구체화된 시간은 우리가 그것을 인식하지 않거나 혹은 우리에게 끼치는 영향을 통제하는 경우라도, 우리가 과거를 어떻게 다루느냐를 보여준다. 구체화된 시간은 프루스트가 자서전을 쓸 때의 상태를 위한 것이다. 과거가 우리의 몸에 새겨져 있기에 우리는 이전의 우리 자신에게 재접속해서 우리가 한 것을 되돌릴 뿐 아니라, 그것이 어떻게 느껴졌는지를 되돌려 볼 수 있다. 그러면서 우리 삶의 진정한 감각을 되찾을 수 있다. 하지만 우리의 과거로 이어지는 통로는 희박하다. 과거에 저장된 많은 경험에(지금조차 하고 있는) 제대로 접속하지 못할지도 모른다. 과거의 의미는 결코 그 자체 그대로 주어지지 않는다. 지금의 우리 감각에 의해, 미래의 계획에 의해 굴절된다. 만일 우리의 기억이 구체화되었다면, 그 기억은 우리의 몸에 일어났기에 훼손되거나 사라질 수도 있다. 과거의 지속은 비물질적인 영혼에 의해 유지되지 않는다. 연약하고 물질적인 몸에 의한 시간 속에서 유지된다. 따라서 프루스트는 구체화된 시간의 중요성을 발견하면서, 그의 몸에 유지되고 있는 기억을 아예 끊을 가능성이 있는 모든 요인을 인식하는데 애먹고 있다. 하지만 그것은 우리의 몸과 더불어 소멸될 가능성이 있는 것이다. 구체화된 시간의 발견은 그에게 '잃어버린 시간을 찾아서'를 쓰라고 재촉하지만, 오히려 그의 과제의 불안정을 시사하고 있다. 책의 마지막 부분에서 프루스트는 뇌의 손상이나 여러 가지 사고가 그가 자서전을 쓰는데 어떻게 방해하는지를 걱정하고 있다. 사실 그는 작업에 들어가기 전에 계단에서 넘어져 글을 쓸 수 없는 불안감을 증폭시키는 기억의 상실에 대해 고민하고 있다. "나 자신에게 아직 충분한 시간이 있느냐?라고 묻는 것도 모자라 나는 아직 충분히 건강한 상태에 있느냐?라고 물어보았다."

구체화된 시간에 함축된 의미를 추구하면서 프루스트는 늘 죽음에 신경이 쓰여, 그가 헌신했던 생생한 시간의 유한성을 강조한다. '죽고 난 후에 시간은 몸을 떠나고 기억은(아주 무관심하고 지금은 창백한) 더 이상 존재하지 않는 그녀를 떠난다. 그 기억들은 지금도 그를 고문하고 있다. 하지만 살아 있는 몸이 그 기억들을 유지하고 지키지 않을 때, 결국 그 기억들은 죽는다.'라고 그는 책의 마지막 부분에 쓰고 있다. 죽음 혹은 사체에 관한 언급은 마지막 부분밖에 나오지 않지만, '나의 투쟁'에서는 처음부터 배경이 되고 있다. 프루스트처럼 크나우스고르는 우리의 삶 속에서 시간의 심오함을 끌어내고 싶다고 생각한다. 즉, 우리와 함께 과거를 견디고 미래에 자신을 투영하는 공간 즉 물리적 장소를 어떻게 초월할 수 있는지에 관해서다. 이것이 우리가 살아 있는 체험을 소유하도록 해주는 시간의 확장성이다. 하지만 크나우스고르에게는 살았던 시간의 차원(희망과 두려움 같은)대해서 뿌리 깊은 평행적 인식을 갖고 있다. 이 인식은 팽창한 삶이 기한 만료로 끊어진 후에 남는 물질적인 몸에 의존한다. 그래서 놀랄만한 '절개'로 '나의 투쟁'의 처음 부분에서 우리에게 살아 있는 몸이 죽은 몸(사체)으로 어떻게 이행하는지를 목격하게끔 만든다.

"심장의 삶은 단순하기 그지없다. 힘이 다할 때까지 움직이기만 하면 되니까. 그러다 멈추어버리면 되니까. 심장의 이러한 규칙적인 움직임이 언젠가 저절로 멎게 되는 날이 오면 온몸의 피는 시체의 가장 낮은 곳으로 흘러내려 덩어리를 이룬다. 거뭇하고 물컹하게 느껴지는 이 핏덩이는 점점 하얗게 변해가는 피부 바깥쪽에서도 보인다. 체온은 점점 내려가고, 사지는 딱딱하게 굳어가며, 내장은 서서히 비워진다. 죽음 이후 이 초기의 변화는 몇 시간동안 너무 천천히, 너무도 확실하게 진행되기에 마치 신성한 제례의식 같다. 일종의 신사협정처럼, 정해진 법칙에 따라 삶을 내주기라도 하듯, 죽음은 생명이 완전히 꺼져버릴 때까지 참을성 있게 기다리다 몸속으로 서서히 쳐들어온다. 돌이킬 수는 없는 일이다. 엄청난 양의 박테리아가 신체 내부에서 스멀스멀 고개를 들기 시작하면 때는 이미 늦는다. 불과 몇 시간 전만 해도 이 박테리아들은 완강한 저항을 경험했을 터인데, 지금은 이들을 멈추게 하는 그 어떤 것도 찾아볼 수 없다. 박테리아 무리는 어두침침하고 습기 가득한 몸속으로 더 깊이 파고들어간다. 하버스관, 리베르퀸선, 랑게르한스 섬, 콩팥의 사구체 주머니, 척수의 흉부 핵 후벽, 중뇌의 검은 물질. 이들은 이미 박동을 멈추긴 했지만 그때까지만 해도 온전하게 남아 있는 심장에 다다른다. 움직임을 멈춘 심장은 일꾼들이 서둘러 빠져나간 공사장처럼 썰렁하다. 어둠이 깔린 숲을 향해 헤드라이트를 켠 채 멈추어 서 있는 트럭들, 텅 비어 있는 황량한 막사들, 사람을 가득 싣고 산꼭대기로 오르다 멈춰버린 케이블카처럼 보인다. 생명이 몸을 빠져나간 바로 그 순간, 몸은 죽음의 세계에 속하게 된다. 램프와 슈트케이스, 담요와 문손잡이, 그리고 창문들, 흙과 수렁, 강과 산, 구름과 하늘. 이런 것들은 우리에게 전혀 낯설지 않다. 이렇게 우리는 생명을 머금지 않은, 죽음의 세계에 속하는 온갖 물건과 현상 속에서 아무렇지 않은 듯 잘 살아오지 않았던가. 그런데도 우리는 죽은 인간의 몸을 볼 때마다 형언할 수 없는 불편함에 사로잡힌다. 그래서 우리는 죽음의 손길에 사로잡힌 인간의 몸을 가능한 한 우리의 시야 밖으로 밀어내기 위해 온갖 노력을 다한다. 대형 병원에서는 생명이 떠나버린 시신들을 일반인의 손이 닿지 않는 곳에 두는 것도 모자라, 그곳으로 향하는 길마저도 드러내지 않으려 승강기도 다르고 출입구도 다르게 해서 일반인과 격리시킨다. 피치 못할 이유로 시신을 들것에 실어 나를 때도 하얀 천으로 덮어 꼭꼭 가린다. 병원에서 시신을 싣고 나갈 때도 마찬가지다. 전용문으로 시신을 싣고 나가면, 차창까지 까맣게 칠한 운구차가 기다리고 있다. 교회에서도 창문 없는 전용 공간이 이들을 기다리고 있다. 뚜껑을 덮은 관 속에 보이지 않게 누워 있는 시신은 장례식을 마친 후 하관식을 거쳐 흙 속으로 사라지거나 화장로의 불길 속에서 연기로 사라지기 마련이다."

―『나의 투쟁』 한길사에서 발췌

일인칭 시점을 고수하는 소설에서 삼인칭 시점으로만 주어지는 인생관으로 시작된다는 것이 인상적이다. 크나우스고르가 설명하는 죽음의 순간을 당연히 아무도 경험할 수는 없다. 죽음의 순간에 별도의 몸을 관찰할 때, 추측은 가능하겠지만, 우리의 몸에 실제로 일어나면, 우리는 이미 가고 없다. 더 이상 우리의 통제가 통하지 않는 몸에 속하게 된다. 우리는 완전히 몸에 의존한다. 몸이 없이는 존재할 수 없다. 하지만 우리의 몸은 우리에게 의존하지 않는다. 우리가 이 세상을 떠나면 몸은 세상에서 하나의 사물로 남게 된다. 몸은 우리의 부재에 무관심하다. 아마도 그렇기 때문에 사체가 불길하게 보이고, 숨기고 싶어 할 지도 모른다. 사체는 우리가 세상에 있을 때뿐 아니라 분리되고, 분해되는 재료로 만들어져 있는 세상에 있음을 우리에게 일깨워준다. '나의 투쟁'을 통해 유물론을 다시 떠올릴 수도 있다. 구체적으로 말하자면 크나우스고르는 이중초점의 비전을 구사한다. 모든 실존적 현상은 그 자체가 여전히 생리학적 구조에 의존한다고 간주된다.

그 전형적인 예가 심장이다. '나의 투쟁'에서도 중요한 부분으로 종래에서 따온 비유다. 크나우스고르의 심장은 자신이라는 존재가 살았던 원리의 비유이며, 직감적인 사랑의 체험을 들어 가장 강렬히 표현하고 있다. 그는 자신의 인생을 바꾸는 것을 설명하려고 "심장은 결코 실수하지 않는다"라는 구절을 반복한다. 이런 의미에서 심장은 그의 가장 깊고, 친밀한 자기 감각을 나타내준다. 동시에 심장은 은유가 아닌 글자 그대로 다루어진다. 위의 인용문에서 그는 반복해서 자신의 감각에 전혀 무관심한 물리적 구조로서 심장을 전면에 내세운다. 심장은 고동치고, 그 후 고동을 정지한다. 그가 원하든 그렇지 않든. 그가 행하는 심장의 해부는 그가 낭만적인 의미와 외과적인 의미의 양 측면에서 자신의 심장을 해부하는 것은 친밀한 고백이기도, 자신의 몸의 생물학적 물질의 구성에 대한 탐구이기도 하다. 따라서 크나우스고르는 구체화된 시간의 개념을 완전한 결론으로 밀어부친다. 유아기 시절의 자기 사진을 보고 그는 묻는다.

"이 작은 생물(그의 유아기 시절)은 여기 말뫼에서 의자에 앉아 글을 쓰는 인간과 똑같은 인간일까? 9월의 흐린 날, 이곳 말뫼의 오래된 환기 시스템으로 울부짖는 듯한 가을바람이 들어오는 이 방에서 글을 쓰는 마흔 살 먹은 생물은 …앞으로 40년 후에는 스웨덴의 숲의 어딘가에 있는 양로원에서 입가에 침을 줄줄 흘리거나 덜덜 떨면서 앉아 있을지도 모르는데… 여전히 칼 오베 크나우스고르로서…"

    그는 생애에 걸쳐 신체의 근본적인 변화를 선명하게 표현하려고 희박한 연결과 구체화된 시간의 궁극적인 취약성, 양쪽 모두를 강조한다. 그는 자서전을 쓸 때, 물리적인 분해를 고려하지 않으면 안 되고, 그의 몸이 사체로 변했을 때에 발생할 것이라고 생각되는 그의 삶의 절대적 끝장에 고민한다. 이처럼 그는 우리 몸의 자동기능, 우리가 만들고 있지만 결국은 붕괴하거나 부패될 물질 등을 연상시켜준다. 하지만 이런 유물론적 관점은 우리 삶의 중요성을 가치 평가하지는 않는다. 우리 존재의 지속 시간이 지질학적 시간의 범위 내에서는 겨우 하나의 점에 지나지 않는다는 사실은, 그것이 중요하지 않다는 것을 의미하는 게 아니다. 마찬가지로 1인칭 시점의 입장(독특한 자신만의 경험)이 일련의 물리학적 특성에 의존한다는 사실은, 그것이 환상을 의미하지는 않는다. 우리의 삶이 유한하다는 것을 의미할 뿐이다. 유한함은 우리 삶을 가치 평가하지는 않는다. 유한함은 상실하고 붕괴될 수 있는 삶의 전제에 대해 왜 그것이 중요하고 명확해야 하는지에 대한 핵심적인 부분이다. "죽음"이라고 크나우스고르는 마지막 부분에 쓰고 있다. "삶이 나타나는 배경이다. 만일 죽음이 존재하지 않는다면 우리는 삶이 뭔지를 알 도리가 없다."

죽음은 삶이 둘도 없이 소중한 것으로 밝게 빛나게 해주는 배경이지만 모든 빛을 사라지게 하는 배경이기도 하다. 죽음은 삶을 무의미하게 만든다. 우리가 가진 모든 것은 삶이 그러하듯 고군분투해서 얻지만 결국 사라질 것들이다. 반대로 죽음은 삶을 유의미하게 해준다. 우리가 가진 소소한 것들이 매 순간 중요하고 삶에 불가결하다는 것을 일깨워준다. 여기서 죽음은 존재적인 분류다. 또한 신체의 유기적인 사망과도 연결된다. 실제로 주검에 맞서는 행위는 우리가 사랑하는 모든 사람의 운명이 크나우스고르 그 자신과 그의 독자에게 반복해서 상기시키는 도전이라는 것이다. 지금까지 봐왔듯이 '나의 투쟁'의 첫 부분은 죽음의 순간을 박테리아의 자세한 묘사로 시작한다. 그리고 그가 죽은 부친의 주검을 보려고 영안실을 찾아가면서 주검의 묘사로 다시 돌아온다.

"내 눈앞에 있는 것에선 생명이 보이지 않았다. 한때는 내 아버지였던 그 몸이 이제는 아버지가 누워 있는 판석, 그 옆에 탁자가 놓여 있는 바닥 또는 창문 아래 벽에 설치되어 있는 소켓, 소켓과 램프를 잇는 전깃줄과 전혀 다르지 않게 보였다. 따지고 보면, 인간도 세상이 스스로를 표현해내는 여러 개체 중의 하나가 아니었던가. 세상이 스스로를 표현해내는 개체는 수도 없이 많다. 그 중에는 살아 있는 것도 있고, 죽어 있는 것도 있다. 모래사장 위에 자리한 그물, 바윗돌, 흐르는 물처럼. 나는 삶에서 가장 중요한 위치를 차지하는 어둡고 매혹적인 것이 바로 죽음이라 믿어왔다. 이젠 그 죽음이 물이 새는 수도관, 바람에 부러져버린 나뭇가지, 옷걸이에서 미끄러져 바닥으로 떨어져버린 옷 한 벌과 다름없다는 생각을 하게 되었다."

—「나의 투쟁」, 한길사에서 발췌

몸은 호흡을 멈춘다. 그리고 살아 있는 존재로서 그 임무가 끝난다. 그 대신 세상의 사물 속에서 사물로서 남는다. "아버지는 더 이상 숨쉬지 않는다."는 것이 그에게 일어난 일이었다. "공기와의 접촉이 끊어졌기에 다른 물건 가령, 통나무, 가스통, 소파처럼, 아버지는…" 이렇듯 살아있는 몸이 죽은 상대에게 환원되는 형태를 볼 때 자연이 우리의 관심이나 욕구에 무관심하다는 것을 알 수 있고, 우리가 자신을 유지하려고 세상을 이용할 수 없게 될 때, 우리의 몸은 고갈된다. '그는 더 이상 내가 숨쉬던 때의 공기가 아니다…'

세상과 상호작용할 수 있는 능력(미래에 자기 자신을 투영할 수 있는 능력)은 죽음으로 끝난다. 그저 물리적인 압력에 처하면 각각의 신체는 분해되고 변형하는 물질의 순환으로 되돌려진다. 이 물질적인 죽음과 그것이 일으킬 수 있는 불안에 대처하는 두 가지 전통적인 방법이 있다. 첫째, 우리 몸의 분해와는 별도로 불멸의 영혼이 있다고 주장한다. 우리의 몸은 사라지지만 실제로 죽은 게 아니라, 육신에서 떨어져 나와 부패하지 않는 깨끗한 몸으로 다시 태어나 보다 높은 존재로 승화된다. 둘째, 우리는 계속적으로 물질세계에 속하기에 죽음을 두려워할 이유가 없다고 주장한다. 우리 몸의 물질은 다른 것으로 바뀌기에 실질적으로 상실되거나 파괴된 게 아니라 다른 형태를 취할 뿐이라는 것이다. 가령, 스토아학파의 죽음에 관한 견해는 "그렇습니다. 당신은 당신 자신을 관두지만, 우주가 필요로 하는 어떤 것이 됩니다."라고 로마의 스토아학파의 에픽테토스가 영향력 있는 주장을 한 것과 마찬가지다. 이러한 두 가지 견해는 서로 반대의 입장을 주장한다. 그들은 죽음은 우리가 유지하려고 애쓰는 생명의 상실이라는 것을 부정한다는 점에서 일맥상통한다. 전자의 경우는, 우리가 불멸의 영혼을 위해서 삶에서 손을 떼라고 말한다. 후자의 경우는 우리가 물질의 연속성을 위해서 삶에서 손을 떼라고 말한다. 두 가지 주장은 모두 죽음의 비극을 부정한다. 오직 통속적인 믿음(죽음으로 인해 다시 돌이킬 수 없는 인생에 그래도 헌신하는 것)만이 이 두 가지 주장에 대항할 수 있다. 통속적인 믿음만이 왜 죽음이 비극적 손실인지를 설명할 수 있다. 비극적인 손실의 감각은 영원히 가버릴 두 번 다시 없는 삶의 가치를 계속 믿는 것으로 느낄 수 있다. 자연은 우리가 살든 죽든 개의치 않는다. 하지만 자연은 우리에게서 사라져갈 것을 기억하고 돌보는 행위를 더욱 피할 수 없게 해준다.

6
...

유물론적인 죽음의 의미를 통해, 그리고 크나우스고르의 글은 정확히 통속적 믿음에 헌신하고 있다. 우리에게 주검을 보여주면서, 그는 죽은 자와 산 자의 구별을 선명하게 해준다. 살아가기 위해 시간은 늘어난다. 즉, 우리는 과거를 회상하고 미래에 자신을 투영한다. 이는 우리 삶의 시간이고, 그가 탐구하고 전념하는 시간이기도 하다. 죽은 자는 이미 아무것도 보거나 느끼지 못한다. 과거를 떠올리거나 미래를 바라볼 수도 없다. 죽은 사람에 대한 우리의 심정은 이 절대적인 생명의 상실을 인정하는 것이 필요하다. 주검에 직면했을 때, 우리는 이 주검이 죽음으로 모든 것을 상실한 누군가의 것이었다는 사실을 떠올릴 수 있다. 타인의 죽음을 애도함으로써 우리는 타인의 삶에 대한 타인의 입장이 완전히 사라졌다는 것을 인식한다. 타인 그 자신에 대한 개인적인 삶의 절대적인 상실을 인정해야 비로소 우리는 세상에 둘도 없는 사람의 기억에 계속 충실해질 수 있다. 나아가 우리 자신의 죽음을 예측할 때야 비로소 즉, 모든 것을 잃을 위험에 직면했을 때만이, 우리는 자신의 유한한 삶에 초점을 맞출 수 있다. 크나우스고르의 글에서 주목할 점은 죽음의 경험이 두려움과 사랑, 두려움과 아름다움의 양쪽 모두의 원천이 된다는 것을 어떻게 허용하느냐는 것이다. 죽기 전의 불안은 극복할 수 있거나 극복해야할 것이 아니다. 오히려 없어지는 삶을 위한 사랑의 표현이다. 마찬가지로 주검에 얽매이는 것은 두려움의 원천이 될 수 있다. 우리는 부상을 입고 부자유하게 되거나, 뇌의 화학적 성질에 의해 파괴될지도 모른다. 결국 우리가 열심히 그러모은 정신들도 죽은 물질로서 사라질 뿐이다. 그렇지만 우리의 통제를 초월한 몸에 얽매이는 것은, 세상에서 사라지는 아름다움을 받아들일 기회도 된다. 가장 행복한 순간조차 크나우스고르는 이처럼 유한함을 깨닫고 있다. 그가 사랑하는 귀중한 존재들은 그들의 불안정한 물질적 상태와 분리할 수 없다.

"나는 린다를 바라보고 있다. 그녀는 시트에 머리를 기댄 채 눈을 감고 있다. 딸인 바니아는 린다의 무릎에 누워있는데, 머리카락으로 온통 얼굴을 덮은 바람에 마치 수풀처럼 보인다. 나는 조금 앞으로 숙여 또 다른 딸인 헤이디를 쳐다본다. 헤이디는 무관심하게 날 바라보고 있다. 나는 그녀들을 사랑한다. 그녀들은 나의 선원들이다. 나의 가족. 순수한 유기물질로 봤을 때, 특별한 것도 없었다. 헤이디의 몸무게는 10킬로그램. 바니아는 12킬로그램 쯤 되었고, 나와 린다의 몸무게를 거기에 더하면 190킬로그램 정도였다… 난 이전에 할머니의 엄마를 만난 적이 있다. 그러니까 바니아와 헤이디는 5세대에 해당한다. 딸들은 운명으로 인해 3세대를 경험하는 셈이다… 우리의 작은 고깃덩어리는 8세대를 관통하고… 올 봄이 끝날 무렵의 오후, 그 작은 세계는 고속도로를 따라 전속력으로 운송되고 있었다."

온화한 행복은 이중적인 시선이 있기에 더욱 빛난다. 한편 친밀한 사랑을 부드럽게 환기시키는 것은, 가족 모두를 세상의 기원을 이룬 존재로 바라보는 것으로, 거기에는 측정할 수 있는 모든 것을 초월해서 널리 확장되는 생각이나 꿈, 감정이 들어있다. 한편, 이 세상 전체는 중량이나 높이로 결정되는 한정된 '유기물질'에 의존한다는 것을 떠올릴 필요가 있다. 심지어 크나우스고르는 고속도로를 따라 '운송' 되는 '고깃덩어리'라고 표현하고 있다. 자동차가 고속도로에서 치명적인 사고를 당하면, 존재는 영원히 사라질 가능성이 있고, 유기물질을 죽은 고깃덩어리로 바꾼다. 하지만 위험은 병적인 환상이 아니고 그들의 삶이 당연하다고 말할 수 없는 보물이라는 것을 상기시켜준다. 삶의 기로에서 죽음을 떠올리는 행위는 그의 시선을 그가 사랑하는 사람에게 집중시키고 그가 보고 있는 것에 헌신하며 그들의 독특한 존재를 선명하게 하는 방법이다. 여기서 발산되는 사랑은 아우구스티누스의 감각으로 보자면 통속적인 삶의 사랑이다. 시간에 속박되고 역사로 인해 특징지어지며, 이전에 온 세대와 앞으로 올지도 모르는 세대에 의존한다. '나의 투쟁'을 통한 이러한 시간적 차원은 우리 삶의 정열에 대한 힌트를 손에 쥔다는 것을 의미한다. 시간의 확대는 매순간을 의미하지만, 여러 방법으로 늘일 수가 있고, 우리가 누군지를 알게 되는 심오한 순간이기도 하다. 이처럼 크나우스고르는 제각기의 신체에 대한 침체와 소생, 사랑의 관계에서 시간의 질감, 기쁨과 고통의 간격, 트라우마의 사망 시간, 그리고 지극한 행복을 탐험하고 있다. 이들은 모두 구체화된 시간의 형태이고, 이를 통해 우리는 공간 내의 물리적 장소를 초월해 우리의 삶을 넓혀간다. 동시에 우리는 필연적으로 육체에 묶여 있다. '나의 투쟁'의 시도는 이들 두 가지 시점을 연결시키는 것이다. 우리는 정신이지만 문제이기도 하다. 정신은 문제와 불가피한 관계다. 우리는 삶에 의미와 형태를 부여함으로써 우리의 삶을 구성할 수 있다. 하지만 최종적으로 우리는 무의미한 분해의 과정에서 사라진다. 크나우스고르는 유한한 존재의 가치를 믿으면서 동시에 그 같은 분해에 마주선다. 그는 우리를 삶에 되돌리고, 형태와 형태가 없는 것, 통합과 붕괴의 양면을 보여준다. 크나우스고르의 '나의 투쟁'은 그 제목을 이어받은 책(히틀러의 나의 투쟁)과는 반대의 방향을 가고 있다. 크나우스고르의 노르웨이 판 제목인 'Min Kamp'는 아돌프 히틀러의 '나의 투쟁Mein Kampf'를 그대로 따왔다. 부당한 도발로 생각될 수도 있지만 이 제목은 크나우스고르가 히틀러의 '나의 투쟁'과 그 문맥에 400쪽이나 할애할 만큼 동기 부여가 되고 있다. 그는 히틀러의 라이프 스토리에서 어떻게 '나의 투쟁'이 이데올로기에 체계적으로 종속하는지를 보여주면서 동시에 시대의 위기, 히틀러의 유년기와 성인 초기의 복잡한 상황에 대해서도 자세히 설명하고 있다. 일상생활의 잡다한 느낌은 완곡한 표현으로 흐지부지되고, 인간의 복잡함은 그저 캐릭터의 유형으로 분류되고, 모든 실패와 고통은 단계적으로 정화되는 스토리로 통합된다. 눈에 띠는 점은 모든 불균형, 조소, 주저함이 연설 속에 확실하게 녹아들어 있다는 것이다. 크나우스고르는 히틀러가 2인칭 형식의 연설을 어떻게 배제하는지를 보여준다. 히틀러의 연설에는 'I', 'we' 그리고 'they'가 있지만, 친밀한 관계를 가능하게 하는 'you'는 존재하지 않는다. 히틀러는 그 자신이 어떤 형태의 약함이라도 보여주려고 하지 않는다. 그리고 타인이 약하다고 해서 그 타인에게 헌신하려고 자신을 구속시키지도 않는다. 히틀러는 한층 자신을 이상화시켜서, 'we'와 융합시킨 후, 모든 약점을 외부의 'they적'에게 투영시킨다. 히틀러가 삶을 말하는 방식은 세상을 이해하려는 그의 이데올로기적인 구상과 맞물려 있다. 히틀러의 우주에는 그들 'them'에 의해 추락할 위험에 빠진 순수하고 선량한 'we'가 존재한다. 그가 말하는 그들은 불순하고 악마 같은 특히 유대인들이다. 곤란한 지경에 빠진 우리we는 모두 그들them 탓이다. 그러니 악의 세력evil forces만 배제시키면 우리는 구원받을 것이다. 나치의 이데올로기는 순수함을 추구한 종교적 동경의 또 다른 버전이지만, 특히 불길한 버전이다. 크나우스고르는 그 같은 순수함에 대한 동경을 인정하지만, 오히려 그의 작품은 정화의 유혹에 대한 적극적인 저항이다. 사실 크나우스고르의 '나의 투쟁'은 히틀러의 '나의 투쟁'이 지우려고 했던 대단히 불완전한 것에 오히려 전념한다.

미해결, 곤란, 허약함은 우리 삶의 본질적인 부분이기에 아무것도 우리를 구원해주지 않는다. 그리고 우리의 삶에 들어오는 모든 사람은 자신이 유한한 존재이기에 누구도 우리에게 최종적인 구원을 제공할 수가 없다. 우리의 삶을 소유하는 것은 이 본질적인 유한성 즉, 함께 살아갈 기회, 헤어질 위험성을 모두 인정하는 것이다. 이것이 크나우스고르의 '나의 투쟁'(물론 1인칭인 'I'로 쓰고 있지만)에서 최종적으로 상대you에 의존하는 이유다.

'I'는 당신you을 바라보며 자신의 통제가 미치지 않는 세계에 대한 의존에 몸을 맡긴다. 또한 우리의 의존과 타인의 의존을 관찰하면서, 그것을 인정하도록 우리를 훈련시킨다. 그렇다고 이 유한함의 인식이 우리가 책임감 있는 삶을 보내고, 서로 보다 잘 보살피는 것을 보장해주지는 않는다. 하지만 유한함의 인식조차 없다면 책임감과 헌신, 보살핌의 문제는 우리를 사로잡을 엄두도 못 낼 것이다. 상대you에게 눈길을 돌리는 것(우리의 시선을 별도의 존재에 집중시키고, 우리가 보고 있는 것을 보살피는 것)은 통속적인 고백의 가장 깊은 태도다. 우리는 가지고 있는 재산으로서의 존재가 아닌 완벽하게 유한한 존재이며, 완전하게 타인에 의존하는 존재의 형태로서 우리 삶에 되돌려져야 한다. 이는 책임의 끝이 아니다. 반대로 책임의 시작이다.

...

책임

자신 이외의 무엇인가에 속박된 사람만이 책임감을 가질
수 있다. 상실의 의미를 아는 사람만이 누군가를 세상에
둘도 없는 존재로 여길 수 있다. 절망의 위험 즉, 자신의 세
계가 무너질 가능성이 있다는 예상온 지신의 인생에서 무
엇이 중요하고 왜 자신의 행위가 중요한지를 일깨워준다.

1

...

그는 모든 합리적인 기대에 어긋나게 태어난다. 그 때, 그의 모
친은 91살이고, 부친은 100살이다. 어느 누구도 그 부부가 아기를
가질 줄은 믿지 않는다. 그런데 그가 태어난다. 그의 부친은 그의
탄생이 신성한 기적이고, 신이 그에게 부여한 약속의 징표라고 생
각한다. 아들을 통해 부친은 번영을 이루고 그의 이름을 줄곧 기
억할 것이다. 신은 "나는 너를 축복하고, 네 이름을 훌륭하게 만들
것이며 지구상의 네 모든 가족은 번성하리라."라고 약속했다. 부친
의 미래는 아들의 계속적인 삶에 달려 있다. 그들의 모든 희망은
이 아들의 손에 달려 있다. 하지만 부친은 그 자신의 손으로 아들

을 죽일 준비가 되어 있다. 신에게 이의를 제기하지도 않고 부친은 아침 일찍 일어나 아들을 데리고 나간다. 사흘을 여행한 후, 그들은 희생이 치러지는 산에 도착한다. 부친은 칼을 빼들고 아들을 죽일 준비를 갖춘다(모든 것을 바칠 준비가 되어 있다). 신은 그의 순종에 대한 보답으로 그를 막으려고 개입한다. "지금, 네가 나를 두려워하는구나."라고 신은 말한다.

"너의 유일한 아들인데도, 이 자리에서 물러서지 않는 걸 보니 알겠다." 그가 신에 복종한 대가로, 그가 기꺼이 포기하려고 했던 미래(그의 아들과 지구상의 자자손손의 미래)는 그에게 풍요로움을 안겨준다. "네 아들을 기꺼이 내게 바치려했기에 나는 너에게 축복을 내리노니, 네 자손을 하늘의 별만큼, 바다의 모래알만큼 번성시키겠다."라고 신은 약속한다.

아브라함의 신에 대한 헌신과 그의 사랑하는 아들 이삭의 희생은 성서 중에서도 가장 기묘하면서도 가장 가슴을 치는 일화 중하나인데, 종교적 신앙의 실재하는 드라마로서 자주 인용된다. 이는 정열적인 반응과 동시에 문제의식이 있는 질문을 불러일으킨다. 아브라함은 세 가지 조직적인 일신교(유대교, 기독교, 이슬람교)에서 모두 '신앙의 아버지'로 추앙받는다. 아브라함이 행한 이삭의 희생을 이해하려는 것은 우리가 종교적 신앙의 중점이 어디 놓여있는지를 이해하려는 중심적인 부분이기도 하다. 아브라함 일화의 도덕성은 명확하게 보일지도 모른다(인간은 신의 명령에 절대 복종해야 한다). 하지만 우리가 그것에 어떻게 대응해야 할지는 미해결의 문제로 남는다. 아브라함은 가령 그렇게 하는 것이 그에게 가장 중요한 것의 희생을 필요로 할 때조차, 그가 신을 따름으로써 진실한 신앙의 모델이 될 수 있을까? 아니면 그가 신의 명령이 되기 위해 필요한 것에 따름으로써 아무도 말리지 못하는 위험한 광신을 예시한 것은 아닐까? 이러한 질문들은 몇 세기가 흘러도 여전히 논의되고 있는데, 1843년에 덴마크의 젊은 철학자만큼 철학적인 심오함과 문학적인 상상력으로 그것을 추구한 사람은 없다. 키르케고르는 베를렌에 머무는 동안에 아브라함과 이삭의 이야기를 당시의 청중에게 되살려주기로 생각했다. 그 결과로 얻은 작품이 그를 작가 또는 사상가로서 계속 살아가게 만들어준 책이다. 바로 그가 쓴 '두려움과 떨림Fear and Trembling'이다. 일반 독자나 철학자 혹은 무신론자나 종교 신자도 믿음이나 신앙을 관철하는 의미를 깊게 탐구하려면 그의 책으로 지속적으로 되돌아와야 한다. '두려움과 떨림'은 믿음을 갖는 게 어떤 의미인지를 심오하게 탐구하는 책이다. 이 주제는 그의 작품들에서 일관성 있게 다루고 있지만 특히 '두려움과 떨림'은 독자를 강력히 끌어들이고 치열한 논쟁의 영감을 불어넣어 준다. 키르케고르 그 자신은 후대가 기대하는 이 대답을 예감했던 모양이다. "오, 내가 죽고 난 어느 날"이라며 1849년에 그가 쓰고 있다. "두려움과 떨림만이 작가로서 내 이름을 불후하게 만들 것이다. 사람들에게 읽히고 외국어로도 번역될 것이다. 사람들은 이 책 속의 두려운 감정에 실제로 몸을 떨 것이다."

하지만 아브라함의 이야기와 마찬가지로 '두려움과 떨림'의 두려운 감정에 우리가 어떻게 대처해야 할지는 어쨌든 분명하지 않다. 키르케고르 그 자신은 종교적 특히 기독교 신앙을 갖는 게 얼마나 힘든지를 시사하려고 '두려움과 떨림'을 생애에 걸친 과업의 일부로서 인식했다. 그가 살았던 19세기의 덴마크에서는 인구의 대부분이 기독교 신자였고, 국교도 기독교였다. 하지만 그에 따르면 신에 대한 신앙을 공언하고 교회의 일원이 되며, 일요일에는 예배에 출석함으로써 기독교 신자가 되는데 충분했기에 명목상의 신념과 사회적 위치에 그쳤을 뿐이었다. 대조적으로 키르케고르는 진실한 기독교는 우리의 존재 전체를 우리의 믿음으로 어떻게 바꾸기를 요구하는지에 대해 강조한다.

기독교 신앙은 우리가 무엇을 믿느냐가 아니라 어떻게 믿는지에 따른다. 신을 생각하는 것만으로는 불충분하다. 신에 대한 신앙은 우리 삶에서 일어나는 것에 대해 우리가 행동하고 느끼고 거기에 반응하는 방식을 바꾸어야만 한다. 따라서 키르케고르는 살아있는 신앙과 죽은 신앙 사이의 고전적인 신학적 구별을 부활시켰다고 볼 수 있다. 이 구별은 처음에 야고보서(신약성서)로 정식화되었고, 토마스 아퀴나스가 신학대전에서 더욱 명확히 표현했으며, 루터가 그의 기독교에 관한 저작에서 가장 강력하게 발전시켰다. 살아있는 신앙은 우리가 행동할 준비가 되어 있는 신앙이며, 우리 자신에게 일어난 것에 의해 어떻게 영향을 받는지로 그 신앙 자체를 형성한다. 루터가 주장하듯이 가장 강력한 것은 우리가 인생을 걸 준비가 되어 있는 신앙이다. "생사를 불문하고 신에 관해 들은 것으로 모든 것에 도전하는 그 같은 신앙이 기독교인이다."

한편 죽은 신앙은 우리의 삶의 방식에 실질적인 차이를 가져다주지 않는 것이다. 가령 그러한 신앙은 우리의 행동으로 나타내지 않거나, 우리가 그것에 결코 의존할 마음이 없어도 우리가 믿으로라고 주장하는 어떤 것일 수도 있다. '두려움과 떨림'에서 키르케고르는 아브라함의 이삭을 위한 희생을 살아있는 신앙의 의미에 관한 가장 도전적인 사례로 인용한다. 도전을 강조하려고 키르케고르는 아브라함의 이삭에 대한 심정으로서의 인생을 정의하는 사랑을 끄집어낸다. 이삭은 아브라함의 인생에서 '가장 중요한 사람'이고 아브라함은 '자식을 사랑하는 아버지의 의무를 충실히 완수했다'라고 말하며 불충분하게 설명된 사랑으로 그를 껴안는다. 또한 키르케고르는 아브라함이 자식인 이삭을 진짜 희생시키려는 점을 강조한다. 결국 아브라함은 실제적인 살인을 경험할 필요가 없어진다. 성서의 이야기는 그가 마음속에 이삭의 희생을 완료했다는 것을 분명히 나타내고 있다. 실제로 아브라함은 신이 그가 이삭을 포기했다고 간파한 순간에 구원을 받는다(너는 네 유일한 아들을 내게서 감추려하지 않았다). 그래서 독자에게 이삭의 희생을 단지 가공의 시련이라고 결론짓게 하는 게 아니라, '두려움과 떨림'은 아브라함이 사랑하는 아들을 죽이기 위해 해결하지 않으면 안 되었다는 것을 강조한다. 게다가 아브라함은 희생하려고 했던 아들이라는 구체적인 존재를 보면서, 며칠 간 그의 결의를 유지하지 않으면 안 되었다. 키르케고르는 특징 있는 정확한 상상력으로 그러한 행동의 중압감을 끄집어낸다. "우리는 아브라함이 길을 따라 걸어가는 노새 등에 타고, 사흘간의 여행을 했으며, 때로는 장작을 패고, 이삭을 묶었으며, 칼을 날카롭게 버린 것을 잊어먹는다." 아브라함의 희생에 관한 이야기를 통해 키르케고르는 독자인 우리에게 아브라함과 똑같은 상황을 상상해보길 원한다. 키르케고르의 전략은 일인칭 시점에서 이야기를 따라오게 하는 것이다. 우리가 그 입장이라면 어떻게 했을 지를 자문하게 만든다. 우리가 진정으로 사랑하는 아들의 탄생을 평생 기다렸다고 상상해보자. 그리고 지금, 우리는 그 아들을 죽여야 한다고 명령 받는다. 그 희생을 치루어야 한다고 상상해보자. 통속적인 이유가 아니고, 다른 사람을 구하기 위해서도 아니고, 오로지 신에게 헌신하기 위해서다. 마지막으로 신에게 복종하는데 흔들림이 없는 믿음을 갖고 그 희생을 감당할 수 있다고 상상해보자. '두려움과 떨림'에 따르면 아브라함의 훌륭한 점은 그가 이삭을 죽여야만 한다는 '불안, 고통, 역설'에 의해 마비되지 않고 그 대신에 신에 대한 신앙에 모든 것을 쏟아 부었다는 것이다. 키르케고르는 살아있는 종교적 신앙을 가진 사람은 누구라도 그 같은 희생을 치를 각오가 되어 있어야만 한다고 생각한다. 영원함(신)을 위해 유한함(이삭)을 포기하는 것이다. 우리의 종교적 헌신을 증명하려면 우리는 영원함에 대한 완전한 신앙 덕분에 가장 사랑하는 자식의 삶의 방식을 포함한 모든 형태의 삶에 자신의 통속적 헌신을 접어두지 않으면 안 된다. 동시에 키르케고르는 신앙의 문제가 어떠한 종교적 헌신에도 선행하는, 인간 존재의 일반적인 특징임을 인식하고 있다. '두려움과 떨림'에서 우리는, 키르케고르가 우리의 삶에 늘 위기에 처한 문제로서 신앙을 어떻게 특정 짓는지를 이해할 필요가 있다. 그의 궁극적인 목적은 종교적 신앙의 견해를 지키는 것이지만, 그의 작품은 그가 극복하려는 통속적 믿음의 역동성에 깊은 통찰을 제공한다.

2
…

키르케고르의 '철학적 단편에 부치는 비학문적인 해설문'에 나오는 신앙의 일반적인 정의가 논의를 시작하기에 좋은 부분일 것이다. "위험이 없이는 신앙도 없다. 신앙은 내면을 향한 무한한 열정과 객관적인 불확실성 사이의 모순이다."

이는 어렵게 느껴지는 정의일지도 모르지만, 그가 선택한 용어의 포장을 풀어보면 어떤 의미를 지니는지 알 수 있다. 키르케고르의 '객관적인 불확실성'의 개념은 모든 지식이 어떻게 시간에 좌우되는지를 가리킨다. 과거에 무슨 일이 일어났는지를 보다 잘 이해하려는 방법을 개발할 수도 있지만, 새로운 증거는 우리가 알고 있다고 생각한 것에 도전할 가능성도 있다. 따라서 우리는 무엇이 일어났는지에 대해 주관적으로 확신해도 과거의 설명은 결코 결정적이지 않고, 반박될 가능성도 있기 때문에 우리의 지식에는 객관적인 불확실성의 요소가 있다. 마찬가지로 무슨 일이 일어나는지를 예측하려고 보다 좋은 방법을 개발할 수도 있지만, 아직 무슨 일이 일어났는지를 알 수 없기에 미래는 객관적으로 불확실한 채이다. 현재 그 자체의 경험을 나타내는 이러한 형태의 불확실성은 이미 과거가 되고 미래로 연결된다. 순간은 결코 확실하진 않지만, 늘 사라지거나 없어질 수 있고, 늘 자신에게 일어날 수 있다.

우리는 미래를 고려해서 행동해야 하는데, 순간들은 뒤돌아봐야만 주어지는 것들로 우리 행동의 결과를 미리 알 수가 없다. 또한 키르케고르가 강조하듯이 우리 자신을 삶의 유한함에서 떼어놓을 수가 없다. 우리는 안정된 본질은 아니지만 늘 일시적으로 존재하고 있다. 우리는 주어진 존재는 아니지만 늘 우리가 누구인지에 대한 우리의 감각을 바꿀지도 모르는 과정 속에 있다. 객관적인 불확실성을 위해 믿음은 필요한 경험의 조건이다. 미래를 알수 없기에 믿음으로 삶에 임할 필요가 있다. 이러한 일시적인 상태(내가 통속적 믿음의 필요한 불확실성이라고 부르는 것)는 처음부터 믿음을 위험에 붙들어놓는다. 과거와 미래의 관계를 생각해보면, 믿음에 의해 자신이 확실하다고 했던 것에 속거나, 당연한 것을 틀리거나, 생각지도 못한 것에 파멸되기도 한다. 이러한 위험에 대한우리의 취약성은 통속적 믿음의 실존적인 관여에 의한 것이다. 우리는 누군가 혹은 어떤 것에 열심히 관여하기에 속거나, 산산이부서지는 고통을 느낀다. 나아가 현재의 유한함은 실존적 관여가중요하다는 이유에 내재되어 있다. 뭔가를 상실할 가능성이 있기때문에(그리고 그 상실은 돌이킬 수 없는 결과를 초래하기에) 오히려 우리는삶에 믿음을 가질 어떤 것이 존재하는 것이다. 누군가 혹은 어떤것에 계속되는 헌신이나 충실함은 상실의 우려나 걱정을 떼놓고생각할 수 없다. 상실의 위험은 통속적 믿음에 동기부여를 해주는힘이다. 상실의 위험은 믿음을 유지하기 위한 중요한 부분이면서 동시에 모든 헌신과 충실함을 불안정하게 만든다. 그리고 계속적으로 달성하지 않으면 안 되는 것이다.

통속적 믿음의 세 가지 측면(필요한 불확실성, 존재의 헌신, 동기부여의 힘)은 키르케고르 자신의 글에서도 나타난다. 존재의 헌신은 키르케고르의 대부분을 차지하는 통속적 믿음의 부분이다. 그는 우리가 하고 있는 것에 실재적으로 헌신할 때라야만 우리의 삶이 소중해질 수 있음을 이해하고 있다. '열정'과 '자기화'는 그가 그 헌신을 묘사할 때 즐겨 쓰는 말이다. 실존적인 의미에서의 행위가 중요하려면 그것을 올바르게 행하는 것을 배우는 것만으로 충분하지 않다. 우리는 그것을 올바로 해내는데 열정을 품어야하고, 우리 자신을 그 상황에 갖다놓는 행위로 말미암아 자기화가 되는 것이다. 열정과 자기화는 일인칭의 관점으로밖에 주어질 수가 없기에 '내면'의 문제다. 나는 당신이 무엇을 하는지를 제3자의 관점에서 연구할 수 있지만, 당신이 실제로 하는 일에 자신을 위험에 처하게 하는지의 여부에 관계없이(당신이 하고 있는 것에 실질적으로 헌신하는지의 여부에 관계없이) 당신이 일인칭 관점에서만 결정할 수 있다. 또한 일인칭의 관점에서도 당신의 헌신은 한번으로 끝나는 게 아니라 계속 유지되어야만 한다. 키르케고르는 이 열정적인 자기화의 능력을 '무한'이라고 표현했다. 이는 파괴할 수 없는 게 아닌 그 자체의 행위로 구성되고 우리의 삶에서 중요한 것을 정의하기 때문이다. 우리의 무한한 열정은 유한한 존재로서 우리의 삶에 힘껏 전념하는 우리의 능력이다. 마찬가지 이유로 우리의 무한한 열정은 우리를 상실에 처하게 한다. 가령, 우리가 자신의 헌신을 유지했다고 쳐도(우리가 사랑하는 것에 믿음을 계속 가졌다고 해도) 우리의 믿음과 헌신의 대상은 그 자체를 우리에게서 빼앗길 가능성이 있다. 이를테면 음악이나 육상경기에 인생을 바쳤는데, 몸이 망가지면 삶을 유의미한 것으로 만들 행위를 지속할 수 없을지도 모른다. 마찬가지로 당신이 누군가를 사랑할 때, 그 혹은 그녀는 당신을 놔두고 갈 수도 있다. 또한 당신이 정치적 과제에 종사한다면 그것은 당신의 최선의 노력에도 불구하고 망칠 수도 있다. 이는 위험이 없다면 믿음도 없다는 이유가 된다. 키르케고르의 정의를 떠올려보면, 내면의 무한한 열정(누군가를 위해 혹은 어떤 것을 위해)은 늘 객관적인 불확실성(헌신의 대상을 빼앗을 가능성이 있는 시간적인 유한함)과 대립한다. 따라서 어떤 것에 전념할수록 즉, 자신이 누구인지를 정의하기 위한 열정이 주어질수록 위험에 처할 수 있게 된다. 사람, 정치적 투쟁, 삶의 방식에 몸을 바침으로써 우리는 그 존속이 객관적으로 불확실할 무엇인가에 의존하게 된다. 그래도 키르케고르는 우리가 그러한 실존적인 헌신을 통해서만이 자신(자아)이 될 수 있다고 주장한다. 생물학적으로 우리는 인간으로서 설명될지도 모르지만, 키르케고르의 실존적인 의미에서 우리가 누구인지는(키르케고르의 실존적 의미에서 자아) 우리가 헌신하는 것들과 그에 대한 헌신을 유지하는 것에 의해 정의된다. 이것이 우리 자신이 생물학적 의미 이상으로 살아갈 수 있는 이유이지만, 생물학적인 죽음에 앞서 '죽을 수'도 있다는 이유도 된다. 우리의 삶을 정의하는 헌신을 유지하는데 실패할 경우, 혹은 그것이 지속불가능하기에 포기할 수밖에 없는 경우, 삶이 계속되어도 우리 자신의 실존적인 '죽음'에 고통을 겪는다. 그래서 키르케고르는 통속적 믿음의 역동성을 깊이 이해했다는 걸 알 수 있다. 좋은 사례로서 그의 결혼을 들 수 있다. 결혼은 그에게 결혼식을 치르고 법적 수속을 밟는 것을 의미하지 않고 타인과 평생을 약속하는 실존적인 행위를 의미했다. 그처럼 삶을 정의하는 헌신은 통속적인 의미에서 영원함이다. 나는 당신에게 영원히 헌신하겠다고 말하는 행위는 우리가 영원히 살고 우리의 사랑이 결코 끝나지 않을 것이라는 의미가 아니다. 오히려 그것은 우리 삶의 매일에 우리의 사랑을 유지할 것을 약속하는 것이나. 키르케고르는 다음처럼 썼다.

"결혼으로 타인의 인생을 자신의 것으로 잇고, 결혼으로 매일이 충만할 필요가 있다는 약속을 하는 사람은, 자신의 결의가 필요하다. 결의는 내 인생을 구속한다는 의미에서 영원하고 그것은 계속적인 헌신을 통해서만 존재할 수 있기에, 한편으로 일시적인 것이다. 따라서 결혼의 맹세에서 영원은 끝이 아니다. 시간과 더불어 끝나지만 맹세는 영원의 시작이다. 또한 영원한 결의는 시간이 흘러 사랑의 결합 속에서 결혼한 커플과 함께 머물러야만 하고 그 기억과 그 약속된 희망의 기억에 축복이 있어야만 한다."

결혼의 결의는 시대를 초월한 영원을 향한 종교적 헌신이 아닌, 시간의 흐름 속에 살아가는 것에 대한 통속적인 헌신이다. 결의의 기쁨 즉, 사랑의 지속을 축복하는 것은 과거의 불안정한 기억과 미래의 불확실한 약속에 기대지 않으면 안 된다. 결의는 우리의 장래를 보장하지 않는다. 그것은 미래의 우리에게 무엇이 위기에 처할지를 결정할 뿐이다. 결혼의 삶을 정의하는 헌신은, 내가 누구이며, 무엇이 내게 중요한지가 상대를 향한 우리의 사랑으로 인해 정의된다는 것이다. 마찬가지로 내가 누구이며 내게 무엇이 중요한지는 우리가 무엇을 하느냐에 따르고, 우리의 통제를 벗어난 미래에 맡겨진다. 키르케고르는 이러한 위험은 외부가 아닌 결의 그 자체의 내면이라고 강조한다. 그는 "위험을 모르고 위험을 배제하고 실제적인 개념을 결의에 포함하지 않는 사람은 결의한 게 아니다."고 썼다.

결의되었다는 것은 유한함을 고려한 결과다. 어떤 미래를 위한 헌신이 다른 가능한 미래를 꽁꽁 묶는 이 유한함이 없으면, 별로 선택지가 없기에 우리의 헌신은 무의미하게 자동적이 된다. 우리 삶의 결혼식에는 다른 선택은 없다. 또한 우리의 확고한 결의는 결혼자체에 내재된 유한함을 늘 고려해야만 한다. 우리의 사랑은 갈등의 긴장 속에서 파괴되거나, 다른 사람들이 당연하게 여겨져서 활력을 잃거나 습관적인 패턴에 서서히 쇠약해질 수가 있다. 이 유한함은 본디 해결을 필요로 하는 것이다. 키르케고르가 우리에게 상기시켜주듯이 사랑은 '결의가 굳어지기 전에는 역경을 만나면 무너지고, 번영해도 멸망하고, 결의가 용기를 북돋아주지 않으면 일상적으로 추락한다.'고 했다. 그 결과, 우리는 말 그대로 죽을 수 있기에 가장 단호한 삶을 정의하는 헌신조차 유한하다. 우리가 살아가는 한 사랑에 지속적으로 충실해도 우리의 삶은 마지막을 맞이하게 된다. 우리는 죽을 때까지 결혼할 수 있다. 우리는 한쪽을 추도하고, 우리의 다른 한쪽을 남기면서 마침내 헤어진다. 키르케고르의 근본적인 논의는 이 모든 것의 의미에서 유한함은 유의미한 헌신에 있어서 불가결이라는 것이다. 행복이 보장된 인생을 살 수 있다고 해도, '결의한 삶의 위험'은 살아갈 가치가 있는 인생의 조건이기에 변함없이 바람직하다. 무엇이 중요한지, 무엇에 인생을 걸어야할 지에 대한 행복과 번영의 기회는 상실의 위험이라는 그림자 속에 숨겨질 수밖에 없다. 그래서 키르케고르는 "결혼하는 커플은 결혼피로연이 열리는 집에 가기 전에, 슬픔의 집에 간다. 즉, 신부의 면사포가 아닌 결의를 얻는 진지한 검토로 향하는 것이다."라는 인상적인 구절로 표현했다.

결의와 유한성의 관계는 키르케고르의 작품 전체에 걸쳐 나타난다. 그의 유명한 글인 '묘지 옆에서'에서 논하고 있듯이 모든 것이 죽음으로 끝난다는 생각, 즉 우리가 죽으면 모든 게 끝난다는 생각은 삶을 평가절하 할 이유가 못 된다. 오히려 죽음에 관한 생각은 삶과의 '진지한' 관계의 원천이고 주어진 시간을 더욱 소중한 것으로 해준다. "가장 진지한 이해는 죽음이 밤이라면 인생은 낮이고, 밤에는 일을 할 수 없기에 일은 낮에만 할 수 있다는 것이다. 그리고 죽음처럼, 간결하지만 절실하고 진지한 외침이 있다. 간결한 외침은 바로 낮과 밤이 있는 날이다."라고 키르케고르는 썼다

그의 통찰은 상실의 고통에서 해방된다는 종교적 이상을 찬성하지 않고도 받아들일 수 있다. 조용한 무관심의 금욕적인 삶이나 평화적인 분리의 불교의 삶은 키르케고르에게는 무의미하다. 그

는 열정에서 해방되기를 바라지 않는다. 그는 열정적으로 관여하고, 마음을 다해 헌신하고 싶다고 생각한다. 나아가 그 같은 열정이 취약성과 뗄 수 없음을 이해한다. 정치적 이유, 사랑의 관계, 창조적인 야심처럼 어떤 과제에 자신을 열정적으로 특정지음으로써 혹여 과제가 실패하면 손상될지도 모르는 자신의 인생과 정체성을 위험에 처하게 한다. 무관심의 이유와는 달리 위험이 과제를 유의미하게 해준다. 손실의 예상 없이 우리는 주어진 시간을 최대한으로 활용할 수는 없다. 그럼에도 불구하고 키르케고르는 최종적으로 상실의 고통에서 해방된다는 종교적 이상에 동의한다. 이러한 구원은 분리에 의하지 않고 상실된 것을 모두 환원시키는 신의 절대적인 힘을 믿는 신앙을 통해 일어난다. 따라서 종교적 신앙은 실제적인 상실에 굴복하지 않고 마음을 다해 헌신해 상실의 위험을 무릅쓰고 살아가게 해준다. "특히 뭔가를 기대하는 사람은 실망할지도 모른다. 하지만 이는 신자에게는 일어나지 않는다."라고 키르케고르는 그의 종교적인 강연 중 한 대목에서 쓰고 있다. 오히려 가장 비참한 상실을 안고 있어도, 종교적 신자는 다음처럼 주장한다.

"세상 전체라도 내게서 뺏지 못할 기대감이 있다. 바로 믿음이라는 기대감이다. 이는 승리하는 것이다. 나는 속지 않는다. 왜냐하면 세상이 내게 약속한 것을 지킨다고 믿지 않기 때문이다. 내 기대감은 세상이 아닌 신에 속한다. 이 기대감은 속지 않는다. 이 순간조차. 나는 상실의 고통보다 그 승리를 보다 영광스럽게, 보다 기쁘게 느낀다. 만일 내가 이 기대감을 상실한다면 모든 것을 상실할 것이다. 지금도 나는 정복하는 중이고, 기대감을 통해 정복했으며, 내 기대감은 승리 바로 그것이다."

이는 '두려움과 떨림'에서 아브라함의 종교적 신앙의 청사진이다. 아브라함이 신에 대한 신앙을 지속적으로 유지하는 한, 실제의 경험에서 격리된다. 키르케고르에게 이것은 종교적 신앙의 가장 깊은 미덕이다. 종교적 신앙을 유지하는 한, 상실로 인한 가슴이 찢어질 일이 없다. 종교적 신앙을 잃어버리면 모든 것을 잃지만, 아브라함은 세상에서 무슨 일이 일어나도 신의 약속을 믿기에 최고의 사례라고 말할 수 있다. 신은 이삭이 번창한 삶을 보낼 수 있도록 약속했기에 아브라함은 신의 명령이 신의 약속과 위반되는 것 같이 보이는 그 자신의 행위(이삭을 죽이는 것)에도 불구하고 신의 약속을 철저히 믿는다. 그래서 아브라함은 이삭에 대한 사랑을 유지하면서 동시에 자신의 아들을 희생양으로 삼는 위험을 무릅쓸 수가 있었다. 만일 아브라함이 이삭을 죽일 수밖에 없었어도, 그가 신에 대한 기대감을 유지하는 한, 그를 굴복시킬 수는 없다. 그는 신이 이삭을 다시 살려낼 것으로 믿었기 때문이다. 대조적으로 통속적 믿음은 필연적으로 취약하다. 우리가 통속적 믿음을 유지하는 한, 상실로 인해 굴복할 수가 있다. 우리가 부모로서 우리의 삶을 정의하는 헌신을 확인하는 것, 그리고 우리의 자식을 마음 속 깊이 사랑하는 것은 갈등의 고통, 부서진 희망, 우리의 아이를 잃을 가능성에서 우리를 보호해주지 않는다. 우리의 자식을 계속해서 믿기 때문이다. 그리고 우리는 이 모든 기대에서 취약하다. 이 같은 취약성은 사랑하는 사람에게 무슨 일이 일어나는지에 대한 모든 형태의 반응과 책임의 조건이다.

유한한 삶을 지닌 누군가에 전념할 경우, 어떤 상황이 우리의 희망이나 욕구에 맞지 않아도 우리는 상대에게 일어나는 일에 대응하지 않으면 안 된다. 우리는 상대가 풍요롭게 살아가기를 바라면서 우리 자신이 애쓸 것을 약속하지만, 언제 상실할지를 인식하는 것도 우리의 의무다. 만일 내가 아브라함이고 통속적 믿음을 유지해야 한다면 나는 이삭의 생명을 가치로 따질 수 없다고 믿을 것이다(나는 그 자체의 목적으로 그의 행복에 전념할 것이다).

하지만 나는 그의 인생이 상실될 가능성도 믿는다. 이삭의 유한함을 인정할 때만이 나는 이삭을 보살피는 행위를 인식하면서 동시에 책임감을 갖는다. 우리가 봐왔듯이 아브라함이 종교적 신앙을 위해 희생하지 않으면 안 되는 것은 이삭을 보살피는 능력이다(그의 운명에 책임이 있다). 키르케고르의 설명에 따르면 아브라함은 스스로 아버지가 될 삶을 결정할 책임이 있었다. 아브라함은 아들을 보살필 의무만 있는 것이 아니다. 그는 이삭을 진정 사랑했다. 게다가 이삭은 아브라함 자신의 미래와 축복된 미래의 약속이었다. 아브라함이 자신의 삶을 이해하는 것은 이삭을 통해서이고, 그의 유산이 살아남는 것도 이삭을 통해서 만이다. 그러니 이삭이 태어나서 줄곧 살아간다는 신념을 가짐으로써, 아브라함은 자신의 삶을 위험에 처하게 한다. 이삭에 대한 사랑은 키르케고르가 추구하는 것에 열정이 있듯이 성서에 나온 신화의 특정한 이야기를 초월한 존재의 체험을 극적으로 표현하고 있다. 아브라함처럼 의욕적인 부모는 누구라도 자신이 처한 상황의 중대함을 느낄 수 있다. 부모의 연령에 관계없이 자식이 태어난다고 보장할 수도 없고, 출생 후의 생명도 마찬가지다. 그래서 부모가 되기 위해 자신을 헌신하는 것(이 경우에는 아버지)은 객관적인 불확실성에서도 특히 감동적인 경험이다. 우리 자신이 아버지가 될지 어떨지도 모르고 만일 그렇다면 우리는 그 상황이 될 때까지, 그것이 어떻게 되는지도 모른다. 제3자의 입장에서 아버지가 되는 것의 의미를 알 수 있고, 타인의 체험을 배움으로써 조언을 얻을 수도 있다. 하지만 정보나 지식의 양으로만은 아버지가 되는 1인칭 경험을 준비하는데 충분하지 않다. 오히려 경험에 앞서 자신을 헌신하고, 그에 의해 미지에 대한 믿음의 비약이 필요하다. 사실 내가 부모로서의 누구인지, 내 자식이 누가 되는지, 내 자식에게 어떤 일이 일어날지 모르기에 비약은 위험하다. 또한 이 객관적인 불확실성은 아버지라는 존재의 계속적인 부분이다. 나에게 자식이 있는 한, 나의 통제를 초월하는 미래에 묶여 있다. 생물학적인 의미 이상의 아버지이고, 부성을 나의 정체성의 불가결한 부분으로 하며, 적극적이고 열정적인 의미에서 내 자식을 보살피는 것은 내 자식에 대한 실존적이며 인생을 정의하는 헌신을 유지할 것을 필요로 한다. 이는 부모자식의 관계가 그처럼 특별한 일이고, 세상과의 가장 깊은 관계가 어떤지를 재설정하며, 인생을 보다 명백하고 유의미한 것으로 할 수 있는 이유다. 그렇지만 감탄과 기쁨을 받아들이게 하는 실존적 헌신은 우리를 무슨 일이 일어나도 취약하게 만든다.

내 자식으로 인해 비통한 슬픔을 맛보고 합리적인 계산으로 내가 부모가 아닌 편이 낫다고 계산되어도, 나는 자신의 감각을 포기하는 것 이외에 헌신을 포기할 수가 없다. 슬픔에 대한 취약성은 모든 형태의 통속적 믿음의 공통분모이고, 유한하며 무엇에 혹은 누군가에 바쳐진다. 우리는 자식과의 믿음을 유지하면서, 운명이 자신의 통제를 초월하는 누군가에게 전념하기 때문에 키르케고르가 '외부external' 요인이라고 부르는 것에 묶여 있다. 우리는 자식을 사랑하고 보살필 수 있지만, 우리의 사랑과 보살핌도 자식의 미래를 확보하지 못한다. 이는 모든 형태의 통속적 믿음에도 해당한다. 우리는 살아서 번영할 수 있을 뿐 아니라 인생의 끝도 맞이할 수 있는 사람 혹은 과제에 헌신하고 있다. 내면적인 결의가 손상되지 않고 믿음을 유지했다손 치더라도 의지의 바깥에 있는 상황 때문에 되돌릴 수 없는 손실로 인한 고통을 느낄 수 있다. 그러니 통속적 믿음에서는 가령 믿음을 줄곧 유지해도 헌신의 대상을 상실할 가능성이 있다. 대조적으로 키르케고르는 믿음을 유지하는 한 헌신의 목적을 상실하지 않는 종교적 신앙을 주장한다. 결정적인 차이점은 미래와의 관계와 관련이 있다. 키르케고르가 강조하듯이 미래에 대한 모든 관계는 두려움의 떨림이 있다. 무슨 일이 일어날지 모르고 지키고 싶었던 것을 상실할 수도 있기 때문이다.

우리 자신의 존재가 위기에 처해있기에 뭔가에 전념할수록 불안이 더욱 강력해진다. 따라서 내가 아버지라면 아들을 잃는다는 생각은 불안을 생기게 한다. 내가 아들의 권리를 위해 아들을 신경 쓰는 것, 내가 아들을 상실할 경우에 내가 고통받는 것 양쪽 모두에 이유가 있기 때문이다. 모든 형태의 통속적 믿음에 내재하는 그러한 불안감을 안고 살아가는 것은 키르케고르에 따르면 '절망으로' 살아가는 것이다. 그가 '죽음에 이르는 병'이라고 부른 절망은 실존적 붕괴의 경험에 한정되지 않는다. 오히려 최대의 축복조차 키르케고르에게는 절망의 문제이고, '행복의 가장 비밀리에 숨겨진 곳보다 깊숙한 곳 거기에는 불안 즉 절망'이 존재한다. 그렇기에 절망에 빠지는 것은 종교적 신앙을 갖지 않은 모든 사람이 포함된다. 어떤 형태의 불안(내적 갈등, 부조화, 미지의 뭔가에 대한 불안 또는 모르는 것을 굳이 안하려고 하는 뭔가에 대한 불안)을 안고 살아가는 사람은 모두 절망하고 있는 셈이다. 종교적 신앙을 지닌 사람만 절망으로부터 해방된다. 종교적 신앙은 신을 위한 완전한 믿음의 덕택으로 '절망이 완전히 뿌리 뽑힌' 상태 혹은 '절망이 없는' 상태이다. 하지만 키르케고르는 그 같은 절망으로부터의 해방은 모든 것이 순탄하게 진행된다는 소박한 낙관주의나 단순한 신뢰로는 이루지 못한다고 강조한다. 반대로 종교적 신자는 '공포, 멸망, 절멸'을 포함해 '자신이 경계심을 느끼는 모든 것의 불안이 다음 순간에 자신에게 올 가능성이 있다'는 사실에 정면으로 맞서야만 한다고 한다. 종교적 신앙의 진정한 시련은 일이 순조롭게 진행될 때 일어나지 않는다. 오히려 '세상이 험한 시련을 부여할 때, 인생의 폭풍우가 젊은이의 이제 막 부풀어 오른 기대감을 무너뜨렸을 때, 너무 애정이 깊고 온화하게 보인 존재가 모든 것을 되돌려달라고 요구하는 잔인함을 보일 때'에 생긴다. 그래서 우리에게 주어진 과제는 가능한 최악의 시나리오에 맞서는 것이다. 즉 키르케고르가 '가능성의 불안'이라고 부른 것에 맞서서 세상에서 자신에게 중요한 모든 것을 상실할 가능성에 직면하면서 종교적 신앙을 유지하는 것이다.

"가능성의 불안을 헤쳐 가는 사람만이 불안이 없는 땅을 경작할 수 있다."고 키르케고르는 썼다. 최악의 사태가 일어났을 때, 즉 세상에 대한 신뢰가 산산이 조각났을 때, 자신의 종교적 신앙을 잃는다면, 실제로는 종교적 신앙을 갖지 않았다는 뜻이 된다. 결정적 순간은 사람이 극한 상황에 처했을 때, 그러니까 인간적으로 말하면 아무런 가망성이 없을 때를 말한다. 문제는 신을 위해 모든 것이 가능한지를 본인이 믿는지의 여부로 즉, 본인이 믿는 지 어떤 지이다. 신이 이삭의 희생을 명령했을 때, 아브라함은 그 같은 극한 상황에 이끌려갔다. 인간적으로 말하면 그가 이삭을 죽이게 되면, 그에게 남겨진 가능성은 없다. 이전에 신의 명령대로 그는 이미 고향을 버렸고, 새로운 공동체를 구성하라는 신의 약속은 그의 아들의 존재에 달려 있었다. 아브라함이 이삭을 죽이면, 그는 자신의 삶과 행위를 의미 있게 만들 가능성이 전혀 남지 않는다. 그는 자신의 가족을 뿌리째 뽑는 결과를 가져올 것이며, 사랑하는 아들의 탄생을 무효로 만들고, 그가 이끈 사람들의 미래를 소멸시킬 것이다. 그가 아들을 죽이고 돌아오면 그의 아내는 그를 이해하지 못할 것이다(어떻게 그가 아들에게 그렇게 할 수 있었는지, 어떻게 함께 살아온 아내에게 그렇게 할 수 있었는지). 아브라함은 자신이 누구인지도 모르게 될 것이다. 아버지라는 것은 아브라함에게 삶을 결정짓게 하는 헌신이다. 그에게 시간을 초월하고, 정체성을 초월하는 것을 의미한다. 하지만 이삭을 죽임으로써 그는 아버지로서의 자신을 생각할 수조차 없으며, 자신의 행위로 스스로를 인식할 기회를 놓치게 된다. 그럼에도 아브라함은 신을 위한다면 모든 것을 할 수 있다고 믿었기에 절망하지 않고 이삭을 죽인다는 상황 앞에 서 있을 수 있었다. 키르케고르의 설명에 따르면, 아브라함은 이삭의 살해를 초월해 이삭의 목숨이 구원받는다는 그의 '신뢰할 기대'를 유지하는 것도 가능하다. 아브라함은 그것이 어떻게 가능한지를 모르지만, 그의 세계 전체가 파괴되어도 신은 그가 계속적으로 번영하게 해줄 것이라고 믿는다. 이것이 아브라함이 '두려움과 떨림'에 대한 종교적 신앙의 영웅으로서 추앙받는 이유다. 모든 형태의 절망에서 우리를 구원하고, 무슨 일이 생겨도 삶을 계속 유지할 수 있다고 여긴다. 키르케고르가 '죽음에 이르는 병The Sickness unto Death'에서 설명하듯이 "신자는 절망의 가능성에 대해 절대적 반론을 갖고 있다. 왜냐하면 신은 언제나 모든 것이 가능하기 때문이다." 본인이 그 같은 신앙을 갖고 있다고 증명하려면 그것을 테스트할 방법이 필요하다. 신은 모든 게 가능하다고 믿기에, 본인이 어떻게 행동하고 어떻게 반응하느냐로 본인이 그것을 믿는다는 것을 증명하는 것이다. 키르케고르는 '죽음에 이르는 병'에서 그 테스트를 다음처럼 묘사했다.

"절대로 견뎌낼 수 없는 무서운 악몽을 떠올리는 어떤 남자를 상상해보라. 그 두려움이 밀려오면, 인간적으로 말해 그는 완전히 무너지는 게 확실하다⋯ 이 시점에서 인간에게는 완전히 불가능해도 신에게는 모든 것이 가능하다! 이는 신앙의 싸움이다! 신자는 자신의 몰락을 이해한다. 인간적으로 말하자면(그에게 일어난 것과 그가 도전한 것) 그렇다. 하지만 그는 이로 인해 몰락하지 않는다. 그는 자신이 어떻게 구원받는지를 신에게 완전히 맡기고 신은 모든 게 가능하다고 믿는다. 오히려 그의 몰락을 믿는 게 불가능하다. 인간적으로는 그의 몰락이라고 이해하는 것을 그럼에도 신이 가능하다고 믿는 것이다. 그래서 신은 그를 구원해준다. 아마 공포 그 자체를 통해 그는 공포를 피할 수 있게 되면서…"

위는 아브라함의 사례를 분명하게 나타내지는 않지만 두려움과 떨림의 중심에 있는 종교적 신앙의 시련을 표현하고 있다. 만일 아브라함이 이삭을 죽이면, 그의 몰락과 추락은(인간적으로 말해) 확실하다. 그가 사랑하는 사람들로부터 아무런 도움도 얻지 못하고, 그의 삶도 무의미해질 것이다. 왜냐하면 자신의 행위가 그 자신이 누군지 인식하지 못하게 만들기 때문이다. 즉, 그의 인생은 '절대로 견뎌낼 수 없는' 그리고 '인간적으로 말해 절대 있을 수 없는' 것이 된다. 아브라함이 이삭을 죽이려고 칼을 치켜 올렸을 때, 그는 이 모든 것을 이해하고 '인간적으로는 그것이 자신의 몰락'이라는 것도 이해했지만, 그럼에도 그는 신이 그의 삶이 지속되는 것을 가능하게 해준다고 믿고 있다. 그가 이삭을 죽인다는 것을 완전히 인식했다고 쳐도 아브라함은 신이 그에게 '새로운 이삭' 혹은 '희생물이 다시 생명으로 부활'을 약속할 게 틀림없다고 믿을 것이다. 그러니까 아브라함은 이삭이 이전과 똑같이 몸을 가진 생명체로 그대로 다시 자기 손에 주어지리라고는 믿지 않는다. 어떻게 무슨 일이 생기는지도 모른다. 그저 모든 형태의 계산을 하지 않는다. 대신에 신이 그를 어떻게 도울지는 완전히 신에게 맡긴다.

3
···

아브라함의 사례는 극단적으로 보일지 모르지만, 그것이 시사하는 형식적인 특징은 키르케고르가 그의 작품 전체에서 상정하는 종교적 신앙의 테스트에 필요하다. 가족, 친구, 그리고 커뮤니티에 의존하는 한, 인생을 지속할 수 있는 것은 종교적 신앙이 아닌 통속적 믿음일지도 모른다. 우리의 종교적 신앙이 살아있는지 죽었는지를 테스트하려면(신에 대한 신뢰 혹은 단지 우리가 그렇다고 말하는지의 여부를 테스트하려면) 신에 대한 신앙이외에 아무 것도 의지하지 않는 시나리오가 필요하다. 그래서 덴마크어로 '테스트test'와 '시련trial'을 뜻하는 'prove', 'pprovelse'는 두려움과 떨림에 대한 아브라함의 희생을 설명하려고 일관되게 사용되고 있다. 살아있는 종교적 신앙은 신에 대한 신앙 이외에 의지하지 않고 가장 극단적인 손실조차 극복하지 않으면 안 된다. 신에 대한 신앙이 있으면 어떤 상황이라도 절망에 빠지지 않는다. 우리가 신을 믿으면 우리는 파멸하지 않는다. 따라서 통속적 믿음과 종교적 신앙의 차이를 더욱 특정 지을 수 있게 된다. 인생은 살만한 가치가 있다는 나의 통속적 믿음은 파멸적인 경험을 안겨줄 수도 있지만 그것은 본질적으로 파멸되기 쉬운 것이다. 왜냐하면 그것을 스스로 유지할 수 없기 때문이다. 통속적 믿음(미래에 희망을 갖는 능력)은 우리를 인정해주는 타인들과 스스로를 인정할 줄 아는 자신의 능력에 달려있다. 가령 우리가 외톨이가 되어도 자신의 감각은 우리를 타인이 어떻게 받아들이고, 어떻게 우리에게 살아가기 위한 자원을 주느냐와 뗄 레야 뗄 수가 없다. 가령 아들이 죽었을 경우, 극심한 고통에도 불구하고 인생을 살아갈 수도 있지만, 그 모든 과정에서 우리는 자신이 속한 세계에 전적으로 의존한다. 만일 우리가 아들에 대한 사랑을 떠올릴 수 있다면(자신의 불찰로 아들을 잃은 애정 깊은 아버지로서 우리 자신을 인식할 수 있다면) 우리는 그 슬픔을 통해 미래를 위해 새롭게 헌신할 수 있을지도 모른다. 고통이 완전히 사라지는 것은 결코 없겠지만, 우리가 함께 공유한 것에 대한 기억은 우리에게 자양분을 줄지도 모른다. 운이 좋으면 사랑했던 경험에 비추어 다시 누군가를 사랑할 수도 있다. 하지만 위로해주는 이가 없다면, 안아주고 보듬어주는 이가 없다면 실행가능 한 미래에 대한 희망을 줄 사람이 없다면, 우리는 절망에 굴복할 수도 있다. 또한 만일 우리가 아들을 완전히 배신하거나 죽인다면(정당한 이유도 없이 아들을 희생시킨 경우) 우리는 자신의 감각, 자신의 사랑하는 능력을 부숴버리고 끝내는 절망할 것이다. 어쩔 도리가 없다. 우리의 세계는 붕괴하고 정체성은 돌이킬 수 없을 만큼 망가지고 만다. 그 같은 절망의 위험은 인생을 결정짓는 모든 헌신과도 관련이 있다. 인생을 결정짓는 헌신을 갖는다는 것은 우리가 자급자족이 아닌 본질적으로 서로 관계가 있는 존재임을 인정하는 것이다. 정체성은 주어진 것이 아니라 그것을 지지 혹은 변환해야만 하는데, 그 핵심에 취약한 채로 있는 인식의 형식에 의존한다. 인생을 결정짓는 헌신은 우리에게 세상과 정체성을 부여하지만, 그 또한 우리의 유한함과 우리의 세계가 무너질 위험성도 강조한다. 통속적 믿음에서는 절망의 위험은 부정적인 위협일 뿐 아니라 우리의 긍정적인 정체성과 관여에 내재되어 있다. 절망의 위험 즉, 자신의 세계가 무너질 가능성이 있다는 예상은 자신의 인생에서 무엇이 중요하고 왜 자신의 행위가 중요한지를 일깨워준다. 유한한 대인관계속에서 우리의 삶 그 자체가 위기에 처하는 것이다. 반면에 키르케고르는 종교적 신앙이 절망의 위험을 무효로 한다고 생각한다. 우리가 종교적 신앙을 갖고 있다면, 모든 것을 잃어도 구원받으리라고 믿는다. 왜냐하면 신은 모든 것이 가능하기 때문이다. 종교적 신앙은 이처럼 이중적인 움직임을 필요로 하고, 그에 의해 우리는 세상에 대한 신뢰를 포기하고 신에 대한 신뢰를 지지한다. 유한한 관계에 의지하지 않고 신에게 신앙을 의탁한다. 이러한 종교적 신앙의 행위는 키르케고르가 무한의 포기라고 부른 것으로 '두려움과 떨림'에서도 중심적 역할을 맡지만, '철학적 단편에 부치는 비학문적인 해설문'에서는 거의 완성형을 보여준다.

　무한의 포기는 희망을 포기하는 게 아니라 유한의 세계에 의존하는 모든 형태의 희망을 포기하는 것을 말한다. 대신에 우리는 최고의 선은 유한함을 초월한 '영원한 행복'이라는 생각을 유지하려고 한다. 그렇다면 과제는 영원한 행복을 절대적인 '궁극적 목적telos'(애쓰는 목적이나 그 결말)으로 만드는 것이다. 동시에 우리가 유한한 삶을 사는 이상 영원한 행복을 얻는 것은 불가능하다. 절대적인 목적을 얻기 위해 애쓰는 것은 주어진 이 생애에서 끝낼 수가 없는 과제다. 오히려 영원한 행복을 위해 애쓰는 것은 모든 유한한 목표를 불충분하다고 단념함으로써 실현된다. 키르케고르는 살아있는 종교적 신앙을 강조함으로써 그러한 단념은 단지 이론상의 이유가 아니라 실제로 실행에 옮겨야만 한다고 주의를 환기시킨다. 무한한 단념을 실행하려면 영원한 행복을 위해 유한한 모든 것을 단념할 의사가 있다는 것을 자신에게 증명해야만 한다. 키르케고르는 '철학적 단편에 부치는 비과학적인 해설문'에서 "그에게 영원한 행복이 본인의 최고의 이익이라면, 이는 그의 행위에서 유한한 요소는 영원한 행복과 관련해 단념해야만 할 것을 바꾸는 것이다. 그가 단념하고 싶지 않은 게 있다면 그는 영원한 행복에 자신을 관련시키지 않는 것이다."라고 쓰고 있다. 하지만 무한한 단념을 하려면 유한함을 내팽개치는 게 아니다. 유한한 삶은 말 그대로 유한한 운명에 둔감하게 살아가는 것이다. 키르케고르가 말하듯이 "개인이 궁극적인 목적에 절대적 방향성을 가지면 모든 것이 바뀌고 뿌리째 뽑힌다. 그는 유한한 삶 속에서 살고 있지만 거기에는 자신의 삶이 없다… 마치 치과의가 잇몸의 조직을 치료해서 신경을 절단해 치아를 남겨놓듯이 그의 삶은 유한하고 그 과제는 치아가 다시 빨리 자라지 않도록 하는 것이다." 키르케고르는 여기서 내면적 변화에 대해 말하고 있다. 사람은 자신을 유한하고 민감하게 만드는 신경을 절단하면 겉모습은 똑같아진다. 그가 유한한 목표를 추구하고 통속적인 관계를 유지할 수는 있지만, 단념의 행위에 의해 필요에 따라 그것들을 단념할 준비가 되어있듯이 그것들에 대한 그의 관계는 부드러워진다. 그럼에도 치아가 다시 빨리 자라는 것과 마찬가지로 개인을 세상에 연결시키는 끈이 다시 힘을 얻어 늘어날지도 모른다. 그는 유한한 세상에서 계속 살기에 유한한 목표, 유한한 존재 자체에 전념할 위험이 생긴다. 이는 키르케고르가 단념의 행위는 한 번으로 끝나지 않고, 늘 실행할 필요가 있다고 강조하는 이유이기도 하다. 유한한 누군가를 혹은 무엇을 절대적인 것이 아니라 상대적인 것으로서 확실하게 여겨두는 것이다.

"개인은 유한함 속에 존재한다. 그리고 절대적 선택을 유한함 속에 보존하는 것은 그야말로 어렵다. 그가 단념의 순간에 유한한 생명력을 빼앗듯이 과제는 이것을 반복하는 것이다. 세상이 개인에게 모든 것을 제공한다고 가정해보자. 아마 그는 그것을 받아들이겠지만, 그는 다음처럼 말할 것이다. '어쩔 수 없지. Oh, well!' 하지만 '어쩔 수없지!'는 궁극적인 목표에 대한 절대적인 경의를 의미한다."

키르케고르는 여기서 단념의 행위를 계속적으로 실행함으로써 외적 요인에 대한 의존을 제거하는 방법을 설명하고 있다. 외부 세계에서 무엇이 일어날지에 대해서는(모든 것이 주어질지 혹은 모든 것을 빼앗길지에 상관없이) 그 반응이 동일해야 한다(어쩔 수 없지!). 단념의 행위는 희망을 확신하거나 부숴버리는 일이 일어나는 것을 허락하지 않음으로써 유한한 생명력으로부터 자유롭게 되는 것이다. 그러면 여전히 유한함 속에 살고 있지만 우리의 삶(마음)은 그 안에 없다. 우리의 희망은 영원한 것에 투영된다. 그리고 이 희망은 유한함 속에서 생긴다는 것을 증명할 수가 없다. 따라서 결혼에 대한 키르케고르의 논의로 미루어 볼 때, 그는 결혼이 영원한 행복의 절대적 목표에 종속되어야만 한다고 생각한다. "결혼은 궁극적인 목표가 될 수 없다는 사실을 절대 잊지 말라. 그러니 절대적 진실은 오직 결혼이 불완전한 진실이라는 것이다."

만일 우리가 행복을 결혼에 의지한다면, 우리의 헌신의 운명은 자신에게만 달린 게 아니다. 상대가 우리가 하는 것을 어떻게 받아들이느냐에 따라서도 달라진다. 결혼에 헌신하면 본인의 행위나 헌신의 기간에 대해 주관적으로 결정할 수 없게 된다. 결혼을 끝나게 만드는 위험을 포함해 상대의 말이나 행동에 민감해질 수밖에 없다. 만일 우리가 상대에게 온전히 헌신한다고 해도 상대가 계속 충실하다는 보장은 없다. '모든 사람의 영혼의 깊은 곳에는 자신이 가장 신뢰하는 사람조차 자신에게 불성실할 가능성이 있다는 비밀스러운 불안이 있다.'라고 키르케고르는 우리에게 상기시킨다. '인간의 사랑만으로 완전히 이러한 불안을 잠식할 수 없다.' 이 불안은 행복한 인생의 관계라는 우호적인 안전 속에 숨겨지기에 발견되지 않은 채 존재할 가능성이 대단히 크고 가끔은 이해 불가능할 만큼 마음 속 깊은 곳에서 뒤섞여서 인생의 폭풍우가 시작되면 금세 눈앞에 나타난다. …이와는 대조적으로 '신은 믿음 속에서 머무른다. 모든 삶에서, 무슨 일이 일어나든, 신은 죽음에서조차 믿음을 준다. 신은 사후 세계에서도 신뢰할 수 있는 친구로서 다시 우리를 맞아준다. 요구되는 과제는 신에 대한 신앙을 유지하는 것이다. 우리가 신에게 완전히 내맡긴다면, 신은 우리를 저버리지 않을 것이다. 왜냐하면 신 자체가 영원한 보증이기 때문이다.'라고 키르케고르는 강조한다. 그에게 결혼에 대한 헌신은 최고의 선이다. 신을 위한 종교적 헌신과 자신의 최고의 선으로서 영원한 행복에 대한 종교적 헌신에 굴복하거나 혹은 단념하지 않으면 안 된다. 그는 이러한 행위를 다음처럼 대비시켜 설명했다.

"관능적인 사랑에서, 개인은 타인과 관계를 맺고, 상대의 '예 혹은 아니오'를 들을 수가 있다. 열정에서 촉발된 모든 과제에서는, 개인은 외부에 뭔가를 갖고 있지만 영원한 행복에 관련해 내부에 대처하는 것은 자기 자신뿐이다."

설혹 우리가 상대에게 전심전력을 다해 헌신한다고 해도, 우리의 의지는 거부당할 수도 있고, 상대의 '아니오'에 희망이 꺾일 수도 있다. 마찬가지로 우리가 최대한의 열의를 갖고 결혼이라는 과제에 전념한대도(그것을 유지하려고 기쁜 마음에 뭐든지 한다) 우리의 의지 바깥에 존재하는 게 있다. 그래서 그 과제는 우리의 최선의 노력과 가장 열렬한 희망에도 불구하고 실패할 수도 있다. 하지만 궁극적인 목표로서 영원한 행복을 유지하는 한, 희망은 발생 가능한 모든 패배에서도 안전하다. 우리의 의지에 저항하거나 우리를 뒤에 내버려두고 갈 가능성이 있는 결혼과는 달리, '영원한 행복

에 관련해 내부에 대처하는 것은 자기 자신뿐이다.'

또한 종교적 신앙의 내면성은 객관적인 불확실성의 위험을 완화해준다. 결혼은 실제로 우리에게 상처를 주고 파괴하는 측면이 있기에 객관적으로 불확실하다. 하지만 영원한 행복은 증명이나 반증도 불가능하다는 의미에서도 객관적으로 불확실하다. 영원한 행복을 믿는 한, 그것은 우리에게서 빼앗아갈 수 없다. 그 존재의 유일한 기준은 그것이 내게 주어진다는 자신만의 믿음이기 때문이다. 외부의 어떤 기준이나 판단도 우리의 영원한 행복을 부정할 수 없다. 외부의 어떤 것도 우리 자신의 의지를 포기하도록 할 수 없다. 영원한 행복은 유한하게 주어지지 않는다. 외부 세계와 아무런 관계가 없지만 우리의 궁극적인 목표에 대한 내면적인 관계의 문제다.

키르케고르에 따르면 수도원 생활의 잘못은 그 같은 무한한 단념의 행위를 하려면 사람이 세상에서 벗어날 필요가 있다고 생각하게 만드는 것이다. 그는 최고의 선으로서 신에 대한 헌신과 자신의 최고의 선으로서 영원한 행복에 대한 헌신은, 자신의 가족과 통속적인 희망의 단념을 필요로 한다는 것을 주장하는 수도원의 공적을 인정하고 있다. 하지만 키르케고르에게는 유한함을 단념한다는 내면적인 결의가, 외부를 향한 행위로 표현될 필요가 있다고 생각하는 게 문제가 될 수 있다. 수도원은 지구상의 다른 곳과 마찬가지로 세상과 유한한 생명에 속해있기에 수도원에 틀어박혀있어도 아무 것도 이루지 못한다. 무한한 단념의 행위를 하는 사람은 누구라도 '유한한 세계에서 타인이 되어야 한다.' 하지만 그는 '외형적 복장을 하고 세상과의 차이점을 정의해서는 안 된다(이는 모순이다. 그것으로 자신을 통속적인 방법으로 정의하기 때문에).'

중요한 것은 외형상의 표현이 아니라, 수도사의 복장이던 통속적인 복장을 하던 내면적인 변화다. 수도원에 틀어박혀 있다면 그러한 행위를 시작조차 하지 않았음에도 마치 무한한 단념을 완수한 것처럼 오해를 불러일으킬 수 있다. 신과 영원한 행복의 추구에 몸을 헌신하기보다는 오히려 다른 수도사들과의 우정, 정신적인 훈련을 통해 얻어지는 자제심을 즐길지도 모른다. 키르케고르에게는 수도원에 머문다는 것은 신앙심 깊은 외부 환경으로부터의 지원을 필요로 하기에 오히려 종교적 신앙의 강인함이 결여되었다는 것을 시사한다. 무한한 단념의 행위를 진실로 보여줄 수 있는 사람은 통속적인 기쁨의 유혹 속에서도 그것을 행할 수 있을 것이다. 가령, 무한한 단념의 행위를 하는 남편은 겉으로도 전념을 다하고, 비록 매순간 그가 그들을 단념하거나 포기하더라도, 아내와 자식과 함께 있어야만 한다. 키르케고르는 그러한 결정을 오히려 자신의 내면적인 단념의 힘을 강화하는 좋은 훈련으로 권하고 있다. '자신의 궁극적인 목표에 관련짓는 사람은 단념의 절대적 관계를 실천하기 위한 상대적인 목적에서도 잘 견뎌낼 수 있다.'

따라서 우리는 키르케고르가 이삭의 희생을 살아있는 종교적 신앙의 모범 사례로 다루는 이유를 비로소 이해할 수 있게 된다. 아들을 희생시키라는 신의 명확한 명령을 받아들이지 않아도 영원한 행복의 절대적이고 궁극적인 목표는 우리에게 유한한 사랑의 대상이 부차적이며, 최종적으로 단념할 것을 요구한다. 이러한 무한한 단념의 행위는 키르케고르가 종교성religiousness A라고 부르는 핵심이다. 종교성 A는 다른 종교 중 하나의 종교가 아니라 모든 형태의 종교적 헌신(기독교를 포함)이 바탕이 되는 원천이다. 키르케고르가 말하듯이 '무한한 단념은 신앙 앞에서 최종 단계이고 이 행위를 하지 않는 사람은 신앙을 가지고 있지 않다. 무한한 단념으로만 나는 자신의 영원한 유효성을 의식하게 된다. 그리고 신앙의 미덕에 의해 존재를 파악했다고 말할 수 있게 된다.'

따라서 종교성 A의 무한한 단념은 그 이름에 걸맞는 종교적 신앙을 가진 모든 단체의 공통점이다. 이유는 간단하다. 영원함을 위해 유한한 것을 희생하는 것을 싫어하거나 거부하지 않을 경우, 우리의 살아있는 신앙 즉, 일어난 것에 실제로 어떻게 반응하는지에 의해 나타나는 신앙은 종교적이라기보다는 오히려 통속적이다. 우리는 신과 영원함을 믿는다고 공언할지도 모르지만 유한함을 단념할 준비가 되어있지 않는 한, 우리가 상정하는 종교적 신앙은 단지 말로 끝날 뿐이다. 혹은 키르케고르가 강조하듯이 '만일 그것이 그의 존재를 완전히 바꾸지 않는다면 그는 자신을 영원한 행복에 관련짓는 게 아니다.'

그럼에도 키르케고르는 '두려움과 떨림'에서 무한한 단념의 행위도 뭔가 바라는 것을 남긴다고 인정한다. 무한한 단념의 행위를 하려면 자신의 유한한 인생에 대한 특별한 희망을 접고 사랑하는 자식이 죽어도 '어쩔 수 없지!'라고 자신을 납득시킬 필요가 있다. '두려움과 떨림'에 따르면 이 무한한 단념의 행위에는 '평화와 휴식'이 있고 '사람을 존재와 조화시키며, 평화와 휴식은 이 세상에서 가장 사랑하는 사람을 단념하지 않으면 안 되는 대가로 주어진다. 만일 내가 아브라함이고 오직 무한한 단념만 할 수 있다면, 내 스스로 이삭을 희생양으로 삼겠지만(말 그대로 이삭을 단념한다), 이 세상에서 이삭에 대한 내 희망은 모두 포기해야 할 것이다. 하지만 내가 아닌 '진짜'의 아브라함은 무한한 단념의 행위와 동시에 제2의 행위 즉 신앙의 행위를 한다. 아브라함은 이삭이 풍요로운 삶을 영위할 것이라는 신의 약속을 믿고 있다. 그의 종교적 신앙 덕택에 아들을 단념함과 동시에 아들을 되돌릴 수 있다고 믿는다. 실제로 키르케고르는 다음처럼 강조한다. 이삭을 죽이려고 할 때조차 '아브라함 그는 이 나라에서 나이를 먹고, 사람들에게 존경받으며, 후세에 축복받고, 이삭을 통해서 불멸의 믿음을 보여주었다.'

마찬가지로 키르케고르에게 현대판 아브라함인 신앙의 기사 the Knight of faith는 유한한 인생에 전력을 다하는 사람이다. 단념의 최초의 행위만 할 수 있는 무한한 단념의 기사와는 달리, 신앙의 기사는 유한함을 단념한 후에도 그 유한함을 다시 받을 수 있다고 완전히 기대함으로써 두 가지 행위를 할 수 있다. 무한한 단념의 기사가 유한한 세계에서는 '타인이고 이방인'인데 비해 신앙의 기사는 '유일하게 행복한 남자, 유한함의 계승자'라고 표현된다. 왜냐하면 그는 '마치 무엇보다 가장 확실한 것처럼, 유한한 세계에서 그를 기쁘게 해주고 안심'을 주고 있기 때문이다.

신앙의 기사에 대한 이 같은 묘사는 키르케고르를 연구하는 많은 학자에게 신에 대한 헌신과 유한한 삶에 대한 헌신을 관련짓는 방법을 그가 발견했다고 주장하게 만들었다. 하지만 종교적 신앙의 이중적인 행위는 돌이킬 수 없는 상실의 경험을 배제하기에 실제로는 유한한 경험을 부정한다. 아브라함이 유한한 삶을 받아들인다는 것은 공허한 주장이다. 그의 종교적 신앙은 유한함으로부터 그를 보호하기 때문이다. 이삭에 무슨 일이 생겨도 아브라함은 아들이 아무런 해도 입지 않을 것을 믿고 있기에, 그 종교적 신앙이 이삭을 돌볼 능력을 앗아간다. 그는 이 행위가 자신의 아들에 대한 사랑을 부수어버리는 것도 괘념치 않고, 그것이 이삭에게 무슨 영향을 줄지도 걱정하지 않기에 이삭을 죽일 수도 있다. 키르케고르는 이삭이 실제로 죽은 후에도 아브라함이 여전히 신앙을 유지한다는 시나리오를 통해 이 점을 강조하고 있다.

"나아가, 우리는 실제로 이삭을 희생시켰다. 아브라함은 신앙을 가졌다. 그는 자신이 미래의 삶에서 축복받는다고 믿지 않았지만, 이 세계에서의 지금만큼은 축복받는다고 믿었다. 신은 그에게 새로운 이삭을 줄 수 있고, 희생된 사람도 되살릴 수 있다. 그는 부조리의 미덕으로 인한 신앙을 가졌다. 인간의 계산으로는 모든 게 훨씬 전에 끝났기 때문이다."

아브라함은 신에 대한 신앙을 통해 그야말로 이삭의 인생을 파괴할 때조차 그가 사랑하는 아들에 대한 희망을 이 세상의 삶에서 유지할 수가 있다. 종교적 신앙의 이러한 이중적인 행위를 유한한 인생에 대한 진지한 헌신으로서 해석하는 것은 치명적인 오해를 불러일으킨다. 실제로는 종교적 신앙의 이중적인 행위자는 무한한 단념의 단일한 행위자보다 유한한 운명에 더욱 가혹할 만큼 무관심하다. 무한한 단념의 기사는 이삭을 죽이지만, 적어도 그는 이삭의 상실을 인정한다. 신앙의 기사도 이삭을 죽이지만, 종교적 신앙의 이중적인 행위로 인해 그는 이삭의 실제의 상실을 인정하지 않는다. 왜냐하면 그가 이삭의 목숨을 빼앗을 때조차 이삭이 다시 돌아올 것이라고 확신하기 때문이다. 그는 이삭의 잘린 머리를 손에 들고 그 자리에 서 있을 수 있으며, 아들과 함께 영원히 살아갈 수 있다고 여전히 믿는다. 그 같은 신앙의 잔인한 영향은 키르케고르 자신의 글에서도 여실히 나타난다. '두려움과 떨림'은 우리에게 이삭의 희생에 관한 4가지의 대체 이야기를 제시하고 있다. 모든 아브라함에 공통된 것은 그들이 이삭을 사랑함에도 불구하고 그를 희생시키라는 신의 명령에 따른다는 점이다. 하지만 '진짜'인 아브라함과는 달리, 실패한 아브라함은 이삭에 대한 사랑과 신에 대한 순종 사이에 생긴 갈등을 극복할 수 없다. 첫 번째 아브라함은 이삭을 희생할 것을 포기하는데, 왜 죽여야 하는지를 이삭에게 설명하려고 한다. 이삭이 아버지를 이해 못하자(무슨 수로 어떻게 아버지가 그를 죽이려는지 어떻게 이해할 수 있을까), 아브라함은 자신의 욕망에 못 이겨 이삭을 죽이려는 미친 사람 흉내를 낸다. 신에 의해 사형선고를 받는 고통을 맛보지 않게 하기 위해서다. 두 번째 아브라함은 진짜인 아브라함과 완전히 똑같은 행위를 한다(그는 사흘에 걸쳐 모리아산에 갔고, 거기서 이삭을 희생물로 바칠 준비를 한다. 하지만 일이 끝나고 난 후 그는 세상의 모든 기쁨을 잃는다). 세 번째 아브라함도 똑같은 행위를 하지만 아들을 자발적으로 희생시켰기에 깊은 자책감에 휩싸인다. 네 번째 아브라함은 마침내 이삭을 희생시킨다. 이삭을 죽이는 것이 얼마나 무서운 것인지, 그 감정을 억누를 수 없으면서도 칼을 빼든다. 그의 왼손은 '절망으로 쥐어져 있고' 전신은 '떨림'에 휩싸인다. 대조적으로 진짜인 아브라함은 이삭에 대한 사랑과 신에 대한 복종 사이에서 갈등을 일으키지 않는다. 이삭에게 아무런 설명도 하지 않고, 시련의 두려움에서 그를 보호하려고도 하지 않는다. 또한 그는 세상에서의 자신의 행복을 전혀 잃지 않을뿐더러 아들을 희생시킨 죄책감도 느끼지 않는다. 이삭이 되돌아오면 그 기쁨은 비할 데가 없기 때문이다. 칼을 꺼내 들면서도 그의 손은 절망으로 쥐어져 있지도 않았을 뿐더러 몸이 떨리지도 않았다.

"그는 의심을 품지 않았고, 고민에 좌우되지도 않았으며, 기도를 통해 천국에 가겠다는 시도도 하지 않았다. 그는 자신을 시험에 들 게 한 것은 전능한 신이라는 것을 알고 있었다. 그에게 요구된 가장 큰 시련이 아들의 희생임을 알고 있었다. 그리고 그는 칼을 뽑았다."

진짜인 아브라함은 종교적 신앙의 모범으로서 거론되고 최고의 미덕으로 숭배된다. 하지만 아브라함의 종교적 신앙의 결과, 아브라함이 이삭에 대해 완전히 무모한 행위를 했다는 것을 금세 알 수 있다. 아브라함은 이삭을 마음 깊이 사랑하지만, 그의 종교적 신앙을 위해 이삭을 돌보고 헌신할 능력을 빼앗기고 만다. 그는 이삭을 보호하려들지 않았고, 아들을 희생한 것에 대해 일말의 가책도 느끼지 않았으며, 아들을 죽이려고 칼을 뽑을 때도 전혀 떨지 않았다. 아브라함의 잔인함은 종교적 신앙의 이중적인 행위에 의해 통속적 믿음을 단념하는 직접적인 영향이다. 아버지로서의 통속적인 믿음을 유지함으로서만이 우리는 이삭의 운명에 반응할 수가 있다. 반응하려면 그의 행복을 위해 전념할 필요가 있다. 그의 행복은 부서지기 쉬우며, 생명을 잃을 가능성도 있다고 믿지 않으면 안 된다. 이삭 인생의 불안정함은 우리가 그를 돌보야 할 본질적인 부분으로, 그를 돌보는데 있어서 우리는 외부의 요인에도 좌우된다. 이와는 반대로 종교적 신앙의 이중적인 행위는 외부적 요인에 대한 의존을 배제할 것을 목적으로 하는데, 그 결과 우리의 이삭에 대한 사랑은 완전히 내면적인 것으로 되고 만다. 무한한 단념의 첫 단계에서 우리는 외부 세계에서의 이삭의 운명을 포기한다. 실제로 이삭을 죽이거나 그에게 일어난 일에 신경 쓰는 것을 정신적으로 포기하거나(그가 살던 지 죽던 지 관계없이 '어쩔 수가 없어'라고 말하면서) 무한한 단념을 표명해도 원칙은 마찬가지다. 우리는 외부의 결과에(자신이 사랑한 것에 대한 이 세상의 운명) 대한 어떤 격정도 감당할 수 있다고 자신을 증명함으로써, 우리는 자신에게 미치는 유한한 힘을 박탈할 수 있다. 이는 신앙의 두 번째 행위로 이끌어준다. 우리가 비록 이삭을 죽이거나 단념해도, 그 사실을 받아들일 수 있도록 해준다. 두 번째 행위는 모든 것이 가능한 신에 대한 신앙에 의존하지만 무한한 단념의 끝없는 행위가 없으면 그것을 유지할 수 없다. 무슨 일이 생겨도 이삭을 다시 되돌려 받는 다는 신념을 유지하려면 실제로 일어난 일에 대해 우리가 신경쓰는 것을 계속 단념해야만 한다(가령, 우리가 그를 죽이는 것 같은). 따라서 키르케고르는 종교적 신앙의 이중적인 행위는 동시에 일어나야만 한다고 강조한다. 아브라함은 이삭을 희생할 때마다, 무한한 단념의 행위와 신앙의 행위의 양쪽을 모두 실행해야 한다. 이러한 이중적인 행위를 통해서만 그는 이삭을 계속 사랑하면서 죽일 수가 있다. 그는 이삭의 파멸적인 상실을 경험할 일이 없다. 왜냐하면 그는 늘 아들이 자신에게 되돌아온다는 신념을 새롭게 하기 때문이다. 이는 아브라함의 이삭에 대한 사랑이 완전히 내면적 문제가 되면서, 이삭 그 자체에 대한 관심은 배제된다. 그의 종교적 신앙 덕분에 아브라함은 자신의 욕망과 일치하는 경우를 제외하고는 실제로 이삭에게 생긴 일이나 그의 심정에는 반응하지 않는다. 신은 그 상황을 통제하기 위해 필요한 모든 것이 가능하기에 부정적인 결과의 영향은 그가 바라는 것을 정확히 반영하는 신앙을 위해 곧장 단념한다. 이는 아브라함이 이삭을 보살피기를 희생하는 방식이다. 아브라함은 최종적으로는 아들을 잃지 않는다고 믿기에, 이삭의 생명을 뺏을 수 있다.

4
...

비슷한 경우가 현대 신앙의 기사에게도 나타난다. 가령, 그것이 바로 나타나지 않고 유한한 인생이 긍정으로서 묘사된다고 해도 현대의 신앙의 기사는 모리아산의 산길이 아닌 코펜하겐의 길거리를 걷는다. 기사는 완전히 이 세상에 속한 것처럼 보인다. 그는 '모든 것에서 기쁨을 발견하고, 모든 것에 참여하며, 사람들이 그가 뭔가에 참여하는 것을 볼 때마다 그 같은 것에 헌신하는 통속적인 남자를 특징짓는 근면함으로 그것을 실행한다.'

유한한 삶에 대한 참다운 헌신이 살아있는 종교적 신앙과 이어질 수 있다고 생각하는 독자에게는 그는 '두려움과 떨림'의 진정한 영웅이다. 하지만 기사가 어떤 식으로 종교적 신앙의 이중적인 행위를 하는지를 관찰하면 그가 지속적으로 실제적인 헌신을 단념하고 있으며, 그의 유한한 세계에서의 실제적인 경험을 알 수가 있다.

'두려움과 떨림'에서는 기사가 어떻게 공주와 사랑에 빠지는지 우화를 통해 명확히 나타낸다. 키르케고르가 설명하듯이 그는 여기서 로맨틱한 사랑에 대해 이야기하고 있다. 그것을 역동적이고 진심어린 헌신의 사례로서 언급하며, 신앙의 기사라면 그것에 어떻게 대응해야 하는지를 보여주고 있다.

이 비유는 종교적 신앙의 이중적 행위가 실제로 어떻게 기능하는지를 보여줄 목적이지만, 본래의 그 행위를 동기부여 시키는 것과 그것이 상실의 위협에 대한 방어 메커니즘이라는 것도 보여준다. 키르케고르의 설명에 따르면 기사는 종교적 신앙의 이중적 행위를 시작하기 전에는 사랑하는 사람에게 헌신적이다. 실제로 '이 사랑이야말로 그의 인생의 본질'이라며 그는 기쁘게 받아들인다.

"그는 비겁하지 않다. 사랑이 그의 가장 비밀스럽고, 가장 깊은 생각에 파고들어도 두려워하지 않는다. 사랑의 비탄에 빠진다면, 그는 결코 거기서 눈을 돌리지 않을 것이다. 그는 사랑이 온몸의 신경을 타고 맥박치는 것에 지극한 행복감을 느끼지만, 그의 영혼은 독이 든 컵을 들이킨 사람의 영혼과 마찬가지로 비장하고, 독이 피 한 방울마다 섞이는 것을 느낀다. 이는 위험한 순간이다. 이 사랑을 완전히 흡수하고, 그것에 몰두한 그는 모든 위험을 감수할 용기를 지니고 있다. 그는 자신의 삶의 상황을 알아보고, 잘 훈련된 비둘기처럼 자신이 느끼고 있는 모든 실마리를 따를 신속한 사고방식을 갖춘 후, 부하들을 잘 훈련시켜 모든 방향으로 흩어지게 한다. 하지만 지금은 모두가 돌아와서 슬픔의 메신저처럼 그것은 불가능하다고 설명하자, 그는 극도로 조용해지면서 그들을 물러나게 하고, 고독해지면서, 거기서부터 행위를 개시한다."

위처럼 생생한 현상론적인 언급은 다른 유한한 존재에 대한 헌신에 대해 핵심을 파고든다. 흥분과 떨림 모두가 키르케고르의 산문 중에서 가장 분명하게 기록되어 있다. 진심어린 헌신은 말 그대로 사랑이 온몸의 신경을 타고 맥박치고, 피 한 방울마다 섞이며 그의 가장 비밀스러운 생각에 파고들면서 그의 모든 의식을 휩싸는 듯 표현되어 있다. 진심어린 헌신은 명백히 위험한 모험이다(용기가 필요하고 사랑하는 사람의 생명이 걸릴 수도 있다). 사랑의 '지극한 기쁨'에 몰두하려면, 그의 몸에 치명적인 독을 뿌리는 것과 마찬가지다. 사랑에 빠지는 순간은 '위기의 순간' 즉 결단이 요구되는 순간이다.

지극한 사랑의 독이 몸을 관통하는 것을 받아들인다면 그는 자신의 인생을 바꾸어 볼 수 있겠지만 그의 존재를 산산이 부술 수 있는 유한한 존재와 관련을 맺게 될 것이다. 이는 희망의 비둘기로서 날아오른 그의 생각이 모든 슬픔의 메신저로서 되돌아오는 이유다. 공주는 결코 얻을 수 없는 존재가 아니다(우리는 나중에 기사가 공주의 사랑을 받아들여 매일 그녀와 함께 살아갈 수 있음을 알게 된다.). 상실의 고통에서 몸을 지킬 것을 요구한다면 그들의 관계는 '불가능'해진다. 반대로 그의 진심어린 헌신은 그녀에 대한 사랑에서 그 자신의 목숨이 위험에 처하게 되는 상황을 피할 수 없다. 이 기사가 진심을 담아 헌신한다면 그는 통속적 믿음의 용기를 갖게 될 것이다. 상실의 예감(슬픔의 메신저로서 되돌아온 희망의 비둘기)은 사랑하는 사람과 함께 있고, 두 사람이 시간을 최대한으로 활용할 것을 더욱 결심하게 해준다. 그러면서 기사는 그가 예상한 상실의 위험에서 몸을 지키려고 종교적 신앙의 행위를 시작한다. '슬픔의 메신저 같은 모든 것들이 되돌아와서 사랑의 상실에서 자신의 몸을 지키는 게 불가능하다고 설명하면 그는 매우 조용해지고, 모든 것을 물리치고, 고독해지면서, 그러고 나서는 종교적 신앙의 행위를 시작한다.'

첫 번째 단계는 무한한 단념의 행위다. 이는 기사가 '자신의 삶에서 그 사랑이 본질이라는 생각을 단념함으로써' 이루어진다. 공주가 그에게서 멀어지거나 그 자신이 멀어지기 전에 자발적으로 그녀를 놓아줌으로써 그녀에 대한 의존에서 해방된다. 다른 사람을 사랑하는 것조차 자신에게는 무관해진다. 공주가 무엇을 하던 그는 이미 유한한 관심을 갖지 않는다. 그리고 이는 그가 무한한 행위를 선택했다는 것을 분명히 증명한다. 이토록 무한한 단념이라는 강력한 행위로 인해 공주는 더 이상 그에게 상처를 줄 수 없다. '공주가 무엇을 하든 그를 방해하지 못한다. 타인의 행동에 율법을 들이대는 것은 저급한 천성이다.' 한편 '무한한 단념을 한 사람은 자신에게 만족한다.'

자신의 의지와는 달리 사랑하는 사람을 상실할 고통을 피하기 위해 기사는 그녀에게 휘둘리지 않고 적극적으로 그녀를 단념한다. 적극적 단념의 행위에 의해 그는 자신을 지속적으로 통제할 수 있기 때문이다. '내 자신의 힘으로 공주를 포기할 수 있다. 나는 거기에 연연하지 않고 고통 속에서 기쁨과 평화와 휴식을 찾으리니.' 그러나 기사는 사랑의 대상(공주)를 단념한 것과 균형을 맞추려고 사랑 그 자체는(사랑의 행위) 단념하고 싶지가 않다. 대신에 그는 사랑의 대상을 상실할 우려가 없도록 확실히 사랑하는 방법을 찾아보리라고 생각한다. 따라서 그는 공주를 진심으로 사랑한 적은 한 번도 없었다고 스스로에게 되뇐다. 오히려 그의 사랑은 '영원한 사랑의 표현'이었다. '종교적 성격'을 부여할 필요가 있는 것이다. '영원한 존재에 대한 사랑으로 그 형태가 바뀌고, 어떤 상황의 현실이라도 그에게서 뺏을 수없는 영원한 사랑으로 주어진다.'

영원한 존재(신)의 사랑은 이 세상에서 이룰 수 없고, 마찬가지로 주어진 이 삶에서 증명할 수는 없지만, 사랑하는 사람이 외부 상황에 방해받지 않고 사랑을 추구할 수 있게 해준다. 그래서 기사는 '어떤 유한함이 나를 지배할 때마다 나는 종교적 신앙의 행위를 할 때까지 자신을 굶겨서 복종시킨다. 나의 영원한 의식은 신에 대한 내 사랑이고, 내게는 그것이 모든 것 중에 최고다… 그럼으로써 내가 얻는 것은 영원한 존재에 대한 사랑과 축복받은 조화로움 속에 존재하는 나의 영원한 의식이다.'라고 설명한다. 기사는 영원함을 위해 유한함을 포기함으로써 무한한 단념의 기사로 남는다. 하지만 신앙의 기사를 구별하는 것은 그가 무한한 단념의 행위를 하면서 동시에 다른 행위를 한다는 것이다.

"앞서 언급한 신앙의 기사를 만나보겠다. (공주와 사랑에 빠진) 그는 다른 기사와 완전히 똑같은 행위를 한다. 그는 인생의 본질인 사랑을 무한히 단념하고, 고통 속에서도 조화로움을 잃지 않는다. 하지만 그 후 경이로운 일이 생긴다. 그는 그 다음의 행위를 다른 모든 행위보다 더 훌륭하게 한다. 왜냐하면 그는 다음처럼 말하고 있다. '그럼에도 불구하고 나는 그녀를 갖게 될 것이라고 믿는다. 즉, 불합리에 의해서, 신은 모든 것이 가능하다는 사실에 의해서다.' 불합리는 이해의 적절한 영역 내에 있는 차이점들에 속하지 않는다. 불합리는 있을 수 없거나 예상하지 못한 것, 예측하지 못한 것과 똑같지 않다. 기사는 단념을 결심하는 순간, 불가능에 대한 확신을 갖는다. 인간적으로 말해서, 그것이 이해의 결론이며, 그것만 생각할 충분한 에너지를 갖고 있다. 하지만 무한한 감각에서는 불가능이 가능하고, 불가능은 단념도 아니다. 신앙의 기사는 이점을 분명히 인식하고 있다. 일관적으로 그는 불합리에 의해서만 구원받을 수 있고, 그는 이를 신앙에 의해 파악한다. 일관적으로 그는 불가능을 인정하고 동시에 불합리를 믿는다."

위의 두 명의 기사는 유한한 세상에서 사랑의 대상을 상실하지 않고도 '소유'할 수가 있다. 두 명 모두 유한한 세상에서는 그 같은 소유(절대소유)가 불가능하다고 이해하고 있다. 그렇기에 두 명은 사랑하는 여성을 단념한다. 그녀의 존재가 보장되지 않기 때문에(그녀가 그들을 단념하기 때문에) 그들은 그녀를 미리 포기한다. 그들의 사랑에서 진실한 대상은 유한한 여성이 아닌 영원한 신이고, 신에 충실하는 한, 결코 그들에게서 멀어질 일이 없다. 단념의 기사The Knight of resignation는 신에 대한 헌신에 사랑하는 사람들(가령, 그의 부인과 자식)의 희생이 따르는 것을 받아들이는데, 그는 영원한 존재인 신을 위해 그들을 단념하면서, 그 고통과 손을 맞잡는다. 신앙의 기사The Knight of faith도 마찬가지 행위를 하는데, 그와 동시에 사랑하는 사람을 단념해도(심지어 죽여도) 다시 정확히 제자리로 돌려놓을 수 있다고 믿는다. 이 신앙은 불합리해서, 키르케고르가 강조하듯이 어떠한 이해의 논리에도 어긋난다. 우리가 단념하려는 것을 받아들이고, 우리가 죽이려는 아들이 되돌아와서 우리와 함께 행복하게 살아간다고 생각하는 이유는 전혀 찾아볼 수 없다. 하지만 키르케고르에게는 불합리가 핵심이다. 왜냐하면 종교적 신앙의 행위는 내면적 확신을 위한 외부적 확률에 대한 걱정을 놓아버릴 것을 요구하기 때문이다. '모든 것을 전부 그리고 완전히 가지려는 불합리로 인해' 이것은 '두려움과 떨림'이 유한한 이해에 역행하는 종교적 신앙을 빛나게 하는 방법이다. 신앙의 기사는 오히려 '단념한 고통 속에서 기쁨을 발견하며' 그리고 '매순간 행복하게 살아간다.' 왜냐하면 그는 마치 그것이 세상에서 제일 명확한 것처럼 유한함에서 자신을 기쁘게 해주는 안도감(단념의 신앙)을 느낀다. 하지만 신앙의 기사는 모든 상실에서 오는 고통을 제거하고, 경험에서 비롯된 결정적인 힘을 제거하기에, 진정으로 유한한 감각을 갖고 있지 않다. 그는 자신이 아내와 아들에게 마음 깊이 헌신적이었다고 주장할지는 모르지만, 그들을 사랑한다는 것은 세상에서 그들의 운명에 대한 헌신적인 보살핌을 그저 단념할 뿐이다. 그들에게 무슨 일이 생겨도 그는 일어난 일에 대해 내면적 확신을 계속해서 유지하면서 이 신념을 가진 한, 그는 매순간 행복하게 살아간다. 파멸적인 결과(자신의 아들을 살해하는 것조차)는 금세 희망으로 가득찬 기대로 갱신되고 바뀐다. 왜냐하면 '그는 무한한 단념 속에서, 인생의 가장 깊은 슬픔을 흘려보내고, 무한한 세계의 축복을 알기 때문이다.' 그리고 '그는 끝없이 무한한 행위를 하지만, 그는 거기서 끝없이 유한함을 얻어내려는 정확성과 보장성을 갖고 임한다. 그래서 누구도 그것을 의심하지 않는다. 키르케고르의 유한함의 증거를 보고 싶은 독자들은 과연 어떤 의심도 갖지 않을 것이다. 하지만 신앙의 기사의 행위에 주의를 돌려보면, 그는 유한한 삶에 완전히 몰두한 듯이 보여도 실제로는 유한한 운명에 관심이 없었다는 게 분명하다. 저녁 무렵 집에 돌아오면서, 경쾌한 발걸음으로 그가 보는 모든 것에서 기쁨을 누리는 듯 보이는 신앙의 기사는 아내가 차려준 특별하고 따뜻한 '야채를 곁들인 구운 어린 양고기'를 기대하고 있을 것이다. 그런데 만일 저녁 식사가 전혀 준비되지 않았다 해도, 신기하게도 그는 똑같다. 비록 그가 맛있는 식사를 먹는 기대감에 부풀어 올랐다면, 저녁 식사가 준비되지 않아도 그에게는 아무런 차이가 없다. 그러니 평범한 사례가 중요한 이유는 사랑하는 아들의 존재에 관련되었는지에 혹은 맛있는 식사처럼 사소한 것인지에 관계없이, 기사는 인생의 모든 순간에 종교적 신앙의 이중적 행위를 하고 있기 때문이다. 사실 신앙의 기사는 '신이 가장 작은 일에도 관여한다는 것을 확신하고 있다.' 비록 야채를 곁들인 구운 어린 양고기가 없어도 그는 저녁식사를 할 거라고 믿고 있다. 아브라함은 희생된 어린 양이 없어도 자신은 이삭을 다시 찾는다고 믿고 있기에 스스로 이삭을 죽이지 않으면 안 된다. 이는 매우 불합리하게 여겨지지만, 이러한 생각의 핵심은 종교적 신앙의 내면적 확신을 초월한 또 다른 외부 세계의 권위를 받아들이는 사람은 그렇게 생각한다는 점이다. 신앙의 기사는 자신의 희망을 반론하는 것에 휘둘리지 않고 자신감에 넘쳐 희망(아내와 더불어 저녁식사를 하던가, 아들과 더불어 번창할 미래)으로 가득차 있다. 만일 저녁 식사가 준비되어 있지 않고 이삭을 죽였다고 해도, 그 자체는 변함이 없다. 어떤 무엇이라도 그의 희망찬 기대를 훼방하지 못한다. 왜냐하면 그는 이중적인 행위로 늘 그것을 매순간 갱신하기 때문이다. 그에게 주어진 부정적인 결말(준비된 저녁식사도 없고, 이삭은 죽었다)에 헌신하는 것을 포기함으로써 모든 것이 신에 의해 그에게 부여되었다는 그의 신앙을 재개한다. 신에게는 불가능이 없기 때문이다. 이처럼 '그는 무모하고 무익한 통속적인 헌신으로부터 해방된다.' 왜냐하면 '단념의 행위 말고는 아무리 사소한 것도 하지 않기' 때문이다.

신앙의 기사는 이처럼 절망으로부터의 해방이 어떤 것인지 보여주고 있다. 키르케고르는 절망의 배제를 종교적 신앙의 바람직한 결과로서 이끌고 가는데, 그 자신의 설명에 따르면 왜 그것이 바람직하지 않은지, 왜 헌신의 능력을 훼손하는지를 밝히고 있다. 키르케고르가 절망을 최소한의 걱정에서 가장 심각한 실존적 붕괴에 이르기까지 모든 형태의 불안을 포함한 정의라고 언급한 것을 떠올려보자. 또한 그가 종교적 신앙을 절망의 완전한 근절로 정의한다는 점도 떠올려보자. 종교적 신앙을 갖는 것은 희망을 유지할 뿐 아니라 절망에 빠질 가능성을 완전히 배제하는 것이기도 하다. '절망에 빠지지 않는다는 것은 절망에 빠질 수 있다는 파괴된 가능성을 의미한다.'라고 그는 자신의 저서 '죽음에 이르는 병'에서 언급하고 있다. '만일 누군가 진짜로 절망하지 않는다면 그 가능성을 늘 파괴하지 않으면 안 된다.' 이러한 절망의 해소는 종교적 신앙의 이중적인 행위에 의해 언제라도 새롭게 달성된다. 신앙심 깊은 기사라면 미래에 무슨 일이 생길지 걱정하지 않고, 최악의 사태가 발생해도 절망하지 않는다. 하지만 마찬가지 이유로 신앙의 기사는 실제로는 그의 모든 헌신에도 관여하지 않는다. 만일 우리가 자신이 하는 헌신이 위험에 처한다면, 만일 자신의 헌신을 배반하거나 만일 나의 헌신이 모두 파괴된다면, 절망의 위험을 무릅쓸 수밖에 없다. 절망의 위험은 제거할 수 있는 가능성이 아니라, 삶을 정의하는 헌신에 필요한 기본적 조건이다. 우리가 삶을 정의하는 헌신을 갖고 있다면, 당연히 나 자신을 상실하는 고통에 패배해선 안 된다.그런데 신앙의 기사는 가령 전부를 뺏겨도 자신의 삶을 유지할 수 있다고 믿고, 매순간에 모든 불안을 극복한다. 따라서 그가 발생한 일에 대해 무감각하고 무책임한 것은 전혀 우연이 아니다. 절망하는 자신을 파괴함으로써 그는 유한한 누군가 혹은 무엇에 헌신할 능력을 파괴한다. '두려움과 떨림'은 그 같은 신앙이 '부조리할' 뿐 아니라 '무섭고' '두렵고' 그리고 '겁나고' '공포스럽게' 보일 수 있음을 인정하고 있다. 하지만 이들을 특징짓는 것은 종교적 신앙을 부정하려는 의도가 아닌 종교적 신앙에 더욱 경외심을 품게 만들어 숭고한 것으로 보이게 하려는 것이다. 키르케고르의 많은 저서와 마찬가지로 '두려움과 떨림'은 필명(침묵의 요하네스)으로 출판되었다. 이 저자는 이야기를 쓰고, 독자에게 직접 말을 건다. 요하네스 자신은 종교적 신앙을 갖고 있지 않다고 인정하고 있으며 아브라함의 사례를 생각하면 가끔 자신이 '혼란' 혹은 '마비' 된다는 사실을 깨닫는다. 하지만 이는 요하네스가 아브라함을 '모든 것 중에서 가장 위대한 사람'이라고 간주하는 것이, 이삭을 희생하는데 요구된 아브라함의 종교적 신앙에 비해 자신의 그것이 부족하다고 스스로를 책망하는 것을 방해하지는 않는다. 그 같은 신앙이 부조리하고, 무섭다고 생각하면 그것은 인간이 신을 완전히 신뢰하지 않고, 되돌릴 수 없을 정도로 상실할 가능성이 큰 유한한 존재로서 이삭에게 의연히 비종교적인 헌신을 갖기 위해서다. 반대로 종교적 신앙의 관점에서는 신이 요구한다면 자식을 희생시키는 것에 대해 부조리하고 불합리해도 두려운 것이 아니다. 키르케고르 자신이 나중에 쓴 논문에서 설명하듯이 '신자가 신앙을 가질 때, 부조리는 부조리가 아닌 신앙이 그것을 바꾼다… 따라서 정확히 이해가 되면 부조리의 범주에 두려움은 전혀 없다.'

그래서 키르케고르(침묵의 요하네스라는 필명이 아닌)는 자신의 본명으로 출간한 저서에서 '두려움과 떨림'보다 더욱 강조해서 종교적 신앙의 이중적인 행위를 언급하고 있음을 알 수 있다. 가령 그는 '기독교 토론'에서는 진실한 종교적 신자가 세상에 신경 쓸 까닭이 없는 이유는 신이 모든 것을 이루어준다는 것을 완전히 기대하기 때문이라고 자세히 설명하고 있다. 예수의 산상수훈(목숨을 위하여 무엇을 입을까 무엇을 마실까 염려하지 말라-마태복음 6장 25절-옮긴이)을 언급하면서 키르케고르는 진실한 기독교 신자는 신체적 혹은 물질적 필요를 걱정하지 않는다고 주장한다. 필요한 매일의 양식을 신이 주리라는 믿음이 있기 때문이다. 신체적 혹은 물질적 필요에 대한 헌신을 우리가 포기하기는 당연히 어렵다. 하지만 그러한 도전의 어려움은 키르케고르에게는 종교적 신앙의 시련으로서 더욱 가치 있게 해준다. 백합이나 새들과는 달리 (어떤 보살핌도 없이 살아간다고 여겨지는) 인간인 성직자는 고민할 이유가 많기에 기독교 신자이려면 신앙을 위해 끊임없이 헌신이나 보살핌을 희생하지 않으면 안 된다. 가령 가난해서 말 그대로 빵 한 조각조차 받지 못할 때조차 진정한 기독교 신자라면 무엇을 먹을지 걱정하지 않는다.

그는 통속적인 의미에서 가난할지도 모르지만 '가난을 걱정하지 않고' 그야말로 종교적 의미에서 풍요롭다. 그는 모든(자신의 가난을 포함해) 것이 신이 준 선물이라고 간주하고, 필요하다면 신이 모든 것을 줄 것이라고 믿는다. 실제로 빵을 구하지 못해 굶어 죽는 순간이라도 기독교 신자는 자신의 목숨에 대해 걱정하지 않는다. 대신에 '그가 지구상에서 살아가야 한다면 매일의 빵을 얻을 것이라고 믿는다. 그는 언젠가 내세에서 축복된 삶을 영위할 것이다.' 그리고 그러한 '영원한 생명'은 '먹을 것과 마실 것의 걱정을 완전히 초월한 것이다.'

기독교 신자임을 주장하는 사람들이라도 여전히 자신의 유한한 삶의 운명을 걱정한다. 키르케고르는 이를 종교적 신앙의 결여라고 비난한다. 만일 당신이 가난하지만, 가난에 대한 헌신을 단념할 수 없다면, 죽음에 처해있지만 삶에 대한 헌신을 단념할 수 없다면, 당신은 애정 깊은 부모라서 자식 돌보기를 단념하지 못하면, 당신은 기독교신자가 아니다. 당신은 신을 믿는다고 항변할지도 모르지만, 행동이나 어떤 상황에 대해 그것을 증명하지 못한다면 당신의 종교적 신앙은 죽은 것이다(당신이 어떻게 생각하고 느끼는지를 보이는 형태로 내보이지는 않지만, 그래도 믿는다고 주장해도). 살아있는 종교적 신앙은 오히려 이중적인 행위로 인해 이루어진다. 유한한 것에 대해 단념하고 대신에 신만을 신뢰한다. 굶어죽어도 영광이 오리라고 믿고, 죽음에 처해도 영원히 살 수 있다고 믿으며, 자식을 죽여도 그 자식을 다시 돌려보내준다고 믿는다. 키르케고르는 그 같은 종교적 신앙은 단번에 이루어지는 것도 아니고, 모든 것이 이루어지는 것도 아니며 매번 새롭게 이루어져야한다고 강조한다(그는 그것이 최선 또는 가장 바람직한 삶의 방식이라고 확신한다).

"나는 당신이 어려움에서 빠져나올 방법을 알고 있다. 그렇게 하면 당신은 승리의 완전한 확신을 얻을 수 있다."라고 키르케고르는 교육적인 종교적 연설 속에서 주장했다. "가령 자신의 행동의 결과, 바랐던 것과 반대의 결과가 얻어졌다 해도 당신은 정복했다고 확신하며 행동하십시오." 이는 물론 '두려움과 떨림'에서 이삭을 희생시킨 아브라함의 논리다. 아브라함은 종교적 신앙의 가장 어려운 수준의 시련에 합격한다. 왜냐하면 그에게 중요한 모든 것에 위험이 따름에도 불구하고, 자신의 헌신을 희생시켜 신의 손에 목숨을 맡길 수 있기 때문이다. 아브라함은 이삭을 죽일 때조차 사랑하는 아들을 신이 다시 돌려보내준다고 믿고 있다.

이처럼 키르케고르는 살아있는 종교적 신앙을 최고로 삼기를 권장하지만, 그 자신의 글에서는 그러한 신앙이 다른 관심사에 관해서도 완전히 무책임해야 한다는 이유를 밝히고 있다. 가령, 그것이 당신이 생명을 빼앗고 있는 당신의 아들의 울부짖음이라고 해도, 종교적 신앙을 갖는 것은 당신의 신앙이 의문시하는 어떤 것에도 반응하지 않는다는 것을 뜻한다. 키르케고르의 주장의 결과는 극단적으로 보일지도 모르지만, 상실의 고통에서 해방된다는 모든 종교적 이상에 암시되어 있는 것을 표면화해주고 있다. 이삭의 운명에 대응하려면 상실할 가능성이 있는 인생에 전념할 필요가 있다. 오직 이삭 자신을 위해서 그를 사랑해야만(그의 삶은 필연적으로 부서지기 쉽다는 것을 인식하면서) 이삭을 보살필 수 있다. 그것이야말로 죄의 사함에 대한 종교적인 높은 이상이 우리에게 단념을 요구하는 이유다. 죄의 사함을 얻으려면 자신의 자식을 포함한 유한한 존재를 사랑할 수 없다. 왜냐하면 그런 사랑은 모두 우리를 상실에 빠뜨리기 쉽기 때문이다. 이는 불교신자나 스토아학파, 그리고 수많은 다른 전통을 따르는 종교적인 신비주의자가 무집착을 구원의 길로 설명하는 이유다. 가령, 널리 영향력이 있는 기독교 신비주의자인 마이스터 에크하르트는 '절대적인 무집착의 사람은 일시적인 것에 영향 받지 않은 영원으로 이끌어진다.'고 강조하고 있다. 왜냐하면 진정한 무집착은 무슨 일이 일어나든 또는 기쁨이나 슬픔, 명예, 수치에도 높은 산에 부는 산들바람처럼 거의 영향을 받지 않기 때문이다.

무집착의 실행은 무한한 단념의 행위다. 이는 영원함을 우선하려고 유한한 것에 헌신하기를 희생시키라고 요구한다. 무슨 일이 일어나도 동요하지 않으려면, 이삭의 운명에 반응할 수 없다. 반대로 말하면 산처럼 둔감해야만 한다. 비록 키르케고르는(마이스터 에크하르트와는 달리) 둔감하기를 원하지는 않았지만, 그의 종교적 신앙의 효과는 똑같다는 걸 알 수 있다. 키르케고르는 무집착에 머무르지 않지만 그의 종교적 신앙은 이삭에 대한 보살핌을 희생시키라고 요구한다. 그래서 '두려움과 떨림'에서는 누가복음에 나온 예수의 엄격한 선언을 언급한다. '무릇 내게 오는 자가 자기 부모와 처자와 형제와 자매와 및 자기 목숨까지 미워하지 아니하면 능히 나의 제자가 되지 못하고(누가복음 14장26절),' 키르케고르가 언급한 내용을 살펴보면 예수는 신이 절대적인 사랑을 어떻게 요구하는지를 표현하고 있다. 그러려면 다른 모든 사랑은 단념해야만 한다는 것이다. 사랑하는 사람들을 '미워해야' 한다는 것은 그들을 싫어한다는 게 아니다(이 경우에는 그들을 단념하는 게 오히려 쉽다.). 하지만 신에 대한 사랑 때문에 그들을 희생시켜야만 한다. 또한 예수 자신이 마태복음에서 설명하듯이 '아비나 어미를 나보다 더 사랑하는 자는 내게 합당치 아니하고 아들이나 딸을 나보다 더 사랑하는 자도 내게 합당치 아니하고(마태복음 10장 37절),' 동일한 논리에 따르면 아브라함은 자신이 아들보다 신을 더 사랑하는 것을 이삭을 희생시킬 준비가 되었다는 것을 가장 확고하게 표현함으로써 자신이 '가치가 있음'을 증명하고 있다. 이는 아브라함이 영원함을 위해 유한함을 단념하는 무한한 단념의 행위다. 그렇지만 두 번째 행위(신앙의 행위)를 통해 아브라함은 이삭이 그에게 다시 되돌아올 것을 확신한다. 아브라함은 이삭에 대한 헌신을 단념하면서 동시에 신에게 받은 선물로서 새롭게 이삭을 받아들일 준비가 되어 있다. 하지만 그 같은 신앙의 대가는 아브라함이 이삭에게 닥친 운명에 완전히 둔감하다는 것이다. 그가 이삭을 죽였다고 해도 아브라함의 심정은 똑같다.

5
...

아브라함의 이야기는 신학적으로 관심이 높은데, 왜냐하면 구약성서의 아브라함과 이삭의 관계는, 그것이 신약성서의 신과 예수의 관계를 연상시키기 때문이다. 두 가지 이야기의 유사점은 기독교 성서학에서 전통적으로 잘 확립되어 있다. 아버지(아브라함/신)는 사랑하는 아들(이삭/예수)을 희생시킨다. 아들인 이삭은 모리아산으로 끌려가 결박당하고, 거기서 그의 아버지는 아들을 죽이려고 칼을 뽑아든다. 예수의 십자가의 수난을 예감하는 이야기로서 아들은 골고다의 십자가에 못 박혀 고통스럽게 천천히 죽어간다. 두 가지 이야기는 희생은 모두 신성한 행위로서 보상받고 칭송받는다. 아브라함은 이삭을 죽일 준비가 되어있었기에 신은 그의 자손을 축복한다. 예수가 십자가에서 죽었기에 인류는 죄에서 사함을 얻었다고 일컬어진다. 하지만 우리에게 전해진 아브라함의 이야기는 그 이전의 이야기 즉, 원래의 이야기(원전)를 감추고 있을 가능성이 있다. 히브리어 성서를 연구하는 학자가 밝혔듯이 원래의 이야기에서는 아브라함이 신의 명령에 불복하고 이삭의 생명을 지키기로 선택했다는 뚜렷한 징후가 있다고 한다. 공식버전(창세기 22장)에서는 '여호와의 사자'가 하늘로부터 그를 바라보고 있을 때, 그는 아들을 죽일 준비가 되어 있었다. 사자는 신으로부터 받은 메시지를 전달하고 신은 아브라함이 시험에 합격했기에 이삭을 진짜 죽일 필요는 없다고 설명한다. 여호와의 사자는 두 번째로 아브라함을 불러 그가 복종했기에 축복을 받을 것이라고 한다. 그는 마음속에서 이삭의 희생을 완료하고 신의 명령에 순종하려면 사랑하는 아들조차 죽여도 개의치 않는다고 보여줬기에 아브라함은 이삭을 신으로부터의 선물로서 계속 유지할 수 있도록 허락받는다. 다만 여호와의 사자가 한 말을 나중에 삽입했다고 여기는데, 거기에는 충분한 근거가 있다. 형태와 구조의 면에서 다른 문장과 너무 다르기 때문이다. 가장 중요한 것은 여호와의 사자가 한 말을 빼면 아브라함이 신의 명령에 불복했다는 일관된 이야기가 나타나기 때문이다. 그러니까 여호와의 사자의 이야기는 아브라함의 불복종을 덮기 위해서 삽입되었다는 것이다.

옴리 보엠(이스라엘 철학자-옮긴이)은 주의 깊게 원전을 인용하면서 '나중에 편집되거나 개정된 여호와의 사자에 관한 부분은 책임을 아브라함에서 천사로 떠넘기기 위해서였다.'라고 주장한다. 이러한 문헌학의 논의를 키르케고르 자신은 활용할 수 없었지만, 그는 아브라함이 신에게 등을 돌려 이삭을 희생시키지 않기로 선택하는 시나리오를 상상하고 있다. "만일 아브라함이 모리아산에 왜 서있는지를 의심했다면, 그는 자신의 신앙도 신의 영광도 목격하지 못했겠지만, 모리아산에 가는 것이 얼마나 두려운 것인지를 목격했을 것이다."라고 키르케고르는 '두려움과 떨림'에서 적고 있다. 키르케고르에게 이 시나리오는 최악이다. 그의 논의 전체는 아브라함이 신에게 완전한 헌신을 보여주고, 신의 약속에 완전한 신뢰를 보여준다는 전제가 토대를 형성한다. 그렇지 않았다면 모리아산은 종교적 신앙의 숭고한 장소가 되지 못했을 것이다. 키르케고르에 따르면 모리아산을 두려움의 장소로 만드는 것은 단지 이삭의 살해가 아니다. 그의 종교적 관점에 비추어보면 두려운 시나리오는 아브라함이 자식을 살해하는 게 아니라, 그가 신에 대한 신뢰를 잃고, 신의 명령에 따르지 않는 것이다. 키르케고르가 종교적 신앙에 관한 '의심'을 한탄한 것은 통속적 믿음의 긍정이라고 봐도 좋을 것이다. 만일 아브라함이 신에게 불복종한다면 그가 이삭에게 끝까지 헌신하기 때문이다. 또한 이삭이 실제로는 되돌릴 수 없는 형태로 죽는다고 그가 믿고 있기 때문이다. 이는 통속적 믿음의 핵심이다. 우리가 사랑하는 것은 유한하고 바로 그 유한함 때문에 헌신이 필요하다. 싸워야할 가치가 있는 것이다. 반대로 종교적 신앙의 이중적인 행위는 아브라함을 이삭의 종말에 관해 완전히 무책임하게 만든다. 아브라함은 신은 상실된 모든 것을 회복시킨다고 믿기에 아들에 대한 헌신을 희생시킬 수 있다. 아브라함은 신이 이삭을 고스란히 되돌려준다고 믿기에 아버지로서의 사랑에 아무런 죄책감도 느끼지 않고, 이삭을 죽일 수 있다. 사랑하는 자식을 희생시키는 능력은 예수와의 관계에서 신에 의해 더욱 강조된다. 육신의 몸을 빌어 영원하고 불변한 신은 유한한 인간 즉 나사렛 예수가 된다. 그는 태어나고 살며 그리고 죽는다. 예수는 신의 아들이라고 주장하는데, 의심과 희망, 불안과 기쁨, 바람과 절망에 사로잡힌 점에서 그는 인간임이 분명하다. 가장 극적인 점은 그의 마지막 날들은 대단히 고통스럽고 굴욕적인 죽음이었다는 것이다. 로마 당국에 박해받고 그는 바깥에 숨어 밤에도 잠을 못 이룬다. 그의 제자들은 그를 배신하고, 그 자신도 두려움에 떤다. 그는 체포되고, 얻어맞고, 조롱받으며 고문당한다. 마지막으로 그는 가장 처참한 방식으로 처형당한다. 로마 시대의 십자가 처형은 가장 비참하면서도 가장 평범한 처형방식이었다. 하루에 몇 차례나 범죄자가 십자가에 매달려 죽어나갔다. 이것이 메시아(신 자신의 아들)의 운명이어야 했던 것은 메시아를 믿었던 사람들에게는 이해 불가능했고, 그 믿음을 산산조각 냈다.

예수는 지상에서 신의 왕국을 세워야하는데도 홀로 무력하게 십자가에서 죽었다. 예수의 죽음 이야기는 그 자체가 비참하다. 예수의 제자들은 그를 버리고, 그 자신의 아버지는 그를 버려두고 십자가에 매달리게 했다. 하지만 예수의 십자가 수난은 인류의 역사상 가장 유명한 희생이다. 세상의 교회에서 십자가는 부정이나 고문이 아닌 속죄의 상징으로서 드높이 걸려 있다. 예수의 희생은 구원의 입구라고 한다. '하나님이 세상을 이처럼 사랑하사 독생자를 주셨으니 이는 저를 믿는 자마다 멸망치 않고 영생을 얻게 하려 하심이니라(요한복음 3장 16절),' 구원과 영생이 사랑하는 아들의 희생을 필요로 하는 것은 왜 그럴까? 예수가 말하듯이 우리는 그의 사례에 따르고 신을 위해 자신을 희생해야 한다. '누구든지 제 목숨을 구원코자 하면 잃을 것이요 누구든지 나를 위하여 제 목숨을 잃으면 구원하리라(누가복음 9장24절).' 사랑하는 사람의 목숨을 포함해 자신의 삶에 전념하는 한, 우리는 상실에 고통스러울 수 있다. 자신의 목숨이나 자식의 목숨을 지키려고 하면 '제 목숨을 구원코자 하면 잃을 것'이기에 어떤 일이 발생하면 더욱 취약해진다. 하지만 사랑하는 것에 대한 헌신을 단념하고 신에게 믿음을 맡기면 '(신)을 위하여 제 목숨을 잃으면 구원하리라'이기에 모든 상실은 보상받는다. 사랑하는 것의 죽음에 직면해도 실제로 발생한 죽음에 대한 헌신을 단념하는 한, 신의 구원에 대한 신앙을 새롭게 할 수 있다. 이는 종교적 신앙의 이중적 행위이고 기독교 신자가 십자가 수난을 이해하는 모범적 사례다. 십자가에 매달린 예수를 보고 돌이킬 수 없는 상실이 아닌 구원의 이미지를 보려면 이중적인 행위를 하지 않으면 안 된다. 신이 그 상실을 원상복구 해주리라고 신앙의 행위를 통해 유지하면서, 무한한 단념의 행위를 통해 우리는 십자가에서 죽은 유한한 예수에 대한 헌신을 단념한다.

확립된 종교적 이론에 순종한다는 것은 죽음을 극복하기 위해 죽음을 피할 수 없는 생명에 집착하는 것을 포기하는 것이다. 예수의 희생(십자가에 매달리고 하늘에 올라 부활하는 것)은 우리가 정해진 수명의 삶에서 해방된다는 것을 나타낸다. '만일 우리가 그의 죽으심을 본받아 연합한자가 되었으면 또한 그의 부활을 본받아 연합한 자가 되리라(로마서 6장5절).'이라고 사도 바울은 주장한다. 이처럼 예수의 고통은 진지하게 받아들이지만, 이는 구원으로 가는 길에 필요한 행보일 때뿐이다. 예수의 시간적 유한함은 신의 영원한 무한함으로 되돌아오는 도중의 중간 단계일 뿐이다. 신은 죽을 수밖에 없는 인간이 되어 모욕당하고 십자가형을 당해 죽었지만 예수 그 자체는 똑같은 존재다. 그를 상처입힐 것은 아무 것도 없고, 상실한 것도 전혀 없다. 이처럼 이중적인 행위를 긍정하려면 사랑하는 생명의 정해진 운명을 희생시키든지 억제할 필요가 있다.

'두려움과 떨림'에서 아브라함은 그의 생생한 종교적 신앙 덕분에 이삭을 죽게 만들도록 놔둔 게 가능했듯이, 기독교신자도 부활의 신앙에 의해 예수를 죽게 만들도록 놔둘 수가 있다. 예수가 영원한 삼위일체인 신으로 돌아갈 때도, 고통을 느끼는 유한한 생명의 예수는 버려져야만 한다. 따라서 마태복음과 마가복음에서는 예수가 지상에 남긴 최후의 말이 그가 완전히 버림받았다는 느낌을 역력히 나타내고 있다(나의 하나님, 나의 하나님, 어찌하여 나를 버리셨나이까). 예수는 이 외침을 반복한 후 숨이 끊겨 죽는다. 그의 죽음은 신의 순수한 사랑의 표현이라고 하는데, 보는 사람에 따라서는 잔인한 희생물이다. 신의 사랑(아가페)은 무한히 불변하다. 그렇기에 무슨 일이 생겨도 요동하지 않는다. 신은 다른 무엇보다 어떤 것을 더 사랑하지 않는다. 신은 자식을 사랑하는 것과 마찬가지로 자식을 죽인 자들도 사랑한다. 사랑하는 것은 신의 고유한 성질이기에 신은 어떤 것이든 공평히 사랑한다. 신학적으로 말하자면 신의 사랑은 완전이 자발적이고 '어떤 것에 자극되지 않는' 것이다. 왜냐하면 신이 사랑하는 것의 자질이나 운명은 아무런 관계가 없기 때문이다. 사랑하는 사람이 누구이든 간에 사랑하는 사람에게 무슨 일이 생기든 간에 신은 절대 공평하다. 십자가형이 보여주는 것은 신성한 사랑과 무관하다. 신이 그의 아들을 단념한 것은 본디 그에게 신경쓰지 않았기 때문이다. 신이 사랑하는 자식이 고문당하고 죽임을 당해도 그것은 신에게 어떤 해도 입히지 않는다. 신은 영원히 똑같다. 하지만 신의 사랑의 무관함과 무의미는 우리를 절망에 빠뜨리지 않는다. 오히려 책임과 사랑의 감각의 조건으로서 우리에게 유한함을 일깨워준다. 사랑하는 사람을 돌보는 것은 유한한 사람 즉 상실의 의미를 이해하는 사람뿐이다. 그런 사람만이 세상을 소중히 여길 수 있고, 그런 사람만이 타인을 책임질 수 있다. 이처럼 예수의 죽음은 통속적인 열정에 비추어 해석할 가능성을 남겨두고 있다. 그처럼 해석할 때 예수는 유한함을 지녀야만 한다(우리를 죽음에서 구원하기 위해서가 아닌 사랑하고 사랑받을 수 있도록 하려고). 여기서 요한복음의 비범한 결론을 생각해보자. 십자가에 매달린 예수가 '내가 목 마르다'고 말하자. 마실 것이 주어졌고 예수가 '다 이루었다'고 말하고 옆구리를 창에 찔려 피를 쏟아내며 죽는다. 기독교인의 행위는 분해되고 부패되는 예수의 육체를, 죽음을 초월한 '영광스러운' 부활의 상징으로서 구별하는 것이다. 사랑하는 사람의 육체가 피와 살로 된 몸이라는 것을 나타내는 순간이 바로 여기에 있다. 예수의 '부활'은 하늘에 올라가서도 썩지 않는 육체로 변해서가 아니라 예수를 사랑하는 사람들은 그것을 기념해야 하고, 그의 죽음을 기억하라고 종용했기 때문이다. 그는 죽었지만 부활했고, 기독교는 죽음과 부활 자체가 핵심이다.

모든 것은 우리가 어떻게 예수의 죽음을 이해하느냐에 따라 달렸다. 그의 죽음이 천국으로 가는 길이라고 축복하기 보다는 우리는 예수가 죽었으며, 사랑하는 모든 것이 죽었기에, 그를 기억하는 사람은 사후의 세계에 존재하지 않는다는 것을 인식해야 한다. 이런 식으로 예수의 죽음을 바라보는 것은 모든 생명이 특히 사랑하는 사람의 생명이 죽음으로 끝난다는 것을 이해하는 것이다. 사랑하는 사람의 죽음은 되돌릴 수가 없다(또한 돌이킬 수 없는 상실이다). 왜냐하면 이 생애 말고 다른 생애는 없기 때문이다.

기독교인의 관점에서는 이것이 가장 파멸적인 시나리오다. 사도 바울은 그의 첫 편지에서 '그리스도께서 만일 다시 살지 못하셨으면 우리의 전파하는 것도 헛것이요 또 너희 믿음도 헛것이며(고린도전서 15장 14절)'라고 쓰고 있다. 사실 바울은 '만일 그리스도 안에서 우리의 바라는 것이 다만 이생뿐이면 모든 사람 가운데 우리가 더욱 불쌍한 자리라(고린도전서 15장 19절)'라고 강조한다. 만일 이 생애 말고 다른 생애가 없다면(죽음으로 끝나는 이 생애) 바울에게는 인생은 허무하고 무의미하다. '내일 죽을 터이니 먹고 마시자 하리라(고린도전서 15장 32절).' 그러나 바울의 결론은 잘못된 것이다. 인생이 죽음으로 끝난다는 것은 우리의 장기적이 헌신이 쓸모없기에, 오로지 먹고 마시는 즐거움만 남는다는 뜻이 아니다. 반면에 죽음의 위험은 자기 자신을 넘어서 누군가를 위해 혹은 무엇인가를 위해 자신을 헌신하는 것이 왜 중요한지의 본질적인 부분이다. 우리는 반드시 죽기에 서로 보살피지 않으면 안 된다. 우리는 자신이 믿는 것을 위해서 싸워야만 한다. 왜냐하면 그것은 우리의 지속적인 노력만으로 살아있기 때문이다. 미래는 확실하지 않기에 우리는 다음 세대를 위해 헌신해야 한다. 이것이 통속적 믿음의 이중적인 행위다. 우리는 돌이킬 수 없는 죽음의 위험 앞에서 모든 것을 상실한다는 것을 인정하지만, 한편으로는 주어진 시간을 최대한으로 활용하겠다고 결심한다. 우리는 제일 사랑을 많이 받는 사람조차 죽는다는 것을 알고 있다. 우리는 사랑하는 사람이 실제로 죽을 것이며, 그(그녀)의 인생이 돌이키기 어려울 만큼 산산조각 날 가능성도 있지만, 그래도 우리는 그에 대한 사랑을 유지한다. 우리는 죽음이 완전한 암흑이라고 알고 있지만 그래도 꺼지려는 불을 살리려고 애쓴다. 행방불명이 되거나 버림받을 지도 모르는 누군가를 보살필 때마다, 운명이 불확실한 대의를 위해 몸을 바치게 할 때마다 우리는 통속적 믿음의 행위를 취한다. 우리는 죽음이 인생의 구성요소임을 이해하지만, 그래도 살아간다는 각오를 단념하지 않는다. 우리는 죽음에 굴복하지 않고 사랑하는 것의 수명을 늘이려고 한다. 이처럼 통속적 믿음의 행위를 통해 우리는 이삭의 운명에 책임을 질 수 있게 된다. '두려움과 떨림'에서 아브라함은 그의 종교적 신앙 탓에 이삭의 고통에서 눈을 돌린다. 냉정한 결심을 하고, 시간을 들여 번제에 필요한 나무를 쪼개고, 이삭을 결박하고는, 조금도 떨지 않고 칼을 날카롭게 간다. 키르케고르는 이 장면을 지극한 경건의 사례로 우리에게 보여주길 원하지만, 우리는 그것이 재난이고 모든 것이 가능하다는 신에 대한 꿈은 악몽이라는 것을 안다. 종교적 신앙의 이중적인 행위를 통해 아브라함은 실제로 일어난 것에 대한 보살핌을 무한히 단념하고, 신은 그에게 잃어버린 모든 것을 회복시켜줄 수 있다는 신앙의 여지를 만들어준다. 마찬가지로 기독교 신앙은 예수의 고난의 의미를 바꾼다. 고난은 구원의 길이라는 신념을 지지하면서 현실적인 신체의 손상, 실제의 죽음에 대한 헌신을 무한히 단념한다. 하지만 통속적 믿음을 유지하는 이상, 사후의 세계는 없고, 고문은 속죄가 아니라는 것을 알게 된다. 우리는 아직 이삭의 고난을 살펴보면서, 그에게 절박하게 다가온 죽음에 반응할 수 있다. 그의 삶이 연약하다는 것도 알 수 있다. 그는 딱 한 번만 죽을 수 있다. 하지만 그것이 그에 대한 우리의 사랑을 손상시키지는 않는다. 오히려 우리가 공유하는 유한함은 진정 그를 사랑하고 헌신할 이유의 중요한 부분이다. 가령, 신이 우리에게 명령해도, 결코 그의 생명을 뺏을 수 없다. 누구도 죽음에서 되돌릴 수 없다는 것을 알고 있기 때문이다. 이처럼 아브라함과 이삭의 이야기에서 책임감은 신의 명령과 배치된다는 것을 극적으로 나타내주고 있다.

'카라마조프가의 형제들'에서 도스토옙스키는 신이 존재하지 않는다면 모든 것이 허용된다고 주장한 것으로 유명하다. 하지만 '두려움과 떨림'은 진실이 반대로 표현되어 있다. 모든 것을 가능하게 하는 신이 있다면 신의 명령 이외의 이유로 자신의 자식을 죽이는 것조차 허용된다. 이는 키르케고르가 우리에게 결단하라고 강요하는 진실이다. 이삭에 대한 자신의 책임감이 신의 명령에서 온다고 생각하면 우리는 이삭을 얼마든지 죽일 수 있다. 또한 우리가 종교적 신앙의 이중적인 행위를 한다면 이삭이 우리의 헌신을 뭐라고 부를지 도무지 알 수가 없다. 그가 부활한다고 믿는다면, 그는 영원히 살거나 다시 돌아올 것이다. 다시 말해 우리는 죽음에 처한 그의 운명을 알 수가 없다. 이삭이 죽든 살든 최종적으로 우리에게는 아무런 차이가 없다. 상실한 것이 모두 되돌아온다고 믿기 때문이다. 그래서 우리를 이삭의 운명에 민감해지게 만드는 것은 종교적이 아닌 통속적 믿음이다. 만일 우리가 이삭에게 헌신한다면, 그를 죽음으로부터 피하게 해주는 안전지대를 찾을 것이다. 우리의 살아 있는 신앙(어떻게 행동하고 반응할지를 실제적으로 알려주는)은 비록 우리가 종교적이라고 주장해도 통속적 믿음이다. 우리가 유한함을 가진 사랑하는 것의 삶에 헌신하기에 통속적인 믿음이라는 것이다. 우리는 상실할지도 모르는 삶을 지속하는 데 헌신하고, 산산조각 날지도 모르는 것을 위해 투쟁한다. 그리고 우리는 종교적 약속이나 구원이라는 이유로 그것들을 절대 포기하지 않는다. 신이 결코 이삭을 죽이라고 명령하지 않을 것이라고 우리가 믿는다면 신에게서 독립한 가치의 기준에 대해 신앙을 공언하는 셈이다. 신의 명령에 관계없이 이삭을 희생시키는 것이 잘못된 일임을 믿기 때문이다. 나아가 우리는 유한한 생명의 세상에 둘도 없는 가치에 대한 통속적 믿음을 공언하게 된다. 신은 도덕적인 문제를 이해할 수조차 없기에 도덕적 책임에 대해 우리에게 가르쳐 줄 게 아무 것도 없다. 신은 누군가를 되돌릴 수 없는 형태로 상실한다는 의미를 이해하지 못하기에 누군가를 세상에 둘도 없는 존재로 여겨 헌신한다는 것도 이해하지 못한다. 신은 어느 것에도 속박되어 있지 않지만, 마찬가지 이유로 어느 것에도 헌신하지 않는다. 신은 자신 이외의 어떤 것에도 구애받지 않기에 완전히 무책임이다. 자신 이외의 무엇인가에 속박된 사람만이 책임감을 가질 수 있다. 헌신적인 사람만이 누군가를 보살필 수 있다. 그리고 유한한 존재만이 헌신할 수 있다.

우리가 누구이며 무엇이
중요한지를 이해하기 위한,

정신적 자유

우리는 자기만족을 추구한다. 그러나 자기만족은 자연적으로 주어지지 않는다. 자기만족은 우리 사회에서 무엇이 중요하고 우리를 움직이게 하는 정신적 요인이 무엇인지에 의해 좌우된다.

4
...

자연적 자유, 정신적 자유

정신적 자유는 고통을 초래할 가능성이 있는 것에서 해방되는
게 아니라 돌이킬 수 없는 상실과 최종적 보장이 없는 것에 지
속적으로 충실한 것으로부터, 즉 그 취약성 속에서 정신적 자
유의 가능성이 열린다.

1
...

늦은 여름날 오후, 나는 스웨덴 북부의 산 정상에 앉아 있다.
아래로 내려다보이는 넓은 바다는 고요하고, 무한히 이어질 것 같
은 지평선으로 뻗어가고 있다. 다른 사람은 보이지 않고, 주위의
소리도 거의 들리지 않는다. 바람에 춤추는 것은 한 마리 갈매기
뿐. 몇 번이고 그랬듯이 공중에 떠올라 주변 풍경의 윗자락에 멈
추고 있는 갈매기를 눈으로 좇는 것은 매력적이다. 기억하기론 갈
매기는 내 생활의 일부였다. 매년 여름날 아침이면 나는 가족과
함께 사는 집에서 갈매기들이 산을 넘고, 바다에 내릴 때의 날카

로운 지저귐을 듣고 잠에서 깬다. 우리가 낚시를 마치고 돌아오면 갈매기들은 우리와 동행하면서 그날 얻어먹을 먹이의 일부를 기다린다. 저녁이 되면, 나는 자주 해변에 서서 갈매기들의 비행 궤도를 관찰한다. 외국의 도시에 있어도 갈매기의 모습이나 소리는 고향으로부터의 메시지 같아 여러 기억이 머릿속에 넘친다. 하지만 오늘 오후처럼 갈매기와 만난 적이 없다. 갈매기가 날개를 활짝 펴고 옆의 산으로 방향을 바꿀 때, 나는 갈매기가 어떻게 바람을 느끼고 풍경이 어떻게 보이는지를 나름대로 상상해본다. 물론 갈매기가 되는 것이 어떤 기분인지는 모른다. 그래도 갈매기가 되는 게 어떤 것일지의 상상은 이 책의 핵심인 자유freedom의 개념으로 이끌어준다. 자신의 인생과 크게 다른 삶을 이해하려고 들 때, 나는 자연적인 존재이고(갈매기와 나 자신을 같이 취급한다면) 정신적인 존재다(갈매기와는 다른 존재로 취급한다면).

우선, 갈매기와 나의 공통점부터 시작해보자. 우리 둘 다 생물이다. 그래서 우리 활동에는 늘 뭔가 관여되어 있다. 우리는 생명을 유지하려고 뭔가를 하지 않으면 안 된다(영양분을 취하거나 환경에 적응한다.). 마찬가지로 우리는 모두 스스로 움직이고 스스로 결정할 수 있다. 갈매기는 자신의 뜻으로 걷거나 날지만, 갈매기가 공중에 머무르는 시간을 결정할 수는 없다. 그리고는 바다에 뛰어들어 물고기를 사냥하거나 산에서 날개를 접고 쉬거나 한다. 또한 갈매기나 나나 겉모습과 본질의 차이, 우리가 취한 것과 그것이 어떻게 되는지에 대해서 민감하다. 만일 갈매기가 먹을 수 있는 물고기를 찾아 잠수했는데, 그 물고기가 먹을 수 없는 것이라면, 갈매기는 그 물고기를 버리는 행위로 대응한다. 이는 단순한 반응이 아닌 갈매기의 먹이가 될 것인지의 여부에 따른 반응이다. 갈매기는 그저 세상 속에 하찮게 놓인 물건이 아니라, 영향을 주거나 상처를 입히고, 매력적이면서도 위협적으로 보이는 행위자이다. 행위자는 갈매기와 갈매기가 착륙하는 산을 비교하면 더욱 명확해진다. 산은 살아 있지 않다. 산은 갈매기가 태어나기 훨씬 전부터 그곳에 있었고, 내가 존재했을 때도 있었고, 우리가 사라진 후에도 줄곧 거기에 있을지 모르지만, 산은 그런 것에 신경 쓰지 않는다. 태양이 빛을 비추어도, 비가 내려도, 지진으로 갈라져도, 수세기 동안 안정된 상태가 유지되어도, 산은 신경쓰지 않는다. 산은 자기 관계self-relation가 없기 때문이다. 산은 무슨 일이 생겨도 차이가 나질 않는다. 마찬가지로 산에는 자기 행위self-movement와 자기 결정self-determination의 능력이 없다. 산은 어떤 것에도 위험에 처해지지 않기에 아무 것도 못하고 어떤 것과도 관계가 없다. 산은 그 자체의 목적이 없고 갈매기가 날개를 쉬려고 산에 착륙할 때처럼, 나름대로의 방법으로 산을 이용하는 생물을 위한 목적을 가질 뿐이다.

대조적으로 갈매기는 그 자신의 감각을 통해 환경에 관여하고, 자신의 목적에 비추어, 발생하는 것에 반응한다. 가령, 어떤 종류의 포식자는 갈매기의 입장에서는 피해야할 것으로서 나타나고, 어떤 종류의 물고기는 먹잇감으로서 나타난다. 이들의 목적의식의 형태는 고도로 발달한 동물은 보다 고도하게 될 가능성이 있지만, 그 모든 것이 내가 자연적 자유natural freedom라고 부르는 형태다. 자연적 자유는 자기 행위의 자유를 제공하는데, 주어진 것에 따르는 의무와 행위자 자체가 문제를 제기할 수 없는 종말에 따를 때만이다. 자연적 자유와는 달리 정신적 자유에는 우리의 목적에 비추어 따라야할 의무가 무엇인지를 묻는 능력과 우리의 목적 자체에 의문을 던지고, 도전하고, 변화시키는 능력이 요구된다. 철학자는 규범에 지배된 행동과 본능에 의해 결정된 행위의 차이라는 관점에서 인간과 다른 동물의 차이를 설명하는 수가 종종 있다. 인간으로서 우리는 사회 규범에 따라 무엇이 될지(가령, 남자 혹은 여자, 흑인 혹은 백인, 노동계급자 혹은 귀족)로 사회화된다. 그리고 그러한 사회 규범에 맞춰 행동한다. 반대로 다른 모든 동물의 행동은 자연적인 본능에 의해 고정되어 있다고 생각한다. 다만 이러한 차이의 설명 방식은 적어도 두 가지 이유로 오해를 불러일으킨다. 첫째, 본능은 이미 규범을 표현한다. 본능은 동물이 해야만 하는 어떤 것을 특정짓는데, 그것은 실패할 수 있기 때문이다(가령, 갈매기는 본능적으로 자신은 물고기를 잡아야한다고 이해하고 있으며, 목적인 물고기를 발견할 수 없다는 것을 본능적으로 이해하고 있다).

둘째, 많은 동물은 자연적 본능에 의해 고정되지 않은 행동형태로 사회화될 수 있다. 이를테면 허스키에 의해 키워진 고양이는 개처럼 행동하고, 고양이에 의해 키워진 허스키는 고양이처럼 행동한다. 이 같은 행동은 개나 고양이의 자연적인 성질에 얽매이지 않고 특정하게 키운 방식에 의해 발현된다. 따라서 인간과 다른 동물과의 차이점은 본능과 사회규범만으로 단순히 설명되지 않는다. 오히려 결정적인 차이점은 자연적 자유와 정신적 자유에 있다.

고양이가 허스키처럼 행동할 때도 고양이는 허스키의 생활 방식에 의문을 갖지 않고, 그처럼 행동하는데 필요한 틀로서 인식한다. 고양이는 허스키의 규범을 배울 수 있지만, 그것이 다른 방식일 수도 있다는 것은 이해하지 못한다. 고양이는 자신의 행동을 지배하는 원칙에 대해 책임을 질 수 없기에 자신의 규범이 스스로 책임지는 것이며, 다른 고양이에게서 이의를 제기받는 것도 이해하지 못한다. 고양이는 자신이 추구하는 것의 결과인 성패에 민감하지만 고양이나 허스키처럼 행동할 필요가 있는지 혹은 자신이 추구하는 것을 지배하는 규범이 유효한지 어떤지는 자신에게 전혀 문제가 되지 않는다.

반면에 인간은 규범의 타당성이 늘 암묵적 또는 잠재적으로 명시적인 문제가 된다. 우리는 자신에 대한 규범적인 이해 즉 자신은 누구여야 하는지, 무엇을 해야 하는지에 대해 규범적인 이해에 비추어 행동하는데, 자신이 이해하는 것에 도전하고 그것을 바꿀 수도 있다. 우리는 단지 규범에 지배되는 게 아니라 우리가 무엇을 하는지, 왜 그것을 하는지에 대해 서로 책임을 진다. 우리가 마치 그것이 자연스럽게 필요한 것처럼 정체성으로 사회화될 때조차(우리가 어떤 젠더나 인종 혹은 계급에 자연스럽게 속해질 때), 우리의 이해를 바꾸거나 다투거나 비판적으로 뒤집을 가능성은 남아 있다.

우리는 누구여야 하는지(또는 우리가 뭘 할 수 있는지)는 우리가 서로를 인정, 취급하는 방식과 떼놓을 수 없다. 그래서 우리가 자기이해self-understanding를 어떻게 바꿀 수 있는지는 우리의 삶을 영위하는 능력을 형태화시키는 사회적 관습과 제도에 달려 있다.

또한 우리의 삶을 영위하는 능력은 신체적 혹은 정신적 본질의 훼손에 의해 손상되거나 상실될 가능성이 있다. 하지만 우리가 자기 관계를 갖고 있다면 즉, 우리가 어떠한 형태로 인생을 영위한다면, 우리가 어떻게 해야 할지에 대한 문제는 우리에게 살아있다. 그것은 우리의 모든 행위에서 작용하기 때문이다. '어떡하면 좋지?'라는 질문에 대답할 때, '나는 누가 되어야 하지?'라는 질문도 같이 들어있는 셈이다. 그리고 그 질문에 대한 최종적인 대답은 없다. 이것이 우리의 정신적 자유다.

자연적 자유와 정신적 자유의 차이점은 형이상학적인 내용이 아닌 인간과 다른 동물이 보여주는 실제적인 자기 관계다. 많은 종류의 동물은 슬퍼하고, 재밌게 놀고, 용기나 깊은 생각, 고통 그리고 기쁨의 형태를 보여준다. 경우에 따라서는 (영장류의 연구에 따르면) 특정한 본능 등이 서로 어긋날 때 선택의 갈등을 느낀다. 하지만 우리가 마주치는 다른 종은 그 종으로 존재한다는 의미에 대해 스스로 이해를 바꿀 수가 없다. 환경의 변화로 인해 어떤 동물의 종(혹은 그 종의 특별한 구성원)이 행동을 바꿀 순 있지만, 그 종이 행동하는 원칙은 그 종이 존재하는 한 똑같다. 반면에 인간이라는 것을 이해하면(인간의 실제적 행위에 나타난 것을 보면) 역사의 어떤 순간에도 세계와 역사를 초월해 극적으로 다채롭다. 수도사 즉 수도원에서 수행자로서 친족의 인연을 단념한 사람과, 자식을 돌보는 데 인생을 바친 아버지와의 차이는 단지 행위의 개인적인 차이가 아니라 인간이라는 것에 관해 근본적으로 다른 인식을 보여준다. 이러한 두 가지 타입의 남성은 용기의 정도가 다른 것뿐만 아니라 두 사람에게 용기라고 여겨지는 것이 근본적으로 다르다. 두 사람은 서로 다른 수준의 슬픔과 기쁨을 경험할 뿐 아니라, 그들에게 슬픔과 기쁨이라고 여겨지는 것도 근본적으로 다르다. 고통의 경험조차 우리 인간에게는 단지 잔혹한 사실로 그치지 않고, 우리에게 무엇이 중요한지를 인식해서 반응하는 경험이다. 이러한 문제는 우리의 생물학적 -생리학적 구성만으로 단순화시키지 못한다. 우리는 생물학적 제약에 복종하고 있는 게 사실이지만(그리고 원칙적으로 그러한 제약을 모든 초월할 수조차 없지만), 이들 제약과의 관계를 바꿀 수 있다. 어떤 종도 우리의 행위의 원칙을 철저하게 정하라고 요구하지 않는다. 오히려 우리가 무엇을 하고, 무엇을 자기 자신으로 여기는지는 우리가 지지해야만 하고 우리에게 변화를 가져올 가능성이 있는 역사적 규범의 틀에서 분리하지 못한다.

여기서 나의 논점을 명확히 해두고 싶다. 나는 인간만이 영적으로 자유롭다고 단언하는 게 아니다. 정신적으로 자유로운 다른 종을 발견할 수도 있고, 영적 자유를 선사하는 삶의 인위적인 형태를 창조할 수도 있다. 이는 실증가능한 질문이지만, 나는 그 답을 찾으려들지 않는다. 내 목적은 어떤 종이 정신적으로 자유로운지를 결정하는 게 아닌 정신적 자유의 조건을 갖추려는 것이다. 다른 특정한 동물이 정신적으로 자유로운지 어떤지 혹은 정신적으로 자유로운 생물을 조작할 수 있는지의 여부는 독립된 종속적인 문제라서, 이는 자유롭고 정신적인 존재는 어떤 것인지에 대한 질문에 대한 답을 전제로 한다. 여기서는 두 가지 설명을 순서대로 언급하겠다.

첫째, 자연적 자유와 정신적 자유의 구별은 계층적인 구별이 아니다. 우리가 정신적으로 자유라는 것은 다른 동물보다 본질적으로 뛰어나서가 아니지만, 질적으로 다른 의미에서 우리가 자유롭다는 것을 의미한다. 자신의 행동의 목적에 의문을 던질 수 있기에 정의의 원칙을 지킬 수도 있지만 다른 종에서 관찰되는 것을 훨씬 뛰어넘는 잔혹한 형태에 종사할 수도 있다. 둘째, 자연적 자유와 정신적 자유의 구별은 다른 동물의 착취를 정당화하는 게 아니다. 현대의 많은 사상가는 인간과 다른 동물의 구별에 비판적이다. 이 같은 비판은 성차별이나 인종차별을 정당화하는데 도움이 될 뿐 아니라, 다른 종의 학대나 천연자원의 의도적인 추출로 조장되지 않을까 두려워하기 때문이다. 이 같은 '포스트휴머니즘'은 역사적 사실과 철학적 논의의 융합에 그 토대를 두고 있다. 역사적 사실로서 특정한 성별 또는 인종을 '인간 이하subhuman'로서 분류하고 비인간세계의 무자비한 착취를 정당화하려고 인간-동물의 구별이 종종 채택되어온 것이 사실이다. 이러한 비판은 우리도 동물이고 환경의 운명에 의존하고 있음을 떠올리게 만든다. 다만 이러한 사실에서 인간과 다른 동물과의 구별이 위법이거나, 정치적으로 유해하다고는 말할 수 없다.

반면에 포스트휴머니즘 정치의 감성pathos은 자연적 자유와 정신적 자유의 구별에 암묵적으로 의존한다. 포스트휴머니스트 사상가는 성차별주의자, 인종차별주의자 또는 자신의 종에만 집중하라고 우리를 몰아세울 때, 그들은 우리가 행동의 지침이 되는 원칙에 의문을 던질 수 있다는 사실을 머릿속에 그려봐야만 한다.

그렇지 않으면 우리의 원칙을 비판하고 다른 이상을 택하도록 종용해도 무의미하다. 마찬가지로 다른 동물이 정신적으로 자유라고 진지하게 믿는 포스트휴머니스트 사상가는 없다는 것도 분명하다. 만일 그렇다면 우리는 인간뿐 아니라 다른 동물도 성 차별적이며, 너무 자신의 종만 생각한다는 점도 비판해야 마땅하다. 따라서 자연적 자유와 정신적 자유의 구별을 부정하는 것은 태만한 행위다. 다른 동물에 대한 더 나은 처우를 개선하기 위한, 혹은 자연 환경과의 소중한 관계를 위한 정치 투쟁은 정신적 자유를 필요로 한다. 우리는 지금까지의 가치를 단념하고 새로운 이상을 따라야 한다. 우리는 자연적 자유와 정신적 자유의 구별을 암묵적으로 이해하고 있기에 다른 동물에 똑같은 요구를 부과하려는 사람은 없다. 갈매기가 물고기를 먹는 것을 비난하는 것은 불합리하지만, 우리가 다른 동물을 먹기를 관두는 것은 합리적이다. 우리는 자신의 세상을 구성하는 범위와의 관계를 바꿀 수 있기 때문이다. 갈매기처럼 자연적이고 자유로운 존재에게는 그 행동을 이끌어주는 규범적인 '그럴 수밖에 없는 것'이 있지만(가령, 살아가기 위해 물고기를 먹는 것 같은) 그렇다고 규범 즉, 본래 있어야 할 것을 문제 삼을 수는 없다(그럴 수밖에 없는 것 그 자체에).

자연적 자유는 단 하나의 '그럴 수밖에 없는 것'의 구조가 있는데, 행위자가 그 규범에 의문을 가질 수 없고 왜 그래야하는지 물을 수 없기 때문이다. 정신적으로 자유로운 존재로서 우리는 자신이 뭘 해야 하는지를 자문할 수 있다. 우리는 자신의 행위뿐 아니라 그 행위를 이끌어가는 규범에 대해서도 책임이 있기 때문이다.

우리가 해야 할 것에 관한 요구만 있지 않고, 우리가 해야 한다면 무엇을 해야 하는지에 대한 의문도 있는 것이다.

분명히 말해두자면 우리의 정신적 자유는 삶의 모든 규범에 한번쯤 의문을 던져볼 수 있다는 게 아니다. 우리는 무에서 자신의 원칙을 자유롭게 창조할 수 없다. 오히려 우리의 정신적 자유는 '노이라트의 배Neurath's boat'로 잘 알려진 철학 모델에서 이해되어야 한다. '우리는 바다 한 가운데서 고장 난 배를 수리하면서 항해를 계속하는 선원의 처지다. 그렇다고 고장 난 상태로 기항지의 조선소로 돌아가 배를 근본적으로 수리할 수도 없다'는 과학 철학자 오토 노이라트의 유명한 주장에서 배울 수 있다. '철제 빔이 빠지면 그 자리를 새로운 것으로 대체해야 한다. 그러려면 배의 나머지 부분이 그것을 지탱해주어야 한다. 낡은 철제 빔과 떠밀려온 나무를 사용함으로써, 조금씩 배를 지속적으로 수리함으로써 배 전체의 형태를 오로지 유지할 수 있다.' 노이라트는 과학적 지식의 획득과 변용의 모델로서 그의 배 이론을 제시하고 있는데, 그의 배 이론을 유추하면 모든 형태의 정신적 자유의 조건을 파악하는 데 도움이 된다. 삶을 영위하면서 흔들리지 않는 토대, 어디에서나 보이는 경치에 머물 수만은 없다. 우리는 처음부터 끝까지 바다에서 분투하는 노이라트의 배 안에 있다는 것을 알아야 한다. 우리의 배가 어떻게 만들어지느냐는 사회적으로 공유된 규범에 의존한다. 우리는 그것을 지지하고, 도전하며, 우리가 하는 것을 통해 변화하지 않으면 안 된다. 다른 부분이 충분히 남아 있고, 자신이 배 위에 있는 한, 배의 일부를 변경하거나 교환할 수 있다. 우리는 대규모의 개축도 할 수 있지만 우리의 삶은 어떤 종류의 성실함을 유지하는데 달려 있다. 가령 우리가 배를 난파하려고 들거나 수리를 게을리 해서 침몰할 지경인데도, 그 결정이 우리의 결정이기 때문에 성실함을 지니고 그 결정을 유지해야만 한다. 우리가 배를 난파시켜야만 한다면 우리의 인생도 포기해야만 한다.

우리는 자신의 삶에서 무엇을 할지를 자문하고 자신을 정의해 주는 헌신을 바꿀 수가 있다. 하지만 그 같은 변화는 모두 우리가 삶의 길을 걸어간다는 실천적인 관점에서만 가능하다. 마찬가지로 배의 모든 수리와 개조는 배의 완전함을 유지하려는 실천적인 관점에서만 가능하다. 자신이 누구인지를 자문할 때조차 배의 밑바닥에서 판자가 빠져나갈 때조차, 그것을 묻는 것은 합리적이다. 우리는 사람으로서 성실해야 되기 때문이다. 무언가를 자신의 삶의 일부로서(우리가 하거나 경험하는 것) 파악한다는 것은 자신의 이론적인 관찰이 아닌 우리가 늘 임하는 정신적 자기유지의 실천적 활동이다. 정신적 자기유지의 활동은 자기보존과 혼동되어서는 안되고, 반드시 보수적일 필요도 없다. 모든 형태의 자기 변화의 가능성의 조건이기 때문이다. 우리의 행위에 대해 이해하려면(우리가 경험한 것을 이해하려면) 삶의 일부로서 파악해야 한다. 나아가 우리의 살은 늘 파괴되거나 부서질 위험에 놓여있기에 항상 실천적으로 자신의 삶을 유지 혹은 갱신해야만 한다. 우리의 자기의식의 형태는 주로 우리가 누구인지에 대한 명백한 반영이 아니라, 우리가 한 것과 경험한 모든 것으로 이루어진 정신적인 자기 유지의 절대적인 행위다. 우리 인생의 완전성은 한번에 이루어질 순 없지만, 본질적으로 취약하다. 완전성의 취약성(산산조각 나서 바다 밑으로 침몰하는 위험)은 본디 완전성을 유지하는 것의 중요한 이유의 일부분이다. 마찬가지로 우리의 자의식은 우리를 인생의 바깥에 갖다 놓을 수가 없다. 가장 명확한 내면적 성찰의 형태조차 우리를 삶에서 떼놓을 수 없다. 오히려 우리의 자의식은 우리의 실천적 행위를 통해서만, 그 안에서만 존재한다. 우리가 도출할 수 있는 명상적인 자의식은 없다. 수동적이 된 과제조차 우리의 관여를 필요로 하는 과제(우리가 스스로를 꽉 쥐고 있어야 할 과제)와 마찬가지 이유로 우리가 바꿀 수 있고 의문을 가질 수 있는 과제다. 우리의 인생을 이끌어주는 실천적 행위는 우리의 자의식의 최소의 형태이면서 정신적 자유의 조건이다.

2
...

자연적 자유와 정신적 자유의 구별은 본서에서 나의 모든 논점의 바탕에 깔린 통속적인 생명의 개념에 기초하고 있다. 종교적 관점에서는 죽음으로 끝나는 인생은 의미가 없고, 목적도 없다. 인생에 의미와 목적이 있으려면 무한하게 무엇이 있던지 즉, 결코 죽지 않는 뭔가의 뿌리를 내리거나 흡수하지 않으면 안 된다. 내 논점은 그 반대로 인생의 목적은 죽음의 예상에 달렸다는 것이다. 이는 죽음이 인생의 목적이라는 뜻이 아니다. 죽음은 목적도 아니고, 뭔가의 완성이나 성취도 아니다. 돌이킬 수 없는 생명의 상실이다. 다만 중요한 것은 죽음이라는 유한한 위험을 무릅쓰지 않으면, 인생의 위기도 없고 중요한 목적도 없다는 것이다. 삶은 죽음을 염두에 두었을 때 의미가 생긴다. 생명을 유지하려는 우리의 개인적 혹은 집단적 노력은 우리의 죽음과의 관계를 증명해준다. 죽은 사람을 떠올리는 것은 우리의 정신적 삶에서 중심적 특징이다. 우리가 죽은 후에도 기억될 수 있도록 애쓰는 정신적 삶의 중심적 특징이듯이, 이러한 기억의 중요성은 망각의 위험과 뗄 수가 없다. 과거의 세대에 대한 우리의 충실함은 미래의 세대가 우리에 대한 기억을 유지할 때라야만 살아 있는 것과 마찬가지로 우리가 그들의 기억을 유지하는 경우에만 살아있다는 감각에 의해 자극받는다. 만일 우리가 죽은 사람의 기억을 유지해야 한다면(만일 우리가 그들을 우리 삶에서 계속 살아가도록 책임을 져야 한다면) 그것은 그들이 죽었다는 것을 인식하기 때문이다. 마찬가지로 우리가 죽은 후에도 우리가 기억될 수 있을지 염려된다면 그 또한 우리가 죽는다는 것을 인식하기 때문이다. 만일 우리의 생명이 영원히 상실된다는 예상이 없으면, 비록 죽음의 예상이 없어도 자연스러운 생활이나 정신적인 삶을 유지할 목적이 없어진다. 삶은 죽음이 없는 삶으로서 의미를 이루지 못한다. 삶에서 의미를 이룰 수 있는 것은 유한한 인생뿐이다. 이는 제2장에서 깊게 다룰 논의이며, 왜 유한함이 모든 형태의 자연적 생명과 정신적 생명, 두 가지 모두에 관한 가능성의 조건인지를 언급하겠다. 내 논의의 출발점은 자기 유지를 특징으로 하는 생명의 개념이다. 살아 있는 생명은 단순히 존재할 수 없고 스스로의 행위를 통해 자신을 유지하고 재생산해야만 한다. 자기 유지의 개념은 자기 조직화로서의 모든 생체 기관과 생체 시스템의 정의를 토대로 한다. 살아 있다는 것은 필연적으로 자기 관계를 유지하는 것이고 어떠한 자기 관계도 자기 유지의 행위가 된다. 스스로의 존재를 유지하기 위해 아무 것도 하지 않으면 어떠한 형태의 자기 관계도 갖지 못한다. 돌은 무한정 지면에 누워있을 뿐, 돌이 움직여지거나 부서질지는 그 자체의 활동과는 아무런 관계가 없다. 이것이 비생물과 생물의 명확한 구별이다. 자기 유지의 활동 없이 존재하는 실체는 살아있는 것도 죽은 것도 아닌 무생물nonliving로서 이해할 수 있다. 자기 유지의 행위가 정지하면 실체는 살아있는 것으로서 이해할 수 없게 되지만 죽은 것으로서는 인식할 수 있다. 철학적으로 생각하면 생명의 개념은 특정한 생물학적 형태와 구분되어야만 한다. 생명이 특정한 형태의 생물학에 의존한다는 가정은 선결문제 요구의 오류(question begging, 증명을 요하는 내용을 전제 속에 채용하는 오류-옮긴이)다. 인생의 다양한 국면에서 부딪치는 특성을 열거하는 것만으로는 인생을 정의할 수가 없다. 선결문제 요구의 오류에서 볼 때, 일차적으로 이러한 종을 생명의 종으로서 정의할 수 있게 해주기 때문이다.

현재의 생물학적 개념은 자기 유지로서의 생명의 개념을 분명하게 해주지만, 그렇다고 그 모든 가능한 생명의 형태를 파악한 것은 아니다. 생명의 개념은 특정한 물질이나 기질에 고유하지 않는다는 의미에서 볼 때 형식적이다. 우리는 인공적인 기질(효소의 작용으로 활성화하는 물질-옮긴이)에 의존하는 생명체를 설계할 수 있을지도 모르고, 현재 알려져 있는 생명체의 탄소 베이스(탄소는 지구 상의 생명체의 주된 구성요소-옮긴이)가 아닌 종(가령, 다른 행성에서)을 발견할지도 모른다. 철학적인 문제는 어떤 인생을, 인생으로서 이해할 수 있는지에 관한 것이다. 물질적인 본질 또는 일련의 물질적인 특성을 특정짓는 것만으로는 뭔가를 살아있는 것으로서 이해하기가 충분하지 않다. 오히려 실체는 자기 유지의 의도적인 행위를 나타내는 경우에서만 살아 있는 것으로서 이해할 수 있다. 만일 E.T(지구외 생명체)가 당신의 집 거실에 착륙한다면, 그것은 지금까지 본 적이 없는 소재로 구성되어있음에도 살아 있는 것으로서 이해할 수 있다. 마찬가지로 당신이 다른 행성에 착륙했을 때, 만나게 되는 실체가 살아 있는 것인지의 여부는 그것이 구성된 소재가 아닌 그 실체가 보여주는 행위에 의존한다. 어떤 종류의 물질의 기질이 생명 활동에 적합한가는 경험적인 문제이고 사전에 해결할 수가 없다. 철학적 과제는 오히려 자기 유지의 형식적 특징으로부터 인생에 필요한 특징을 추론하는 것이다. 위기에 처한다는 것은 생명에 대한 바로 그 생각을 일컫는다(자연의 생명의 가장 기본적인 형태에서 정신적인 생명의 형태에 이르기까지). 우리가 추측할 수 있는 첫 번째 특징은 생명은 본질적으로 유한하다는 것이다. 자기 유지의 의도적인 행위는 생물의 생명이 행위에 의존한다는 것을 전제로 한다. 말하자면 생물은 자신을 유지하지 않으면 파괴되고 죽게 된다. 이 죽음의 예상이 없으면, 자기 유지의 목적을 이해할 수 없다. 살아 있는 행위는 죽음에 내재된 가능성과의 관계에 그 자신을 지속적으로 연관시키는 누군가 혹은 무엇인가에 의해서만 이해할 수 있다. 만일 생명을 잃을 가능성이 없다면 자기 유지의 행위에 대한 중요한 관심은 존재하지 않을 것이다. 우리가 추측할 수 있는 두 번째 특징은 생명은 파괴되기 쉬운 물질체material body에 의존하는 게 분명하다는 점이다. 생명은 특정한 물질기반으로 되돌릴 수 없다. 자기 유지를 필요로 하는 어떤 형태의 물질체가 필요하다. 생명은 파괴되던지 혹은 더 이상 기능하지 않게 되는 위험을 무릅쓰지 않으면 안 된다는 의미에서 파괴되기 쉬워야만 한다. 생물이 연약한 물질체에 의존하지 않으면 자기 유지의 실체도 없고 목적도 없을 것이다. 살아 있는 것은 필연적으로 행위를 그만두게 될 물질체를 유지하는 행위에 종사하는 것이다. 우리가 추측할 수 있는 세 번째 특징은 생물과 무생물간의 비대칭적인 의존관계가 있다는 것이다. 어떤 형태의 생명체도 필연적으로 무생물과 관계가 있지만 그 반대의 논의는 성립하지 않는다. 생명체는 무생물과의 관계가 없이는 존재할 수 없지만, 무생물은 생명체와 아무런 관계가 없어도 존재할 수 있다. 이는 생물이 존재하기 전에 물질 우주material universe가 존재했던 것을 이해 할 수 있는 이유이며 모든 형태의 생명이 소멸한 후에도 물질 우주가 존속할 수 있음을 이해할 수 있는 이유이기도 하다. 생명의 존재 그 자체가 연약해서 파괴되기 쉽기 때문이다. 따라서 자기 유지의 생명이라는 개념은 구별되어야만 한다. 자기 유지의 형식은 주권의 형식이 아닌 유한한 형식이다. 생물이 자기를 유지하고 재생산을 해야만 하는 이유는 그것이 자급자족self-sufficient이 아닌 파괴와 죽음의 영향을 받기 쉽기 때문이다. 생명의 개념의 이러한 특징은 모든 생명을 하나의 삶으로서 이해할 수 있게 해준다. 살아 있다는 것은 실체가 있는 특징적인 방식이며 그것은 파괴되기 쉬운 물질적인 존재의 자기 유지 행위에 의해 특징지어진다. 생명의 개념에는 내가 자연적 생명natural life과 정신적 생명spiritual life이라고 부르는 두 가지 부류가 있다. 생명자체의 개념에 따라 생명의 분류는 물질적인 내용과 물질적인 특성의 관점이 아닌 두 가지의 서로 다른 형태의 생명 활동의 관점에서 정의된다. 자연적 생명과 정신적 생명의 분류는 살아있는 존재에 대한 두 가지 실체적인 방식을 뜻하고 이는 자연적 자유와 정신적 자유를 특징으로 한다. 자연적 생명의 부류에는 자연적 자유의 특성을 나타내는 모든 종이 포함된다. 자기 유지의 목적을 지닌 모든 종은, 비록 행위 그 자체에 의문을 갖지 않더라도 자연적 생명의 부류에 포함된다. 따라서 자연적 생명의 종류는 식물에서 영장류에 이르기까지 인간을 제외한 알려진 모든 생물종을 포함한다. 이들 생명의 형태는 크게 다르고, 자연의 자유로운 범위 내에 있는 한, 모든 자연적 생명의 부류에 속한다. 다른 행성에서도 이러한 종의 생명 활동이 자연의 자유로운 형태로 제한되는 이상, 형식적으로는 자연적 생명의 부류에 속한다. 자연적인 자유의 첫째 특성은 자기 재생산의 행위다. 어떤 형태의 자연적 생명이라도 자기 유지 또는 종의 유지를 위해 활동한다. 그럼으로써 자기 결정의 기본적인 형태를 나타낸다. 생애에 걸친 각각의 생물의 계속적인 복제, 다른 개체의 형태로의 복제, 생식의 가능성은 자기 결정의 자연적 자유의 표현이다. 자기 결정능력은 자연계의 여러 종 사이에서 크게 다를 가능성이 있다.

종자를 뿌림으로써 복제할 수 있는 식물과 교미 행위로 인해 필연적으로 죽는 곤충, 스스로의 생식 행위를 통해 자손과 함께 살아가는 동물 사이에는 엄연한 차이가 있다. 번식행위로 자손과 함께 살아가는 동물은 종의 번식에 바로 돌입하지 않고 자신의 자손을 돌보고 세대의 이어짐 속에서 자신을 인식할 수 있기에 자기 결정의 능력이 커진다. 생식의 목적에 의문을 제기할 수 없다면, 세대의 삶에 주어진 목적을 바꿀 수도 없다. 자연적 자유의 두 번째 특징은 생물이 부정적 자기관계에 견딜 능력이다. 역경에 처했을 때, 생물은 무슨 일이 생겨도 수동적으로 굴복하지 않고 자신의 결정에 따라 능동적인 저항의 형태를 보인다. 질병이나 다른 형태의 내적 파괴에 대해서도 생물은 그저 부정되지 않으며, 고통이라는 부정적인 경험 속에 머무른다. 반면에 돌은 자기 내부에 고통을 느끼게 하는 부정적 경험을 참을 수 있는 자기 결정이나 능력이 없기에 어떤 것으로부터 고통을 받지 않는다. 부정적 경험에 대한 인내는 자기결정의 자연적 자유를 위한 최소한의 조건이다. 부정적인 자기관계에 견디는 능력은 매우 힘들고 고통이 따를 때조차 생명이 자기 자신이 되려고 노력할 수 있게 해준다. 또한 그 자체가 되려는 노력은 모든 형태의 생명에 고유한 것이다. 생물은 불완전하니까 혹은 뭔가 결여되어 있어서가 아니라 자신을 지속적으로 살아 움직이게 해야 하기에 늘 지속적인 노력이 필요하다. 삶은 죽음에 의해서만 끝을 맞이하기에 최종적인 목표나 인생의 완성은 있을 수 없다. 생명은 본질적으로 일시적인 활동이나 행위이기에 최대한 실질적으로 살고 있어도 늘 노력을 할 수밖에 없다. 생물은 끊임없이 변화하고, 시간과 더불어 변하면서 그 자신을 유지하지 않으면 안 되기에 부정적인 것과의 관계를 배제할 수가 없다. 따라서 부정적인 것과의 관계는 생물 자체의 내적인 부분이고, 긍정적인 구성의 일부이기도 하다. 자연적 자유의 세 번째 특징은 잉여시간과의 관계다. 생물의 노력에 의한 자기 유지는 필연적으로 생존수단을 확보하기 위해 필요한 수명보다 오랜 수명을 창출하기에 모든 생물에는 적어도 최소한의 '자유 시간free time'이 있다. 물론 자유시간에 임할 능력은 자연계의 종에 따라 크게 다르다. 단순한 식물조차 생명유지에 필요한 빛, 물, 기타의 영양을 흡수하려고 모든 시간을 쏟아 부을 필요가 없기에 그 자체가 자유시간을 창출한다. 식물을 어떤 형태의 영양공급원에서 제외시켜도 일정 기간은 살아남을 수 있기 때문에 식물도 '잉여'가 된다. 하지만 식물은 살아가면서 자기보존의 행위와 구별되는 행위가 없는 한, 그 자유시간을 자신을 위해 사용할 능력을 갖고 있지 않다. 반면에 게임을 즐기거나 환경의 새로운 측면을 탐색하거나, 한가롭게 목구멍을 울리며 가르랑대는 동물들은 자기 유지와는 구별되는 자기 즐거움self-enjoyment을 누릴 능력이 있다. 이 능력을 통해 그들은 스스로가 자유 시간을 창출할 뿐 아니라, 자신을 위해 그 자유시간을 즐길 수 있다. 자기 즐거움의 자유시간 속에서 동물은 자기보존에 의해 정의되는 필요성의 영역을 넘어 자유의 영역을 열어젖힌다. 하지만 자기 즐거움을 위해 고도로 세련된 능력을 갖춘 동물조차 자연적 자유의 범위 내에 머물고 있다. 그들은 자신의 시간을 소비해야 하고, 그에 의해 자유 시간이 정해진다.

3

...

정신적 생명의 부류에는 자신에게 자신의 시간을 어떻게 보내야하는지 자문할 능력을 지닌 모든 종이 포함된다. 인간은 유일한 정신적 생명으로 알려져 있다. 하지만 원칙적으로 어떤 무엇이 다른 종의 정신적 생명을 발견하거나 조작할 가능성을 배제하지 못한다. 정신적 생명의 다른 종이 실제로 발견될 수도 있고, 조작될 가능성은 나의 논의를 벗어난다. 내 목적은 오히려 정신적 자유의 형식적인 특징을 확립하는 것이다. 이는 정신적 생명에 필요하고 그로 인해 종의 분류를 정의한다. 정신적 자유의 특성은 자연적 자유의 특성보다 높은 형태다. 어떤 형태의 초자연주의도 피하려면 정신적 자유의 특징을 설명함으로써 무생물로부터 출현한 자연적 자유의 특징에서 그것이 어떻게 진화했는지를 이해할 수 있다. 동시에 자연적 자유의 목적에 따른 구조가 정신적 자유에서 질적으로 변환된다는 것을 강조하는 게 중요하다. 정신적 자유 덕분에 우리는 단순한 생물이 아니라 한 사람의 인간이 된다. 정신적 자유의 첫 번째 특징은 인생의 목적이 자연이 아닌 규범으로서 취급된다는 것이다. 정신적인 존재로서 우리는 단순히 자신의 생명이나 종족의 생명을 지키려고 행동하지 않고 자신이 누구인지를 생각해서 행동한다. 우리가 자신을 누구인지 정의하는 것은 그에 헌신을 갖고 믿음을 지킬 필요가 있기에 실천적인 정체성이다. 가령, 내가 어떤 정치적 이유로 인생을 결정짓는 헌신이 있다면, 나는 정치적인 행위자이기에 자신의 삶을 살아갈 가치가 있다고 생각할 것이다. 나의 실천적 정체성은 자신의 성공과 실패를 이해하는 통합성의 기준(규범)을 나 자신에게 부여해준다. 그렇다면 다른 방법을 통해 행동할 경향이 있는 가능성은 정치 행위자로서의 나의 삶과 어긋나기에 배제될 것이다. 나의 실천적 정체성은 어떤 것을 가치가 있고 중요한 것이라고 보여주는 반면 다른 것은 혼란스럽거나 유혹적인 것이라고 알려준다. 나의 실천적 정체성은 내가 어떤 인생을 보낼지 그리고 내 인생에서 일어난 것에 어떻게 반응하는지를 가르쳐준다. 특정한 실천적 정체성을 지니는 것이 무엇을 의미하는지(가령, 정치적 행위자)는 나뿐만 아니라 사회적으로 공유된 규범에 따른다. 나는 실천을 통해 규범을 바꿀 수 있지만, 그렇게 함으로써 늘 타인에게 책임을 지게 만들고, 자신의 책임도 지게 된다. 나의 실천적 정체성에 비추어 나는 자신의 욕구와 희망에 대한 대상이 될 뿐 아니라 자신의 욕구와 희망의 대상도 된다. 자신의 인생을 살아가면서 나도 자신의 삶을 이끌어간다. 실천적 정체성의 개념은 철학자인 크리스틴 코스가드가 행위자에 관한 획기적 연구로 개척한 것이다. 하지만 실천적 정체성의 개념만으로는 인간성이나 인생을 영위하기위해 필요한 형식적인 통합성을 설명하기는 충분하지 않다. 코스가드가 지적하듯이 행위자에 관한 그녀의 설명에는 '잃어버린 원칙'이 있다. 사람은 여러 측면의 실천적 정체성을 갖고 그 안에서의 대립에 판단을 내리는 것이 가능한 일관성의 원칙이 있어야만 한다. 가령, 정치적 행위자로서 나의 실천적 정체성의 요구는 아버지로서의 실천적 정체성과 부합하지 않을 가능성이 있고, 그 대립에 어떻게 대응하는지는 내가 우선하는 실천적 정체성의 문제다. 어떤 사람의 실천적 정체성의 우선순위는 내가 '실존적 정체성'이라고 부르는 것이다. 사람의 실존적 정체성은 자신의 실천적 정체성에 우선순위를 매기고 각각의 요구 사이에 형성되는 대립에 어떻게 대응하는지에 달려 있다. 나의 실존적 정체성(내 이름인 마틴을 의미한다)은 부가적인 실천적 정체성이 아니라, 나의 실천적인 정체성들 중에서 우선순위에 따르는 본질적인 실천적 행위다. '노이라트의 배'에 비유하자면 나의 실천적 정체성은 서로 다른 목재판이고 나의 실존적 정체성은 파괴되기 쉬운 형태의 목재판과 함께 유지해나가는 배라고 말할 수 있다. 단지 누군가가 되고 뭔가를 하기 위해 나는 몇 가지의 실천적 정체성을 갖지 않는다. 나의 실천적 정체성을 내 것으로 해석이 가능하고 내 인생에서 그것들에 통일성(마틴이 되는 것)의 원칙이 되지 않으면 안 된다. 통일성의 원칙이 없으면 두 가지의 실천적인 정체성 사이에서 충돌과 모순을 경험할 수조차 없게 된다. 양쪽의 실천적 정체성이 내 것이라는 것을 이해할 수 없기 때문이다. 나아가 실천적 정체성의 우선순위가 없으면 나는 자신의 삶에서 무엇이 중요한지를 이해하지 못하고 그것이 중요하다는 인식도 못한다. 마틴이 된다는 의미는 나의 실천적 정체성의 상대적인 우선순위와 떼어놓을 수 없다. 이 우선순위가 나의 실존적 정체성이다. 전체로서의 배의 형태(나의 실존적 정체성)는 배의 각종 목재판의 상대적인 중요성(나의 실천적인 정체성)을 증명해준다. 건축의 근간을 이루는 목재판이 부서지면 나는 위기에 처할 것이다. 나의 실존적 정체성은 내가 누구인지에 대한 완성을 나타내는 게 아니라 내가 무엇이 되려고 하는지에 대한 취약한 자제심을 나타낸다. 마틴이 되는 것은 최종적인 정체성이 아니지만, 마틴이 되는 것을 지향하고 실존적 정체성의 형태로 나의 실천적 정체성 사이의 우선 관계를 유지 혹은 교환하려고 노력하는데 있다. 나는 단지 한 인간이 될 수밖에 없지만, 그 인간이 되는 의미 즉 마틴이 되는 것의 의미는 결코 증명된 게 아니다. 나의 실존적인 정체성 자체가 내 인생의 문제가 된다. 내가 정치적 행위자가 되는 것이 아버지가 되는 것보다 우선된다. 나의 실존적 정체성은 나의 우선순위가 거꾸로인 경우와는 달라진다. 내가 정의하는 우선순위는 바뀔 가능성이 있지만, 우선순위의 문제가 위기에 처하지 않는다면 즉 실존적 정체성이 위기에 처하지 않는다면, 나는 인생을 영위하는 것도 자신의 실천적 정체성의 사이에서 충돌을 경험할 일도 없다.

정신적 자유의 두 번째 특성은 부정적인 자기 관계에 인내하는 능력이다. 부정적인 자기관계는 나의 서로 다른 실천적 정체성 사이의 관계에서 충돌 혹은 붕괴하는 실존적 정체성의 위기로서 표현되는 경우가 있다. 하지만 그것은 또한 주어진 실천적 정체성 사이에서도 존재한다. 코스가드Korsgaard는 실천적 정체성으로 살아가는 것은 누군가를 '바로 그 사람a person at all'이라고 해주는 것이라며 '자신의 규범을 배신한 사람의 모든 실천적인 목적은 죽음이나 혹은 죽음보다 더 나쁜 것이기 때문'이라고 말한다. 하지만 이는 옳지 않다. 내가 실천적 정체성에 따르지 않았을 때 내가 그 사람이 되지 않기로 한다면 실패의 경험을 이해할 수 없다. 코스가드 그녀 자신이 주의를 환기시키는 즉, '만일 그러지 않았다면 나는 살 수 없었다'는 두려운 예상에 동기를 부여한 것은 자신의 규범을 배반해도 자신과 함께 살아갈 수밖에 없다는 기대에서 비롯된다. 나의 규범을 배신하는 것은 경우에 따라 죽음보다 더 나쁜 운명일지도 모르지만, 죽음과 똑같지는 않다. 만일 그렇다면 나는 어차피 죽기 때문에 실패의 고통을 경험할 필요조차 없다. 나답지 못할 때의 고통을 경험할 때, 그것은 오히려 내가 아직 살아있고, 자신의 인생을 영위하겠다는 뜻이다. 이는 부정적 자기관계에 인내하는 나의 능력이다. 나의 정체성은 실천적이기에 (내가 무엇을 하느냐에 따라) 실패하거나 무너질 가능성이 있다. 나의 실천적 정체성(나의 실존적 정체성)의 사이에서 확립된 우선순위조차 무너질 가능성이 있다. 나의 배를 함께 유지하는 목재판이 부서지거나 산산조각나서 나를 난파시킬 가능성도 있다. 하지만 확립된 규범의 붕괴는 인간으로서 나의 인생의 끝이 아니다. 만일 내가 배의 붕괴를 경험한다 해도 나는 아직 익사하지 않았고, 아직 그것을 유지하려고 한다. 실패한 사람도 아직은 여전히 사람이다. 자신이 배를 유지 혹은 재건하려고 하고, 자신이 하고 있는 것과 자신이 한 것에 대해 대응할 수 있게 하려는 행위는 나의 인간성의 최소한의 형태다. 어떠한 형태로든 인생을 영위하는 한, 실패해도 그 규범을 유지하려고 한다. 사람으로 존재하는 것은 꼭 자신의 실천적 정체성의 요구에 응하는 것에 성공하는 게 아닌, 자신의 실천적 정체성을 유지 혹은 변경하기 위해 노력하는 것에서 비롯된다. 마찬가지로 사람으로 존재하는 것은 꼭 실존적 정체성을 유지하는 데 성공하는 게 아닌, 자신의 실존적 정체성을 유지 혹은 개혁하려는데 있다. 자신이 되고 싶다고 생각한 사람이 되지 못해도 즉, 난파해도 나는 그저 부정되는 게 아닌 자기 자신이 되지 못했다는 부정적 경험의 대상이 될 뿐이다. 이 실패의 가능성은 실천적이고 실존적인 정체성을 위해 필요한 경계석 조건이다. 자신의 규범을 상실하거나 배를 잃거나 바다에 빠져 익사할지도 모른다는 예상은 자신이 규범을 갖고 있기에 삶을 이끌어간다는 것이 중요하다는 이유를 떠올리게 해준다. 부정적 자기관계에 인내할 능력은 자신이 크나큰 개인적 고통을 희생으로 삼을 때조차 실천적이고 실존적인 정체성의 요구에 응하도록 노력할 수 있게 해준다. 내가 구타를 당하고, 박해 받고 목숨이 위험한데도 불구하고 정치 행위자로서 계속 존재할 수 있다. 그로 인해 내가 자신(마틴)이라고 생각하는 사람에 대한 정신적 헌신을 나타내는 것이다. 하지만 나의 실천적 정체성의 요구는 내가 확실히 안전하며, 정치 행위자로서의 나의 인생이 충만한 것으로 끝나지 않는다. 내가 정치적 행위자인 것에 헌신하는 한, 나는 그 실천적 정체성과 그에 따른 실존적 정체성의 요구에 응하도록 애써야만 한다. 완료 가능한 과제도 달성 가능한 목표도 아니다. 오히려 자기 자신이 되려고 노력하는 것은 모든 형태의 실천적이고 실존적인 정체성에 내재되어 있다. 내가 실존적 정체성을 지속적으로 유지하지 않는다면 실존적 정체성도 창출할 수 없다. 또한 실존적 정체성을 가지려고 노력하지 않으면 그 실존적 정체성도 가질 수 없다. 내가 누구인지에 대한 완전한 현실에서조차 내가 누구라는 것은 본질적으로 일시적인 활동이기에, 나는 나 자신이라고 생각하는 그 사람이 되기 위해 노력한다. 따라서 부정적인 것에 대한 관계는 인격과 그 긍정적인 본질의 일부에 고유한 것이다.

정신적 자유의 세 번째 특징은 자신의 시간을 어떻게 할지를 자문하는 능력이다. 모든 생물과 마찬가지로 우리는 잉여시간이 있는 정신적 존재로서 잉여시간과의 관계는 어떻게 시간을 보내는지에 대한 문제와 뗄 수가 없다. 내가 해야 할 것 또는 하지 말아야 할 것에 관한 모든 질문은 최종적으로 자신의 시간으로 무엇을 해야 할지에 관한 질문이 된다. 어떤 규범이라도 자신에게 중요성을 띠려면 자신의 시간으로 무엇을 하는지가 자신에게 중요해야만 한다.

살아 있는 시간이 무한하다고 믿는다면 어떤 것을 할 때의 절박감을 이해할 수 없으며, 어떤 규범적인 의무도 자기 자신을 사로잡지 못할 것이다. 여기서의 철학적 통찰은 '인생은 너무 짧다'는 일상적인 표현으로 설명할 수 있다. '내 인생은 너무 짧아서 꿈을 좇을 수 없다' 혹은 '내 시간은 너무 소중해서 무의미한 일에 낭비할 수 없다.'라고 말할 때. 나는 그 모든 결정과 생각에 암시된 유한함과의 관계를 명백히 제시할 수 있다. 이 표현은 할 가치가 있는 것과 할 가치가 없는 것을 구별하는 능력을 나타낸다. 내 인생이 너무 짧다고 말하는 것은 필히 죽어야 할 운명이면서 동시에 삶의 번영을 이끌어가는 게 불안하다는 말이다. 이러한 '나의 불안'

은 극복할 수 있는 또는 극복해야 마땅한 심리적 상태가 아니다. 오히려 불안은 자유로운 삶을 영위하고 정열적으로 임하기 위한 지성의 조건이다. 내 인생이 내게 중요한 한, 나의 시간이 유한하다는 불안에 의해 오히려 힘을 얻어야만 한다. 그렇지 않으면 누군가가 되려고, 뭔가를 하려는 절박감이 없기 때문이다. 자신이 되고 싶은 것에 어울리지 않는다고 특정한 직업이나 활동을 거부할 수 있는 것은 자신의 시간이 유한하다는 불안을 안고 살아가기 때문이다. 어떤 것이 너무 길면, 시간도 너무 걸린다는 감각조차 자신의 인생이 너무 짧다고 생각하기 때문에 비로소 이해할 수 있다. 인생의 짧음이 우리에게 문제가 되지 않는다면, 일시적인 활동 기간을 그것이 부당한 요구라고 느끼는 경험을 할 수 없을 것이다. 명확히 하자면 시간의 길이는 우리의 인생을 충분히 길게 해줄 수 없다. 인생을 영위하는 것은 완료할 수 있는 과제가 아닌 지속해야만 할 목적이 있는 행위이자 활동이다. 내 인생이 너무 짧다는 판단은 삶을 살아가는 구성요소이기에, 이는 자신의 마음속에서 부담이 되는 죽음을 연기할 것을 요구한다. 이 판단은 뭔가를 절박하게 파악하는 것(내 인생이 너무 짧아서 ∞을 추구하지 못한다)과 뭔가를 시간의 허비라고 생각하는 것(내 인생은 너무 짧아서 ∞에 시간을 허비하지 못한다)에 암묵적으로 포함된다. 이 판단은 명확할 필요가 없지만 모든 형태의 실천적인 관여에서 작용하고 있다. 누군가에 혹은 어떤 것에 전념하는 것(사랑하는 사람과 시간을 보내는 것, 열심히 악기를 연주하는 것, 새로운 직업에 익숙해지려고 배우는 것)에서 그 행위나 활동이 내게는 우선사항이지만, 내가 주의를 기울이고 있는 것에 대해 그저 기분전환이라고 말하는 다른 주장도 중요하다. 자신의 인생이 너무 짧다고 생각하는 것은 규범적인 판단이다. 이 판단은 내 생애의 양이 아닌 내 생애의 질에 관계된다. 그래서 내 인생이 너무 짧다고 판단하는 것은 내 인생이 객관적인 시간의 관점에서 얼마나 길게 지속되어야 하는지를 내가 생각하는 것과는 직접적 상관이 없다. 객관적인 의미에서 살아가는 것은 긴 시간이 남아 있다고 생각할지 모르지만 자신에게 바람직한 인생을 영위할 수 없기에 실존적 의미에서는 시간이 없다고 생각할지도 모른다. 이를테면 내가 심각한 질병에 걸리거나 소중한 사람을 잃거나 권태에 시달리는 경우에 앞으로 몇 년 후에도 살아남을 신체적 가능성이 있다손쳐도, 나는 자신의 인생을 끝내기로 선택할지도 모른다. 죽기에 알맞은 시기라는 표현을 떠나서, 내 인생을 끝낸다는 결단은 비극적이다. 내 인생을 끝내기로 결정할 때, 내 인생이 어때야 하는지(내 인생은 어떻게 살아야 가치가 있는지)라는 개념과 그것이 어때야 하는지(내 인생을 어떻게 이끌어갈 수 있을지)의 개념 사이의 비극적 모순을 표현한다. 이 같은 모순이 없으면 내 인생의 방식과 그래야만 할 모습의 개념 사이에 모순이 없기에 나는 자신의 상황에 고민하지 않는다. 내가 말기의 질병에 걸리고, 모든 사랑하는 것을 상실하고, 권태에 시달린다고 내 인생을 끝낼 이유로서 혹은 두려운 것으로서 이해할 수 있는 게 아니다. 내 인생을 끝내겠다는 결정은 내 인생이 완전하다는 것을 반영하지는 않지만, 실존적 의미에서 내 인생은 너무 짧다고 생각한다. 나의 지속적인 인생이 객관적 의미에서 참을 수 없을 만큼 길다고 생각되는 경우, 이는 내 인생이 실존적 의미에서 살아가기엔 너무 짧다고 판단했기 때문이다. 마찬가지로 만일 상대가 처한 상황이 도저히 너무 고통스럽기에, 내가 누군가 죽는 것을 도와주는 경우라도, 나는 상대가 죽기에는 적절한 시기가 아니라고 여길 것이다. 오히려 상대가 살아남기 위한 객관적 조건은 상대의 존엄성에 가치를 두는 게 아닌, 실존적 감각에 비추어, 상대의 인생이 너무 짧다고 생각하는 것이다. 이는 중립적인 관찰이라기보다는 일종의 견해judgment로서 목적과 실존적 조건과의 사이에서 관계의 평가가 잘못될 가능성이 있기 때문이다. 그렇기에 안락사와 자살에 관한 결정은 대단히 어렵고 논쟁의 여지가 있다. 우리의 인생은 이미 살아갈 가치가 없다고 오해받을 지도 모르고, 타인이 우리가 잘못된 것을 알도록 도와줄지도 모른다. 내가 말하려는 핵심은 생과 사에 관한 어려운 결정의 기준을 제공하는 게 아닌 그러한 곤란이 자유롭고 정신적 삶을 영위하기 위한 본질적인 특징이라는 이유를 설명하는 것이다. 실존적 불안은 우리가 자신의 시간으로 무엇을 해야만 할지라는 의문에 우리를 열어놓음으로써 모든 형태의 정신적 생활에 작용하고 있다. 또한 유한함과의 불안한 관계는 극복되어야만 할 것이 아니다. 최종적으로 안정감을 얻으려는 게 아닌, 우리는 자신의 자유에 대한 기존의 불안을 소유해야만 한다. 자신의 시간을 어떻게 할지에 대한 불안감이 없으면 자신이 누구인지에 대해 바람직한 행위와 그렇지 않은 행위를 구별할 수 없다. 정신적인 삶을 영위하려면 '내 인생은 너무 짧다'고 생각하지 않으면 안 된다. 그리고 다른 누군가의 정신적 삶을 보살피면서 '나는 당신의 인생이 너무 짧다'라고 생각하지 않으면 안 된다. 마찬가지 이유로 어떤 형태의 정신적 삶도 파괴되기 쉬운 물질적인 신체에 의존하지 않으면 안된다.

우리는 활기를 유지함으로써 수명을 늘이려고 할 수 있다(또한 우리의 인생을 영위하는 한, 우리는 자기유지의 행위에 종사한다). 하지만 우리의 몸은 우리의 통제를 벗어나 부서지기 쉬운 것이다. 신체의 요소가 개량되고 내구성이 보강되어도 우리의 몸은 부서지기에 우리는 삶을 끝낼 위험을 무릅써야만 한다. 그러한 위험이 없으면 우리의 삶을 영위하는데 어떤 문제도 없다. 내가 제시한 논의의 의미는 철학자인 제바스티안 뢰들이 '진정한 유물론true material-ism'이라고 부른 것에 비추어 볼 수 있다. 뢰들이 그의 독창적인 책 '자기 의식,Self-Consciousness'에서 강조하듯이 우리 인간은 생각하기에, 우리가 물질적 존재라는 것을 이해하지 못한다. 유물론자의 이해를 물질적 성질과 기능의 조합으로 단순화시키면, 대단히 왜곡되는 수가 있다. 가령, 우리가 누구인지 노는 제3자의 입장에서 관찰될 수 있는 우리의 뇌에서 이루어지는 물질적 작용이 무엇인지를 단순화시킨다. '진정한' 유물론은 그 대신에 물질적 존재로서의 자기를 자발적으로 1인칭으로 이해하는 방법을 구축할 필요가 있다. 물질적 존재로서의 우리의 이해는 우리가 자신의 몸에 대해 2인칭 또는 3인칭의 시점에서 생기는 게 아니다. 오히려 우리 자신을 물질적 존재로서 이해하는 것은 우리 자신의 1인칭 시점에 포함되어 있다. 하지만 문제는 우리 자신을 1인칭 시점에서 물질적 존재로서 이해하는 것을 어떻게 설명하느냐는 것이다. 우리의 인생은 단지 물질적인 몸의 객관적인 지속성으로만 유지되는 게 아니라, 우리의 삶을 유지하는 주관적인 행위와 분리할 수 없다. 우리의 삶을 유지하는 주관적인 행위가 없으면(가령, 혼수상태에 빠지거나) 삶이 계속되지 않지만, 가장 좋을 때라도 일시 정지되어 있으며, 가장 나쁠 때는 이미 모든 게 끝난다.

우리의 자기의식(나의 1인칭 시점)은 우리가 경험하는 모든 것과 우리가 행하는 모든 것에 고유한 것이다. 뢰들의 중요한 논의에 비추어 보면, 자기의식은 자신을 대상으로 관찰하는 것이 아니다. 자신의 신념을 알아보려는 별도의 정신적 행위를 통해서도 자신이 무엇을 믿는지는 인식하지 않지만, 믿는자believer가 됨으로써 그럴 수는 있다. 마찬가지로 자신의 행위를 평가하는 별도의 정신적 행위를 통해서 자신이 뭘 하는지 인식하지는 않지만 행위자actor가 됨으로서 그럴 수는 있다. 뢰들이 자기의식의 행위를 특정할 때, 그는 어떤 형태의 정신적 자기 유지에 내재된 유한함도 고려하지 않았다. 뢰들은 규범 그 자체의 취약성을 인정하지 않는다. 자기의식을 갖는 것은 나의 삶을 영위하는 불안정한 행위에 늘 종사하고, 자신이 한 것에 책임감을 가지려고 애쓰는 것이다. 내가 누구이고, 무엇을 하는지가 늘 문제가 된다. 자신이 무엇을 하고 있다고 생각하고, 뭔가를 믿을 때, 자신의 행동이나 신념에 대해 오해받는 것에 필연적으로 반응한다. 규범을 유지하려고 애쓰는 가운데 자신을 자기 수정self-correction, 자기 변화self-tansforma-tion, 붕괴에 대해서도 열어놓아야만 한다. 또한 특정한 자기개념의 붕괴뿐 아니라 자신의 인생이 끝나는 것에 대해서도 열어놓아야 할 필요가 있다. 죽는 운명에 대한 감각(뢰들이 결코 언급하지 않는 것)은 1인칭 시점에 포함되는데, 처음부터 물질적 존재로서 자신을 어떻게 이해할지를 설명해준다. 인생을 영위하기 위해(모든 형태의 정신적인 자기 유지를 추구하기 위해) 자신의 시간 그리고 자신의 시간이 유한하다는 사실을 믿으려면 붕괴되기 쉬운 물질적인 몸에 스스로를 의존할 필요가 있다. 이는 늘 붕괴와 죽음의 위험을 무릅쓴다. 나의 시간은 유한하다는 신념을 뚜렷한 자기의식으로 할 필요는 없다. 이는 오히려 자신의 인생이나 타인의 인생에 대한 헌신이 내재된 실천적인 자기 이해이기 때문이다. 내 인생을 영위하면서 자신의 삶이 너무 짧지만 그럼에도 지속할 필요가 있다고 생각하지 않으면 안 된다. 이를 이해하려면 유한한 물질적인 존재로서 자신을 실천적으로 파악하면 된다. 정신적 생명의 가능성의 조건은 정신적 생명의 취약성의 조건이기도 하다.

4
...

여기서 우리는 정신적 자유와 통속적 믿음의 연결고리를 볼 수 있다. 정신적으로 자유라는 것에 대한 가장 뜻깊은 이유로서는 자신의 시간을 질문으로 삼아 무엇을 해야 할지라는 질문에 임할 수 있다는 것이다. 그런데 질문에 대한 대답이 미리 주어진다면, 그건 이미 정신적인 자유가 아니다. 내가 누구인지 무엇을 해야 할지는 이미 결정된 것이기 때문이다. 하지만 사회 규범도 자연스러운 본능도 그 자체로는 내가 무엇을 할지를 결정할 수 없다. 내가 규범을 준수하던지 자신의 자연스러운 본능이라고 생각한 것에 따를 때, 나는 규범을 준수하는 사람이 되었든, 본능에 충실한 사람이 되었든 그에 대한 책임을 질 수 있다. 친족관계조차(자연스러운 본능이나 사회규범이 특히 강력한 것 같은) 그 책임을 유지할 것을 요구한다. 아버지라는 단지 생물학적 또는 사회학적 입장은 내가 나의 자식을 돌보는데 충분한 조건이 아니다(자식을 버리는 많은 아버지에 의해 증명되듯이).

오히려 나 자신을 아버지로서, 실천적인 정체성으로 간주해야만 한다. 이는 두 가지 근본적인 이유에서 비롯된 믿음의 문제다. 첫째, 아버지가 된다는 것은 한 번에 이루어지지 않는다. 그러겠다는 믿음을 계속 유지하겠다는 실천적 정체성이다. 아버지가 된다는 것은 자식의 행복에 대한 지속적인 헌신에 의존한다. 둘째, 그렇다고 아버지가 된다는 것의 헌신이 아버지가 되는 이유를 축소 혹은 경감시키지 않는다. 나의 헌신에 기초를 두고 내 자식에게 어떻게 할지를 설명하고, 그것이 아버지의 입장으로서 성공할지 혹은 실패할지를 이해해야만 한다. 하지만 헌신 그 자체를 이유에서 끌어내거나 추론할 수는 없다. 아버지가 된다는 것이 내 인생에서 올바르다는 사실만큼 결정적(자신이나 다른 누군가에)으로 보여줄 수 있는 다른 방식은 없다. 그러면 자신이 아버지라는 실존적 헌신에 의해 이미 제약을 받고 있다는 것을 깨닫게 된다. 이러한 헌신은 내가 아버지이고 자식에 대해 뭔가를 할지를 설명하고 그것을 책임지는 이유의 범위를 열어놓지만, 헌신 자체는 믿음으로 지탱된다. 따라서 통속적인 믿음과 통속적인 이유는 동전의 양면이다. 통속적 믿음은 종교적 계시나 신비적 직감과는 아무런 관계가 없고, 규범적인 헌신의 구조에 내재되어 있다. 그것은 나의 내면과 나를 통해서만 살아있기에 나의 규범적인 헌신을 지속적으로 믿어야만 한다(내가 구속된 것으로서). 자신의 헌신에 의문을 품거나 바꾸거나 배반할 수도 있지만 그것은 믿음을 유지하는 별도의 헌신에 대해서 만이다. 가령, 나는 아버지이면서 정치적 행위자로서의 인생을 결정짓는 헌신을 갖고 있을지도 모른다. 두 가지의 헌신이 대립하는 경우(정치적 행위로 인해 자식에 대한 헌신을 희생시켜야 할 경우), 뭘 해야만 할지라는 문제는 뭘 해야만 할지를 생각한다고 해결되지 않는다.

나는 정치적 행위라는 목적에 충실해야 할까 아니면 자식에게 충실해야 하나? 명확한 논의에 앞서서 내가 올바르다고 생각하는 것은, 그 자체가 내가 우선하는 실천적 정체성과 내가 믿음을 유지하는 헌신이 표현된다는 점이다. 우선순위의 변경은 가능하다. 하지만 각각 따로 떼어놓고는 불가능하다. 왜냐하면 그 이유를 테스트해볼 수도 있겠지만 (그런 요구를 받는다면) 한편으로는 그 믿음에도 도전하는 것이기 때문이다. 아버지로서의 실패는 꼭 이유의 실패는 아니다. 정치적 의무를 위해 부모의 의무를 희생시키는 게 정당화될지는 모르지만 자식에 대해 충실하지 못하기에 아버지로서는 실패하는 것이다. 나의 행위를 정당화할 이유가 있기에 아버지로서는 실패할지 모른다. 그러한 측면에서 나의 행위는 부성 fatherhood에 요구되는 것을 배반하는 셈이다.

불안정한 행위는 삶을 정의하는 헌신에도 마찬가지로 적용된다. 우리가 무엇을 해야 할지 무엇이 되어야 할지는 태어나면서부터 주어지지 않았기에 누구와 그리고 어떤 것과 믿음을 유지해야 할지는 늘 문제로 남는다. 이 같은 질문(나는 무엇이 되어야 할지, 나는 누구를 사랑해야 할지, 나는 무엇으로 믿음을 유지해야 할지)은 우리의 정신적 자유와 관련이 있다. 본서를 통해 강조했듯이 그 질문들은 자신을 유한하다고 이해하는 존재에 대해서만 그 질문이 생생할 수 있다. 질문은 명확한 자기 사색이라야 할 필요는 없다. 하지만 실제적으로 자신의 인생을 돌보는 방식으로 이미 작용하고 있다. 질문은 내게 무엇이 중요한지에 관한 것이고, 나의 인생이 유한한 삶이라고 이해하지 못한다면, 이에 답할 중압감은 없다. 자신에게 무엇이 중요하냐는 질문에 답하는 것은 자신의 인생에 무엇이 긴급하고 무엇을 우선해야할지를 결정하는 것이다. 어떤 것이 자신에게 중요한 경우, 나중이 아닌 빨리 행동을 취하는 게 중요하다. 그렇다고 늦던 빠르던 뭔가를 할 때는 꼭 빨리하지는 않는다. 늦던 빠르던 뭔가가 중요한지는 객관적인 시간으로 직접적으로 측정할 수가 없지만 실천적인 헌신과 제약에 따른다. 아버지가 되는 것은 지금 여기서 꼭 파트너와 자식을 얻겠다는 의미가 아니다. 내가 부성의 과제에 비추어 신중한 조치를 강구한다면, 실존적인 의미에서 임신의 가능성을 연기하는 것은 나의 헌신은 나중이 아닌 빨리 행동하는 방법일 수 있다. 가령, 돈을 절약하고 교육을 시키는 것은 돈과 시간을 소비할 수 있는 다른 제약보다 부성에 대한 약속을 우선하는 방법이 될 수 있다. 나아가 늦고 빠른 구분은 절대적이 아닌 상대적 혹은 관계적인 것이다. 뭔가를 나중이 아닌 지금 빨리 하고 싶다는 것은 지금으로부터 10년 후가 아닌, 지금으로부터 1년 후에 하겠다는 뜻이 될 수도 있다. 아버지가 되는 것은 나 자신에게도 중요할지도 모르지만, 정작 중요한 것은 그 실현을 향한 첫 발자국을 얼마나 바라느냐 혹은 그 길을 걷게되면서 실패하는게 얼마나 고통스러울지에 대해서도 나타난다. 만일 내가 아버지가 되어서 헌신을 다하기 전에 10년을 기꺼이 기다릴 수 있다면, 내년 안으로 최초의 발자국을 디디는 것을 열망하는 것보다 내게 중요한 것은 없다. 만일 내가 누구를 만나거나 무엇을 하는 데 전혀 문제가 되지 않는다면(내가 하는 것이 늦는 것보다 빨리 하는 게 중요하다고 받아들일 시간의 범위가 없다면), 무엇을 할지에 대한 예상은 내게 전혀 중요하지 않다. 반대로 무엇인가 내게 중요하다면 그것을 나중이 아닌 빨리 할 것을 문제로 삼는 실존적 시간의 범위라야만 한다. 그렇다고 나는 반드시 자신에게 가장 중요한 것에 따라 행동하지는 않는다. 무엇을 하고 싶다는 단순한 사실은 그것이 내게 정말로 중요하다는 의미는 아니다. 나의 열의는 그냥 시시한 기분이었을 수도 있다. 또한 네게 중요한 것은 나중이 아닌 지금 하는 게 실패할 가능성도 있다. 내게 굉장히 중요하기에 그 상황에 대한 불안감에 마비되어 그 대신에 뭔가 다른 것을 할 가능성도 있다. 하지만 그것을 실패로 경험한다면, 나는 여전히 헌신을 유지할 수 있다. 나중이 아닌 빨리 뭔가를 하는 것의 중요성은 내가 성공 혹은 실패할 가능성이 있는 규범적인 자기 개념(가령, 아버지로서의 나의 실천적 정체성)과 관련이 있다. '더 빨리'와 '나중'의 구별은 제3자의 시점에서 본 시간에서 '앞before'과 '뒤after'의 구별과 똑같지 않다. 늦던지 빠르던지의 구별은 1인칭의 시점에서만 가능하고, 자신의 인생을 영위하는 과제에 종사할 것을 전제로 한다. 뭔가가 늦게 되거나 빨리 일어난다는 의미를 이해할 수 있는 까닭은 자신을 미래에 투영시키기 때문이다. 또한 너무 늦을 것이라고 예상하기 때문이다. 내 인생이 끝날 것이라고 예상하기 때문이다. 그래서 늦기보다는 긴급하게 더 빨리 뭔가를 하는데 책임감을 가질 수 있다. 내가 하는 모든 일에서 자신을 미래에 투영시킨다. 이는 경험이 가능해지는 조건이다. 내가 누군가가 되고, 무엇을 하는 것은 내가 유지해야만 할 가능성에 자신을 투영하기 위한 것이다. 이를테면 아버지가 되는 것은 자신의 행동에 응해 아버지로서의 존재 방식이나 행동의 가능성에 자신을 투영하는 것이다. 하지만 나의 죽음의 예상은 내 인생의 모든 것을 구축할 가능성의 특이한 형태다. 나의 죽음은 내가 경험할 수 없다. 내 경험은 내가 살아 있다는 것을 전제로 하기 때문이다. 반면에 나의 죽음은 내 인생의 더할 나위 없는 한계의 예상이고, 그것은 나의 인생의 빠른 단계와 늦은 단계를 구별할 수 있게 해준다. 내 죽음의 예측은 내가 죽는다는 의미가 아니다. 내 죽음의 시기는 언제라도 일어날 수 있다는 의미에서도, 또한 연기될지도 모른다는 의미에서도 오히려 기한이 없다. 즉, 무기한이다. 무기한적인 내 죽음의 시간은 내 인생을 늘이는 기회를 내게 주고, 계속 살아가기 위한 것이며 내 인생에서 무엇을 해야 할지를 결정하는 것을 긴급하게 해주는 것이기도 하다. 따라서 내 죽음은 내 인생에 필요한 지평선이다. 공간적 개념으로는 지평선은 뭐든지 보이는 가능성의 조건이다. 내가 보는 것이 모두 지평선으로 향하듯 보인다. 이에 의해 가까운지

먼 곳인지를 구별할 수 있다. 지평선은 내가 공간적 관계를 식별하도록 해주지만 지평선 자체는 공간의 어떤 지점에도 위치하지 않는다. 아무리 걸어도 지평선이 함께 움직이기에 지평선에 다다를 수가 없다. 그러니 아무리 오래 살아도 죽을 수가 없기에 죽음은 없다. 그럼에도 내 인생의 가능성 즉 뭔가를 하거나 누군가가 될 가능성은 내 죽음의 지평선에 대한 가능성으로만 파악할 수 있다. 자신의 인생이 영원히 이어진다고 실제로 믿는다면 인생의 빠른 시기와 늦은 시기의 차이를 이해할 수 없을 것이다. 늦거나 빠른 것에 관련된 지평선의 감각이 없기 때문이다. 마찬가지 이유로 우선순위에 대한 어떤 질문도 이해할 수 없게 된다. 어떤 것이 다른 것보다 우선되려면 자신의 죽음의 지평선을 투영하지 않으면 안 된다. 내 죽음의 지평선은 심리적 투영이 아닌 투영하기 위해 '선택'할 수 있는 것도 아니다. 내 죽음의 지평선은 내 인생을 얼마나 이해할 수 있느냐의 조건이다. 한 인간이 됨으로써 나는 필연적으로 내 죽음의 지평선을 투영히는 깃이다. 내가 이곳에 있는 한, 지평선은 저곳에 있다. 내가 공간적인 지평선을 '선택choose'할 수 없듯이(모든 것이 보이는 조건이기 때문에), 죽음의 지평선의 예상도 선택할 수 없다. 내 인생의 모든 가능한 예상의 조건이 되기 때문이다. 내 죽음의 지평선은 내가 유한한 삶속에서 뭘 해야만 할지에 대한 질문에 그 문을 열어놓는다. 그리고 그 질문이 내 인생의 가장 중요한 가능성이 될 수 있게 이끌어준다. 내 죽음의 지평선은 늘 내게 압박감을 주지만 부정적 압박감과 긍정적 압박감의 구별에 선행한다. 내 죽음의 지평선은 기쁨과 해방의 모든 경험,

강인함과 헌신의 모든 경험의 가능성에 대한 조건이다. 압박감에서 해방된다는 심리적 경험조차(내 인생에 감사할 시간을 갖는다고 해도) 내 시간이 유한함을 이해하기 때문이고, 결코 당연하지 않은 것에 대한 내 경험의 귀중한 본질에 감사하기 때문이다. 내 죽음의 지평선은 그 자체로는 내 인생의 방향성을 부여하지 않는다. 지평선은 길을 찾는 것과 길을 잃어버린 것 모두의 조건이다. 잃어버린 경험조차 자신을 방향 짓게 하는 것을 전제로 하기 때문이다. 지평선 그 자체는 내게 어디로 가야할지를 말해주지 않지만, 가야할 방향을 찾도록 도와준다. 마찬가지로 내 죽음의 지평선은 그 자체로는 행동할 이유를 내게 알려주지 않는다. 내 행위의 이유는 내 죽음의 예상으로부터 오는 것이 아니라 나의 실천적인 정체성(가령, 아버지로서)에서 기인한다. 내가 아버지가 될 수 있는 것은 내가 죽기 때문이 아니라 자식에게 헌신하기 때문이다. 이는 내가 아버지로서 하고 있는 일에 대응할 수 있게 해주고 내 행위에 대한 이유를 부여해준다. 하지만 아버지로서의 나의 실천적 정체성과 내 행위에 대한 이유는 내 죽음의 지평선에 대응할 때만 중요해진다. 행위의 이유를 갖는다는 것은 우선순위를 갖는다는 것이고 내 삶을 유한한 것으로 인식할 때 요구되는 우선순위를 더 빨리 처리하는 것이다. 이것이 나의 정신적 자유 즉, 무엇을 우선순위로 할지에 대한 문제에 임하는 능력이 내 죽음의 예측에 의존하는 이유다. 내 죽음의 지평선은 내 인생에서 무엇을 해야 할지에 대한 질문에 대한 답을 제공하지는 않지만, 그 질문이 내게 얼마나 중요한지를 이해할 수 있게 해준다. 갈매기와의 비교도 그래서 유익하다. 모든 생물처럼 갈매기는 그 자신의 죽음에 관련해 행동한다. 생물의 가장 기본적 목적의 행동(자신의 생명과 종의 생명을 유지할 목적)조차 죽음의 예상에 관해서만 의미가 있다. 하지만 생물과 종의 생명을 유지하는 목적은 갈매기에게 그 자체는 문제가 되지 않는다. 갈매기는 늘 그 목적에 따라 행동하기에 자연적 자유라는 형태로 제한된다. 반면에 우리 인생은 그 자체가 질문거리다. 자신이 하고 있는 것, 자신이 누가 되려는지에 완전히 전념할 때조차도 우리의 기본적인 헌신은 의문시될 가능성이 있다. 우리는 한밤중에 눈을 떠서 자신의 인생으로 뭘 할지를 자문할 수 있다. 아주 의미가 있었던 것도 놓칠 수가 있고 우리가 하는 것에 그 의미가 사라질 수도 있다. 이러한 형태의 실존적 불안(덧없거나 절망처럼)에 함몰될 가능성이 있지만, 우리의 헌신을 바꾸고, 변화시키고, 활성화시킬 수도 있다. 실존적 불안은 우리의 정신적 자유의 증표다. 우리에게 기본적으로 헌신이 부여되지 않기에 자연스러운 목적이 아닌 이상적인 것에 자신을 연결시킬 수가 있기 때문이다. 나아가 우리의 기본적인 헌신이 흔들리고 붕괴될 수도 있기에 우리의 삶을 어떻게 할지에 대한 문제에 임할 수도 있기 때문이다

5
...

정신적 자유의 개념은 우리가 통속적 믿음과 종교적 신앙 사이의 가장 커다란 차이점을 평가할 수 있게 해준다. 어떤 의미에

서 종교적 신앙은 정신적 자유의 명확한 사례다. 눈에 보이지 않는 숭고한 힘에 관련해 우리의 삶을 구축하려면 기존의 규범에 의문을 던지고, 각종 요구에 몸을 던질 능력이 필요하다. 또한 종교적 신앙은 그 자체가 비극적이다. 항상 의심을 품는 관계 속에서 살아야 하고, 우리를 의미가 되게끔 해주지 않는다. 하지만 종교적 신앙의 목적은 영원한 구원을 지지하고 정신적 자유를 구가하는 것이다. 우리의 시간으로 뭘 해야 할지라는 질문을 열어놓지 않고, 영원한 구원이 질문을 완전히 봉쇄시킨다. 영원한 구원은 우리가 누구인지 우리의 시간으로 뭘 해야 할지라는 문제를 제거하기 때문에 정신적 자유의 어떤 고통도 허락하지 않는다.

영원한 구원은 시대를 초월하던가 끝이 없는 것이다. 시대를 초월한 존재의 상태에서는 아무런 할 것도 노력할 것도 없기에 자유가 없다. 시간의 여유가 없으면 행동이나 의도, 희망도 있을 수 없다. 따라서 무한한 인생은 경험을 하기 위한 무한한 시간이 주어지기에 보다 매력적으로 보일 수도 있다. 하지만 끝이 없는 인생은 우리의 인생이 결코 될 수가 없다. 우리의 인생이 결코 끝나지 않기에 우리 자신에게 삶을 어떻게 영위할 것인지 끝내 자문할 수도 없다. 그리고 우리 자신의 존재보다 우리에게 중요한 어떤 것을 위해 우리의 삶을 희생할 일도 결코 없다. 보다 근본적인 것은 우리의 삶에 방향성을 줄 수 있는 것에 대한 죽음의 지평선을 결코 갖지 못한다는 것이다.

불교사상의 유명한 학자인 스티븐 콜린스는 열반의 개념에 관한 그의 체계적인 연구에서 이와 관련된 관찰을 했다. 그는 영원한 구원(시대를 초월한 존재로 여겨지던간에, 끝이 없는 존재로 여겨지던간에)은 모든 형태의 개인적 행위자와는 양립하지 않는다는 지적인 지적을 했다. '나는 영원한 행복이 어떤지를 안다고 생각하는 독자에게 묻고 싶다. 그것이 시대를 초월하는 경우, 당신은 어떻게 존재하고, 그것이 무한한 경우는 어떤 행복이 그 매력을 유지할 수 있는지, 실제로 그 의미가 행복한 것인지 아니면 단순히 영원히 반복되는 것인지를?' 콜린스는 무한한 인생에 대해 다음처럼 구체적으로 언급하고 있다.

"만일 어떤 사람이 자신의 존재를 단지 삼백 년만 늘리는 게 아니라 삼십만 년 또는 삼백만 년, 삼만억 년으로 늘린다고 상상해본다면, 또는 불멸의, 끝이 없는 상태(이러한 시간의 길이는 그저 시작일 뿐이겠지만)라고 상상해도 무방하다. 그렇게 되면 인간의 감정, 반응, 의도에 대해 인식이 가능한 구조의 감각을 유지하는 것은 즉각 불가능해진다고 나는 단언한다."

죽음은 인생을 영위하는데 필요한 지평선이라는 나의 논의에 비추어 볼 때, 콜린스의 주장은 보다 명확해진다. 문제는 끝이 없는 인생이, 영원히 인생으로서 인식불가능하지는 않다. 하지만 끝이 없는 인생은 최초부터 이해 불가능이다. 우리 인생의 길이는 무한하지만 우리의 인생을 끝이 없는 것으로 파악하기도 불가능하다. 눈에 보이는 공간을 구별하는 지평선이 없으면 가깝게 있는 것과 다른 것을 구별할 수도 없기에 어디로 가는지에 대한 문제에 임할 수도 없다. 마찬가지로 죽음의 지평선이 없다면 자신의 시간으로 뭘 해야 할지에 대한 질문에 임할 수가 없다. 인생에서 빠른 단계와 늦은 단계를 구별할 수 없기 때문이다. 끝이 없는 존재는 죽음의 지평선을 갖고 있지 않기에 결코 한 인간의 인생이 될 수 없다. 마찬가지의 문제는 시대를 초월한 영원의 경우에도 더욱 명백해진다. '우리가 시대를 초월한 의식에 대한 사고방식을 이해할 수 있다고 해도, 그 같은 예측은 분명히 내게 해당되지는 않을 것'이라고 콜린스는 언급했다. 그는 이어서 다음처럼 말한다.

"행동, 생각, 의도, 희망 또는 기억은 시간 없이는 불가능하다. 뭔가를 떠올리는 시간이 없으면 새로운 경험을 하는 것은 물론이고 개성이나 '내가 누군지'라는 감각도 가질 수가 없다. 그래서 그 같은 예측은 지금의 나에게는 가능성이 있는 목표일 수는 있지만 살아남는 형태survival라고 말할 수는 없다. 오히려 지금의 내게는 그것은 죽음과 분간이 들지 않는다."

불교는 영원한 생명의 함축성에 관해 꽤 정직하다. 우리의 인생이 끝없이 이어지고, 사랑하는 사람을 다시 만난다고 약속하지는 않지만, 열반의 목표는 우리의 인생과 우리의 집착을 끊어내는 것이다. 그 목적은 삶이 초래하는 고통의 위험을 안고 자유로운 삶을 영위하는 게 아니라, 개인적인 행위자는 어차피 환상이기에, 무한한 열반에 녹아드는 것 즉 '깨달음'에 도달하는 것이다. 불교의 결론은 극단적으로 보일지 모르지만 영원한 구원을 표방하는 모든 종교적 사고방식에 암시된 것을 명확히 대변한다. 불멸의 영혼은 궁극적으로 열반의 상태인 자기 자신을 완전히 잊는 것 selfless oblivion과 마찬가지로 비인격적이다. 콜린스가 다음처럼 언급하듯이.

"나는 끝내 열반을 이해할 수 없는 게 아닌지 걱정했다. 기독교(혹은 이슬람교)의 천국이나 힌두교의 우주의 근본적 원리(브라흐만)를 도무지 이해하지 못하겠다고 생각했기 때문이다. 영원한 구원에 관한 어떤 개념도 마찬가지였다. 그런데, 나는 그것이 기독교처럼 개인적이든 혹은 힌두교처럼 집단적이든, 자신이나 혹은 영혼의 교리에 의존함으로써 영원이라는 개념이 보다 이해하기 쉬워진다고 생각했는데, 이는 내가 잘못 생각한 것이었다."

콜린스는 영원한 구원은 죽음과 떼어놓을 수 없다고 이해하면서도, 영원한 구원에 대한 희망은 인생을 끝내겠다는 희망과 구별이 안 된다는 결론으로 뒷걸음치고 있다. "나는 영원함을 향한 종교적 열정에 물을 끼얹으려는 게 아니다."라고 그는 강조한다. 그는 그러한 비판이 종교적 신념을 가진 사람들에게 충분한 공감을 얻어내지 못한다고 생각하기 때문이다. "우리 인간은 생각해낼 수 있는 최고의 목표가 너무 불충분하다고 여기기에 단순히 어떤 뛰어난 종류의 죽음을 열망할 수 있다." 대신에 콜린스는 영원한 구원에 의문을 던질 가능성을 끊어버린다. "그것은 이치에 닿는 말이다. 그것이 과연 무엇인지 몰라도, 고통에 대한 희망, 인간적인 열망이 충족되리라는 희망."이라고 그는 주장한다. 콜린스의 주장은 영원한 구원의 종교적 사상에 대한 최후의 방어선이다. 그는 영원한 구원은 모든 감각과는 양립하지 않는다고 인정하지만, 인간의 강력한 희망의 실현으로서 영원한 구원을 바라는 것은 이치에 닿는 말이고 그 같은 희망은 종교에 대한 공감의 비판에서 보호되어야 한다고 주장한다. 이 방어선은 오해를 불러일으킬 소지가 있다. 고통에 처한 사람들에게 종교적 이상의 구원에 동의하도록 자비심을 보여주는 것은 분명히 중요하다. 하지만 올바른 형태의 자비심은 영원한 행복의 약속을 제공하는 게 아니라, 이 세상의 사회적 고통의 여건을 바꾸는 것이다. 콜린스는 구원을 약속하는 종교적 이데올로기와 그 같은 이데올로기에 사회화 되어 있는 '수많은 우리 인간 동료'를 구별하지 못하고 있다. 영원한 구원은 죽음과 떼어놓을 수 없다는 것은(본서를 통해 내가 지속적으로 주장하듯이) 수많은 우리 인간이 실제로 생각할 수 있는 최고의 목표로서 구원/죽음을 향해 노력한다는 것을 말하는 게 아니다. 나는 영원한 구원의 이상은 자기모순적이고 자기를 약체화시키는 것이라고 주장한다. 영원한 구원은 우리의 희망에 가치 있는 목표가 아니라 우리의 자유와 우리가 누구인지에 대한 감각을 배제하기 때문에 원칙적으로 어떤 형태의 사회적 불공정도 바꿀 수 없다. 순진한 교의와는 달리 영원한 구원의 종교적 이상은 실제적으로 유해한 결과를 초래한다. 불교가 설득력이 있는 좋은 사례다. 불교에서는 우리의 몸은 어차피 사라질 것이기에 경멸의 대상이다. 그리고 개인적 행위자는 최종적으로 극복해야 할 환상이라고 주장한다.

이는 단지 이론적인 사상이 아니라 실제적 규범으로 정해져 있다. 콜린스는 불교의 출가 생활을 연구하면서 "육체적 욕구를 가라앉히려는 금욕적 노력은 단지 축복의 사실로서 표현되는 정도가 아니다. 꿈속에서조차 모든 성적인 욕구는 승려에게 나쁜 업보karma인 것이다."라고 언급하고 있다. 그래서 몸에 대해 명상하는 승려는 불결하고 혐오감을 주는 몸을 32개로 분류한 목록을 암송하지 않으면 안 된다. 콜린스가 설명하듯이 '몸은 그 구성 부분이 정신적으로 분석되는데, 그 모두가 부패와 죽음에 처해진다는 이유뿐만 아니라 불결하고 혐오감을 준다고 설명하고 있다.'

실제로 구원은 '마음과 몸의 양쪽에 나타나는 정신적 상태'이기 때문에 '그것은 명백한 성적 행위를 단순히 피하려는 게 아닌 모든 성적 충동과 생각을 완전히 제지하려는 시도를' 필요로 한다. 그러한 명상은 '성적 요소를 배제하면서desexualized, 어떤 의미에서는 비사회화된 개인은 불교 교리의 비물질성을 상상력으로 구현할 수 있다.' 하지만 성적 요소의 배제, 비사회화 또는 비물질적 개인의 이상은 자기 자신이 토대가 된다. 최상급의 승려라도 엄격한 명상에 복종하려면 실제로는 자신을 행위자로서 이해하고, 정신적 자유를 행사하지 않으면 안 된다. 하지만 그러한 목적을 가진 행위의 목표는 모든 행위와 목적에서 해방되는 것이다. 자신의 인생의 과제는 비어있는 평온함을 위해 모든 과제를 놓아버리는 것이다. 나의 주장은 그 같은 이상은 분명히 공허하고 노력할 가치가 없다는 것이다. 아무리 정신적인 삶이라도, 우리가 가진 희망의 가장 심오한 충만에서조차 자유의 불안에 떨지 않을 수 없다. 모든 형태의 불안을 근절하는 시도(우리를 고통에 처하게 만들고 사별의 위험을 무릅쓰는 모든 형태의 헌신)는 완전히 잘못된 방향으로 나아가고 있다. 정신적 삶 그 자체의 조건을 뿌리 뽑으려고 하기 때문이다. 이러한 관점에서 많은 승려가 실제로 영원한 구원의 목적에 전념하지 않고, 사원의 벽 안에서 열정적인 삶을 추구하는 방법을 찾는 것은 우연이 아니다. 그러한 행위는 자기모순적인 이상에 토대를 둔 증상이라고 볼 수 있다. 물론 양심적인 승려는 영원한 평화 속에서 안식하고 싶다는 본인이 진정으로 바라는 것에 반대한다고 주장할지도 모른다. 나는 본인에게 그 같은 선택을 자유롭게 하라고 하지만, 열반의 영원한 구원이 실제로 본인이 특정하는 목적인지의 여부, 그것이 그에게 희생할만한 가치가 있는지의 여부는 스스로 자문하는 게 좋을 것 같다고 제의한다. 내 제의를 거부할지도 모르지만 그것은 불교 교리에 따른 이상적인 것으로서 제창된 성적 욕구의 배제, 비사회화된 그리고 중요하지 않은 존재를 지향하는 게 아닌 자유로운 삶의 추구를 소유할 가능성을 환기시켜주고 받아들이게 해준다. 분명히 말하자면, 불교의 명상의 실천은 통속적인 목적에 큰 효과를 발휘하기 위해서 채택이 가능하다. 특히 각종 형태의 명상법을 인지요법이나 훈련에 적응하는데 성공하고 있다. 불교의 명상법을 그 같은 치료목적으로 배우는 경우(또는 더 많은 에너지와 체력을 얻기 위해), 거기에서 우리는 통속적인 과제를 위한 기술에 적응시킨다. 우리는 타인을 보살필 능력을 심화시키고 삶의 질을 향상시키려는 장기적 목적을 위한 수단으로서 명상을 실천한다. 하지만 불교의 종교적 목적은 우리를 인생 그 자체에서 해방시키는 것이다. 불교에 따르면 우리는 최종적으로 삶에 대한 애착을 끝내려는 수단으로서 다루어져야 한다. 이는 그 자체의 목적으로서의 구원에 대한 종교적 헌신과 그 자체의 목적으로서의 자유에 대한 통속적인 헌신과의 차이점이다. 종교적 실천의 궁극적인 목적은 유한한 생명으로부터의from 자유이고 한편 통속적인 실천의 궁극적인 목적은 유한한 생명의of 자유이다. 따라서 구원의 종교적 이상은 통속적 자유의 이상과 양립하지 않는다. 이는 도덕 문제로 눈을 돌리면 마찬가지로 분명해진다. 우리가 상정하는 종교의 필요성에 대한 가장 뿌리 깊은 논의 중 하나는 도덕적 책임에는 종교적 신앙이 필요하다는 것이다. 본서의 모두에서 언급했듯이 미국인의 50% 이상이 도덕은 종교에 의존한다고 생각한다. 도덕적 규범에서 그 규범은 신성한 신의 명령에 토대를 두고 있다. 그리고 혹은 선한 행동에 대한 신의 보상이 있다고 우리가 믿을 때만 우리를 구속할 수 있다는 사고방식이다. 이러한 도덕의 종교적 모델은 명령과 보상의 강제적 구조를 명확히 나타내기에 우리의 자유를 부정한다. 반면에 진정한 도덕적 책임에는 통속적 자유의 감각이 요구된다. 그 좋은 사례를 통속적 삶을 다루는 사회학자로서 두각을 나타내는 필 주커먼이 제시하고 있다. 주커먼은 방에서 예술작품을 잘 살피고 있으라고 일러둔 두 어린이의 관찰을 토대로 도덕의 통속적인 측면과 종교적 측면의 차이점을 설명하고 있다. 첫 번째 여자아이는 예술작품이 대단히 가치가 있지만, 자칫하면 부서질지도 모른다는 말을 듣게 된다. 예술작품은 꽤 특이한 것으로 세상에 하나밖에 존재하지 않는데, 부서지면 돌이킬 수 없을 만큼 손상을 입을 가능성이 있다. 따라서 첫 번째 아이는 예술작품에 절대 손을 대지 말라는 지시를 받는데, 그 여자아이에게는 지시를 어기면 벌을 받거나, 지시를 잘 따르면 보상이 있다는 약속도 하지 않는다. 오히려 예술작품의 그 취약성이 존경받는 점이라면서 만일 손상을 입는다면 많은 사람이 슬퍼할 것이라고 설명해준다. 두 번째 여자아이도 마찬가지로 예술작품이 대단히 가치가 있고 자칫하면 손상을 입을 것이라는 설명을 듣는다. 하지만 그 아이가 다니는 학교의 교장이 천장에 뚫린 작은 구멍으로 그 여자아이를 바라보고 있으니까 절대 그 예술작품에 손대지 말라는 지시를 받는다. 만일 예술작품에 손을 대면 교장이 벌을 주지만, 손을 전혀 대지 않으면 보상을 받는다는 말을 듣는다. 두 명의 어린이는 방에 들어가, 예술작품을 보고는 손을 대지 않는다. 똑같은 행위를 하지만 각자의 동기는 근본적으로 다르다. 첫 번째 어린이는 귀중한 것은 부서지기가 쉽고 잘 보살펴야 한다는 것을 이해하기에 예술작품을 존중하기로 선택한다. 이는 도덕의 통속적 모델이고 어린이는 자신의 자유와 유한한 감각에 따른 책임을 배운다. 대조적으로 두 번째 어린이는 벌 받을 것을 무서워하는 한편 보상을 바라기에 예술작품에 손을 대지 않는다. 이는 도덕의 종교적 모델이고 어린이는 강제에 따른 책임이 주입된다. 두 번째 어린이의 경우에서 종교적 도덕 모델의 문제는 적어도 3가지가 있다.

첫째, 신의 신성한 권위가 점수를 벌어준다고 믿기 때문에 아이가 올바른 일을 하는 경우, 그 아이는 도덕적으로 행동하는 게 아니라, 솔직히 말해 벌이 무서워서 행동하는 것이다. 높은 곳에서 쳐다보기 때문에 도덕적으로 행동하도록 배운 아이는 그 자체를 위해서 올바른 것을 하기를 배우는 게 아니라, 신에 대한 순종에 따라서 행동할 것을 배운다. 이러한 도덕의 모델은 아이 자신의 자기 관계에 책임감을 확립시키지 못하고 도덕적 행동을 종교적 신앙에 의존하게 만든다. 만일 아이가 신에 대한 신앙을 잃게 되면, 아이는 도덕적 의무를 지킬 감각의 원천도 잃어버리기에 오히려 모든 것이 허용된다고 믿게 될 것이다. 둘째, 아이가 도덕적 규범이 신이 명령했다고 믿도록 배운 경우, 아이는 자신이 규범을 알아보고 바꿀 수 있는 것을 가능하게 해주는 관점을 빼앗긴다. 아이는 자신의 종교가 해야 한다고 가르치는 것을 할지 모르지만, 뭔가를 한다면 당연히 그것을 해야 하는지 자문하기를 주저한다. 아이의 정신적 자유 그리고 특히 아이가 속한 커뮤니티의 규범을 서서히 바꿀 수 있는 아이의 능력은 성장하는 게 아니라 퇴보하게 될 것이다. 셋째, 아이가 보상(구원)을 염두에 두고 도덕적으로 행동하도록 배운 경우, 정의에 대한 아이의 헌신은 그 자체가 목적이 아닌 도구에 불과하다. 아이는 정의에 전념하지만 구원받고 싶다고 생각하기에 올바른 일을 하지 않을 것이다. 아이의 자유에 대한 감각과 정의의 감각 모두는 궁극의 목적으로서의 구원에 대한 종교적 가르침과 대립된다. 이런 문제는 종교적 신앙에서 도덕적 책임을 밑바탕에 두려는 모든 시도를 고민하게 만든다.

반복해서 말하겠지만 불교는 결과를 인정하는 것에 관해서는 가장 정직한 종교다. 불교는 우리를 지켜주는 신이 아니라 업보의 절대적인 감시 시스템을 전제로 한다.업보의 비인칭적인 계산은 모든 행위의 도덕적 가치를 정확히 평가하고 그에 상당하는 정확한 보복을 제정할 수 있다. 업보 탓에 세상의 모든 부정이 명백해지지만 실제로는 정당화될 뿐이다. 콜린스가 설명하듯이 불교에서는 모든 형태의 고민은 '궁극적인 설명이 가능한 업보, 행위, 그에 따른 영향의 개념이라는 수단으로 이해할 수 있다. 이 개념은 우주의 조건 속에서 자동적으로 작용하고 비인칭이며, 윤회전생, 특별한 생애 속에서 또는 일련의 재탄생 속에서 작용한다. 이 개념에서는 부당함이나 사고가 없다. 이전의 악행에 대한 보복의 형태로서 모든 고통은 어떤 의미에서 가치가 있다.'

불교의 형이상학은 그에 의해 원인과 결과의 절대적 원칙을 지지하며 정의의 문제를 배제한다. 부당함이 없다(모든 형태의 고통은 이전의 악행에 대한 적절한 형태의 보복이기에). 따라서 정의의 문제는 있을 수 없다. 마찬가지 이유로 도덕적 행동은 정의에 대한 염려로 동기 부여되는 게 아닌 좋은 업보를 얻기 위한 수단, 카르마에서 자유롭게 풀려남으로써 구원을 받는 방편으로 기능할 뿐이다. 궁극적인 목적은 정의를 위해 행동하고, 자유로운 삶을 영위하는 게 아닌 고통을 초래할 가능성이 있는 것에서 해방되는 것이다. 불교의 입장은 모든 종교의 이상적인 구원의 의미를 명백히 보여준다. 개인의 자유를 중시하는 기독교도 자유로운 삶을 영위하는 자체가 목적이 아니라 우리의 자유는 신에게 바치고 신에 의해 구원받기 위한 수단이다. 신에 대한 봉사는 가난한 사람들, 버림받은 사람들을 돌보는 형태를 취할지 모르지만(기독교의 많은 형태처럼), 그 목표는 가난한 사람들을 해방시킴으로써 그들 자신의 헌신에 기초해 번영하고 자유를 이끌어가고, 스스로 유한한 삶을 마무리하도록 해주는 것이 아니다. 종교적 구제의 목표는 우리의 유한한 삶을 해방시켜주는 게 아니라 우리의 자유의 조건인 유한함에서 우리를 구제하려는 것이다. 해방이 목표가 되면, 그 즉시 우리는 종교적 헌신에서 통속적 헌신의 실천으로 바꾸게 된다. 거기에서 우리의 목적은 구원이 아니라 자유다. 우리는 유한한 생명으로부터의from 해방을 원하지 않는다. 유한한 생명의of 해방을 원할 뿐이다.

5

...

유한한 시간의 가치

우리 삶이 유한하기에 우리 자신이 궁극적으로 가치 있는 목적으로 존재할 수 있다. 우리에게 필요한 것은 우리가 누구이며 우리에게 무엇이 중요한지를 이해하기 위한 시간, 우리 자신을 배우게 할 시간, 우리에게 진정으로 유의미한 행위가 무엇인지를 탐구할 시간이다.

1
...

자유의 통속적 개념을 발전시키기 위한 위대한 원천은 카를 마르크스의 작품 속에서 발견할 수 있다. 카를 마르크스주의는 20세기에 전체주의 체제를 탄생시킨 것으로 악명이 높아서 의외라는 생각이 들 것이다. 앞으로 언급하겠지만 그의 생각에는 어떤 형태의 전체주의 국가도 지지하는 게 없다. 오히려 그의 모든 작품의 전제는 그 자체가 목적인 '살아 있는 각자 인간의 존재'다. 마르크스가 '개성의 자유로운 발전'이라고 표현한 이러한 개인의 자유에 대한 태도는 그의 자본주의 비평과 종교 비평의 기반이다.

마르크스의 출발점은 우리가 살아 있는 존재라는 것이다. 청년기 마르크스는 우리가 다른 동물과 공통적인 것, 우리가 다른 동물들과 어떻게 다른지를 분석함으로써 이 질문을 추구했다. 제4장에서 설명했듯이 모든 생물은 그 목적의 행위에 따라 정의된다. 다른 동물과 마찬가지로 우리는 살아가기 위해 늘 뭔가를(호흡, 먹거나, 신진대사) 해야만 한다. 소비에 대한 수요(그러므로 생존의 수단을 창출할 필요성)는 필요성의 영역에 속한다. 생산과 소비의 과정이 없으면 살아 있는 존재는 자신을 유지할 수가 없다. 필요성의 영역은 생물의 자기 유지가 잉여시간을 창출하기에 자유의 가능성의 조건을 제공한다. 마르크스가 자유의 영역이라고 부른 것은 생존수단을 확보하기 위해, 필요한 것보다 더 많은 존속기간을 창출하는 생물의 능력까지 확장된다. 가령, 갈매기는 먹을 것을 찾으려고 모든 시간을 소비할 필요가 없지만, 날아다니거나 하늘에 떠 있거나 다른 갈매기와 놀기 위해 사용할 수 있는 버려도 좋은 잉여의 시간이 있다. 하지만 마르크스가 강소하듯이 자유로운 행위로서 자신의 행위에 관계할 수 있는 것은 인간뿐이다. 다른 동물에서는 자신은 자신의 삶의 행위와 동일하다. 자신이 하고 있는 것의 목적에 의문을 가질 수 없기 때문이다. 또한 인간은 자신의 삶의 행위의 목적을 바꿀 수도 있다. 우리 자신의 생존과 유한한 우리 종의 생존을(우리의 삶의 행위의 궁극적 목적으로서) 주어진 목적으로서 취급하지 않고 우리는 자유롭게 정신적 삶을 추구하려는 수단으로서의 생존을 취급할 수 있다. 마찬가지로 삶의 만족감이나 삶의 성공적인 형태를 어떤 식으로 거론할지에 관한 문제는 우리에게 최종적으로 와 닿는 게 아니다. 다른 동물과 마찬가지로 우리는 자신의 수요를 충족시키고 생명체를 재현할 필요성이 있다. 하지만 왜 그리고 어떻게 우리의 수요를 충족시키고 생명체를 재현하는지에 관해서는 늘 맹목적인 문제가 된다. 우리는 단지 주어진 삶의 형태를 재현할 것을 위탁받은 게 아니라 의문을 갖고 우리의 삶의 방식을 바꿀 수 있다. 이는 우리의 삶의 행위가 기본적으로 자유로운 행위이기 때문이다. 우리의 삶의 행위를 자유로운 행위로서 종사하게 만드는 능력은 청년기 마르크스가 인간의 '유적(類的)존재(species-being-Gattungswesen)'라고 부르는 것이다. '유적 존재'의 개념은 상정된 인간의 본성 또는 인간의 본질에 대한 순진한 호소로서 가끔 무시되었지만, 그 같은 비판은 오해를 불러일으킨다. '유적 존재'는 우리에게는 주어진 기질이나 본질이 없다는 뜻이다. 마르크스는 노동은 인간의 필요한 특징이라고 했지만, 그에게 노동은 우리 인간을 정의하는 특별한 것은 아니다. 오히려 '노동'은 모든 형태의 목적 행위에 대한 그만의 용어다. 가장 도구적인 행위에서 가장 높은 정신적 추구에 이르기까지 노동은 개인적 혹은 집단적, 전문적, 예술적, 정치적 또는 철학적일 수도 있다. 노동은 육체적인 필요성에 의해 촉발될지도 모르지만 창조적인 희망과 공공의 헌신에 의해 동기가 부여되는 수도 있다. 마르크스는 모든 형태의 강제적 노동(노예제, 농노제, 임금노동이던 간에)에 대해 대단히 비판적이지만, 그러한 노동들의 해방은 일에서 해방될 뿐 아니라 우리에게 중요한 목적에 비추어 노동에서 해방된다는 문제이기도 하다. 해방된 사회에서는 강제가 아닌 우리의 헌신에 따라

노동할 수가 있을 것이다. 그럼으로써 우리는 마르크스가 '실제의 자유노동actual free labor(Wirklich freie Arbeiten)'이라고 부르는 것에 종사하게 된다. 그는 작곡 활동komponieren의 관점에서 실제의 자유노동을 해석하고 있다. 이는 음악의 창조뿐 아니라 우리가 특정하고, 자유롭게 표현하는 모든 형식의 목적을 위한 활동을 가리킨다. 작곡 활동은 집을 짓거나, 아이를 돌보고, 사회에서 필요한 용품을 만들고, 연구회를 조직해서 유지하는 등의 각종 과제로 표현될 수 있는데, 그 자체를 목적으로 간주할 필요가 있다. 작곡의 실제 자유노동은 '가장 어렵고(verdammtester - Ernst) 가장 강렬한 노력(intensivste - Anstrengung)이다. 따라서 우리가 본질적으로 노동에 의해 정의된다는 것이 그것이 우리가 누구이고 무엇을 해야 할지가 주어진다는 의미가 아니다. 오히려 우리가 변화할 가능성이 있는 역사적 혹은 사회적 관행에 본질적으로 의존한다는 것을 의미한다. 우리가 누구인가는 우리가 무엇을 하고 어떻게 하느냐와 불가분의 관계다.

따라서 나는 청년기 마르크스의 '유적 존재'에서 나타나는 것과 사회경제적 삶에서 역사적으로 특정한 조건을 분석하고 있는 그의 성숙한 작품 속에서 나타나는 역사적 유물론의 방법 사이에는 대립이 없다는 것을 설명할 것이다. 생명과 살아 있는 개인의 개념이 지속적으로 그의 모든 저작의 중심이 되고 있다는 사실에 의해 나타나듯이 이러한 두 가지 관점의 그의 생각은 체계적으로 연결되어 있다. 중요한 것은 생명이든 종이든 우선적으로 생물학적 또는 인류학 용어로 이해해서는 안 된다는 점이다. 마르크스 자신은 그처럼 읽기를 유도하는 경향이 있지만, 우리는 제4장에서 언급한 자연적인 생명(삶)과 정신적인 생명(삶)의 구별을 토대로 그의 생명과 종의 개념을 더 파고 들어갈 수 있다.

먼저 우리가 알아두어야 할 점은 인생은 본질적으로 자기유지의 형태라는 것이다. 살아있는 존재로서 이해할 수 있는 것은 모두 자기 유지 형태를 나타내지 않으면 안 된다. 우리가 생명의 생물학적 기반을 갖지 않은 생명체를 꿈꾸는 경우라도 이러한 형태는 이상적인 생명으로서 이해할 수 있는 자기 유지 형태라야만 한다. 살아 있다는 것은 생명을 유지하는 활동에 종사하는 것이다. 그렇지 않으면 살아간다는 것에 목적이 없다. 마찬가지로 삶의 모든 이상은 유한한 인생의 이상이기도 하다. 자립은 자급자족이 아닌 본질적으로 취약한 활동을 추구하는 것이다. 자기 유지 활동은 우리의 인생이 취약함에 의존한다는 이유만으로 유의미하다. 우리 인생이 취약하지 않다면(우리가 붕괴되지 않고 죽지 않는다면) 자기 유지의 활동은 의미가 없고 우리의 인생을 하나의 '삶'으로서 이해할 수 없을 것이다. 이것이 어떤 생물이라도 필연적으로 죽음을 맞이하는 신체에 의존하는 까닭이다. 생명이 붕괴되기 쉬운 물질체에 의존한다는 것은 생명에 관한 우발적인 생물학적 사실이 아닌 모든 가능한 생명의 조건이다. 내가 주장했듯이 가장 높은 수준의 정신적 삶조차 그 자신의 유한함을 고려하지 않으면 안 된다. 정신적 삶을 영위하려면 정체성이 필요할 뿐아니라 자신이 하고 있는 것의 대상이 되어야만 한다. 우리의 인생이 위기에 처했을 때도 이러한 행위는 중요하다. 우리의 실존적 정체성을 유지하는 것은 우리가 소중히 여기는 것에 따라 인생을 영위하는 것이다. 그것은 우리가 자신을 유한하다고 이해하기에 비로소 가능하다. 유한한 존재만이 정신적 삶을 영위할 수 있다. 유한한 존재를 위해서만이 무엇을 하고 무엇을 우선할지를 정하고 그것이 어떤 것을 평가하기 위한 조건이기 때문이다. 우리가 실존적인 유한함의 감각과 가치관을 적극적으로 유지하는 것의 관련은 인생이 우리에게 어떻게 중요한지에 대해 단지 인류학적 사실로서 이해될 것이 아니다. 오히려 유한함은 누구나 정신적 삶을 영위하기 위한 그리고 어떤 것이 되었든 가치로서 이해할 수 있기 위한 최소한의 조건이다. 신처럼 무한한 존재는 소중히 여길 것도 없고 정신적인 삶을 누릴 수도 없다. 긴급한 것이 없고 무한한 존재에게는 위험한 것도 없기 때문이다. 마찬가지로 어떤 식의 경제도 무한한 존재에게는 무의미하다. 경제라는 것은 다른 사람들에게 의존하거나 자신이 잃을 수도 있는 것에 가치를 부여하는 사람들에게만 이해될 수 있기 때문이다. 따라서 가치와 경제의 분석은 시간의 유한함에 비추어 이해할 필요가 있다. 마르크스는 모든 형태의 '활동은 시간의 경제화에 의존하기에' 어떤 경제도 최종적으로는 '시간의 경제'라고 그의 저작인 '정치경제학 비판 요강'에 쓰고 있다. 이는 내가 가장 심도 있게 근거를 정하려는 논의이기도 하다. 시간의 경제의 이해관계와 함의를 파악하려면 우리는 마르크스의 설명에 암시되어 있지만 그 자신이 그처럼 명확히 인식하지 않고 있는 정신적 삶을 얼마나 이해하는지의 여부에 대한 조건부터 파고들어가야만 한다.

마르크스의 경제 분석은 3가지 수준에서 기능하고 있다. 이러한 수준에 의해 마르크스는 역사적으로 특정한 형태의 경제적 삶을 분석할 수 있었는데, 분석수준 자체가 모든 경제를 얼마나 이해하는지의 조건을 반영하고 있음을 알 수 있다. 첫 번째 수준은 마르크스가 외형의 수준level of appearance이라고 부르는 것이다. 모든 경제는 어떤 형태로 표현할 필요가 있는데, 그 형태는 가격이다. 자본주의 경제에서는 가격에 각종 형태가 있다. 임금은 자본가가 지불하는 가격, 이윤은 노동자와 소비자가 지불하는 가격, 집세는 임차인이 지불하는 가격이다. 하지만 비자본주의경제조차 어떠한 형태로든 가격을 통해 표현되어야만 한다. 생산비용이 없다면, 경제를 이해할 수 없다. 즉 경제적 거래로 양쪽 당사자가 지불하는 가격이 없으면 안 된다. 우리에게 뭔가를 제공하는데 아무런 비용도 들지 않았다면 우리의 거래에 가격이 관계한다는 것을 이해하지 못한다. 내가 당신에게 공짜로 어떤 것을 제공할 때조차, 당신에게 그것을 제공한다는 단순한 행위라도 당신은 나에 대한 비용을 포함시켜야 한다. 비록 시간의 비용만이 내가 당신에게 제공하는데 걸린 비용일지라도 내 행위는 그 안에 내 시간의 비용이 포함되지 않으면 선물로서 이해되지 않을 것이다. 그리고 그것을 선물로서 인식함으로써 우리 둘 중 누군가 빚을 주장해도 당신은 빚을 지지 않는 셈이다.

자본주의에서는 경제관계를 나타내는 형태가 돈이고, 그에 의해 우리는 상품이나 서비스의 가격을 측정할 수 있다. 하지만 우리는 모두 가격과 가치 사이에 차이가 있음을 알고 있다. 뭔가를 이전보다 비싼 가격으로 판매해도, 이전보다 가치가 떨어져도 받아들일 수 있게 된다(가령, 인플레이션). 가격은 시장의 여러 가지 요인에 따라 변동하지만, 가치의 척도로서만 가격을 이해할 수 있다. 가격을 힐끗 보는 것만으로 얼마나 가치가 있는지는 모르지만, 가치의 척도에서 바라보고 가격을 이해할 필요가 있다. 가치의 척도는 마르크스가 분석한 두 번째 수준으로, 그는 그것을 본질의 수준level of essence이라고 부른다. 가치의 측정은 경제의 성장을 계산하고 그에 따라 사회의 전체적인 부를 어떻게 측정하느냐를 결정하기 위해 꼭 필요하다. 경제는 보다 많은 돈이 순환되면 성장하지 않는다. 그러니까 경제는 이전보다 더 많은 돈이 순환되면 위축될 수 있다. 경제의 전체적인 가치가 증가하기 때문이다. 가치의 척도는 모든 경제의 본질이다. 전통적인 철학에서는 본질은 역사적인 변화에 관계없이 동일한 채로 존재하는 것을 가리킨다. 하지만 마르크스에게 경제 시스템의 본질 즉, 가치의 측정은 그 자체가 역사적으로 변화할 가능성이 있는 것이다. 우리는 경제의 본질(가치의 척도)을 바꿀 수 있고, 그에 의해 우리의 경제관계가 나타내는 형태를 바꿀 수도 있다. 우리가 어떻게 경제를 조직하고 우리의 시간의 가치를 측정하는냐는 역사적인 변화에 대응한다. 그럼에도 우리는 늘 우리의 삶을 무언가의 형태의 시간의 경제로 조직화할 필요가 있다. 우리 시간으로 무엇을 해야 할지, 무엇을 우선해야 할지라는 문제가 늘 존재하기 때문이다. 따라서 마르크스가 분석한 세 번째 수준은 모든 경제의 역사적 조건에 관계되어 있다. 역사를 초월한 조건은 사실은 역사를 초월한 게 아닌 모든 역사적 시대의 특징이다. 우리의 삶을 시간의 경제로 조직화하는 것은 역사적으로 특정되어 있지만, 우리의 삶을 시간의 경제로 조직화할 필요가 있는 것은 모든 형태의 사회의 조건이다. 마찬가지로 우리가 어떻게 사회관계를 조직화하고 우리가 형태화 한 것에 우리가 어떻게 관련되는지는 역사적으로 특정지어지지만, 우리가 사회적 존재라는 것, 우리가 형태화한 것은 정신적인 삶의 일반적 특징이다. 요약하자면 우리가 어떻게 존재하는지는 역사적으로 특정지어지지만 우리는 역사적 존재로서 존재하는 것은(유한하고, 사회적이며, 형태화하는) 모든 역사적 순간의 조건이다. 어떤 형태의 시간의 경제, 어떤 종류의 노동, 어떤 모습의 사회관계, 어떤 형식의 창출이나 재창출의 삶을 필요로 하지 않는 역사적 시기는 지금까지도 그랬고 앞으로도 결코 없을 것이다. 하지만 가장 심오한 문제는 이러한 기능이 모든 형태의 역사적 또는 정신적인 삶에 필요하다는 것이다. 여기서 마르크스의 분석은 빛을 잃어가고 생물학적 혹은 인류학적 설명에 함몰된다. 경제적인 삶에서 역사를 초월한 조건은 최종적으로는 '인간 존재의 영속적인 자연이 부과하는 조건'에 궁극적으로 기인한다고 그는 '자본론'에서 우리에게 말하고 있다, 이는 삶을 유지하는 우리를 형태화된 유한한 사회적 존재로 만든다. 마르크스는 그에 따라 이러한 경제적 삶의 특징이 우리의 상정된 생물학적 혹은 인류학적 기질에 의한 것처럼 언급하고 있다. 하지만 보다 깊은 문제는 본디 무엇이 인생을 시간의 경제로서 이해할 수 있는지에 관한 것이다. 모든 생물에게 인생은 자기 자신을 위한 목적의 행위를 통해 생명을 유지하려는 의미에서 가치가 있다. 하지만 정신적으로 자유로운 존재만이 자신의 삶을 소중히 여기는 것으로 취급할 수 있다(그리고 그에 따라 자신의 우선 순위를 반영할 시간의 경제에 의해 구축된다). 정신적으로 자유로운 존재만이 자신의 시간으로 하는 것에서 무엇이 가치있는 지를 자문할 수 있다. 그렇다면 그 자문은 경제를 경제로서, 가치를 가치로서, 비용을 비용으로서 이해할 수 있게 해준다. 자문에 답하려면 네 번째의 분석이 필요하다. 마르크스가 명시적으로 추구한 것은 없지만, 내가 상세히 언급하겠다. 분석의 네 번째 수준은 정신적 삶을 이해할 수 있는 조건에 관한 것이다. 이 수준의 분석에서, 우리의 모든 형태의 정신적 삶은 유한함, 형태화, 사회화를 구축할 수 있다. 부여된 생물학적 또는 인류학적 조건을 위해서가 아닌, 인생은 경제의 관점에서만 정신적 삶으로서 이해할 수 있기 때문이다. 설혹 어떤 사람이 우리와는 서로 다른 재료로 만들어졌고, 다른 종류의 정신적인 삶에 속해 있다 해도 인생을 영위하는 것은 시간의 경제의 관점에서만 가능하다.

경제적인 질문(우리가 가치를 두는 행위와 그 행위에 가치를 부여하는 방식)은 특정한 아마도 독립한 정신적 삶의 영역(가령, 시장)에 포함될 수가 없다. 경제적인 문제는 오히려 정신적 삶의 중심적인 형태다. 인생을 영위하려면 무엇을 해야 할지, 왜 그것을 해야만 하는지에 대해 어떠한 형태로든 실천적인 생각을 할 필요가 있다. 이 같은 실천적인 생각에서는 여러 행위의 내용을 비교하고, 자신의 시간으로 무엇을 해야 가치가 있는지를 자문할 필요가 있다. 이 질문은 자신의 삶이 너무 짧다고 믿는 사람에게는 금세 이해될 수 있다. 자신의 인생이 짧은 것이 문제가 되기에 자신의 시간을 어떻게 보내야 할지를 자문할 수 있기 때문이다. 반면에 자신의 짧은 인생이 스스로에게 문제가 되지 않을 경우(자신의 행위가 위기에 처해 있지 않을 경우), 우리는 무엇을 할지, 자신에게 무엇이 일어날지에 대한 어떤 규범적인 관계도 가질 수 없다. 우리의 시간을 어떻게 보낼지 혹은 그 시간에 어떤 식으로 강제되는지는 우리에게 차이가 없다. 우리는 그 시간이 수동적이라는 데 고민하거나 타인에게 가차 없이 착취당할 가능성도 있지만, 어떤 수준으로도 우리를 방해하지 못한다. 자신의 인생을 신경쓰는 사람만이 자신의 행위를 위해 올바른 시간인지 혹은 잘못된 시간인지 생각 할 수 있다. 또한 자신의 삶을 신경쓰는 사람만이 시간이 많은지 적은지 생각 할 수 있다. 나아가 자신의 삶을 신경쓰는 사람만이 착취에 저항하고, 자신의 인생을 영위할 결심을 할 수 있다. 인생을 영위하면서 우리는 필연적으로 자신의 시간을 어떻게 보내야 할지, 그리고 무엇을 우선으로 해야 할지라는 문제에 맞닥뜨린다. 이는 기본적으로 가치의 문제다. 시간에 대한 우리의 모든 규범적인 관계(너무 빠르거나, 혹은 너무 늦거나 너무 오래가거나 혹은 순식간이거나, 귀중한 선물 혹은 헛된 기회라는 우리의 가장 섬세한 감각조차)는 자신에게 일어난 상황, 실제적으로 자신의 시간에 가치를 부여하는 것에 의해 결정된다. 그러니 가치의 본래 척도는 우리의 유한한 수명이다. 자신의 유한한 시간을 소중히 여긴다는 것은 어떤 것을 소중히 여길 수 있음을 이해하게 해준다. 유한한 시간으로 뭘 할지가 우리에게 오로지 중요하기 때문에 우리는 두 가지 서로 다른 행위의 가치를 비교할 수 있다(해야 할 가치가 있는 것과 가치가 없는 것을 구별).

우리는 여기서 어떤 것을 평가하는 것과 단지 어떤 것이 가치가 있다고 믿는 것과의 철학적 차이점에 주의를 기울일 필요가 있다. 어떤 사람이나 어떤 것에 가치를 둔다는 것은 사람이나 사물혹은 하는 일에 가치가 있다는 믿음을 단순화시키는 게 아니다. 내가 가치 있다고 믿는 것은 많지만, 인생의 우선순위로 한다는의미에서 내가 소중히 여기는 것은 몇 가지뿐이다. 가령, 의학의규범은 꽤 가치가 있지만 의사가 되는 것은 내 인생의 우선순위가아니다. 반면에 내 자식의 인생을 평가하는 데는(특히 내 자식의 인생이 내게는 가치를 매길 수 없을 만큼 소중하기에), 솔직히 내 신념을 그대로 적용시킬 수 없다. 나는 나의 헌신을 표명하고 그 헌신은 오로지 내 신념의 결과다. 이는 내가 사랑하고 나의 보살핌을 필요로하는 자식에게는 당연하겠지만, 최소한의 형태로 내가 자식에게부여하는 진실한 가치다. 누구를 혹은 무엇을 소중히 여기는 것은자신이 소중하게 대하는 것에 어떤 일이 생길지도 모른다고 걱정하는 것이다. 자신의 헌신이 있기에 무관심할 수가 없지만, 자신이소중하게 여기는 것의 운명에 대응하지 않으면 안 된다. 비록 내가 직접 관여하지 않는데도 가치가 있다고 믿을 때조차(가령, 의학의규범), 나는 기꺼이 그것의 아군이 되어야 한다. 만일 의학의 규범이 위협받는다면 나는 그것을 구하기 위한 할 수 있는 모든 것을하도록 압박감을 느낄 것이다. 내가 의학의 규범을 옹호하는데 무슨 말을 하거나, 아무 것도 할 마음이 들지 않는다면, 나는 그것에가치가 있다고 실제로 믿지 않는 셈이다. 그래서 평가하는 행위는뭔가 가치가 있다는 신념과 구별할 수 있지만, 이 두 가지는 최종적으로 분리할 수가 없다. 나의 인생에서 의학의 규범을 우선하지 않아도 그것이 가치가 있다는 나의 신념은 실제적으로 유의미하다. 내가 작은 평가, 큰 평가 또는 헤아릴 수 없는 가치가 있는 것을 갖고 있는지의 여부에 관계없이 나는 어떤 형태로 그것에 헌신할지를 약속해야만 한다. 그러한 헌신은 내가 소중히 여기는 것을 제창하고, 유지하고, 육성하며, 실현하기 위한 노력에 의해 표현될 수도 있지만, 모든 경우에서 그것은 내가 소중히 여기는 것에 사신의 생을 바친다는 것의 질문이 되기도 한다. 무언가를 소중히 여기려면 나는 그것에 적어도 나의 시간의 아주 조금이라도 바칠 준비를 해야만 한다. 이는 유한한 생명이 가치의 본래의 척도가 되는 이유이다. 내가 무언가를 소중히 여길수록 내 생애의 많은 부분을 그것에 소비하는데 주저하지 않는다. 누군가 혹은 어떤 것이 내게 둘도 없이 소중하자면 나는 그것을 위해 기꺼이 내 인생을(내 인생을 통째로) 내줄 것이다.

2
...

유한한 생명이 가치의 본래의 척도라는 나의 주장은 마르크스의 사고방식의 대한 열쇠를 제공한다. 그 열쇠로 그가 이해하는 필요성과 자유, 자본주의의 중심에 있는 가치관의 재평가, 그리고 그의 종교비판을 해석할 수 있다. 내 주장은 우리 삶의 유한성은 필요성의 영역과 자유의 영역의 양쪽에 모두 해당한다는 것이다. 우리는 필요성의 영역에 살고 있을 뿐 아니라 자유로운 삶을 영위할 기회도 있는 것은 우리가 유한하고 자기 유지적이기 때문이다. 내가 필요성의 영역과 자유의 영역을 구별하는 데는 행위에 필요한 시간과 두 가지의 다른 관계가 관련되어 있다. 간단한 예를 들어보겠다. 나는 살아가기 위해 물을 마시지 않으면 안 된다. 먼 곳의 우물에서 물을 길러오려고 하루에 2시간을 걸어야 한다면, 내 행위는 필요성의 영역이다. 내가 우물까지 걸어가려고 소비한 시간 그 자체는 무의미하고, 단지 삶의 유지에 필요한 수단이기 때문이다. 만일 집에 물을 끌어들이는데 필요한 노동시간을 줄인다면, 나는 기꺼이 그렇게 할 것이다. 반대로 충실한 삶의 일부로서 하루 2시간 걷기를 즐긴다면, 걷는 시간은 그 자체로 소중하기에 내 행위는 자유의 영역에 포함된다. 걷기라는 행위는 단순히 운동을 하거나 물을 마시기 위한 수단이 아니라, 그 자체가 목적이기에 걷기에 소비하는 시간을 줄일 수 있다 해도, 나는 그렇게는 하지 않는다. 여기서 걷기는 의도적인 행위에도 해당한다. 행위는 우리 행위의 목적적인 구조에 대응해 필요성의 영역 혹은 자유의 영역의 어느 한 쪽에 속할 수 있다. 나의 행위가 본질적으로 나의 목적에 속할 경우(가령, 도보여행자가 되려고 걷는 경우), 행위에 전념할 시간 자체가 소중하기에 내 행위는 자유의 영역에 들어간다. 한편 내 행위가 본질적으로 나의 목적을 완수하지 않는 경우(가령, 내 걷기가 필요한 물을 확보하려는 노력이던지, 보다 효율적인 수단으로 확보하고 싶은 경우)는 내 행위는 필요성의 영역에 들어간다. 내가 행위에 전념하는 시간 자체가 가치가 없기 때문이다. 필요성의 영역과 자유의 영역을 어떻게 구별하는지는 단번에 결정될 성질이 아니다. 또한 우리의 삶에 자유에 대한 질문이 있으려면 꼭 구별할 필요가 있다. 만일 내가 내 행위 모두를 단지 수단으로 치부한다면(만일 그 자체를 아무런 가치도 없다고 판단한다면), 나는 삶을 이끌어나갈 수가 없다. 내 삶은 그 자체의 행위의 내부에 목적이 없기 때문이다. 반대의 경우인 자신이 하는 모든 것을 그 자체가 가치 있다고 간주해도, 자신이 하는 모든 것이 인생의 목적의 본질적 부분이 되기에, 거기서는 자신의 인생을 어떻게 해야 할지의 의문이 없어진다. 그래서 마찬가지로 인생을 이끌어나갈 수가 없다. 때문에 자유의 영역과 필요성의 영역은 서로 의존한다. 동전의 양면처럼 분리할 수가 없고, 구별할 수도 없다. 두 가지 영역은 동일한 게 아니라서 각 영역의 명확한 형식적 특징을 분석할 수 있지만, 이쪽이 저쪽 없이는 존재할 수 없다. 필요성의 영역과 자유의 영역의 차이는 유한한 생명이 가치의 본래의 척도라는 두 가지 측면을 반영하고 있다. 내가 필요성의 영역에서 뭔가를 할 때, 내가 그 행위에 소비하는 시간은 보통 내게는 '비용cost'으로서 이해된다. 내가 필요성의 영역에서 하는 일은 내가 필요로 하는 목적(가령, 물)에 관련이 있으며, 어떤 노동의 형태를 필요로 한다. 필요성의 영역에서 노동에 소비해야할 시간이 길면 길수록 노동의 산물에 귀속되는 가치는 높아진다. 물을 얻으려고 매일 몇 시간이나 걸을 필요가 있는 경우가 집에서 수도꼭지를 틀어놓고 맘껏 물을 마실 필요가 있는 경우보다 한 컵의 물이라도 내게는 더 가치가 있다. 멀리 떨어진 우물에서 몇 시간이나 걸어나 집에 돌아온 후에 물을 엎질

렀다면, 수도꼭지에서 물이 새는 경우보다 훨씬 큰 손실이다. 전자의 경우는 물을 회수하는데 내 삶의 시간의 비용이 들기 때문이다. 노동 시간과 가치 사이의 상관관계는 내가 필요성의 영역에서 생산 혹은 취득하는 모든 것에도 해당한다. 필요한 것을 보호하려고 소비하는 시간 자체는 가치가 없기에 그러한 가치는 그 소비를 위해 생산하고 유지하는데 드는 인생의 시간(수명)의 비용으로 결정된다. 그래서 필요성의 영역에서 바람직한 노동 형태는 마르크스가 '죽은 노동dead labor'이라고 부르는 것이다. 죽은 노동은 미래의 사용을 위해 이미 행해졌거나 축적된 작업을 일컫는다. 내가 우물에서 갖고 온 물병에는 어느 정도의 완료된(죽은) 노동력이 포함되어 있다. 보다 일반적으로는 반복적으로 연습해서 얻은 실천적 노하우는 어떤 것을 해야 할 때마다 처음부터 다시 시작할 필요 없이도 이용할 수 있는 객관화된 과거의 노동의 형태다. 마르크스에게 가장 중요한 것은 모든 종류의 물질적 기술은 죽은 노동의 형태다. 테크놀로지는 우리에게 그 과정에 따르는 살아있는 노동living labor의 양을 줄이면서 일을 보다 효율적으로 행할 수 있게 해주기 때문이다. 가령, 마을 중심에 우물을 판다면 하루에 우리의 시간을 극히 조금만 사용해도 물을 마실 수가 있다. 따라서 합리적으로 목적을 달성하려면 필요성의 영역을 줄이고 자유의 영역을 늘리는 것이다. 단지 목적을 달성하기 위한 수단인 행위에 소비하는 시간이 적으면 적을수록 우리에게는 그 자체가 목적인 행위에 소비할 수 있는 시간이 늘어난다. 그러한 행위가 무엇인지는 저절로 주어지는 게 아니라, 자유의 영역에서의 삶의 일부는 인생을 살아갈 가치가 있는 것으로 하자는 우리의 개념을 발전 혹은 변화시키는 시간을 가지는 것이다. 자유의 영역에서는 물질적인 필요성이나 강제가 아닌 자신의 헌신을 토대로 한 행위를 추구하기에 나의 행위는 그 자체로 끝난다(그 자체가 목적으로 간주되어야 하는지를 조사하는 행위도 포함한다). 따라서 가치의 척도는 자유의 영역과 필요성의 영역에서 달라진다. 자유의 영역에서 대상이나 행위의 가치는 그것을 생산 혹은 유지하기 위해 필요한 노동시간의 양과 직접적 상관이 없다. 오히려 대상이나 행위의 가치는 나의 규범적인 헌신으로 결정된다. 가령, 내가 쓰고 있는 책의 한 장 chapter은 내가 그것에 종사하는데 많은 시간을 소비한다는 이유만으로 보다 가치가 올라가는 게 아니다. 자유의 영역에서는 나의 한 장의 가치는 그 장을 어떤 것으로 내가 생각하는지에 따라 결정된다. 내가 심오한 논의를 신속하게 창출하려고 궁리한다면 그것은 내가 명확히 하려는 것에 긴 시간을 필요로 하면서 동시에 평범한 주장 이상의 가치가 있는 것이다. 마찬가지로 사랑의 관계도 우리가 단지 거기에 더 많은 세월을 보냈다고 해서 보다 가치 있게 되는 것은 아니다. 자유의 영역에서는 우리의 관계의 변화는 서로의 헌신의 중요성과 우리가 공유하는 인생에 따른다. 마찬가지로 우리가 자유의 영역에서 보내는 시간은 우리가 보상을 받아야 할 부정적인 '비용'으로서 인식되지 않는다. 오히려 자유의 영역에서 시간을 보내는 것은 그 자체의 가치다. 자유의 영역에서 가치는 축적된 죽은 노동 시간이 아닌, 우리가 인생을 영위하는데 필요한 시간에 의해 측정된다. 우리에게 중요한 행위를 추구해야만 할 자유시간이 많으면 많을수록 우리는 유복해진다. 필요성의 영역(노동시간의 비용)은 자유의 영역(우리가 중요한 행위를 추구하는 시간을 갖는 가치)에서의 가치의 올바른 척도를 전제로 삼는다. 필요성의 영역(즉, 우리가 이익을 위해 확보한 상품이나 기술)은 필요한 노동시간을 삭감하고 우리가 삶을 영위하기 위해 보다 많은 시간을 자유롭게 하는 경우에만 가치가 있다. 우리 마을의 한가운데 우물이 있다는 것은 그것이 우리에게는 다른 것을 추구하기 위해 보다 많은 자유롭게 쓸 시간을 부여해준다. 여기서 자유의 영역과 필요성의 영역에서의 가치의 척도가 똑같은 동전의 양면이라는 이유를 비로소 이해할 수 있다. 자신의 자유 시간을 적극적으로 평가하는 것은 단지 목적을 달성하기 위한 수단에 불과하다는 것에 시간을 소비해야 할 경우에 그것을 마이너스 비용으로서 셈할 수 있기 때문이다. 이는 당신에게도 해당한다. 그렇지 않으면 당신은 나의 노예로서 즐겁게 봉사할 것이다. 분업이 우리에게 문제가 되는 이유는 우리가 자신의 인생을 보낼 능력을 소중히 여기기 때문이다. 이는 우리가 자신의 시간으로 무엇을 해야 할지를 결정하는 능력과 뗄 수가 없다. 따라서 우리가 필요한 물을 얻으려고 누군가 우물까지 걸어가야만 할지를 의논하는 경우, 우리는 자유의 영역을 어떻게 분할할지를 논의하게 된다. 이 논의, 그리고 그에 따른 경제적 조정은 우리 자신의 자유 시간에 가치를 두기 때문에 비로소 이해할 수 있는 것이다. 따라서 합리적인 목적은 자유의 영역을 늘이고, 필요성의 영역을 줄인다. 나는 합리성의 외부적인 기준을 부여하는 게 아니다. 행위자가 되려고 임하는 사람은 누구라도 자신의 자유 영역을 늘이고 필요성의 영역을 줄이는데 헌신한다. 자신의 인생을 노예에게 바치고 싶다고 주장하는 사람조차 자신의 자유로운 선택으로서 노예에 적용할 수 있고, 또한 자신의 자유의 영역에서 속하는 것으로서 노예를 정의할 수 있다. 이러한 기본적인 의미에서 우리 모두는 인생을 영위한다는 관점에서 정신적으로 자유롭다. 우리 각자는 우리 자신의 목적이라는 것을 인식하고 그에 따라 우리의 정신적 자유를 무조건의 가치로서 인식하는 것이다. 정신적 자유는 무조건적인 가치다. 왜냐하면 우리가 무엇이든 소중히 여기게 되고, 우리를 거기에 헌신하게 해주기 때문이다. 정신적 자유는 인생을 영위하는 데 늘 절대적이었다. 하지만 현대의 자유사상은 그것을 명시적으로 만든다. 현대의 자유 개념에 비추어볼 때, 우리는 주어진 사회적 역할(가족, 직업, 종교, 국적, 민족, 성별)에 의해 단 한번으로 정의되어지는 게 아니다. 오히려 우리는 자신의 규범적인 개념을 자유롭게 바꿀 수 있어야 하고, 우리의 제도는 그러한 자유를 반영해야만 한다. 무조건의 가치로서 정신적 자유에 대한 헌신은 마르크스의 모든 사고방식에서도 중요하다. 그의 자본주의에 대한 비판은 사회적 개인이 자신들의 삶을 영위하는 자유를 위한 헌신에 따랐을 때만 유의미하다. 이는 그의 자유민주주의에 대한 비판이 내재적인 까닭이다. 내재적인 비판은 외부에서 부여된 이상이라는 이름으로 제도나 이데올로기를 비판하는 것이 아니다. 오히려 내재적인 비판은 제도나 이데올로기의 공언된 이상과 그것이 그 자체를 위해 입법화되는 실제적인 형식 사이의 모순을 지적한다. 이러한 모순은 제도, 이데올로기 자체의 본질적인 것이라서 내재되어 있다. 자유민주주의의 경우, 마르크스에 가장 중요한 것은 우리 한 사람마다 자신의 삶을 영위할 수 있어야만 한다고 공언된 이상 즉, 궁극적인 목표다. 마르크스의 시대 이후로 여러 가지 형태의 자유주의가 점점 다양화되고 있는데, 모든 자유주의 사고방식의 중심적인 헌신은 우리가 똑같은 가치를 지니고 있지만 우리 모두가 똑같지는 않다는 것이다. 하지만 각 개인의 삶의 감각은 다른 사람의 삶과 비교했을 때 더 궁극적인 가치를 갖는다. 말하자면 자유주의의 중심적인 헌신은 우리 자신이 유한하다는 점을 재인식시키는 것이다. 그러니 각 개인의 자유에 대한 자유로운 헌신에 대해 생각하기를 잠시 보류할 가치는 있다. 기독교는 종종 각 개인의 이상이 평등하고 궁극적인 가치가 있다는 사고방식으로 신뢰받고 있지만, 이는 확실히 잘못된 특성이다. 기독교에서 개인으로서의 우리의 무한한 가치는 우리가 불멸의 영혼을 갖고 있고 신의 사랑의 대상이라는 일방적인 생각에 의존한다. 개인으로서의 우리의 가치는 우리의 유한한 인생에 내재된 것이 아니지만 구원의 지평선을 필요로 한다. 기독교신자의 말에 따르면 신의 사랑과 영원한 구원이 없으면 우리의 인생은 가치가 없고 일회성 먼지에 지나지 않는다고 한다. 우리가 완전히 유한하고 그래도 우리 자신이 궁극적 가치가 있는 목적으로 존재할 수 있다는 사고방식은 기독교에서는 가르치지 않는다. 하지만 이야말로 자유로운 사고방식의 중심에 놓인 생각이다. 각 개인의 궁극적인 가치에 대한 헌신은 우리 영혼의 영원함과 우리의 본질적인 선함에 대한 어떤 가정에도 따르지 않는다. 자유주의는 이러한 특징을 원죄 혹은 추락한 상태임을 증명하는 특성으로 간주하지 않는다. 오히려 우리의 추락과 완전성은 동전의 양면이다. 이는 우리가 개인적 또는 집단적으로 인생을 영위할 방법에서 좋고 나쁨의 모든 것이 위기에 처한다는 이유가 된다. 우리 인생은 우리가 불멸이나, 선을 행하는 운명이라서가 아니라 우리가 인생을 영위할 수 있기 때문이다. 이는 늘 위해가 가해지거나 우리가 추구하는 것이 실패할 위험이 뒤따른다. 이러한 위험은 자유로운 삶을 영위한다는 의미의 일부이기에 배제할 수가 없고, 배제할 대상도 아니다. 개인의 자유에 대한 자유로운 헌신은 통속적 믿음의 분명한 형태로서 볼 수 있다. 유한한 인생을 보내는 우리의 능력이 궁극적인 가치가 있다는 사고방식은 세상에 대한 경험적 사실에서도 종교적 계시에서도 이끌어낼 수가 없다. 오히려 이 사고방식은 우리 자신을 유지하고 그것을 충실히 지켜야만 하는 규범적인 헌신을 나타낸다. 헌신은 이유의 공간을 확장시켜준다. 왜냐하면 그것은 우리가 서로를 어떻게 대해야 하는지에 대한 생각으로 묶어놓기 때문이다. 하지만 이유는 헌신을 계속 신뢰할 때만 구속력을 갖는다. 언제나 마찬가지로 통속적인 이유와 통속적 믿음은 동전의 앞면과 뒷면이다. 우리는 규범으로서의 개개인의 자유에 대한 헌신과 더불어 믿음을 유지해야만 한다. 그것은 우리의 내부에, 우리를 통해서만 살아있기 때문이다. 결정적인 문제는 개인의 자유에 대한 헌신에 무엇이 따르느냐는 것이다. 논리적으로는 개인의 자유가 곧 헌신은 아니다. 첫 번째 사례로 법률과 헌법상의 권리의 보장을 믿는 평등에 대한 것을 들어보겠다. 사실 모든 자유주의 사상가는 이러한 원칙을 지지하지만, 법과 헌법상의 권리가 지속적인 논의의 대상이 되기 전에 누구나 평등을 누릴 수 있어야 한다. 존 스튜어트 밀은 그의 고전적인 논문인 '자유론On Liberty' 에서 "아내들은 다른 모든 사람과 마찬가지의 권리를 갖고 다른 모든 사람과 동일한 방법으로 법률의 보호를 받아야만 한다."라 고 일찌감치 주장했다. 밀은 여기서 내재적인 비판을 추구하는데 (그 자체로 인한 자유주의 전통의 비판) 기혼여성이 남성에게 주어진 법 적 지위를 부정함으로써, 우리가 지난 150년 동안 익히 봐왔듯이, 어떻게 그들 자신의 원칙을 적용할 수 없는지에 대해 여성의 해방 을 비롯해 인종, 계급, 성적 지향에 의해 특정된 다른 제외된 집단 에 이르기까지 주의를 불러일으키기 때문이다. 하지만 해방에 관 한 일은 부분적으로 남아 있었고, 비록 그러한 실제적인 부자유에 공식적으로는 평등한 사회가 눈을 감고 있다는 위선적인 측면도 있지만, 개인적 자유에 호소하지 않고는 어떤 진전도 없었을 것이 다. 실제적인 부자유가 위선으로서(비판의 기회로서) 우리가 능히 이 해할 수 있는 이유는 우리의 자유에 대한 집단적인 공감이다. 우 리는 그러한 헌신이 약하지만, 전례가 없는 역사적 성과임을 종종 잊어버린다. 인류 역사의 그 앞의 시대는 그 같은 헌신이 없고 권 력자에 대한 주장을 갖지 않는 '자연스러운' 종속 집단이 존재하 는 지배적 부족의 규범에 대한 형태만 있었다.

자유로운 전통의 특징인 내재적 비판의 두 번째 형태는 권리 자체에 관한 것이다. 자유의 형식적 혹은 법적인 개념 즉 단지 자 유의 권리에만 헌신하는 고전적 자유주의 이론은 실제적인 내용의 자유의 개념을 빼앗음으로써 오랫동안 비판되어왔다. 우리의 자유에 대한 법적 권리는 우리의 인생을 영위하고, 우리의 자유를 이용하는 수단이 없으면 거의 가치가 없다. 이러한 수단에는 우리의 인생을 영위하기 위한 여러 가지로 가능한 방법에 우리 자신을 개방할 교육 그리고 우리의 생존을 확보하기 위해 소비할 필요가 있는 시간을 줄이고, 우리가 자신의 자유로 무엇을 해야 할지라는 질문에 임할 시간을 부여하는데 충분한 물적 자원이 포함된다. 자유주의 철학자 아이제이아 벌린(Isaiah Berlin, 영국의 철학자-옮긴이)이 지적하듯이 자유의 가치는 '자유의 사용을 위한 적절한 조건'으로 정해진다. 자유의 사용을 위한 적절한 조건으로서 정확히 무엇을 거론할지는 널리 논의 중인데, 적절한 조건을 제공한다는 일반적인 헌신은 효과적인 자유의 원칙으로 파악할 수 있다. 즉, 자유, 평등, 정의의 근본주의를 말한다. 이 원칙은 모든 시민이 자신들의 효과적인(실제적인) 사용을 가능하게 하는 자원의 공정한 분배에 대한 정당한 주장을 갖는다고 파악한다. 이 원칙은 개인의 자유에 대한 공적인 초점을 초월해 부의 재분배와 사회민주주의의 개혁을 지지하는 자유주의의 기반이다.

세 번째의 (가장 깊게 관련된) 내재적 비판은 개인적이라는 그 자체의 자유에 관한 개념에 초점이 맞춰진다. 고전적 자유주의 이론은 우리의 개성이 사회적 문맥과 타인의 인식에 어떻게 의존하는지를 무시하는 개인의 '추상적'인 개념을 갖기에 문제가 된다. 우리는 어느 누구가 될 수 없고, 고립해서 뭔가를 할 수도 없다. 우리가 혼자 있을 때조차 우리가 누구일 수가 있는지, 우리가 무엇을 할 수 있는지에 대한 감각은 우리가 무엇을 선택하기 이전에 우리를 형태화한 사회 규범으로만 알 수 있을 뿐이다. 이는 우리에게 주어진 사회 규범에 의해 완전히 결정되지는 않지만(그러면 자유가 없다), 독립한 개인이라는 우리의 감각은 다른 사람이 우리를 독립한 개인으로서 인식하고, 상대해주는 것을 필요로 한다. 독립의 감각은(자유로운 정신적 삶을 영위하는) 결코 독립적으로 성취할 수 없다(가령, 아무도 돌봐주지 않는 야생에서 홀로 성장한 사람). 독립의 감각은 다른 사람들에 의해 독립이라고 인정받는 것, 단지 자신의 인생의 생존 수단을 확보하는 행위로부터 충분할 만큼의 독립이 허용되는 물질적 자원을 확보하는 것이다. 마르크스는 자유주의에 대한 3가지 형식의 내재적 비판을 모두 추구했는데, 실제로 그는 그것들에 엄밀한 공식화를 부여한 최초의 한 사람이었다. 하지만 마르크스는 자유적인 전통 속에 살아가는 그 누구보다도 자유주의에 대한 그의 뿌리 깊은 비판을 훨씬 깊게 파헤쳤다. 마르크스는 자유에 관한 모든 자유로운 사고방식의 틀을 제공하는 기본적인 사회 형태 그 자체가 자유의 실현에 비현실적이라고 간주한다. 자유주의 이론은 자본주의에 대한 각종 형태의 제한을 제창할지도 모르지만 자유주의 자체의 사회적 형태에 결코 의문을 품지 않는다. 반면 마르크스는 자유에 대한 헌신은 자본주의에 의해 강제된 사회조직과 분업에 의해 배반된다고 주장한다. 가장 기본적으로(앞으로 언급하겠지만) 자본주의 아래서 가치와 사회적 부의 척도는 자유시간의 가치와 직접적으로 모순된다. 마르크스가 행한 자본주의 비판의 상황을 파악하려면 그의 가장 중요한 철학적 전임자인 G.W.F 헤겔이 밝힌 자유의 개념을 언급하는 게 도움이 될 것이다. 헤겔의 역사철학에 따르면 모든 역사적 인물의 자유는 늘 '자기자신이'(자신의 행위로)이었지만, 고대 그리스에서만 역사적 인물의 자유가 공공연하게 '자신을 위해'(자신의 행위에 대한 자신의 이해)서가 되었다. 그럼에도 그리스인은 헤겔이 자유의 원리Idea of Freedom라고 부르는 것을 이루지 못했다. 이는 '모든 것이 자유'라는 헌신을 구체화할 제도적 관행을 필요로 한다. 고대그리스의 실제적인 헌신은 대신에 '일부만 무료'라는 것이었다. 왜냐하면 일부의 자유로운 삶이 노예들의 노농에 의존했기 때문이다. 이 견해에 내재된 모순은 아리스토텔레스가 언급하고 있다. 그는 '자연적인' 노예가 있다고 주장하면서도 '노예는 사람이고 합리적인 원칙으로 공유되기에 그들에게는 미덕이 없다고 말하는 것은 바보 같은 짓이다.'라고 인정하고 있다. 헤겔에게 그 같은 명백한 자기모순은 그 자체가 진보의 한 형태이다. 우리로 하여금 자연적으로 정당화되는 것이 아닌 다툴 수 있는 반박을 통해 자유를 부정하는 것을 알 수 있게 해주기 때문이다. 하지만 자유의 원리(모든 것이 자유)는 고대그리스나 로마 제국, 중세 봉건제에서도 이루어지지 않았다. 이 모든 형태의 삶은 노예제의 정당성 그리고 (혹은) '자연적인' 복종의 개념을 유지했기 때문이다. 헤겔의 근본적인 철학적 주장은 자유의 사상은 물질적 또는 사회적 관행에서 분리할 수 없다는 것이다. 자유의 원리는 추상적이 아닌, 자유의 원리에 따라 제도적 실행으로 구체화된 것이라야 한다. 헤겔이 선호하는 언어를 빌자면, 자유의 원리는 실제적wirklich(실제적이고, 현실적이며 효과적으로 작용하는)이라야만 한다. 이는 모든 사람이 자신의 인생을 영위할 자유를 인정하는 제도를 유지할 필요가 있다. 헤겔에게 자신의 인생을 영위할 자유는 우리에게 주어진 자연스러운 기질에 순응하는 자유의 문제가 아니었다. 오히려 우리 자신의 인생을 영위할 자유는 그 자체가 사회역사적 성과이고 제도적 관행에 의한 자유로운 주체로서 형성되기를 요구한다. 이를 통해 우리는 자신과 우리의 기질을 처음으로 이해하게 된다. 우리는 살아있는 생명으로서 자기만족을 추구하는데, 또한 정신적인 생물이기도 해서 우리에게 자기만족이라고 여겨지는 것이 자연스럽게 주어지지는 않는다. 치명적인 철학적 잘못은 자기만족을 위해 노력하는 본질적인 형태를 이기적인 즐거움을 위해 노력한다는 특정한 내용과 혼동하는 것이다. 이 혼동은, 마치 우리의 정치적, 경제적 이론의 유력한 전통처럼, 이기적 즐거움의 목적이 우리의 사회 형성에 선행하는 우리의 행위의 자연스러운 원인으로서 다루어진다. 우리는 본디 사회적인 존재로서 자신을 이해하는 게 아니라, 순수하게 도움이 된다는 이유와 서로 협조하도록 종용받는 자연스러운 이기적인 생물로서 간주된다. 하지만 우리가 자신을 발견하는 사회적 형태와는 무관하게 우리가 무엇에 헌신하는지를 주장하는지가 문제가 된다. 정신적인 존재로서, 우리는 다른 사람들에 의해 인식된 실천적 정체성을 가질 때라야만, 우리는 자신이 누구이며, 무엇을 하는지를 이해할 수 있다. 내가 누구인지라는 표현으로서 내 행위가 다루어질 때(나 자신을 이기적이라는 표현하는 것도 포함해) 내가 하는 것은 규범에 따를 필요가 있다. 이는 사회적으로 구축되어 있고,

우리가 성공하거나 실패할 수 있는 관계에 있다. 이기적인 것은 자연스러운 사실이 아닌 우리가 유지해야만 할 실천적인 정체성이다. 우리의 실천적 정체성은 우리가 속한 사회로부터 분리될 수 없다. 만일 우리가 살고 있으며 일하고 있는 사회에서 서로에게 관련된 지배적인 방법이 자원을 찾아 경쟁하는 것이라면, 우리는 주로 자원을 찾아 경쟁하는 생물로서 자신을 이해할 것이다. 우리의 자연스러운 이기심은 그 자체가 우리 사회형성의 문젯거리다. 우리가 사회 속에서 집단을 형성하는 원자론적 개인으로서 자신을 바리볼 경우(우리 각자는 이기적인 목적을 추구하도록 종용받는다), 이는 우리가 자연스러운 사실의 문제로서 원자론적 개인의 집단이라서가 아니라, 비록 우리가 이기적인 목적을 추구하도록 자연스럽게 종용받은 원자론적 개인이라고 한들, 우리는 우리가 서로 그런 식으로 인식하는 세상을 향해 사회화되었기 때문이다.

　자기만족의 형태와 이기적인 즐거움의 내용과의 혼동은 잘못된 범주다. 문제는 우리가 자기만족에 헌신하는 게 아니다. 우리 모두가 당연히 흡족할 인생을 보내야 한다. 결정적인 문제는 우리에게 자기만족이라고 간주되는 것이다. 우리의 정신적 자유로 인해 우리에게 자기만족으로 여겨지는 것이 한 번이라도 주어질 일은 결코 없다. 이기적인 즐거움 속에서 자기만족을 발견하는 것은 일반적인 자기만족의 형태가 아니라 특정히 한정된 자기만족의 내용이다. 가령, 타인의 번영을 도와줌으로서 충실감을 맛보는 것은 자기만족의 형태이지만, 자기만족의 형태는 내가 타인을 도와주는 것을 이기적인 즐거움의 문제로 삼지 않는다. 오히려 자기만족이라는 형태는 타인을 도와주는 행위가 관점을 흐리는 게 아니라, 충실하다고 느끼는 행위이고 스스로 자신의 헌신이라고 인식하는 행위일 가능성이 있다. 헤겔에게 실제적인 자유사회는 공익에 대한 헌신을 우리 자신의 자유를 위한 가능성의 조건으로서 인식할 수 있는 사회다. 국가의 법률이 우리에게 부여되고, 우리의 자기이익self-interest을 강제적으로 제한한다고 간주하지 않고, 자유로운 삶을 영위하는 우리 자신의 헌신 덕분에 자신을 국가의 법률에 구속되어 있다고 간주할 수가 있다. 국가의 법률은 우리에게 서로 경쟁이 있으며, 변화 가능한 것으로 간주할 필요가 있다. 국가와 개인의 이러한 상호 인식은 실제적인 자유의 조건이다. 헤겔이 강조하듯이 '자유의 원리는 실로 국가의 형태로서만 존재한다.' 이 점의 진실을 파악하려면 헤겔의 역사적으로 특정된 국가의 개념을 받아들일 필요가 없다. 개인의 자유의 행사를 가능하게 하려면 어떤 형태의 집단적 자기법률(self-legislation, 스스로 법률을 만들고 자신을 그것에 따르게 하는 것-옮긴이)의 필요성을 이해하는 것으로 충분하다. 문제는 우리가 국가를 가져야만 하느냐의 여부가 아니다. 국가에 대한 참여(집단적 삶의 형태의 의미에서)는 선택 사항이 아니다. 이는 처음부터 사회적으로 구축된 규범에 의해 구성된 모든 정신적으로 자유로운 존재에게 더 이상 간단해질 수 없는 조건이다. 문제는 실제적인 자유와 상호 승인을 위해 어떤 국가가 필요한가이다. 헤겔에게 상호승인은 심리적인 문제가 아니다. 중요한 것은 심리적 사실의 문제로서 모든 사람이 국가의 법률과 일치하기를 보장하는 게 아니다. 오히려 상호승인은 국가의 합리적인 제도적 구조의 문제이고, 이는 원칙적으로 누구나 자신의 자유의 형성과 육성을 가능한 것으로서, 공익의 형성과 육성을 인식할 수 있는 것이라야만 한다. 마찬가지 이유로 제도적인 자유의 형성은 사람들을 순종적인 시민으로 만들기 위한 것들에 외부에서 동기가 부여된 법률이나 규칙을 부과한다는 문제가 아니다. 반대로 그것은 교육의 형태를 제공하는 문제이고(또한 다른 제도적 관행) 사람들이 자신을 구속한 것으로서 자신들이 기꺼이 따를 규범을 이해할 수 있도록 하는 시민이 되게 하는 것이다. 즉, 자신의 행동에 내부적으로 동기가 부여되고, 자신이나 타인에 대해 하는 일을 정당화할 수 있는 시민이 되기 위해서다. 헤겔은 '법철학 강요'에서 모든 이를 위한 자유로서 자유의 원리에 대한 역사적 성취를 언급함으로써 현대국가와 시민경제의 기준선(baselines-Grundlinien)을 정당화하려고 한다. 그런데 역사적 진보에서 의문이 드는 것은 우리의 역사적 자유를 보장하는 어떤 형태의 신의 섭리도 반영되지 않는다는 점이다. 헤겔은 우리가 '일부는 자유'라는 헌신에서 '모두가 자유'라는 헌신으로 진보함으로써 보다 적절한 자유의 개념을 이루었다는 소급적 인식만 할 뿐이다. 우리의 자유에 대한 이러한 명시적인 인식은 단지 우리 자신에 대한 사실의 관찰이 아니라, 우리가 누구인지 무엇을 할 수 있는지를 바꾸는 것이다. 자유에 대한 헌신은 특정한 제도적 관행이 필요하다는 의미에서 실제적인 필요성의 감각이 따른다. 이 실제적인 필요성의 감각은 역사상 형이상학적으로 필요한 진보의 시대의 뒤떨어진 감각과 엄밀히 구별되어야만 한다. 헤겔도 이 점을 잘못 언급하고 있다. 자유의 원리는 결코 현실의 것이 아니었을 수도 있다(이는 우리가 유지하려는 헌신에 따르는 우발적인 역사적 성취다). 그리고 자유의 원리는 우리의 실천을 통해 그것을 유지하는 한 존재하기에, 늘 현실이 될 수가 없다. 따라서 문제는 근대국가와 그것이 의존하는 시장경제가 '실제적 wirklich'인 자유사회와 양립할 수 있는지의 여부다. 이는 마르크스가 헤겔에게 제기한 중요한 질문이지만 올바른 방법으로 제기할 필요가 있다. 마르크스 자신의 헤겔 비판은 헤겔의 철학적 논리를 이해하지 못하기에 그만큼 강력하지는 않다. 마르크스는 헤겔이 자본가의 소유권의 국가보호와 임금노동의 착취를 정당화하기 위해 사회에 '추상적인' 자유의 사고방식을 부여했다고 상정하기 때문에 마르크스는 헤겔의 철학적 논리와 그의 자유의 사고방식이 어떻게 그 자신이 추구하는 자본주의 비판에 대한 중요한 자원을 제공하는지를 놓치고 있다. 헤겔이 자본주의를 정당화하는 것은, 그가 사회주의에 추상적인 관념을 부여해서가 아니라, 그의 실제적인 분석에서 그 자신의 자유의 사고방식의 함의와 요구에 따르지 않았기 때문이다. 헤겔은 모두가 그 자신의 프로이센 왕국처럼 되는 것은 어렵다고 분명히 인식하고 있었고, 자유의 원리를 위한 기준선은 근대국가의 출현, 기본적 자유 권리의 제도, 시장경제의 기본적 제도에 의해 이루어진다고 주장했다. 동시에 헤겔 자신은 특히 '하류계층the rabble'의 문제에 관한 그의 견해를 통해 그의 '법철학 강요'에서 이 논의에 의문을 던질 자료를 우리에게 제공해주고 있다. 헤겔의 하류계층의 개념은 사회의 요구를 자신들의 것으로 인식할 수 없는 사회집단을 가리킨다. 헤겔의 하층사회에 대한 주된 사례는 시민사회의 시장경제에 의해 빈곤에 처한 사람들이다. "가난한 사람은 모두에게서 배제되고 조소받는다고 느낀다. 그리고 이는 필연적으로 내면의 분노를 자아낸다… 가난한 사람은 자신이 자의적인 의지, 인간의 예상치 못한 사태, 또한 마지막으로 그를 분노시키는 것은 그가 자의적인 의지에 의해 이 분열상태에 놓여 있다는 점이다."라고 헤겔은 쓰고 있다. 중요한 점은 헤겔이 하류계층의 기질은 많은 부와 많은 빈곤이 원인이 되어 발생할 가능성이 있다고 지적한다는 것이다. "한편, 빈곤은 권리의 인식에 대한 결여다. 또한 하류계층의 정신의 근거다. 반면에 부가 있는 곳에도 하류계층의 기질이 나타난다. 부자는 뭐라도 살 수 있다고 생각한다. 자신을 자기의식의 특수성을 가진 권력으로 알고 있기에 부는 가난한 하류계층에서 나타나는 것과 동일한 조소와 파렴치로 이어질 가능성이 있다. 노예에 대한 주인의 기질은 노예의 기질과 똑같다… 따라서 빈곤과 부의 두 가지 측면은 시민사회의 부패를 구성한다."

헤겔에게 하류계층의 문제가 특히 심각했던 까닭은 현대국가와 시민경제를 정당화하려는 그의 시도가 원칙적으로 하류계층을 배제한, 각 시민이 자신의 인생을 자유롭게 영위할 수 있는 것에 달려 있었기 때문이다. 따라서 심각한 문제는 자본주의 사회는 하류계층의 생성을 회피할 수 있고, 그 제도적 합리성에 대한 자유로운 헌신을 구체화할 수 있느냐는 것이다. 헤겔의 답은 '그렇다'이지만 시민사회에 대한 그의 분석은 그 답이 '아니다'라는 이유에서 마르크스의 주장을 뒷받침해주고 있다. 헤겔이 밝혔듯이 자유사회의 제도적 합리성은 자본주의 사회가 형성될 수 있는지의 여부에도 불구하고 부의 생산은 그 자체가 목적이 아니라, 각 시민의 안녕well-being을 위할 것임을 요구한다.

"개인의 생계와 복지는 확보되어야 한다. 즉, 특정한 복지는 권리로서 다루어져야 하고, 정당하게 실현되어야 한다."라고 헤겔은 강조한다. 여기서 특정한 복지란 단지 기본적인 영양의 문제가 아니라 자신과 자신이 인식하는 사람들에 의해 존엄성이 부여되면서 자유로운 삶을 보내기 위한 사회적 가능성을 갖는 것이다. 하지만 자본주의 체제에서는 사회적 부를 창출하기 위한 조건인 임금노동의 역동성에 의해, 하류계층 시민의 복지와 존엄에 대한 헌신은 모순적이다. 헤겔이 지적하듯이 시민사회의 시장경제는 빈곤과 실업문제에 관한 두 가지 가능한 해결책만 제공될 뿐인데, 그 어느 쪽도 근본적으로 불충분하다. 자신의 복지와 자신이 속한 사회의 공익에 공헌하는 유의미한 직업을 가진다는 사회적 인식을 가능하게 하지 않기에 최종적으로도 불충분하다. 한편 생계는 가난한 사람들의 비율이 보다 많은 유급고용, 보다 많은 임금노동을 창출함으로써 제공할 수 있다. 이로서 시민사회의 '생산량을 증가시킬' 것이다. 그렇지만 헤겔이 관찰했듯이 '악이 구성하는 것은 정확히 말해 과잉생산이고, 그 자체가 자신을 생산적이라고 여기는 소비자의 수가 부족한 것이라서, 이는 단지 두 가지 수단에 의해 악화될 뿐이다.' 과잉생산의 문제는 범용제품의 생산이 제품을 생산하는 사람들의 구매력(임금)을 초과하면서 발생한다. 시민사회는 빈곤과 실업의 영향을 개선하려고 애씀으로서 과잉생산으로 이끌리고 그것이 새로운 형태의 빈곤과 실업을 낳는다. 따라서 헤겔은 '과잉의 부에도 불구하고 시민사회는 과잉의 빈곤과 하류계층의 형성을 방지하기에는 충분히 유복하지 않다.(그 자체의 명확한 자원이 충분하지 않다)' 과잉생산의 문제를 해결하려고, 시민사회가 추진된 다른 나라에서는 '그 자체의 범위를 초월해서 소비자를 찾아 나서고' 있다.

헤겔은 "생산이 소비자의 요구를 능가할 때, 자신의 일로 자신의 요구를 만족시키지 못하는 대중의 출현으로 시민사회는 식민지 건설을 종용받고 있다."라고 설명한다. 하지만 문제가 해결되기는커녕, 자본주의 시장의 세계 규모로의 확대는 과잉생산과 세계 규모에서 하류계층의 형성의 문제가 재현되고 있다. 헤겔은 여기서 마르크스가 자본주의의 부의 생산에 대해 근본적인 모순으로서 분석한 것의 길을 제시하고 있다. 헤겔이 특정한 과잉생산과 실업의 문제는 임금노동에서 피할래야 피할 수가 없다. 임금노동의 역동성은 모든 형태의 자본주의를 최소한으로 정의하고, 자유사회의 제도적 합리성과 양립하는 것으로서 자본주의를 정당화하려는 시도에는 치명적이다. 따라서 마르크스의 자본주의 비판은 자유의 개념을 현실적인 것으로 하려는 헌신에 의해 동기가 부여된다는 것으로 가장 잘 이해된다. 마르크스가 가끔 언급하는 임금노동과 노예제의 비교가 여기서 명백해진다. 헤겔은 그 자신의 시대에 잘 알려진 인물이었지만, 자유의 원리(모두가 자유)에 대해 그가 단언한 것이 민주주의 국가가 노예제도를 유지하는 것을 막지못했다. 하지만 헤겔에게 중요한 점은 자유의 원리에 대한 역사적 달성으로 노예제를 모순된 자기를 약체화시키는 사회형태로서 인식할 수 있게 되었다는 것이다. 이는 우리가 누구인지에 대한 우리의 '원리'를 명확히 하려면 반드시 극복해야 할 것이었다. 마찬가지로 마르크스는 임금노동은 모순된 자기를 훼손시키는 사회형태이고, 실제적인 자유와 평등을 이루려면 극복해야 할 점이라고 주장했다. 우리의 경제적, 사회적 삶은 임금노동 없이는 기능할 수 없다고 말하는 사람들이 많다. 하지만 노예제에 대해서도 똑같은 논의가 이루어졌다는 점을 기억해 둘 필요가 있다. 노예제의 부정적인 측면을 인정한 많은 저명한 사상가들조차 노예제는 당연히 필요하다고 생각했다. 그것이 없으면 자유사회는 붕괴될 것이라고. 일부의 노예화가 타인의 자유를 위해 필요하다는 생각은 모두가 함께 살아가고, 함께 일할 다른 가능성을 전개함으로써 극복할 수 있다. 이는 임금노동에 대한 비판에도 동일하게 적용되는데, 모든 사람의 자유에 대한 우리의 헌신이 우리의 경제적 삶을 공유하는데 서로 다른 형태를 요구하는 이유를 분명히 해 둘 필요가 있다. 따라서 나는 자유의 관념이 우리가 임금노동의 사회적 형태를 극복할 것을 요구하는 것임을 명확히 하려고 애쓴다. 사회적 형태의 임금노동은 그 자체 속에서 자유와 평등의 민주적 약속을 짊어지고 있지만, 임금노동의 역동성은 최종적으로 실제적인 민주국가를(자신들이 의지하고 헌신하기에 자신의 모습을 그 안에서 볼 수 있는 조직) 이루고 유지하는 것을 불가능하게 만든다. 이러한 국가 그리고 실제적인 민주주의 국가의 세계적인 동맹은 자유로운 삶을 영위하는 우리의 능력을 상호 승인하도록 하는 필요한 조건이다.

3

...

자유주의 경우와 마찬가지로 마르크스의 자본주의 비판은 내
재적이고 주관적인 비판이다(그 자체의 용어에 의한 자본주의 비판). 마
르크스는 자본주의에 앞선 사회적 형태나 물질적인 생산 양식에
향수를 느끼지 않는다. 또한 자본주의는 마르크스 자신이 주장하
는 평등, 자유라는 이상의 가능성에 대한 역사적 조건이다. 마르크
스가 강조하듯이 자본주의의 경제적 관계는 '모든 평등과 자유의
생산적이고 현실적인 기반'을 제공한다. 왜냐하면 '평등과 자유는
고대 세계와 중세에서는 아직 실현되지 않은 생산적 관계를 전제
로 하기 때문이다. 평등과 자유라는 자유주의적 이상은 자본주의
의 극복을 통해 실현될 수 있는 반면, 이상 자체의 역사적 출현은
자본주의의 생산양식과 떼어놓을 수 없다. 여기서는 자본주의의
두 가지 특징이 특히 중요하다. 첫째, 자본주의사회에서는 사회질
서는 더 이상 종교적 교리나 귀족의 혈통에 호소함으로써 정당화
되지 않는다. 이전 형태의 사회생활에서는 권력층은 어떤 다른 사
람에 대한 우위성이 단지 혈연에 의해 확립되었듯이, 당연하게 여
기는 신성한 권리 또는 자연스러운 권리에 의해 정당화되어왔다.
그래서 지배와 착취의 기원에 흥미를 갖는 저소득층은 거기서 보
이지 않는다. 대조적으로 자본주의 체제에서는 경제력이 사회적
불평등의 원인으로서 명확히 인정된다. 원칙적으로 자본주의에서
는 누구도 다른 사람을 지배할 권리가 주어지지 않는다는 의미에
서 우리는 모두 평등하다. 권력계층은 구매자와 판매자, 자본가와

노동자 사이의 관계를 통해 확립된다. 하지만 어느 누구도 별도의 지위가 아닌, 어떤 지위를 차지하는(또는 누군가가 차지하는 것을 배제하는) 권리를 주어진 신성한 혹은 자연스러운 질서는 없다. 각각의 구매자는 원칙적으로 그럴 능력이 되면 자산을 보유할 권리가 있고, 제시된 가격을 받아들일지 혹은 거부할 권리도 있다.

마르크스는 다음처럼 설명한다. '3실링으로 상품을 구입하는 노동자는 마찬가지 기능, 마찬가지로 평등 속에서 판매자에게는 3실링의 형태로 보인다.(3실링이라는 측면에서) 왕도 마찬가지다.' 그 속에서 모든 구별은 사라진다. 판매자로서의 판매자는 3실링 가격의 상품의 소유자로서만 표시되기에 양쪽이 완전히 같아진다. 혈통, 카스트 제도, 인종, 성별 그리고 신의 제재는 자본주의에서의 지배를 정당화하지 못한다. 이는 인종차별, 성차별 또는 다른 형태의 편견이 자본주의에서 착취의 정당화로서 계속적으로 기능하고 있음을 부정하는 것은 아니지만, 이전의 역사적 시대와는 달리 이러한 정당화는 원칙적으로 부당한 것으로서 공개될 가능성이 있다. 둘째, 자본주의에서 경제적 관계에 참여한 각자는 정식적으로 자유라고 인식되어 있다. 고대그리스나 로마의 노예제나 중세의 농노제와는 달리 자본주의에서 타인의 인생을 소유할 권리는 누구에게도 없다. 물론 역사적 사실의 문제로서 그럼에도 불구하고 많은 자본주의사회는 각종형태의 농노제를 인정해왔다. 하지만 임금노동제도는 원칙적으로 각 개인이 자신의 인생을 '소유한다'라고 인식할 수 있다. 우리는 다른 누군가를 위해 일하기를 강제 당하지는 않지만, 우리의 노동력을 우리가 바라는 누구라도

'자유롭게' 팔 수 있다. 가장 중요한 것은 우리 자신의 것이라고 인식되는 것은 우리 삶의 시간들이다. 우리는 어쩌면 재산을 소유하지 않을 수도 있고, 소유한 모든 재산을 다른 누군가에게 양도할 수도 있다. 하지만 환원불가능한 것으로는 즉 우리가 살아있는 한 우리에게 속한 것은 우리 인생의 시간들이다. 우리의 노동시간을 다른 누군가에게 임금으로 팔 때, 그래서 우리는 자신의 삶을 필연적으로 파는 셈이다. 우리의 시간은 우리의 인생에서 분리할 수 없기에, 자본주의에서는 우리의 시간이 귀중함을 분명히 인식하고 있다. 따라서 자본주의의 경제적 관계를 통해 부각되는 평등과 자유의 관념은 뿌리깊은 비판에 시달린다. 우리는 정식적으로는 평등하다고 인식하지만 우리 사이의 권력의 관계는 우리가 이어받은 재산과 자본의 양에 의존하기에 처음부터 여전히 불평등하다. 내가 생산수단을 소유하고 있다면, 나는 다른 사람을 임금으로 고용하고 이윤을 창출해서 그것으로 나의 자본을 늘일 수 있다. 반면에 생산 수단을 소유하고 있지 않다면, 노동시간을 나 자신이나 다른 자본가에게 팔 수 밖에 없다(아예 살지 않기로 작정하지 않는다면). 우리는 정식적으로 자유인이라고 인정받지만 살아남기 위해 타인의 이익을 위해 사실상 노동을 강요당하고 있다. 종교나 자연 대신으로 경제적 관계는 현재 어떤 사람이 다른 사람에게 종속되는 것의 정당화 수단으로서 기능하고 있다. 이것이 어떻게 기능하는지를 살펴보려면, 우선 마르크스의 기본적인 범주를 알아볼 필요가 있다. 다시 마을과 우물의 이야기로 돌아가 보겠다. 자본주의 이전에도 물의 획득은 노동시간을 필요로 했기에 물의 공급은 마르크스가 말한 의미에서 상품일 가능성이 있다. 우리는 자동적으로 물에 접할 수 없지만 물을 얻으려면 어떠한 형태의 노동을 실행할 필요가 있다. 노동시간을 필요로 하는 모든 것은 마르크스가 언급한 상품일 가능성이 있기 때문이다. 이는 우리가 호흡하는 공기(우리가 마시는 물과는 달리)가 상품이 될 수 없는 까닭이기도 하다. 우리가 호흡하는 공기는 우리가 수고하지 않고 이용할 수 있기에 상품이 될 수 없다. 깨끗한 공기는 뭔가를 해야만 할 경우에는 상품이 될 가능성이 있고 실제로 오염 때문에 미래에는 비싼 상품이 될 가능성도 있다. 상품의 일반적인 형태는 자본주의 속에서 고유한 것이 아니지만, 사용가치와 교환가치의 양쪽을 가진 모든 것에 관련된다. 상품의 사용가치는 상품이 가진 목적이다. 즉 상품은 복수의 사용가치를 가질 수 있다. 가령 1갤런(약 3.8리터-옮긴이)물의 사용 가치는 목마른 사람에게 수분을 보충해주고, 더러워진 사람을 씻기고, 옷을 빨거나 접시를 닦고, 야채를 키울 수 있다. 1갤런의 물의 교환가치는 그 특정한 사용가치와는 관계가 없고 다른 상품의 가치와 비교해서 결정된다. 교환가치의 문제는 이것을 저것으로 교환할 때는 늘 기능한다. 1갤런의 물밖에 필요하지 않는데 2갤런의 물이 있는 경우는 여분의 1갤런의 물을 신발과 교환하기도 한다. 어느 한쪽을 교환함으로써 사용가치가 전혀 달라지는 경우라도, 동일한 교환가치를 갖는다는 걸 알 수 있다(오전 1시에 목이 마른데, 신발은 도움이 되질 않는다. 발이 언 경우는 1갤런의 물이 소용이 없다). 교환가치의 등가성은 화폐의 형태로 나타낼 수 있다.(신발 한 켤레에 1갤런의 물과 동일한 비용이 들었다고 말하듯이) 하지만 화폐의 형태는 자본주의보다 앞서 존재했고 교환가치를 측정하는 보다 원시적인 형태보다 앞섰다는 것을 기억하는 게 중요하다. 모든 형태의 상품 교환에는 교환가치의 범주가 필요하고, 그에 따라 각종 상품의 가치가 비교 가능한 측정기준이 필요해진다. 중요한 문제는 교환가치에서 가치의 척도를 어떻게 이해하느냐다. 마르크스가 '자본론'에서 우리에게 상기시켰듯이 아리스토텔레스는 이 질문을 엄밀한 형태로 제기한 최초의 인물이었다. '교환은 있을 수 없다'라고 아리스토텔레스는 지적했다. '평등이 없으면, 그리고 그에 비교할 게 없으면 평등은 없다.'

1갤런의 물을 신발과 교환하려면 1갤런의 물이라도 그 가치를 비교할 수 있어야 한다. 한 켤레의 신발과 비교할 수는 없다. 아리스토텔레스 자신은 그 같은 비교의 진정한 근거가 어디 있는지를 모른다고 인정하고 있다. '실제로는 불가능하다'라고 그는 주장했는데, '그처럼 서로 다른 것은 비교 가능하지 않기에' 교환가치의 측정값을 '실용적인 목적을 위한 일시적인 것'으로 평가 절하했다. 반면에 마르크스는 교환가치의 가치의 척도 즉 노동시간 이라는 실제의 가치 척도가 있음을 강조한다. 모든 상품에 공통된 것 중 하나는 그 가치를 비교할 수 있다는 것이다. 이는 생산에 노동시간이 투입된다는 것을 말한다. 1갤런의 물의 가치도 한 켤레의 신발의 가치와 비교할 수 있다. 둘 다 노동시간이라는 비용이 들었기 때문이다. 그래서 상품의 교환가치는 비록 상품의 가격이 각종 요인으로 인해 다양하게 제시된다고 해도 그것을 생산하는데 필요한 노동시간으로 결정된다. 마르크스에 따르면 아리스토텔레스는 노예노동을 기반으로 하는 사회에 살았기에 교환가치의 척도를 파악할 수 없었다. 노예가 생산한 상품은 노예 자신의 소유권이 주어지지 않았기에 '비용이 드는' 노동 시간을 가졌다고 인식하지 못했다. 노동시간의 일반적인 가치는 교환 과정의 각 참가자 그리고 상품의 각 생산자가 평등하다고 간주되는 사회에서만 인식할 수 있다. 마르크스는 다음처럼 설명한다.

"가치의 표현의 비밀은 즉, 모든 종류의 노동의 평등과 동등함이다. 왜냐하면 그것이 일반적으로 인간의 노동인 이상, 고정된 여론의 영속성에 대해 평등의 개념이 획득될 때까지는 해독할 수 없었기 때문이다. 하지만 이것은 상품 형태가 노동의 산물의 보편적인 형태의 사회에서만 가능하다. 따라서 지배적인 사회적 관계는 상품의 소유자로서 남성들 간의 관계다. 아리스토텔레스의 특질은 상품의 가치표현에 대한 평등의 관계의 발견에 의해 정확히 나타난다. 그가 살고 있는 사회에 고유의 역사적 제한만이 이 평등의 관계가 '실제로' 무엇으로 구성되어 있는지 아는 것을 가로막았다."

이는 마르크스가 자본주의 경제관계의 출현과 그것과 얽힌 평등의 개념의 역사가 없이는 자신의 통찰이 불가능하다는 것을 나타내는 많은 언급 중 하나이다. 자본주의 이전조차 노동시간은 암묵적으로 교환가치의 척도였다(그렇지 않았다면 두 가지의 서로 다른 상품의 '비용'을 비교하는 게 불가능하다). 하지만 자본주의의 출현에 의해서만 노동시간은 명백히 교환가치의 척도가 된다. 이러한 변화는 각자가 평등하다고 인식될 뿐 아니라, 자신의 시간을 자유롭게 사용할 수 있다고 인식되어야 한다. 우리가 가진 자유 시간에 대한 인식만이(우리의 자유로운 시간이 우리에게 본디 내재적인 가치라는 인식) 우리의 노동시간을 비용으로서 이해할 수 있고, 우리의 노동에 의한 생산품에 본질적인 가치를 부여할 수 있다. 이는 나의 중심적인 주장의 하나이고, 마르크스의 분석에 의해 암시되고 있을 뿐이지만, 더욱 유의미해질 필요가 있다. 자본주의에서 자유시간의 일반적 권리를 인정하는 사회형태는 임금노동이다. 임금노동의 제도는 우리가 생계를 위해 일할 때, 필요성의 영역에서 활동하는 것을 인정하고 있다. 여기서 우리의 노동은 임금으로 보상되는 부정적인 비용으로서 계산된다. 마찬가지로 임금노동은 노동시간을 초월한 자유의 영역에서 우리의 인생을 영위하는 것을 끝내기 위한 수단이다. 우리의 임금은 말 그대로 생존을 위한 수단이고, 우리에게 중요한 과제나 헌신을 추구하기 위한 자유 시간을 부여한다(그렇지 않으면 임금노동과 노예제 사이의 제도적 차이점은 없다). 하지만 마르크스가 주장하듯이 임금노동에 의한 자유의 약속은 임금 노동 자체의 사회적 형태에 의해 필연적으로 배반당한다. 이 논의는 신중할 필요가 있다. 우리가 자본주의에서 삶의 시간을 어떻게 바라보는지, 그리고 그러한 인식이 자유로운 삶을 영위하는 우리의 헌신과 모순되는 이유를 밝혀주기 때문이다. 사회형태의 임금노동에는 경제 전체의 잉여가치라는 대량의 임금노동을 창출할 능력이 있다. 그 같은 가치의 '성장growth'의 능력은 자본주의의 지지자가 그것이 최선의 경제 시스템이라고 믿는 주된 이유다. 하지만 결정적인 문제는 자본주의 경제에서 가치의 성장을 어떻게 설명하느냐다. 널리 지지받는 가설과는 반대로 경제성장의 원천은 유통(매매)의 과정이라고는 말할 수 없다. 특정한 경제주체는 뭔가를 값싸게 구입해서 보다 비싼 가격으로 판매함으로써 이익을 올릴 수 있지만, 경제 전체에서는 어떤 주체의 이익은 다른 주체의 손실에 상당하기에 이러한 종류의 이익은 제로섬 게임이다. 따라서 매매의 과정에서는 경제 전체의 가치가 상승하는 이유를 설명할 수가 없다. 하지만 자본주의의 경제는 그러한 잉여를 창출하는 것을 우리는 알고 있다(가령, 가치의 연간 성장).

잉여가치는 어디에서 비롯될까? 그에 대한 설명은 생산의 과정에 있는데, 특히 살아 있는 노동living labor의 행위에서 비롯된다. 제4장에서 언급했듯이 생물은 필연적으로 자기 유지의 행위에 의해 시간의 잉여를 창출하는데, 간단히 말하자면 우리는 살아가기 위해 '소비하는spend' 것보다 더 이상의 수명(생애)을 생산한다. 우리에게 자유 시간이 있는 이유이고 우리가 착취당하는 이유이기도 하다. 살아가기 위해서만 모든 시간을 소비하는 존재는 다른 목적을 위해 사용될 수 없다. 만일 그 존재에게 그 자신의 삶을 유지하지는 것 말고 다른 것을 강요한다면 즉시 죽을 것이다. 하지만 우리의 자기 유지 행위는 '비용' 보다 더 많은 수명을 창출한다. 시간의 잉여는 우리가 자유로운 여가를 즐길 수 있도록 해줄 뿐 아니라 임금노동의 사회적 형태로 활용할 수 있다. 이는 우리의 잉여시간을 이윤과 자본의 성장을 위한 잉여 가치로 바꿔준다. 우리는 임금노동의 운명과 우리 마을의 자본주의의 역동성을 살펴봄으로써 마르크스의 주장을 상세히 추구할 수 있다. 가령, 자본가로서, 나는 마을에서 한 시간 거리에 떨어져 있는 우물을 소유하고 있다. 이 우물은 마을에서 가장 효율적인 방법으로 물을 획득할 수 있는 유일한 수단이다. 물의 수요는 높고, 식용이나 세정, 야채 재배 등에 사용된다. 나는 500명의 노동자를 고용해서 하루 8시간, 주 6일을 우물에서 물을 길러오게 한다. 내가 파는(1갤런의 물) 상품의 가치는 그것을 생산하는데 드는 비용으로 결정된다. 보다 정확히 말하자면 1갤런의 물의 가치는 우리 마을의 평균적인 노동자가 1갤런의 물을 생산하는 데 드는 노동 시간의 양으로 결정된다. 이는 마르크스가 '사회적 필요성의 노동 시간socially necessary labor time'이라고 부르는 것이다. 사회적으로 필요한 노동시간은 그 사회에서 유용한 생산수단에 따른다. 우리 마을의 경우는 유용한 생산수단이 자체로 이용가능한 우물의 기술과 다른 곳으로 물을 공급하기 위해 이용할 수 있는 수단이다. 기술의 진보와 일반적인 작업효율로 1갤런의 물을 생산하기 위해 사회적으로 필요한 노동시간이 2시간에서 1시간으로 단축될 경우, 1갤런의 생산은 2시간 대신에 1시간의 노동 시간인 임금의 '비용'이기에 1갤런의 물의 가치도 반으로 줄어든다.

　　내가 노동시장에서 구입하는 노동력의 가치(노동자의 임금)은 생산하는 데 드는 비용에 따라 결정된다. 마르크스는 우리가 자본가로서 구입한 것은 노동자 자신이 아니라 그 경우에는 그 노동자는 노예가 될 것이라고 강조하지만, 사실은 그의 노동력labor-power,

Arbeitskraft이다. 하지만 노동력은 살아 있는 개인의 능력으로서만 존재하기 때문에 노동자의 노동력을 노동자 자신의 삶에서 분리할 수가 없다. 노동력을 창출하는 비용은 노동을 계속 할 수 있게 해주는 충분한 식량, 수면, 그 밖의 생활수단을 제공하는 비용과도 떼어놓을 수 없다. 이는 자본의 비율이 본질적으로 어느 시점의 사회에서 생존수단의 평균 비용에 관련된 이유다. 이는 주어진 시간 속에서 사회에서 살아가는데 필요한 생존 수단에 드는 평균 비용에 임금의 비율이 관련된 이유이기도 하다. 자본주의 그자체가 매일 재생산되려면 노동자가 자신을 재생산할 수단을 제공하고, 내일을 위한 자신의 노동력과 훗날의 노동자가 될 수 있는 자녀, 이 모두를 창출해야 한다. 마르크스는 다음처럼 설명한다.

"마모나 죽음에 의해 시장에서 철수한 노동력은 적어도 동일한 양의 신선한 노동력으로 지속적인 교대가 있어야 한다. 따라서 노동력의 창출에 필요한 생존수단의 합계는 노동자의 교대에 필요한 수단 즉 그의 자식이 포함되어야만 한다."

노동력에 대한 투자는 일반적으로 유익한 투자다. 생물은 그 것을 유지하기위해 드는 비용보다 더 많은 수명 그러니까 보다 많은 노동력을 창출하기 때문이다. 이는 자본으로 변환되는 잉여가치의 기원이다. 평균적인 노동자가 1시간의 노동으로 창출할 수 있는 가치는 평균적인 노동자의 1시간의 노동의 수명을 유지하기 위한 비용보다 크다. 비용에 대해 가치가 얼마나 큰 것인지는 많은 요인에 좌우되지만 자본주의 경제의 부를 늘리려면, 노동에 의해 창출된 가치가 노동자비용보다 클 것이 요구된다. 생산과 소매업의 모든 추가 비용을 고려한 후에도 살아있는 노동의 활동에 의해 창출된 잉여가치가 없으면 안 된다. 그렇지 않으면 시스템 전체의 이익이 없고, 경제의 '성장'도 없다. 또한 잉여분은 노동자 자신에게 환원할 수도 없지만, 생산수단의 소유자가 자본으로서 재투자 혹은 축적되어야 한다. 살아있는 노동에 대한 투자는 일반적으로 유익한 투자이지만, 나로서는 특정한 노동자에 대한 투자가 보상받고 그리고 특정한 사업이 유익할 것이라는 확신이 없다. 그래서 자본주의의 고용주로서 나는 노동자를 되도록 열심히 일하게 만들도록 애써야만 한다. 내가 당신을 고용할 때, 당신의 노동력을 일정기간(우리의 경우는 1일 8시간, 주 6일) 구입하는데, 당신이 그 시간을 얼마나 효율적으로 이용하는지를 사전에 알 수가 없다. 그래서 특정한 노동자로서의 당신이 내게 얼마만큼의 이익을 줄지 혹은 당신이 내게 이익을 준다 해도 나로서는 전혀 모른다. 1갤런의 물을 마을로 갖고 오는데 1시간 이상이 걸린 경우(늦거나, 태만하거나 혹은 다른 이유로), 나의 이익은 줄어들겠고, 완전히 감소할 수도 있다. 반면에 사회적으로 필요한 노동시간보다 더 빨리하면, 내 이익은 늘겠고, 나는 사업에 전념할 수 있다. 내가(자본주의의 고용주로서) 노동자로부터 보다 많은 노동력을 짜내도록 종용받는 이유는 주로 심리적이나 개인적인 악덕의 문제가 아니다. 마르크스 이전의 시대는 사회주의 작가들이 도덕적인 문제처럼 자본가를 탐욕으로 인해 노동자를 착취하는 악역으로서 묘사하는 경향이 있었다. 반면에 마르크스는 착취의 역학은 자본주의 자체의 사회적 형태에 내재하고, 각각의 악덕이나 미덕으로 환원될 수 없다는 것을 보여주었다. 따지고 보면 임금노동의 착취는 많든 적든 폭력적이다. 마르크스는 공장과 각각의 개인적인 고용주의 집에서 19세기의 많은 노동자(자식을 포함)들이 죽어나간 노동 관행의 특정한 공포에 동감하고 있다. 또한 마르크스의 통찰은 오늘날의 세계에서 계속되는 혹독한 노동관행을 떠올리게 해준다. 이를테면 노동자는 내가 본서의 내용을 입력하는 컴퓨터를 제조하는 환경에 맞서 자살하기도 한다. 하지만 문제를 개인의 선택과 성격으로 치부하는 것은 자본주의에서 체계적인 착취를 무시하는 것이다. 개인 소비자로서 특정한 제품을 구입하지 않겠다고 선택할 수 있지만, 시스템에 대한 집단적인 변혁 없이는 자본주의의 착취에 지속적으로 참가하는 셈이다. 마찬가지로 나는 자본주의의 고용자로서 노동자로부터 잉여가치를 끌어내지 못하면 사업을 접어야 하고 임금노동에 내 자신을 맡겨야 할 것이다. 마침내 임금노동자로서 나는 생계를 유지하고 살아남으려 하기에 자본가의 고용주에 복종하지 않을 수 없다. 우리 마을에서 나는 자유롭고 선의를 가진 자본가의 고용주다. 나는 존 스튜어트 밀의 '자유론On Liberty'을 읽고 나는 우리 개개인이 추구해야할 정의로서의 자유에 대한 그의 정의를 지지한다. 그 권리는 '타인에게서 자신의 이익을 뺏으려거나, 그들의 획득 노력을 방해하지 않는다면, 우리 한 사람마다가 자신의 방식으로 자신의 이익을 추구할 권리'이다. 또한 나는 위대한 철학자 존 롤스의 '정의론'을 공부했고, 삶에 대한 최상의 형태는 모든 사람이 자신의 고유한 '인생 설계life plans'를 명확히 함으로써 무엇이 중요한지를 심사숙고하고 그것을 이루려는 것이라는 생각에 깊이 동조하고 있다.

나는 임금노동을 그 목적을 위한 수단으로서 생각하며, 500명의 노동자를 고용해 우물에서 물을 길러 걸어오면, 나는 지역사회를 위해 뭔가 좋은 일을 하고 있다고 느낀다. 나의 물 사업은 우리 마을에서 노동자가 자신과 그 가족을 부양하기 위한 좋은 수단을 제공하고 있다. 주 6일의 8시간 노동으로는 노동자가 생존을 위한 수단이 아닌 어떤 다른 인생 설계를 명확히 수행하기에는 시간이 부족하지 않을까라는 걱정이 든다. 하지만 인근 마을의 물 사업과 경쟁력을 갖추려면 나는 그들과 동일한 노동관행을 실시해야만 한다. 당신은 내가 고용한 노동자 중 한 사람이고, 나는 당신에게 시간당 10달러를 지급하고 있다. 이는 주 수입 480달러에 해당한다. 이 임금은 마을의 개인의 사회적 평균생활비를 고려해 설정된 것이다. 나처럼 당신은 임금노동을 당신의 인생을 영위하는 수단, 당신의 인생 설계와 그것을 추구할 수 있는 자유로운 시간으로 간주한다. 당신의 노동의 대가로 받는 임금(시간당 10달러)는 당신의 인생을 유지하기에 충분하다. 하지만, 1시간의 노동으로 당신이 내 사업을 위해 길러오는 1갤런의 물은, 우리가 사는 나라에서는 수자원이 대단히 적고, 따라서 물값이 비싸기에 나는 20달러로 팔 수 있다. 기타 비용(집세, 공구, 소매업, 제경비)을 빼도 남은 이윤은 1시간의 노동으로 조달한 1갤런의 물에 대해 5달러가 된다. 당신의 잉여 노동시간으로 창출되는 이 이윤은 나의 성장하는 자본으로 바뀐다. 현재 그들의 이윤을 늘리기 위해 인근 마을의 수자원 자본가는 그들의 노동자가 하루에 더 많은 시간을 노동하도록 독촉한다. 조직화된 노동조합이 없고, 노동시간은 10시간으로 연장되고 각 노동자는 전보다 빨리 걷고, 전보다 많은 물을 길러오도록 재촉받는다. 이러한 변화를 통해 인근의 자본가는 보다 저렴한 물을 우리 마을에 수출하고, 물 시장에 관한 내 자리를 뺏을 수도 있다. 따라서 나는 내 사업과 마을의 노동시장을 구하려고 동일한 노동조건을 채택하게 된다. 내가 노동자의 삶을 위험에 처하게 한다는 인식은 나를 밤새도록 잠 못들 게 하지만, 나는 그 길을 고집한다. 그렇지 않으면 나는 내 사업을 잃게 되고 임금노동자로 전락할 것이다. 새로운 노동환경 탓에 내가 고용한 노동자들은 식사하고 자고 그리고 몸과 마음을 회복하는데 충분한 시간이 주어지지 않는다. 그러다가 우물로 가는 도중에 너무 지쳐서 죽을 수도 있다. 이에 항의해서 노동자들은 조합을 결성하기 위해 뭉친다. 당신은 조합의 리더가 되고 내 사업의 착취적인 관행에 주의를 준다. 당신은 조합의 모든 노동자를 위해 보다 짧은 노동 시간과 보다 많은 임금을 요구한다. 파업이 발생하자, 나를 비롯해 국내의 물 자본가는 굴복한다. 현재, 노동시간은 최대 7시간으로 제한되어 있고, 최저임금은 15달러다. 새로운 규제가 시행되면 나의 이윤율은 떨어지기에, 사업을 제대로 해낼 수 있도록 새로운 방법을 찾을 필요가 있다. 여기서 이용 가능한 테크놀로지의 개선으로 눈을 돌린다. 나는 마을 중심에 물을 끌어올 수 있는 최신형 기계 설치에 내 자본을 투자한다. 새로운 기술 덕분에 나라의 평균생산시간(사회적으로 필요한 노동시간)이 시간 당 1갤런으로 그대로인데도 내가 고용한 노동자는 한 사람마다 시간 당 10갤런의 물을 생산할 수 있다. 따라서 나는 마르크스가 초이익super-profits이라고 부른 것을 창출할 수 있다. 현재 갤런 당 생산가격은 10배나 저렴해졌지만, 사회적으로 필요한 노동시간에 따라 갤런의 가격을 설정할 수 있다(또는 경쟁회사를 물리치려고 현재 가격보다 조금 저렴하게 물을 판다). 사실상 나는 우리 마을에서 물을 팔아서 10배의 이윤을 올리고 있고, 이윤율이 높은 다른 마을에도 물을 수출할 수가 있다. 하지만 초이익의 기간은 일시적이다. 다른 물 자본가는 금세 내가 가진 것과 동일한 테크놀로지를 습득해서 시장의 점유율을 되돌린다. 하지만 근로일수의 규제가 있기에 근본적으로 변화한 게 있다. 나를 비롯해 다른 자본가는 노동자를 보다 오랫동안 일을 시킴으로써 노동자에게 끌어낼 수 있는 절대 잉여가치의 양을 늘릴 수가 없다. 1시간의 노동은 잉여가치의 단위이기에 노동시간에 시간을 추가하면 절대값(단위별)으로 잉여가치가 추가된다. 노동시간의 길이에 제한이 있기에 노동자에게서 보다 많은 잉여가치를 이끌어내는 것은 마르크스가 상대적 잉여가치relative surplus value라고 부르는 것으로 결정된다. 상대적 잉여 가치는 내가 노동자에게 1시간의 노동에 대해 지불해야만 하는 임금과 노동자가 1시간의 노동으로 창출할 수 있는 가치와의 차이에 관련이 있다. 기술의 개발은 상대적 잉여가치를 높이려는 최선의 방법이다. 보다 효율적인 기술을 이용하면 노동자가 보다 짧은 시간 내에 보다 많은 가치를 창출하고 동시에 임금을 억누를 수가 있기 때문이다.

새로운 기술 덕분에 내가 고용한 노동자가 1갤런의 물을 두 배로 생산하면 1갤런의 가치가 반으로 감소하는 방법을 설명해보겠다. 동일한 양의 가치를 창출하려고 내가 고용한 노동자는 지금 한 시간의 노동으로 얻을 수 있는 물의 양을 두 배로 생산하고 있다. 1갤런의 물은 마을에서 구매하는 게 저렴하다. 내가 고용한 노동자의 평균생활비는 감소하고 그들의 임금은 내려가지만(적어도 그들의 임금의 증가는 제한적이다). 그들은 생계를 유지하기 위한 수단으로 그렇게 할 수밖에 없다. 그 결과 상대적 잉여가치가 증가한다. 내가 고용한 노동자는 1시간에 동일한 양의 가치를 창출하지만 생활비가 감소했기에 보다 적은 가치의 비율이 그들의 임금에 반영되고 보다 많은 비율이 내 사업의 잉여가치가 된다. 그 결과 국내의 물 자본가 사이의 기술경쟁은 점점 심해진다. 기술이 진보할 때마다 우리의 노동자는 보다 짧은 시간에 보다 많이 생산할수가 있고, 상대적 잉여가치는 자본으로 변환되고, 그것은 또한 최신 기술의 개발에 투자된다. 바퀴는 돌아가고 있지만 부수적인 영향이 우리 마을에서 감지된다. 보다 효율적인 기술을 고안하면 생산 과정에 필요한 노동자의 수가 적어지고, 실업 증가에 직면한다. 일자리를 잃은 노동자는 일시적 고용을 전전하면서 보다 적은 임금으로 생계를 꾸려나간다. 이는 나와 다른 자본가에게는 우리가 임금의 일반적인 수준을 밑돌게 하던가 적어도 억제할 수 있기에 유리한 상황이다. 나아가 잉여인구는 저렴한 임금으로 고용할 수가 있고, 여러 가지 서비스(가사도우미, 정원 가꾸기, 육아, 요리, 세탁 등)에 대해 고용할 수도 있다. 동시에 실업율의 상승과 더불어 사람들이 우리가 생산하는 상품을 구입하는데 충분한 돈을 가질 필요가 있기에 위기의 가능성은 늘 닥칠 수 있다. 현재 우리 시대의 경제학자들과 정치인들의 의견은 경제위기를 회피하려면 적어도 3퍼센트의 가치의 연간 성장이 필요하다고 말한다. 가치의 연간성장은 보다 많은 상품의 생산뿐 아니라 보다 많은 상품의 소비, 또한 보다 많은 판매뿐 아니라 보다 많은 구매가 요구된다. 사람들이 상품을 구입하지 않으면 그 잉여가치는 자본으로 변환되지 못하고 경제 가치의 연간 성장에 공헌하지 못한다.

자본주의 생산양식의 모순은 지금 우리 마을에서 분명히 그 실체를 드러냈다. 자본주의는 갈수록 많은 상대적 잉여가치를 끌어냄으로써만 그 자체를 유지할 수 있다. 그래서 우리는 매년 가치의 성장에 임하고 있다. 상대적 잉여 가치의 추출은 기술의 진보로 이루어지는 사회적으로 필요한 노동시간을 지속적으로 삭감하는 것에 의해 결정된다. 사회적으로 필요한 노동시간의 삭감은 모든 사람에게 보다 많은 자유시간을 가져다 줄 수 있지만, 자본주의에서는 잉여시간을 잉여가치로 변환할 필요가 있기 때문에 불가능하다. 사회적으로 필요한 노동시간의 단축(해방될 가능성이 있다)은 대신에 치명적인 모순으로 이어진다. 한편으로는 각 상품에는 자본가의 잉여가치를 창출하는 노동시간이 적어지기에 우리는 점점 많은 상품을 생산하지 않으면 안 된다. 다른 한편으로는 상품을 생산하기 위해 필요한 인원은 점점 줄어드는 형편이다. 동시에 상품의 수는 늘어나지만, 상품을 구입할 수 있는 수입이 있는 사람의 수는 줄어든다. 따라서 과잉생산의 위기(상품을 구입하기 위한 충분한 수단이 없는 시장에 상품이 쇄도할 때)는 늘 지평선 상에 있다. 위기를 막으려면 사람들이 하는 일이 필요한지의 여부, 그 일이 노동자에게 유의미한지의 여부는 관계없다. 임금노동에 사람들을 고용하는 것을 찾아내야만 한다. 또한 사람들에게 그들이 소비하는 물건이 필요한지의 여부, 그 상품을 소비하는 것이 그들에게 유의미한지의 여부는 관계없다. 지금까지 이상으로 소비해줄 필요가 있다. 또한 소비자에게 상품을 재차 구매하도록 종용하듯이, 생산자는 상품을 나중이 아닌 빨리 처분한다는 관점에서 상품을 생산해야만 한다. 자본주의에서는 우리가 무엇을 필요로 하고 무엇을 원하며 무엇이 내구성이 뛰어난지에 대한 모든 질문은 무엇이 이윤을 낳는지라는 질문에 종속되어야만 한다. 이윤의 동기에 대한 특권은 자본주의에서 각 개인의 도덕적 실패가 아니라, 우리가 자본주의에 집단적으로 헌신하는 것 그리고 가치의 연간성장의 필요한 요건을 표현하는 것이다. 연간성장의 가치를 창출하는 속도로 수익성이 높은 투자기회를 발견하려면 우리는 천연자원과 우리 삶의 보다 많은 측면을 지금까지 이상으로 상품화할 필요가 있다. 천연자원을 더 많이 상품화할수록, 창출할 이윤은 너 커진다. 마찬가지로 매매의 관점으로 변환될 수 있는 행위(헬스케어, 교육, 공공서비스, 가사 등)가 많아질수록 보다 많은 이윤의 원천이 창출된다. 천연자원과 삶의 활동의 상품화 확대는 선택사항은 아니지만, 자본주의가 그 자체를 유지하기 위해 필요하다. 우리가 자본주의에 헌신한다면 우리의 삶에서 갈수록 많은 측면을 상품화하는 데 헌신하게 된다. 이 악순환은 자본주의를 극복해야만 무너뜨릴 수 있다. 자본주의는 우리의 가치관의 변화를 요구하고 있다.

4

...

자본주의라는 용어는 자주 대략적으로 사용되는데, 마르크스의 연구에 따르면 정확한 정의를 부여할 수 있다. 자본주의는 임금노동이 사회적 부의 기반인 역사적 생활형태다. 마르크스의 자본주의 비판에서 핵심은 사회의 임금노동의 의존으로 초래되는 가치의 척도에 관한 그의 비판에 있다. 가치의 측정은 경제성장을 계산하고 그에 따라 사회적 부를 어떻게 측정하느냐로 결정되기에 필수적 요소다. 자본주의에서는 부의 생산은 이윤으로 변환되고 자본의 성장을 일으키는 잉여가치의 원천인 살아있는 노동시간으로 결정된다. 자본주의의 생활양식을 구별하는 것은 이윤을 위한 임금노동이고 그것은 사회적으로 필요한 노동시간이 가치의 본질적인 척도가 될 것을 요구한다. 마르크스의 저서를 읽을 때 가장 치명적인 잘못은(그의 추종자와 마찬가지로 그의 비판자에게도 널리 인식된) 그가 노동이 필요하다고 주장하는 일반적 노동가치설을 받아들이고 있다고 착각하는 것인데, 노동이 모든 사회적 부에 대해 필요한 자원이라는 것이다. 모든 사회적 부의 원천이라는 논리는 고전파 경제학자인 아담 스미스와 데이비드 리카도에 의해 최초로 공식화되었고 마르크스가 더욱 발전시켰다고 일컬어진다. 아담 스미스와 데이비드 리카도에게 가치의 본질적인 척도로서의 노동은 역사를 초월한 사실이다. 그들은 노동이 늘 사회적부의 원천이었고 앞으로도 그럴 것이라고 생각했다. 대조적으로 마르크스에게는 가치의 척도로서의 사회적으로 필요한 노동시간은 상품형태에 고유한 성질이고 자본주의적 생산양식에서만 가치의 본질이 된다. 가치의 척도로서의 노동시간은 역사를 초월할 만큼 필요하지 않지만, 모순되기에 극복할 수 있는 자본주의의 역사적으로 특정된 본질이다. 마르크스의 자본주의에 대한 모든 비판은 그의 가치개념에 대한 분석에서 기인한다. 하지만 이 문제(그의 모든 일 중에서 가장 근본적인 것)에 관해 마르크스주의자는 일반적으로 노동시간이 가치의 역사적 본질이라고 가정함으로써 또한(아니면) 노동시간이 자본주의에서 역사적으로 특정한 가치의 본질을 형성하는 상품의 가치의 척도라는 이유를 설명할 수 없음으로써 마르크스의 주장에 실패하고 있다. 필요한 것은 왜 사회적으로 필요한 노동시간이 자본주의에서 가치의 척도이며 왜 그 같은 가치의 척도가 자기모순인지에 대한 엄밀한 설명이다. 사회적으로 필요한 노동시간은 상품가치의 척도라는 마르크스의 주장은 19세기 후반에 시작되어 현재 모든 사람들에게 언급되고 있는 신고전학파 경제학에 의해 신용을 실추시키고 있다고 널리 인식되기 때문에 그러한 설명의 제공에 대한 실패는 특히 중요하다. 신고전학파 경제학의 한계주의 혁명marginalist revolution으로서 알려진 것은 노동시간이 아닌 수급의 관점에서 상품의 가치를 설명한다. 수급이론이 그 중 하나다. 모든 학생이 경제학 입문코스에서 배우는 것이다. 이 이론은 사실상 마르크스의 자본주의의 체계적 분석을 내버리려는 알리바이로서 기능한다(실제로는 관여하지 않고). 신고전학파 경제학의 수급모델에 따르면 상품의 수요는 상품을 생산하기 위해 필요한 노동시간의 양에 의해서도, 전반적인 유용성에 의해서도 아닌 상품을 구입하는 모든 사람이 가진 한계 효용에 의해서 결정된다.

잘 알려진 사례가 물과 다이아몬드의 가치의 차이다. 전체적인 유용성으로 따지면(한계효용과는 다른 전체적 효용) 물은 다이아몬드보다 인간에게 더 가치 있다. 우리의 생존에 물은 필수적이지만 반면에 다이아몬드 없이도 한 평생을 살아갈 수 있다. 그런데 다이아몬드는 일반적으로 1갤런의 물보다 훨씬 가치가 있다고 여겨진다. 다이아몬드의 공급이 딸리고 물의 공급은 풍부하기 때문이라는 것이다. 필요한 물을 수도꼭지만 틀면 얻을 수 있는 경우에 추가적으로 물을 구입할 한계 효용은 낮아진다. 내가 이미 갖고 있는 것에 그다지 추가되지 않기 때문이다. 반면에 다이아몬드의 공급은 대단히 제한되어 있고 대개의 사람들이 다이아몬드를 갖고 있지 않기에 다이아몬드의 한계비용은 높아진다. 따라서 상품의 가치는 수요와 공급이 곡선상에서 만나는 장소의 문제가 된다. 공급이 증가하면 수요를 결정하는 한계비용이 감소하고, 공급이 감소하면 한계비용이 증가한다. 마르크스의 통찰에 이의를 제기하기 전에, 수요와 공급의 모델에서 사회적으로 필요한 노동시간은 상품가치의 척도라는 그의 주장을 뒷받침하고 있다는 사실을 알아둘 필요가 있다. 수요와 공급, 희소성과 풍부함의 범주는 단지 형이상학적인 용어로 이해할 수 없고 형이하학적인 용어로 이해할 필요가 있다. 물이 풍부하다는 것은 물을 얻는데 필요한 평균시간(사회적으로 필요한 노동시간)이 최소라는 것을 의미한다. 평균적인 시민은 필요한 모든 물을 얻기 위해 수도꼭지를 틀기만 하면

된다. 반대로 말하자면 다이아몬드의 공급이 딸린다는 것은 다이아몬드를 얻는데 필요한 평균시간(사회적으로 필요한 노동시간)이 거의 최대라는 것을 의미한다. 평균적인 시민은 다이아몬드를 발견하려면 많은 시간을 쏟아 부어야 한다. 이러한 객관적인 생산의 사회적 조건이 변화한 경우, 수요와 공급에서 발생하는 가치도 변화한다. 단순한 조작으로 탄소를 다이아몬드로 바꿀 수 있다면 다이아몬드를 생산하기 위해 사회적으로 필요한 노동시간이 감소하기에 다이아몬드의 한계 효용은 저하된다. 마찬가지로 우리가 물의 공급원을 뺏겨서 1갤런의 물을 얻으려고 몇 시간을 걸어야한다면 물의 한계효용은 올라갈 것이다. 사회적으로 필요한 노동시간이 늘어나기 때문이다. 한계효용의 개념이 마르크스의 주장에 이의를 제기한다는 사고방식은 환상이다. 신고전학파 경제학자들이 자신들의 범주를 이해하는 조건을 반영하지 못했기 때문이다. 수요와 공급, 희소성과 풍부함의 범주는 사회적으로 필요한 노동시간에 의해 확립된 가치의 척도의 관점에서만 이해할 수 있다. 이 가치의 척도는 유한한 삶이라는 관점에서만 이해할 수 있기에 본디 비용 혹은 이익으로서도 이해할 수 있다. 자신에게 중요한 삶을 영위하기 위해 시간을 확보하거나 잃어버린 사람의 입장에서만 뭔가가 부족하거나 풍부하게 될 가능성이 있다. 신고전학파 경제학에서 중심적인 개념인 기회비용 그 자체는 자신의 유한한 삶을 소중히 여기는 사람만이 이해할 수 있다. 이는 물을 생산하기 위해 객관적인 사회적 조건이 무너졌을 때, 물의 한계비용이 극적으로 증가하는 까닭이다. 마찬가지 이유로 신고전학파 경제학의 기본적인 사고방식(주관적 가치론)은 수요와 공급의 역학에서 희소성의 역할로 인해 그 주장이 불편해진다. 상품의 가치는 생산의 객관적인 사회적 조건으로 독립된 단지 주관적인 관점의 집합체이어서는 안 된다. 당신이 물에 매기는 가치는 단지 주관적인 관점이 아니라 본질적으로 당신이 속한 사회에서 물을 생산하기 위한 객관적인 조건에 따르는 물의 부족 혹은 풍부한 공급에 관련되어 있다. 당신은 한계 비용을 결정할 수가 없다. 당신이 속한 사회에서 물을 생산하는데 평균적으로 많은 시간이 걸리는 사회적으로 필요한 노동시간에 관련된 경우를 제외하고는 물과 마찬가지로 가격과 가치의 구별을 분명히 할 수 있다. 그래서 마르크스에 대한 신고전주의에 대한 모든 비판은 이해할 수가 없다. 마르크스는 상품의 실제의 가격이 그것을 생산하는데 필요한 노동시간의 양과 직접적인 관계가 있다고 주장하지 않는다. 상품의 가격은 많은 요인에 의해 달라지지만, 그 가격은 사회적으로 필요한 노동시간에 의해 측정된다.

신고전학파 경제학자들은 자신들의 한계비용에 대한 설명이 사회적으로 필요한 노동시간의 관점에서 가치의 척도를 전제로 한다는 사실에도 불구하고 가격과 가치 사이의 그러한 구별을 부정하고 있다. 유익한 사례로는 신고전학파 경제학자의 일인자인 프리드리히 하이에크이다. 이에 관해서는 다음 장에서 상세히 언급하겠다.

"경쟁이 심한 사회에서는 어떤 것에 대해 지불하지 않으면 안 되는 가격, 어떤 것을 별도의 것으로 획득할 수 있는 비율은 다른 것의 양으로 결정되는데, 한쪽을 취함으로써 사회 구성원의 다른 한쪽을 뺏는다."라고 하이에크는 말하고 있다. 이것이 사실이라면 자본주의 경제에서 가치의 전체적인 증가(성장)가 어떻게 가능한지를 설명할 수 없을 것이다. 유통의 과정(판매와 구입, 수요와 공급)은 경제 전체에서 제로섬 게임이다. 어떤 사람이 비싼 가격에 팔아 얻은 이익의 양은 그것을 비싼 가격에 구매한 사람의 손실의 양과 똑같기 때문이다. 경제에서 자본적인 부가 전체적으로 성장하려면 오히려 생산의 과정에서 잉여가치의 원천이 없으면 안 된다. 우리가 봐온 그 원천은 살아있는 존재의 노동시간이다. 살아있는 존재로서 우리는 자신이 살아가기 위해 "비용이 드는' 시간보다 더 많은 수명을 창출한다. 따라서 우리는 노동력의 형태로 팔 수 있는 잉여시간을 가지고 있다. 우리가 잉여의 수명을 창출하지 않으면 팔 노동력이 없다(왜냐하면 우리의 모든 시간은 단지 살아가기 위한 활동에 의해 소비되기 때문에). 그리고 우리를 고용함으로써 아무것도 얻을 게 없다. 바꿔 말하면 우리는 지속적으로 잉여를 창출하기에 자본가인 고용주는 원칙적으로 우리의 노동력을 구입함으로써 잉여가치를 이끌어 낼 수 있다. 하지만 노동력의 잉여가치를 이윤으로 전환하려면 상품을 생산하는 것만으로 안 되고 소비하고, 노동력을 팔지만 말고 생산에 드는 비용 이상으로 노동에 의한 제품을 구입해야만 한다. 자본가인 고용주에게 그 결과로서의 이윤은 자본성장의 원천이다. 그래서 이윤을 위한 임금 노동은 자본의 부를 창출할 가능성의 조건이기에 임금노동의 역학은 모든 형태의 자본주의를 정의한다. 상품을 생산하면서 동시에 소비하는 살아 있는 존재의 고용만이 경제적인 잉여가치를(자본의 부의 전체적인 성장) 높일 수 있다. 이것이 살아있는 노동시간이 자본주의 경제의 가치의 원천이고 사회적으로 필요한 노동시간이 상품 가치의 척도가 되는 이유다. 반면에 하이에크는 사회적형태의 임금노동이 자본주의를 구성하는 방법을 무시하기에 잉여가치의 원천에 대해서는 언급하지 않는다. 신고전학파 경제학자에게는 전형적인 방식으로 하이에크는 유통을 가능하게 하고 노동시간을 필요로 하는 생산의 형이하학적인 과정을 고려하지 않고 유통의 형이상학적인 과정의 관점에서 가격의 결정을 설명하고 있다. 그의 설명에 따르면 가격은 판매와 구입, 수요와 공급을 통한 대량의 상품의 유통에 의해 결정되고 유통 과정 자체를 생성 혹은 유지하기 위해 필요한 노동시간을 무시하고 있다. 이처럼 노동시간의 문제를 무시함으로써 하이에크의 설명은 가격의 현상조차 이해할 수 없게 만든다. 유통 과정(판매와 구입, 수요와 공급)의 형이상학적인 설명에 자신을 제한시키면, 노동시간의 '비용'이 들지 않기 때문에 왜 무엇에 가격이 매겨지는지 이해할 수가 없다. 뭔가를 만들거나 손에 넣는 것도 비용이 들지 않기 때문에 그것이 가격을 갖는다고는 전혀 생각할 수가 없다. 이는 자본주의에서 모든 형태의 가격 즉 모든 상품의 가격이 본질적으로 노동시간의 가치에 관련된 이유다. 내가 분석한 바에 따르면, 자본주의(노동시간)에서의 가격의 측정은 필요성의 영역에서 기능하는 가치의 측정에 대응할 수 있다. 우리가 필요성의 영역에서 일할 때. 즉 단순히 목적을 이루기 위한 수단으로서 뭔가를 할 경우, 우리의 노동시간은 보통 우리의 '비용'

으로서 이해된다. 우리가 필요성의 영역에서 일하는데 시간을 소비할수록 우리의 노동은 보다 높은 가격이 되고, 우리가 생산하는 상품에는 보다 많은 가치가 포함된다. 보다 많은 노동시간은 보다 큰 비용과 같기에, 그에 의해 보다 큰 가치가 된다. 이것이 자택에서 수돗물을 사용하는 경우보다 2시간을 걸어야하는 노동이 필요한 경우에 1갤런의 물이 보다 '가치가 있는' 이유이다. 다만 이 같은 가격의 척도는 그 자체로는 무의미하다. 노동시간은 우리가 유한한 삶을 우리 자신의 자유 시간으로서 평가한다는 이유만으로 그 자체로 의미가 있는 행위에 전념할 수 있다. 따라서 유한한 인생이 본래의 가치의 척도라는 나의 주장은 마르크스의 주장을 옹호하고, 그 함축된 의미를 발전시키면서 그 자체의 조건으로 신고전학파 경제학에 대한 비판을 추구할 수 있도록 해준다. 마르크스의 설명은 자본주의에서 가치의 측정이 모순된다는 것을 강력히 시사하고 있고 모순의 유해한 실천적 결과를 파헤치고 있다. 하지만 자본주의에서 가치의 측정이 모순된다는 것을 이해하려면 마르크스가 명시적으로 제공하지 않는 수준의 분석이 필요하다. 그렇기에 나는 경제에 있어서 정신적 삶을 이해하는 조건을 분석하는 것부터 시작하겠다. 이는 필요성의 영역과 자유의 영역에서 그 가치의 척도를 구별해야만 한다. 자본주의가 모순된 사회형태라는 가장 뚜렷한 이유는 가치의 부정적인 척도를 긍정적인 척도인 것 처럼 취급하고, 그에 의한 경제적 삶의 수단을 마치 경제적 삶의 목적인 것처럼 취급하기 때문이다. 가치의 본래의 척도는 우리가 행한 또는 하지 않으면 안 되는 일의 양(노동시간의 양)이 아닌 우리에게 중요한 것(자유시간의 질)을 추구, 조사할 때 쓰고 버리는 시간의 양이다. 자유시간의 관점에서의 사회적 부의 측정은 노동시간의 관점에서 사회적 부의 측정의 외부의 대체 수단으로서 우리가 부여하는 이상적인 것이 아니다. 반대로 자유의 영역에서 시간을 보내는 것의 가치(가처분 시간의 가치)는 부의 실제 측정값이다. 왜냐하면 그것은 가치에 대해 내재적이고 노동 시간을 필요성의 영역에서 측정하기 때문이다. 필요성의 영역에서 노동시간의 가치는(가령, 노동시간의 비용) 우리가 이미 자유시간의 가치에 헌신하고 있는 이유만으로 이해할 수 있다. 마찬가지로 죽은 노동을 축적하는 목적은(우리에게 생산에 요구되는 살아 있는 노동의 양을 감소시켜주는 생산된 제품이나 테크놀로지의 형태로) 우리가 단지 생존의 목적을 확보하기 위한 것이 아닌 우리의 삶을 영위할 수 있게 해준다. 죽은 노동의 가치는 살아가기 위한 자유로운 시간을 위해서라는 이유만으로 그 가치를 이해할 수 있다.

우리 마을 한 가운데 우물을 설치하는 것은 우리를 더 풍요롭게 해주지만, 사람들이 그것을 만드느라 드는 비용 때문이 아니라 우물이 우리 모두를 우물물을 퍼올리고 운반하는 수고보다 뭔가 다른 것을 할 자유로운 시간을 부여해주었기 때문이다. 하지만 사회적 부에 관한 자본주의의 척도는 우리를 그렇지 않다고 믿게끔 한다. 우리가 자본주의에서 살고 있는 한, 우리 마을의 우물은 그 자체의 운영만으로 우리에게 가치를 창출할 수 없다. 우물에서 가치를 창출할 수 있는 유일한 방법은 생계를 유지하려고 우물을 관리해야만 하는 사람에게 잉여가치를 이끌어내는 것이다. 이는 노동시간의 관점에서 가치를 측정한 직접적인 결과다. 노동시간의 양이 우리의 부를 결정하는 경우, 노동시간을 줄이는 기계는 우리의 부를 감소시킨다(우리가 노동자의 잉여노동시간을 늘림으로서 필요한 노동시간의 감소를 보충하지 않는 한). 자본주의에서는 노동자의 착취가 필요하다. 왜냐하면 잉여가치의 추출만이 모든 형태의 사회적 부를 창출할 수 있기 때문이다. 기술을 적용하는데 필요한 사회적 노동력이 적고, 모든 사람이 생활하기에 필요한 수단을 제공할 수 있도록 기술을 개발해도, 임금노동을 가능한 한 활용할 필요가 있다. 자본주의는 다른 가치의 원천을 인식하지 않기 때문이다. 따라서 자본주의에서는 가치의 계산 그 자체는 자유의 실현에 있어서는 비현실적이다. 자본주의의 가장 심각한 모순은 그 자체의 가치의 척도에 있다. 자본주의는 필요성의 영역에서 기능하는 가치의 척도를 채택하고, 그것을 자유의 척도처럼 취급한다. 따라서 자본주의는 필요성의 영역을 늘리고, 자유의 영역을 줄이게 된다. 자본주의가 사회적으로 필요한 노동시간을 삭감함으로써 자유의 영역을 확대할 가능성이 있다고 해도, 우리의 자유시간은 사회적 부의 척도로서 기능한다는 것을 허용하지 않기에 자본주의에서는 자유의 영역의 확대를 실제로 인식할 수가 없다. 수단(필요한 노동시간)으로서만 이해할 수 있는 행위의 형태는 그 자체가 목적인 것처럼 취급되고 실제의 목적(자유시간)은 전혀 가치가 없다고 인식된다. 그 결과 부유한 사람조차 그들의 자본을 자유 시간으로 바꿀 수가 없다. 그들이 자본주의에서(자유로운 시간) 갖고 있는 무가치한 어떤 것에 자신의 자본을 소비한다면, 그들은 더 이상 부유해지지 않을 테고 프롤레타리아트(무산계급proletariat) 계급으로 전락할 것이다.

물론 각각의 자본가는 처분 가능한 시간에 그들의 자본의 일부를 '낭비waste' 해도 충분한 부를 갖고 있을지도 모르지만, 그것은 원칙적으로 중요하지 않다. 그들의 부 중에는 자유로운 삶을 영위하기 위한 수단으로서가 아닌 그 자체가 목적으로서 그들의 부를 선택하는 게 당연히 필요해진다. 자본주의에서 부의 핵심은 유의미한 목적을 위한 수단으로서 그것을 사용하는 것이 아니라, 보다 많은 부를 축적하는 것이다. 죽은 노동의 축적은 우리가 가치라고 부르는 것이고, 죽은 노동의 축적이 많을수록 우리는 보다 부유해진다. 마르크스가 '살아 있는 노동을 빨아들임으로써만 살아있고, 보다 많이 살아있을수록 더 많이 빨아들인다.'라며 자본의 죽은 노동을 뱀파이어에 비유한 것도 이 때문이다. 죽은 노동이 살아 있는 노동에 봉사하는 게 아니라, 자본주의에서 살아있는 노동은 점점 많은 죽은 노동을 축적하는데 도움이 된다. 이에 따라 필요성의 영역에서 노동의 목적은 근본적으로 왜곡되고, 그 자체의 목적을 달성하는 것을 방해받는다. 자유의 영역에서 인생을 영위하려는 수단으로 도움이 되는 대신에 수단으로서의 노동은 그 자체가 목적이 된다. 가장 인상적인 사례는 물론 우리 사회의 구성원들이 임금노동을 구하지 못하고 이것을 압수된 기회가 아닌 해결이 필요한 문제(실업)로 간주하는 경우다. 임금노동(정의하자면 수단)의 목적과 유의미한 활동(그 자체가 목적)의 목적은 정말 의심스럽다. 우리가 자유를 소중히 여긴다면 우리에게 필요한 것은 우리가 누구이며 우리에게 무엇이 중요한지를 이해하기 위한 시간이다. 이는 현시점에서 자본에 이익을 갖다주는 것을 유의미한 행위로서 규정하는 것이 아닌, 우리 자신을 배우게 할 시간, 우리에게 진정으로 유의미한 행위가 무엇인지를 탐구할 시간을 필요로 한다(개인적으로, 집단적으로 모두 해당한다). 자본에 유의미한 행위를 따져 보는 것은 자유인 아니라 노예serfdom이다. 따라서 자본주의의 비판에 대한 실마리는 가치의 재평가다. 자본주의의 기초는 사회적으로 필요한 노동시간의 관점에서의 부의 척도다. 반면에 자본주의를 극복하려면 내가 '사회적으로 유용한 자유 시간'이라고 명명한 것으로 우리의 부의 척도를 측정하는 게 필요하다.

부에 대한 우리의 척도가 사회적으로 유용한 노동시간인 한, 기계의 테크놀로지는 그 자체의 작동으로 우리를 위한 어떤 가치도 창출해낼 수 없다. 우리를 보다 풍요롭게 만들어줄 기술(우리의 삶을 영위하기 위한 보다 많은 시간을 부여해주는 기술)은 대신에 그 같은 노동이 필요하지 않을 때도 인간의 노동을 이용하기 위해 채택된다. 하지만 우리가 사회적으로 필요한 자유시간의 관점에서 우리의 부를 측정할 경우, 기술은 그 자체의 조작으로 우리에게 가치를 창출해줄 것이다. 사회적으로 유용한 자유시간이 우리의 가치의 척도인 경우, 일을 보다 효율적으로 하는 기술적 수단은 우리를 보다 풍요롭게 해주지만, 우리의 가치의 척도는 사회적으로 필요한 노동시간이기에 일의 필요성을 줄이는 기술적 수단은 우리의 부를 줄인다고 간주된다.

가치의 재평가는 자본주의에 대한 뿌리깊은 비판이다. 재평가는 사회적 부의 자본주의적 척도에 반대하는 새로운 가치의 제안이 아니다. 오히려 재평가는 사회적 부의 자본주의적 척도는 그 자체로는 무의미하고, 그것이 부정하는 자유 시간의 가치를 전제로 하고 있다. 자본주의의 문제는 그것이 가치와 사회적 부에 특권을 부여한다는 점이 아니다. 자본주의의 문제는 그것이 가치와 사회적 부의 의미를 왜곡한다는 점이다. 자본주의에서 가치의 척도는 수단이 목적으로서 취급되기 때문에 왜곡되고 자기모순에 빠진다. 사회적 부의 자본주의적 척도에서 일에 대한 심각한 왜곡은 가족이나 함께 사는 친구나 연인의 유형처럼 작은 단결에 대한 시회적 부의 척도와의 비교로 설명할 수 있다. 마르크스가 맨체스터에서(아이들은 부모를 위해 생존수단을 확보하려고 일하지 않으면 안 되었다) 연구한 가족처럼 활동하지 않는 한, 우리의 가정의 사회적 부의 수준은 우리의 삶을 유지하기에 얼마나 많은 노동시간이 필요할지에 의해 측정되지 않는다. 식기세척기와 진공청소기를 구입한 결과(세대의 각 구성원이 식기 닦기와 청소에 소비하는 시간이 줄어들었을 경우) 이는 잉여 노동력에 의한 보상을 필요로 하는 사회적 부의 수준의 저하를 동반한다고 생각하지 않는다. 일상의 잡일에 걸리는 시간이 단축됨으로써 '실업'의 위기가 발생한 것도 아니다. 또한 가정의 구성원을 바쁘게 만들려고 무의미한 일을 고안할 필요도 없다. 오히려 우리의 가정의 구성원들이 이제는 그들의 삶을 더 누릴 수 있는 시간을 갖게 된 우리의 자유의 특징으로서 단언할 수가 있다. 이 자유로운 시간으로 가정의 구성원들은 배움에 충실하기, 직업 고르기, 자신에게 중요하다고 여기는 사람들과 연대 맺기, 스포츠나 춤에 몰두하기, 자연 관찰 하기, 독서하기, 그림 그리기, 새로운 기술 습득하기, 자신의 시간으로 뭘 해야만 할지를 새로운 각도에서 고찰하는 것 같은 행위를 할 수 있다. 마찬가지로 우리는 지금, 우리가 어떻게 우리의 삶을 보낼지, 우리가 가정에서 필요한 그대로의 사회적 노동을 어떻게 배분할지에 대해 논의할 보다 많은 시간을 갖고 있다. 우리가 그 같은 자유의 영역의 확대와 그에 대응하는 필요성의 영역의 축소에 헌신하지 않으면, 본디 식기세척기와 진공청소기를 구입할 의미는 없다. 그러니 자신을 위해 요리를 하는 행위를 즐기는 가족 구성원이자, 그 행위는 필요성의 영역이 아닌 자유의 영역에 속한다. 비록 식기세척기를 갖고 있어도 손으로 식기를 닦는 행위를 막는 것은 아무 것도 없기에 문제가 될 것도 없다. 자유의 영역을 확대하는 핵심은 어떤 행위를 자유로서 간주하는지를 사전에 결정하던지, 살아있는 노동을 가능한 한 죽은 노동으로 바꿔야만 하는지를 규정하는 게 아니다. 오히려 자유의 영역을 확대하는 핵심은 이러한 질문이 우리의 물질적인 조건에 의해 결정되는 게 아니라 진짜인 문제 즉 개인이나 집단의 논의의 대상이 될 수 있게 하는 것이다. 우리가 식기세척기를 갖고 있을 때, 손으로 식기 닦기는 불필요하기에 선택하지 않을지도 모른다. 가치의 재평가의 목적이 자유시간에 대한 헌신을 반영하듯이 사회적 부의 개념을 변화시키는 것이다. 우리의 부가 어느 정도냐는 우리가 인생에서 무엇을 해야 할지라는 과제에 임하기 위한 자원이 어느 정도냐에 따른다. 이는 사회적으로 필요한 자유 시간의 양으로 정해진다. 풍요로워진다는 것은 살아가려고 할 수 없이 일터로 가는 게 아니라, 월요일 아침에 무엇을 해야 할지라는 과제에 임할 수 있는 태도를 말한다. 그 같은 자유는 의무나 눈앞에 닥친 책임감에서 비롯된 자유와 혼동되어서는 안 된다. 자유의 영역에서 산다는 것은 부모로서 시민이나 의사, 스포츠 선수, 학자로서의 우리의 실천적인 정체성이 요구하는 것에 제한되어 있는 것이다. 다만 핵심은 물질적 필요에 따라 결정되는 필요성이 아닌 우리의 헌신에 묶여있다는 것이다. 자유롭게 된다는 것은 실천적 정체성에서 자유롭게 되는 게 아니라 실천적 정체성을 가지라는 요구에 자유롭게 임하는 것을 말한다. 그 같은 자유에는 우리가 실천적 성체성으로 성공 혹은 실패하는지에 대한 따가운 질문과 주어진 실천적 정체성을 유지해야 하는지 아니면 포기해야 하는지에 관한 마찬가지의 따가운 질문(우리의 실존적 정체성의 질문)이 포함된다. 우리의 실천적 혹은 실존적 정체성에 관한 이러한 질문들에 대한 답은 주어지지 않는다. 그래서 자유를 실현하려면 그것을 요구하는 따가운 질문으로서 그것에 임하기 위한 시간과 물적 자원이 필요하다. 그렇지만 시간과 자원이 있다고 해서 생산적인 방법으로 질문에 임할 수 있다는 보장은 없다. 실패할 자유가 있다는 이유만으로 마찬가지의 보장도 없다. 하지만 중요한 것은 각 개인이 서로 자유로운 삶을 영위하는 것을 못하게 하지 말고, 집단적으로 그것을 유효하게 할 필요가 있다는 점이다. 이것이 가치의 재평가에 대한 핵심이다. 마르크스의 주장을 기반으로 한 가치의 재평가는 일반적으로 간과되기 쉽고 완전한 이해를 얻지 못하고 있다. 이는 마르크스가 '가치'라는 용어의 사용을 노동시간의 양으로서의 가치의 자본주의적 개념으로 제한했기 때문이다. 그래도 마르크스는 사회적 부의 자본주의적 척도에 도전했고, 변화시키려고 애썼기에 암묵적으로 가치의 재평가를 나타내고 있다. 부의 척도는 분석적인 측면에서 가치의 척도를 전제로 하기에 부의 척도를 변환하려면 그 밑바탕에 있는 가치의 개념을 변환할 필요가 있다. 마르크스가 쓴 가치의 재평가에 대한 핵심적인 내용은 그가 1858년에 런던에서 있을 때 집필한 '정치경제학 비판 요강(자본론의 초고에 해당하는 책-옮긴이)'에 잘 나타나있다. 런던에 체재한 이 기간 중에 마르크스는 자신의 개인적인 빈곤이 하루 종일 일하게 만들고, 자유로운 시간을 빼앗았으며, 그에게 닥친 질병과 그의 가족을 부양해야 하는 두 가지 스트레스에 시달리면서도 자신의 연구를 추구하기 위해 밤에도 깨어있어야만 했다. 하지만 그가 '정치경제학 비판 요강'(1857~1858년)을 썼던 시기는 그의 생애에서 가장 생산적이고 철학적으로 비옥한 때였다. '정치경제학 비판 요강'은 독일어로 'Grundrisse'라고 하는데 '기본적인 특징'이라는 뜻이다. 특히 그 중에서 마르크스의 사고방식의 기본적인 특징이 잘 나타난 대목이 있는데, 그는 여기서 자본의 중심적인 모순을 파악하고 있다. 모순은 자본주의가 모든 사람에게 자유 시간을 해방시켜주는 이유를 설명할 뿐 아니라 자본주의의 극복만이 자유 시간의 가치가 실제로 진정한 사회적 부로 변환될 수 있는 이유이기도 하다. 모순은 노동시간과 기술개발의 사이에서 우리가 관찰해온 것이다. 자본주의는 사회적으로 필요한 노동시간의 관점에서 가치를 측정하지만 사회적으로 필요한 노동시간을 삭감하기 위해 '과학의 모든 힘을 되살리는' 것도 한다. 이 과정은 마르크스가 살던 시대로부터 급속히 가속되었고 기술적인 효율성 때문에 살아 있는 노동의 필요성이 줄어들었다. 생산과정에서 살아 있는 노동의 필요성의 감소는 마르크스가 '자본의 문명적인 측면 중 하나'라고 표현한 것으로 '사회적 관계에 더욱 유리하고, 초기 노예제의 형태보다 사회의 보다 새롭고 수준 높은 형태를 위한 요소의 창조'라고 그가 말한 것이다. 마르크스는 자본주의가 '관계의 물질적 수단과 핵심을 창조한다.'라고 강조하면서 그것이 '보다 수준 높은 사회적 형태'로 이어질 가능성이 있다고 말한다. 사회적으로 필요한 노동시간을 극적으로 난축할 수 있다는 것을 실증함으로써 자본주의에서 발달한 테크놀로지의 진보는 '진정한 자유의 영역 그 자체가 목적으로서 인간의 능력의 발달'을 확대하는데 공헌할 수 있다. 그럼에도 자본주의에서 우리는 직접적으로 자유의 영역의 확장에 헌신할 수 없다. 살아있는 노동에서 얻어지는 잉여가치 이외에 사회적 부의 척도가 없기 때문이다. 생산을 위한 기술적 능력이 아무리 발전해도 자본주의는 '노동시간을 그에 의해 창출된 거대한 사회적 세력을 위한 측정의 척도로서 계속 사용할 필요가 있다.' 살아있는 노동의 잉여시간 이외에는 자본의 성장에 대한 다른 원천이 없기 때문이다. 자본주의의 생산양식의 모순은 두 가지 다른 방향으로 진행되는데 여기서 가치의 재평가가 아주 중요하다. 노동시간 속에서 사회적 부를 측정하는 한, 기술개발은 노동자에게서 상대적 잉여가치를 이끌어내기 위한 착취적인 방법을 강화하는 것임에 틀림없다. 생산과정에서 기술효율의 향상으로 노동자는 실업자가 되어 임금을 억제하려고(오늘날

서구사회에서 자주 발생하는 경향이 있는) 그 존재를 이용할 수 있는 잉여 노동력의 일부인 군대에 입대하거나 또는 노동자에게서 가능한 한 많은 잉여가치를 이끌어내려고 설계된 대단히 잔혹한 노동조건에 내동댕이쳐진다. 동시에 자본의 모순은 그 자체에 잠재적인 가능성을 숨기고 있다. 우리의 생산 기술력이 진보할수록 노동시간은 사회적 부의 불충분한 척도라는 것이 분명해진다. 생산과정이 점점 자동화되고, 살아있는 노동의 필요성이 감소하면 '인간은 감시원 혹은 규제당국으로서 생산 과정 자체에 더욱 관계하게 된다.' 이는 우리가 사회적 개인social individuals으로서의 성장으로 이어질 가능성이 있기에 잠재적으로는 자유롭게 해준다. 우리가 마르크스가 말한 의미에서 진실로 사회적 개인이 되려면 자본을 위해 생산을 받아들이는 게 아니라 우리의 목적을 위해 그것을 계획하고 지시하는 생산의 대상이 되어야만 한다. '이러한 개혁에서 생산과 부의 위대한 기반으로서 나타나는 것은 노동자의 노동이나 노동시간이 아닌 오히려 그 자신의 일반적인 생산성의 효용(Aneignung)'이라고 마르크스는 적고 있다. 이는 한마디로 사회적 개인의 발전을 일컫는다. 그 같은 개혁은 우리가 생산의 목적을 민주적으로 계획하는 사회적 개인으로서 교육을 받을 필요가 있다. 이처럼 우리가 함께 살아갈 방법이 변한다는 것을 생각하면 '필요한 노동시간은 사회적 개인의 수요에 의해 측정된다,' 즉, 우리가 이익의 창출보다 우리의 삶을 영위하는데 필요한 것에 대한 관점으로 어떤 것을 생산하느냐는 것이다. 또한 우리가 기술을 설계하고 우리 자신의 목적을 위해 생산을 계획할 수 있을 때, '지금은 생산이 부를 위해서 계산되고 자유롭게 처분 가능한 시간이 늘어나지만, 그럼에도 사회적 생산력의 발달은 아주 급속히 성장한다.'

놀랍게도 마르크스는 오리지널 이탤릭체로 영어 단어인 'disposal time'(자유롭게 처분 가능한 시간)이라고 적고 있다(독일어인 refugbare Zeit가 아니라). 마르크스가 제창하는 사회개혁에는 가치의 재평가가 필요하다. 여기서 마르크스가 자유롭게 처분 가능한 시간이라고 부른 것은 내가 사회적으로 유용한available 자유시간이라고 부르는 것을 말한다. 가치의 재평가는 사회적으로 필요한 노동시간이 아닌 사회적으로 필요한 시간을 명확히 해준다. 이는 우리의 부에 대한 진정한 척도다. 가치의 재평가에서는 잉여 노동력을 확보하기 위해 필요한 노동시간을 삭감하는 게 아닌 '사회의 필요노동을 최소한으로 억제하는' 것에 애쓸 수 있다(자본주의처럼). 임금노동에서 상대적인 잉여가치를 이끌어내는 게 아니라 사회적으로 유용한 자유 시간의 잉여를 늘리는 것을 지향할 수 있다. 따라서 사회적으로 유용한 자유시간은 해방의 수단이지 해방의 목적이 아니다. 이는 마르크스가 '자유롭게 설정된 시간에서 개인의 예술적, 과학적 발달 등'이라고 일컫는 '개성의 자유로운 발달'을 가능하게 해주기 때문이다. 하지만 마르크스는 그 같은 사회변혁에 우리의 가치의 적극적인 재평가가 필요하다는 것을 명확히 하지 않고 있다. 그가 관찰했듯이 자본주의는 '사회적으로 자유롭게 처분가능한 시간의 수단을 창조하는데 도움이 된다. 왜냐하면 사회전체의 노동시간을 최소한으로 억제하고 그에 의해 모든 사람의 시간은 자신의 성장을 위해 쓰여지기에' 따라서 자본주의는 그 자체의 기반인 '폭발blow up'을 가능하게 하는 물질적 조건을 창출한다. 하지만 '정치경제학 비판 요강'에서 마르크스는 이 폭발적인 힘을 무효화하는 게 아닌 유효화하는 방법으로 이용하기 위해 우리에게 무엇이 필요한지라는 문제를 배제하고 있다. 그는 단지 '현재의 부의 기초가 된 이질적인 노동시간을 훔치는 것'은 이처럼 대규모 제조업 그 자체에서 창출된 새로운 것에 직면한 비참한 기반으로서 나타난다고 강조하고 있다. 노동 그 자체의 직접적인 형태가 부의 거대한 원천임을 그만두면, 노동시간도 멈추고 그의 척도가 되는 것도 그만두어야 한다. 마르크스의 작업에서 위기에 처한 것은 모두 위에 언급한 '꼭 해야만 하는must' 상황에 처해있다. 우리의 기술개발의 수준 향상 덕분에 부의 생성은 자금 획득을 위해 잉여 노동력을 이용하는데 의존하지 않고 보다 적절한 기술을 고안하기 위해 우리 모두가 자신의 삶을 영위하려는 자유로운 시간의 관점에서 우리의 능력을 헌신하는 편이 낫다는 걸 알 수 있다. 마르크스가 강조하듯이 '대중의 잉여노동은 일반적인 부의 발전의 조건이 아니게 되었다.' 따라서 노동시간은 사회적 부의 척도가 아니게 되는지의 여부, 부의 양은 우리가 가치관의 집합적인 개혁을 추구하는지의 여부로 정해진다. 노동시간이 부의 척도가 되는 것을 그만두어야 한다고 말하는 것은 피할 수 없는 필요성의 성명으로서 읽을 수가 있다(즉, 자본주의의 역학은 자연히 그 자신의 극복으로 이어진다). 또는 우리의 가치관을 재평가해야 한다고 우리에게 지시하는 것으로도 읽을 수 있다. 마르크스가 이따금 처음의 선택지(역사적으로 피할 수 없는 자본주의의 극복)를 제창했다고 여겨지지만 이는 중대한 잘못이다. 자본주의의 극복이 역사적으로 중요한 경우, 마르크스 그 자신의 분석은 불필요하다. 왜냐하면 물질적인 힘의 역학만으로도 우리가 헌신하는 것, 우리가 소중히 여기는 것, 우리가 살고 있는 세상을 이해하는 것과는 상관없이 자본주의의 극복을 제대로 하기 때문이다. 반대로 가치의 재평가에는 이론적으로만이 아닌 우리 삶을 재현하는 방법의 실제적인 변화도 필요하다. 교육이나 기타 사회화를 위한 상품의 생산은 모두 자본이나 종교에 종속하는 게 아니라 자유로운 삶을 영위하기 위한 것의 가치와 정신적 자유라는 도선석인 책임을 적극적으로 추진하지 않으면 안 된다. 가치의 재평가는 우리가 삶을 집합적으로 조직화하는 가장 기본적인 방법에 관련되어 있기에 재평가에는 국가 형태의 해방(자유)이 필요하다. 돌이켜보면 어떤 형태의 국가가 없이는 정신적 삶도 있을 수 없다. 그것은 우리가 자신을 속박한 규범에 의해 지배되는 우리의 삶의 활동에 대한 어떤 형태의 제도적 조직이다. 우리는 늘 정신적으로 자유로운 존재로서 살아왔다. 국가에 의해 형성된 자유로운 개인은 처음에 없었다. 처음부터 우리의 자유는 사회적으로 규정된 규범의 관점에서만 우리가 누구인지를 이해할 수 있기에 어떤 종류의 국가적인 집단적 자기입법self-legislation에 의해 형성되었다. 하지만 우리의 삶을 지배하는 규범은 자연적으로 주어진 게 아니라서, 우리는 혁명을 통해 국가의 형태에 도전하고, 바꿀 수가 있다. 그러한 혁명의 대부분은 이미 발생했으며 우리의 역사의 형태를 바꾸고 있다. 프랑스혁명은 마르크스에게는 아주 중요하다. 혁명에 필요한 의미는 역사적 상황에 의존하는데, 마르크스 자신은 민주주의의 '평화적 수단'에 의해 달성된 혁명은 폭력적인 것보다 바람직하다고 강조한다. 자본주의 속에서 우리는 가치의 재평가가 되어야만 하고, 이는 새로운 제도적형태를 요구한다. 마르크스는 당연히 자본주의 시스템에서 계급의 구분을 유지하는 사회적 형태로서의 국가를 극복해야 한다고말한다. 하지만 그러한 국가의 개념은 그 정의대로의 형태가 아니다(마르크스가 가끔 그렇게 생각하는 경향이 있듯이). 오히려 경쟁하는 계급이 이윤을 추구하는 기관으로서의 국가는 역사적으로 특정한국가의 개념이기에, 자본주의의 극복을 통해 극복할 수가 있다. 자본주의 이후의 우리의 삶이 명확한 형태를 갖추려면, 우리는 국가의 형태를 폐지하는 게 아니라 재발명해야만 한다. 내가 주장했듯이 우리의 삶의 제도적 형태로서의 국가는 (이는 복수의 제도를 포함할 수가 있는데) 그 자체가 제거될 수 있는 게 아니다. 왜냐하면 정신적 자유를 가능하게 해주는 조건이기 때문이다. 마르크스 자신이지적하듯이 '공산주의 사회에서 국가는 어떤 변화를 이룰 것인지,말하자면 국가의 기능을 제시하는데 어떤 유사한 사회적 기능이지속적으로 존재할 것인지에 대한 의문이 생긴다. 민주주의에 대한 헌신은 마르크스의 자본주의 비판에 대해 필수적인 것이다. 그래서 나는 공산주의가 아닌 민주주의의 새로운 관념에서 바라본자본주의 이후의post-capitalist 국가를 언급할 생각이다. 마르크스가 올바르게 강조하듯이 '자유란 국가를 사회에 겹쳐진 기관에서완전히 종속하는 기관으로 바꾸는 것'이다.

국가를 사회에 종속시키는 것은 국가를 실제의 민주주의로 바꾸는 것이다. '모든 형태의 국가는 그 진실로서 민주주의를 갖고 있다. 따라서 민주주의가 아닌 한, 그것은 진실이 아니다.'라고 마르크스는 쓰고 있다. 내가 민주사회주의democratic- socialist라고 부르는 것에는 해방된 국가 형태가 필요하다. 나아가 자본주의는 세계적이라서 자본주의를 극복하려면 최종적으로 세계적인 동맹이 필요하다. 다음 장에서 살펴보겠지만 자본주의는 실제의 민주주의와 양립하지 못한다. 실제의 민주주의는 사회라는 명목으로 개인적인 이익을 놓고 경쟁하는 게 아닌 우리의 정치적 토론과 우리의 정치적 대표의 형태가 사회 전체의 이익에 봉사하는 최선의 방법에 대해 경쟁하는 개념에 토대를 둘 것을 요구한다. 마찬가지로 실제의 민주주의는 우리 사회가 우리 자신의 이익에 봉사하는 것과 사회전체의 이익에 봉사하는 것 사이에 대립이 없도록 조직화될 것을 요구한다. 사회전체의 이익에 봉사한다는 헌신은 늘 도전적이고 경쟁적이지만, 자본주의에서 그러한 헌신을 유지하기란 원칙적으로 불가능하다. 임금노동의 사회적 형태를 위해 민주정치와 민주주의 국가는 필연적으로 지배를 놓고 경쟁하는 계급의 이익을 위한 기관으로서 기능한다. 자본가의 사리사욕을 우선해야만 하기에 사회 전체의 이익에 최선의 서비스를 제공하는 방법을 실제로 검토할 수도 없다. 자본주의에서는 개인적으로 소유한 기업의 이익 없이는 사회적 부를 창출할 수가 없기에 이 우선순위는 선택 사항이 아니다. 그래서 부의 재분배에 관한 우리의 모든 민주적 결정은 더욱 지속적인 이윤을 촉진할 필요성에 의해 제약된다. 부 자체는 생산의 불평등한 관계에 의해 창출되기에 민주주의에 필요한 형식적인 평등은 사전에 훼손된다. 사회를 위해 부를 창출하는 힘을 가진 자본가의 이윤은 임금을 위해 일하는 사람들의 이익보다 중요한데, 이는 정치적 과정의 교묘한 조작에서도 드러난다. 임금노동자 자신의 이익조차 자본 소유자의 이익에 따라 형성된다. 왜냐하면 임금을 위해 일하는 모든 사람은 생계를 유지하려고 자본의 부의 계속적인 성장에 의존하기 때문이다. 민주주의가 그 자체의 개념인 자유와 평등에 진실해지려면 자본주의는 극복되어야만 한다. 내 목적은 필요한 제도적 형태의 청사진을 제시하는 게 아니다. 청사진은 특정한 형태의 제도가 민주적 과정을 통해 진화해야만 한다는 것을 무시하기 때문이다. 그럼에도 민주사회주의의 원칙을 특정하는 것은 가능해야만 하고, 그에 따른 경제적, 정치적 조직의 특정한 문제를 교섭해야만 할 것이다. 이러한 원칙이 없으면 민주사회주의의 사고방식은 우리에게 실제적인 주장이 없는 추상적인 유토피아에 머물 것이다. 나아가 민주사회주의의 원칙은 단순한 주장일 수는 없지만, 우리의 역사적 성과인 자유의 사고방식에 암묵적으로 나타나야만 한다. 따라서 다음 장에서는 우리가 이미 공언한 자유와 평등에 대한 헌신의 입장에서 민주사회주의의 세 가지 원칙을 언급하겠다. 민주사회주의의 원칙은 우리가 필요로 하는 국가의 종류와 제도의 종류를 결정하기에는 충분하지 않다. 하지만 민주주의라면 모든 종류의 제도가 원칙과 양립해야 한다는 의미에서 원칙은 필요하다.

6
...

민주사회주의

민주사회주의의 가능성의 조건은 자본주의적 가치의 재평가이다. 가치의 재평가는 경제의 정치적 개혁을 통해서만 이룰 수가 있다. 우리가 어떻게 경제를 조직하느냐는 우리가 어떻게 함께 살아갈지, 우리 대다수가 어떤 것에 가치를 둘지에 관한 본질적인 질문이다.

1
...

　민주주의 속에서의 자유와 평등에 대한 헌신은 처음부터 끝까지 마르크스의 사고방식을 이끌어가고 있다. "민주주의는 모든 헌법의 의문에 대한 해결책이다."라고 마르크스는 적고 있다. 민주주의에서만 '헌법은 그 진실한 기반, 즉 진짜인 인간들을 토대로 하고, 인간 자신의 창조물로서 위치하기' 때문이다. 민주주의의 제도를 통해 우리는 삶의 형태를 함께 조직하고 입법화할 책임이 있다는 심오한 통속적인 깨달음을 이룰 수가 있다. 신도 자연도 사회질서를 정당화할 수가 없다. 오직 우리만이 우리가 추진하는 가치관과 우리가 서로 유지하는 원칙을 정당화할 수 있다. 마찬가지로 우리의 생활 형태는 민주적인 교섭에 열어 둘 필요가 있다. 종교적 교리를 토론의 마지막 언어로서 혹은 법의 창설의 권위로서 탄원하려고 불러낼 수도 없다. 우리는(종교처럼) 법률의 대상이 아니라, 법률의 주체이다. '민주주의에서 인간은 법을 위해 존재하지 않고, 법이 인간을 위해 존재한다. 바로 인간이라는 존재다.'라고 마르크스는 강조한다. 민주주의에서 우리는 신을 향해서가 아닌 서로에게 의무가 있다. 우리는 공익의 개념에 대한 이유를 제시해야 하고, 우리 모두의 목적을 위해 함께 이룰 최선의 수단을 강구해야만 한다.

마르크스에게 18세기에 시작된 민주주의 혁명은 세계사적으로 중요했고 진정한 해방의 가능성을 열어주었다. 마르크스는 민주적 선거에서 평등하게 투표하는 모든 사람의 권리를 포함한 공민권을 진실로 자유로운 사회의 필요조건으로서 인식하고 있다. 하지만 마르크스의 입장에서 공민권은 실제의 민주주의에 충분하지 않다. 정치적 민주주의가 현실화 되려면(우리가 실제로 우리의 삶의 형태를 함께 교섭할 수 있으려면) 우리의 경제의 목적과 실천은 그 자체가 우리의 민주적 심의의 문제라야만 한다. 이는 자본주의와 실제의 민주주의가 양립하지 않는 이유이다. 자본주의에서는 우리의 경제적 생산의 목적은 이미 결정되어 있다. 무엇보다 중요한 것은 경제에 자본의 '성장'을 창출하는 것이다. 이 목적은 본디 우리의 사회적 부를 측정하는 방법으로 채택되었기에 민주적인 논의를 초월한다. 부를 어떻게 분배할지를 민주적으로 토론할지도 모르지만, 분배하지 않으면 안 되는 부의 양은 경제 속에서 유지할 수 있는 자본의 성장에 의해 결정된다. 우리의 경제에서 자본이 더욱 성장하면 과세와 분배에 이용할 수 있는 부가 늘어난다. 우리의 경제 속에서 자본의 성장이 적어지면, 과세와 분배에 이용할 수 있는 부는 적어진다.

따라서 우리가 사회적 부의 자본주의적 척도를 받아들이는 한, 우리의 경제의 목적은 우리가 생각해낼 수 있는 민주적인 심의를 초월한 채로 남는다. 우리의 사회적 부가 자본의 성장에 의존한다면 사회로서의 우리의 부는 또한 그에 의존하기에 우리는 이익의 목적을 촉진할 수밖에 없다. 여러 형태의 입법을 통해 자본 성장의 가능성을 제한할 수도 있지만, 마찬가지로 재분배에 이용할 수 있는 보다 많은 부를 창출할 가능성을 제한한다. 자본주의의 비판은 가치 자체의 그 측정에 눈을 돌려야만 한다. 이것이 내가 제5장에서 자본주의의 가치의 척도가 어떻게 자기모순이며 민주주의에 반목하는지를 정확히 분석한 까닭이다. 자본주의에서는 가치의 측정은 우리의 실제적인 사회적 부(우리의 사회적으로 유용한 자유시간)를 반영하지 않는다. 상품을 생산하고 사회적으로 필요한 노동시간을 삭감하는 우리의 실제적인 능력을 측정하지 않기 때문이다. 기술혁신에 의해 사회에 필요한 노동시간이 단축되어도 확대된 자유의 영역에서 어떠한 노동형태를 추구할 수 있는지를 민주적으로 결정할 수 없다. 우리 자신과 우리의 사회를 위해 무엇을 하는 게 중요하고 유의미한지에 토대를 두고 그때마다 새로운 직업을 만들어낼 수는 없지만, 그 같은 직업만이 경제의 가치의 성장을 창출하기 때문에 사회에서 유익한 직업을 찾아낼 필요가 있다. 사실, 자본주의에서 우리의 사회적 부는 실제적인 생산성과 잉여시간에 의해 측정되지는 않는다. 오히려 우리는 살아있는 노동을 착취해서 이끌어내고, 자본성장으로 전환하는 잉여가치의 관점에서 사회적 부를 측정하도록 종용받고 있다. 우리는 실제적인 사회적 부를 측정하지 않고 있다. 이는 우리가 필요로 하는 상품과 서비스를 얼마나 실질적으로 빨리 생산할 수 있느냐 혹은 우리의 삶을 영위할 자유 시간을 얼마나 확보할 수 있느냐에 관련되어 있다. 마찬가지 이유로 자본주의의 극복과 민주사회주의의 진보는 앞장에서 설명했고, 앞으로도 계속 본서에서 다뤄질 가치의 재평가가 필요하다. 원래 민주사회주의는 단순히 부의 재분배만으로는 이루어지지 않는다. 선구적인 마르크스파 학자인 모이세 포스톤이 밝혔듯이 대부분의 마르크스주의의 문제는(또한 관련된 좌익 정치의 과제) 그들의 비판이 자본주의의 분배양식에 한정되어 있고, 그 양식에 정보를 부여하는 가치의 척도를 조사하지 않는다는 점이다. 프롤레타리아 노동을 기반으로 한 가치의 생산은 주어진 조건으로 간주된다. 그리고 사회주의에서는 프롤레타리아 노동에 의해 창출된 부를 사회전체에 평등하게 분배하는 게 문제가 된다. 사회주의는 그에 따라 정치적 행정과 경제적 분배의 양식으로 단순화되고, 이는 생산양식과 가치의 척도가 영향을 받지 않게 해준다. 이것이야말로 마르크스의 기본적인 통찰을 모두 배신한 성공한 소비에트 연방에서 일어났다. 스탈린 치하에서 소비에트 연방의 법률은 문자 그대로 마르크스의 핵심 원칙을(각자의 능력에 의한 것에서 각자의 필요에 의한 것으로) '각자의 능력에 의한 것에서 각자의 노동에 의한 것'으로 바꾸었다. 마르크스 사상을 보다 심하게 왜곡했는데 이는 상상하기가 어려울 정도다. 우리의 필요성에 대한 만족이 우리의 노동의 공헌에 의존하게 되면, 마르크스가 임금노동의 비판을 통해 극복하려고 했던 강제적인 형태로 되돌아간다. 스탈린주의에서 국가는 사실상 살아남기 위한 시민에게 프롤레타리아 노동을 강제함으로써 시민에 대해 권력을 행사하는 하나의 거대한 자본가였다. 포스톤이 언급했듯이 대부분의 마르크스주의의 형태는 소비에트 연방이나 그 밖의 여러 형태의 사회적 체제에 대해서도 심오한 비판을 세공하지 못했다.

이러한 정권의 문제는 그 자체가 정치적으로 민주주의적인 대규모 실패를 했을 뿐더러 사회주의적으로도 경제적 생산 방식에 실패했다는 것이다. 대부분의 마르크스주의의 형태는 자본주의의 근본적인 모순이 생산양식과 유통양식의 사이에 있다고 상정하기 때문에 이 점을 이해할 수가 없다. 프롤레타리아 노동에 의해 창출된 부는 사회의 모든 구성원의 필요성을 충족하기에 잠재적으로 충분하다고 간주되고, 자본주의의 비판은 부가 올바른 방법으로 분배되는 것을 막는 사회경제관계의 비판으로 제한된다. 하지만 자본주의의 근본적인 모순은 생산양식 자체에 정보를 부여하는 가치의 척도 속에 있다. 노동시간을 토대로 하는 가치의 척도를 받아들인다면 부의 생산에는 프롤레타리아 노동의 착취가 계속 필요하게 될 것이다. 여기서는 영향력 있는 현대의 마르크스주의자인 프레드릭 제임슨이 제안한 사회주의사회의 유토피아적인 비전을 검토하는 게 유익할 것이다. 그는 자신의 저서인 '한 미국인의 유토피아An American Utopia'에서 자본주의를 초월한 인생의 비전을 제시한다고 주장하지만, 사회적으로 필요한 노동시간으로서의 가치의 척도를 조사하거나, 자본주의의 생산양식에 대한 모순을 분석하는 것은 결코 하지 않기에 자본주의가 무엇인지도 설명하고 있지 않다. 자본주의의 생산양식은 임금노동이 사회적 부의 기반인 이상 피할 수가 없다. 가치의 근본적인 문제에 임하는 대신에 제임슨의 유토피아적 비전은 사회적 형태의 임금노동과 그에 따르는 프롤레타리아 노동의 필요성을 유지한다. 제임슨은 군대의 보편적인 징병제를 제창하는데, 우리 모두에게 '보장된 최저 연봉'을 제공하고 군대가 우리에게 행할 필요가 있다고 말하는 사회적으로 필요한 노동에 우리 모두가 참가하는 것을 확보한다는 것이다. 우리의 사회적 목적에 관한 민주적 결정은 제임슨의 유토피아에는 없다. 생산의 목적을 민주적으로 생각하고 자유의 표현으로서 사회적으로 필요한 노동에 참가할 수 있다는 것은 제임슨이 추구하는 가능성은 아니다. 마찬가지로 제임슨의 자유의 개념도 빈약하다. 제임슨의 유토피아에는 자유의 제도가 없다. 우리의 사회적 노동(교육을 포함)의 목적을 결정하는 모든 제도는 필요성의 영역에 맡겨지고 군의 모델로 운영된다. 대조적으로 자유의 영역은 제임슨에게는 막연하다. 사회적으로 필요한 노동으로 간주되는 것은 군이 결정하고, 군은 우리가 참가한 보수로 기본적인 요구에 해당하는 것만 준다. 그리고 일한 후에는 개인의 자의적인 선택에 맡긴다. 군의 감독 아래 몇 시간이고 요구된 노동을 한 후에 우리는 자유롭게 하고 싶은 일이 가능하다. 그런데 이런 방식으로는 자유로운 삶을 영위할 가능성의 조건을 파악하지 못한다. 자유의 행사는 아무것도 없는 상태에서는 생성될 수 없는 개인에 의한 실천적인 정체성을 요구한다.

자유라는 것은 규범적인 제약에서 해방되는 게 아니라 우리가 삶을 영위한다는 관점에서 실천적인 정체성의 제약에 대해 자유롭게 교섭하고 개혁하고 도전하는 것이다. 문제는 우리의 자유가 사회제도에 의해 형성되는지의 여부가 아닌(제도적 형태를 갖지 않는 자유는 있을 수 없지만) 사회제도가 어떤 식으로 우리의 자유를 형성해주느냐는 것이다. 민주사회주의는 조직을(교육 조직, 정치적 심의를 위한 조직을 포함) 형성하는 것이다. 이러한 조직은 타인이나 집단 프로젝트에 대한 우리의 의존을 인식함으로써 개인이 자신의 삶을 영위하도록 해준다. 또한 민주사회주의의 입구는 우리가 참가하는 제도를 갖는 것이다. 우리가 자신과 우리의 자유를 그와 같은 조직의 형태로 인식하기 때문이다.

사회를 유지하기위해 필요하다고 우리가 인식하는 사회적 노동을 포함한 사회제도에 대한 참가는 강제적으로 확보되어서는 안 되고 참가에 대한 적극적인 헌신으로 동기가 부여되어야 한다. 우리에게 강제적으로 시키는 것은 군대나 그 밖의 기관이 하는 일이 되어서는 안 된다. 오히려 우리의 민주적인 사회의 임무는 우리가 그 지속적인 생활에 참가하고 공헌하고 개혁하도록 본질적으로 동기부여가 되는 방법으로 조직화하는 것이다. 정신적 자유의 행사에는 확립된 참가의 형태를 비판 혹은 거부할 가능성이 포함되어 있어야만 한다. 결혼제도가 이혼의 법적 가능성을 인정하지 않는다면 자유의 제도가 아닌 것처럼 자유의 제도로서의 민주 사회주의는 주어진 생활형태에 대한 참가를 거부할 실제적인 가능성을 우리에게 부여해야만 한다. 그렇지 않으면 우리의 참가는 자유롭지 못하고 물질적인 필요의 문제로 전락한다. 반면에 제임슨은 우리의 사회제도에 자유를 알려주어야 하는 가치관이나 원칙에 대해 아무런 언급도 없고 그 같은 제도가 필요한 것조차 인식하지 못한다. 오히려 제임슨은 자유의 영역을 개인의 자의적인 선택 이외에 아무것도 제약되지 않는 것으로 설명하고 있다. 제임슨의 유토피아에서는 자기결정의 집단적 과제는 필요성의 영역에서만 기능하고, 자유의 영역은 단지 개인을 제약에서 해방하는 것이다. 이 문제에 대해 보다 세련된 버전은 포스톤에게서 발견할 수 있다. 제임슨과는 달리 포스톤은 자본주의에서 가치의 문제와 그 사회적 형태의 임금노동과의 관계를 깊이 이해하고 있다. 그런데도 포스톤의 자유의 개념은 최종적으로 불확정인 채로 남아있고 가치의 재평가에 대한 달성의 가능성을 설명할 수가 없다. 포스톤이 주장하듯이 자본주의는 사회적 노동 시간을 단축하려는 기술 혁신을 통해 그 자체를 극복하려는 물질적 조건을 창출한다. 포스톤에게 해방(자유)에 대한 힌트는 기술(테크놀로지)의 죽은 노동이다. 왜냐하면 그것은 우리의 살아 있는 노동을 생산의 과정에 소비할 필요성에서 우리를 해방시킬 수 있기 때문이다. 따라서 포스톤은 기술의 상태에 관한 마르크스주의 이론의 두 가지 고전적인 잘못을 회피할 수 있다. 한편, 기술은 자연적인 형태의 노동이나 원시공산주의에서 우리를 멀어지게 하는 것으로 간주되어서는 안 된다. 그 같은 형태의 향수는 잘못된 방향으로 가게 만들고 역사적인 자본주의의 출현을 위해 모든 사람의 사회적 자유에 대한 헌신이 가능해진다는 마르크스의 기본적인 통찰을 무시한다. 지금까지 정신적인 존재를 위한 자연스러운 형태의 노동은 결코 없었다. 또한 원시공산주의는 가능해도 바람직하지 못했다. 정신적인 존재의 노동은 애초부터 기술(일종의 도구)의 문제이고, 자본주의를 극복하려면 기술을 거부하는 게 아니라 보다 발전시킬 필요가 있다. 다른 한편으로 자본주의는 프롤레타리아의 동일한 생산양식이 직선적으로 계속되어도 극복할 수 없고 프롤레타리아 노동에 의해 창출된 부의 재분배만으로만 함께 갈 수 있다. 그 목적은 프롤레타리아 노동을 떠받드는 게 아니라 프롤레타리아 노동을 극복하는 것이다. 프롤레타리아 노동의 극복은 생산양식 자체의 개혁이 필요하고 그것은 살아 있는 노동의 가치가 아닌 죽은 노동의 힘을 토대로 해야만 하는 것이다. 기술의 진보는 우리의 상품이 살아있는 존재의 노동시간에서 분리될 수 있기를 요구하는 생산 시간을 오히려 더 많이 증대시킨다. 이처럼 생산의 과정에서 살아있는 노동을 죽은 노동으로 변환시킴으로써 우리는 노동시간의 관점에서 자본주의의 가치의 척도를 극복할 수 있다. 그런데 포스톤은 사회주의에서 '새로운 사회적 생산양식은 새로운 기술을 토대로 할 것'이라고 주장하고 그 결과 '기계 생산의 목표뿐 아니라 기계 자체도 달라질 것'이라고 말한다. 포스톤은 그 같은 사회적 개혁에는 사회적 생산의 목적에 관한 우리의 규범에 따른 이해의 변혁이 필요하다고 인식하고 있지 않다. 생산의 물질적인 힘은 사회적 부의 개념을 조성하는 가치의 척도를 스스로 바꿀 수 없다.

만일 우리의 기계가 서로 다르다면 그것은 우리의 기술력이 서로 달라서가 아니라 서로 다른 목적을 위해 기계를 설계했기 때문이다. 목적의 다름은 규범적인 다름이라서 물질적 상태로 환원할 수 없다. 생산의 목적은 기계 자체에서 끄집어 낼 수 없는 가치의 척도에 비추어서만이 이해할 수 있다. 따라서 우리의 규범적인 목적은 필연적으로 우리가 물질적인 상태를 어떻게 재현하는지를 알려준다. 가령, 자본주의에서는 우리가 생산하는 기계 설비는 빨리 고장나도록 설계한다. 왜냐하면 새로운 기계 설비를 사도록 만들어야 그 생산자인 우리에게 높은 수익을 안겨주기 때문이다. 우리의 기술적인 노하우는 우리 생활의 실용적인 목적을 위해 개발되고 채택되는 게 아니라 이윤을 최대화하기 위해 이용된다. 반면에 민주사회주의에서는 새로운 형태의 기술의 연구, 실제적인 기계의 설계, 실제적인 생산 과정은 모두 다르다. 왜냐하면 우리는 이윤을 창출하기 위해서가 아닌 사회적으로 유용한 자유시간을 늘이려고 생산하기 때문이다. 하지만 자본주의에서 사회주의로 이행하는 것에 관한 포스톤의 견해로는 역사적 행위자들은 아무 것도 바꿀 수 있는 힘이 없다. 그의 설명에 따르면 역사적인 행위자들은 생산양식의 변환으로 인한 일방적인 조건이 따랐기 때문이다. 그는 자본주의를 극복하려면 우리에게 요구되는 게 무엇인지, 그리고 우리가 그것을 이루었을 때 얻은 우리의 해방을 유지하려면 무엇을 해야만 하는지를 언급하지 않고 있다. 포스톤은 해방의 가능성은 생산의 원천으로 정해진다고 강조한다. 하지만 그는 해방을 위한 투쟁의 현실, 그리고 해방이 이루어진 후에도 필요한 지속적인 노력이 역사적 행위자들의 규범적인 헌신에 의존한다는 사실을 이해하지 못한다. 그 결과 포스톤의 자유의 영역에 관한 개념은 확실하지 않고, 그의 유일한 관심은 우리가 살아 있는 노동을 생산 과정에 복종시키는 것에서 해방되는 것이지만, 그는 우리가 무엇을 할 것인지, 왜 우리의 자유가 중요한지에 대한 설명을 제공하지 않는다.

포스톤의 실명 중에서 사회주의에 관해 유일하게 돋보이는 특징은 기계가 생산과정을 처리하기 때문에 우리가 어떤 결정적인 것도 할 필요가 없다는 것이다. 이렇게 불확실한 자유의 개념은 민주사회주의와 양립하지 못한다. 개인적이나 집단적으로도 자유로운 삶을 영위하는 핵심은 필요성의 영역을 초월하는 게 아니라 그 관계를 자유의 영역과 교섭할 수 있게 하는 것이다. 아무리 생산적인 죽은 노동이 발생해도 그것은 적어도 우리의 목적을 계획하고 기술의 운용을 지시하는 살아있는 노동을 늘 필요로 한다. 또한 죽은 노동의 가치 자체는 우리의 규범적인 헌신으로 정해진다. 가능하다면 필요한 사회적 노동의 모든 분야에서 살아있는 노동을 죽은 노동으로 변환하고 싶다고 생각하는 것은 당연한 게 아니다. 이를테면, 아픈 사람이나 고령자를 돌보는 기계를 설계했다 쳐도 다른 사람을 돌보고 고통을 이해할 수 있는 사람이 제공하는 보살핌에 본질적인 가치가 있다고 생각할지도 모른다. '능력에 따라 각각 필요에 맞춰'라는 원칙은 익명의 집단적 의지를 강요하는 게 아닌, 우리에게 무엇이 중요하고 어떻게 돌보아야 할지에 대한 진지한 민주적 심의의 가능성을 엿보게 하는 조건이다.

2

...

민주사회주의의 가능성의 조건은 자본주의적 가치의 재평가다. 가치의 재평가는 나중에 상세히 설명하겠지만, 자본의 축적으로서 이해된 경제성장에 임하는 것이 아니라도 생산성의 향상과 기술의 대폭적인 진보를 추구하는 게 가능해진다. 우리는 사회의 부를 늘리려고 헌신하지만 자본의 성장이라는 관점에서 사회의 부를 측정할 일은 없다. 오히려 우리의 부는 실제의 상품의 생산과 사회적으로 유용한 자유시간의 관점에서 측정된다. 가치의 재평가는 자본주의와 자유주의의 양쪽 모두의 뿌리 깊은 비판의 가장 중요한 측면이다. 우리의 자유에 대한 자신들의 공공연한 신념을 위해, 자유주의 사상가들은 우리가 사회적 부의 자본주의적 척도에 토대를 두지 않는 진보적 혹은 과학적, 기술적으로 혁신적인 사회를 가질 수 있다고는 생각하지 않았다. 하지만 앞으로 언급하겠지만 정치경제학의 핵심적인 자유주의적 사상가인 밀, 롤스, 케인스, 하이에크는 무의식중에 자본주의의 부의 척도가 그들 자신이 헌신하는 가치를 왜곡한다고 인정하고 있다.

자유주의적인 경제사상의 기본적인 전제는 밀의 정치경제의 원칙에 공식화되는데 "부의 생산의 법칙과 조건은 물리적 진리의 성질에 관여한다… 부의 분배에서는 그렇지 않다. 그것은 인간이 가진 제도만의 문제다."라고 말하고 있다. 부의 분배만이 우리의 제도와 역사적 헌신으로 정해진다는 정치적 문제로서 다루어지면서, 부의 생산은 우리가 바꿀 수 없는 자연법칙에 따른다고 간주하고 있다. 그에 따라 우리의 가치의 개념이 규범적인 개념(자연스럽게 주어진 것이 아닌)이라는 사실은 무시된다. 우리의 가치관은 중립적 기준이 아닌 생산의 계획과 추구의 방식을 형성하는 역사적인 시도다. 우리가 사회적 부를 자본성장의 관점으로 측정하는 것, 즉 우리의 경제의 목적이 자본적 부의 증가라는 것은 당연한 필요성이 아니라 우리 자신이 안고 있는 규범이다. 또한 수단은 목적으로서 취급되기에 규범은 자기모순을 내포한다. 자본주의에서 우리는 생산을 위해 생산하고 축적을 위해 축적한다. 모순을 해결하려고 정치경제학의 자유주의적 사상가는 밀이 '정지 상태the stationary state'라고 일컬은 꿈에 이끌린다. 이는 우리가 자본성장의 추구를 내버려둘 만큼의 충분한 부를 축적하고 대신에 '인생의 혜택을 자유롭게 성장시킬 시간'을 갖는 것이다. 그러한 꿈은 롤스와 케인스에게도 발견되는데(둘 다 밀의 후계자) 둘 다 자본주의의 역학이 결코 그 꿈이 도착하는 순간을 받아들이지 않는다는 것을 이해하지 못했다. 가령, 롤스는 좋은 사회의 전제조건은 이윤의 추구나 잉여가치의 축적이 아니라, 다른 사람들과의 자유로운 관계 속에서 유의미한 일을 하는 것이라고 주장한다. 롤스 자신은 그것을 인식하고 있지 않은 듯이 보이지만, 그 문장은 사실 마르크스의 자본론에서 인용한 것이다. 자본론에서 언급한 마르크스의 중요한 설명은 '자유로운 인간의 관계, 공통적으로 가질 수 있는 생산수단과 더불어' 생산의 과정은 '자유로운 인간관계로 인한 생산이 되고, 그들의 의식과 계획된 통제 아래 놓인다.'는 것이다. 나아가 마르크스는 다음처럼 부연 설명을 하고 있다. 자유로운 관계의 생산자들은 "인간의 신진대사를 합리적인 방법으로 자연과 통합하고, 맹목적인 힘으로서 지배되는 게 아닌, 집단적인 통제 아래 놓인다."

나는 그러한 집단적인 자기 통제의 목적이, 그 자체의 목적으로서 우리의 정신적인 자유의 발전을 위해 보다 많은 시간을 제공한다고 주장한다. 마르크스의 주장에서 중요한 부분은 생산수단의 민주적 소유권이다. 민주적 소유권은 타인과의 자유로운 관계에서 유의미한 일이 될 수 있는 사회의 실제적 가능성과 밀접한 관련이 있다. 생산수단이 사유라면, 개인의 의도에 관계없이 유의미한 노동형태의 창출이 아닌 자본 성장의 시스템 전체의 목적이 될 것이다. 롤스는 '실질적인 축적(실질적인 자본의 순수한 증가)은 이미 필요하지 않는' 시점에 도달할 가능성이 있다고 생각하지만, 그 같은 변화에는 별도의 경제시스템이 필요하다고는 생각하지 않는다. 롤스가 '진정한 축적과 경제성장은 명확한 목표가 보이지 않은 채, 무기한으로 위를 향해 향한다.'는 원칙에 반대할 때, 그는 자본주의의 원칙 그 자체에 반대하고 있는 셈이다. 하지만 롤스는 계속해서 그가 반대하는 원칙에 기반한 경제 시스템을 유지하려고 애쓴다. 왜냐하면 그는 부의 상태를 창출하려면 자본주의 필요하다고 생각하기 때문이다. 똑같은 모순이 존 메이너드 케인스에게도 발견된다. 케인스는 자본주의를 지지하면서, 그것이 우리로 하여금 가장 불쾌한 인간의 자질의 몇 가지를 최고의 미덕으로 향상시키도록 이끄는 경제시스템이라고 인식하고 있다. 케인스는 다음처럼 '우리는 돈의 동기를 그 진정한 가치로 평가하는 것을 일부러라도 할 여유가 올 거라는' 날을 꿈꾼다.

"소유물로서의 돈에 대한 애착(인생의 즐거움과 삶의 현실에 대한 수단으로서의 돈에 대한 애착과는 구별해서)은 그것이 과연 무엇인지, 정신병 전문가의 손에 몸을 떨면서 건네지는 조금은 역겨운 병적 상태, 반범죄적, 반병리적 경향 중의 하나로 인식될 것이다. 모든 종류의 사회적 관습이나 경제적 관행은 부의 분배나 경제적 보수, 손실에 영향을 미친다. 이는 현재 모든 희생을 치러서 유지하고 있지만, 자본의 축적을 촉진하는데 대단히 도움이 되기에 그 자체가 불쾌하고 부당할 수 있다. 그렇다면 우리는 그것을 버림으로써 자유를 얻는다."

케인스는 우리의 경제 시스템을 병적인 생활 형태로 인식함에도 불구하고, 우리가 필요로 하는 경제적 부의 수준에 우리를 이끌려면, 자본주의는 적어도 1세기는 더 필요하기에 왜곡된 가치의 형태에 대한 자본주의의 부의 척도를 인식하면 안 된다고 생각한다. 케인스 자신에게 자본주에서의 삶의 방식은 정신질환의 한 가지 형태로, 적어도 반범죄적 혹은 반병리적인 행위에 참가하는 셈이지만, 당분간은 따를 수밖에 없다. 자본주의만이 우리를 자유롭게 해주는 상품을 전달해주기 때문이다. "적어도 앞으로 100년간 우리는 자신과 모든 사람에게 공정은 불공정이고, 불공정은 공정한 척 해야 한다."라고 케인스는 쓰고 있다. "불공정은 공정하지 않을 때 유용하다. 탐욕과 고리대금업, 신중함은 아직은 조금 더 우리의 신들(gods)이 되어야 할 것이다. 그 신들만이 우리를 경제적 필요성의 터널에서 햇볕이 비치는 곳으로 이끌 수 있다." 케인스는 1930년에 이처럼 썼다. 그가 우리를 자유롭게 하기 위해 필요하다고 상정한 추가적인 기간 100년 사이에 우리는 이미 경제적 필요성의 터널을 걷고 있지만, 자본주의는 우리를 햇볕으로 이끌어줄 수가 없다. 오히려 우리의 물질적인 부는 이전에 비할 수 없을만큼 불균형하게 분배되고, 천문학적인 양의 자본의 부를 가진 사람조차 뒤늦게 더 축적하려고 애쓴다. 이는 재난이 아닌 자본주의에 내재된 역학이다. 그 자체의 목적으로서 이전에 비할 수 없을만큼 많은 자본의 부의 축적은(살아 있는 노동의 필요한 착취와 과잉생산에 의한 반복적인 위기) 자본주의의 일시적인 단계가 아닌 그 운영의원리다. 반면에 케인스는 자본주의적 생산양식의 모순과 그에 따른 유해한 역학을 파악하지 못하고 있다. '사태는 단순하다. 경제적 필요성의 문제가 제거된 사람들의 계급과 집단은 점점 커질 것이다.'라고 그는 우리에게 확신을 심어준다. 그 같은 전개는 가능할 수도 있지만 민주사회주의를 필요로 할 것이다. 경제적 필요성의 영역에서 지속적으로 증가하는 집단적인 해방은 우리가 필요한 상품을 생산하는 실제의 능력과 사회적으로 필요한 노동시간을 단축하는 실제의 능력의 관점에서 사회적 부를 측정하는 경우에만 가능하다. 하지만 자본주의에서는 우리의 부의 척도는 상품을 생산하고 사회적으로 필요한 노동시간을 단축하는 우리의 실제적인 능력이 아니다. 우리는 실용적인 목적이 아니라 이익을 창출할 목적으로 상품을 생산한다. 그래서 팔리지 않는 수백만 채의 비어 있는 아파트가 생겨나도 주택 위기나 홈리스의 가족이 발생할 수 있다. 마찬가지로 자본주의에서는 사회적으로 필요한 노동시간을 사회적으로 유용한 자유 시간을 늘리려고 단축할 수 없지만, 살아있는 노동으로부터 더 상대적인 잉여가치를 이끌어내려고 한다. 이는 자본주의에서 사회적으로 필요한 노동시간의 단축이 경제적 빈곤에 관한 소동으로 끝나지 않고 실업 문제를 일으키는 이유다. 케인스는 '기술적 실업technological unemployment'의 문제를 특정하고 있는데, 그는 기술적 실업을 '노동의 새로운 용도를 찾을 수 있는 국면을 초월해 노동의 사용을 제약하는 수단을 발견했기에 그로 인한 실업'이라고 정의하고 있다. 케인스에게 기술적 실업의 문제조차 '일시적인 단계의 심신 부적응'이었다. 이는 최종적으로 우리의 경제적 문제를 해결하는 실마리가 될 것이다. 그는 실업이 자본적 부의 생산의 긍정적인 특징임을 이해하지 못한다. 적어도 세 가지 이유에서 실업자의 잉여인구는 상대적 잉여가치를 끌어내는데 필수적이다.

첫째, 기술혁신에 의한 사회적으로 필요한 노동시간의 단축은 생산과정에서 필요한 노동자가 적어지기 때문에 필연적으로 실업으로 이어진다. 둘째, 실업자는 일시적인 일자리를 얻으려면 보다 적은 임금을 받아들일 필요가 있다. 셋째, 실업자는 생산이 증가하는 경우에 고용할 수 있기에 실업자의 잉여인구는 자본주의의 불규칙한 리듬에 대단히 도움이 되기에 수익성이 높고 자본이익을 위한 생산을 줄일 필요가 있는 경우는 생략할 수 있다. 따라서 자본주의의 역학은 실업 문제의 해결을 목표로 하지는 않지만, 실업자의 존재로 인해 꽤 혜택을 본다. 또한 자본주의에서는 우리의 가치의 척도는 노동시간이기에 실업의 부정적인 가치를 자유시간의 긍정적인 가치로 전환해서 우리의 삶을 영위하지는 못한다. 케인스의 주장(최종적으로 우리를 해방시켜주기에 자본주의에 인내를 가져야 한다)은 받아들일 수 없다. 자본의 부의 증가는 임금노동의 착취가 유일한 원천이기에 경제적 필요성의 영역에서 우리의 생활을 더욱 해방시킬 수는 없다. 왜냐하면 임금노동의 착취는 자본의 부의 성장으로 이끌어주는 잉여가치의 유일한 원천이기 때문이다. 따라서 자본의 부의 재분배를 통해 사회정의를 실현하려는 시도는 본질적으로 모순된다. 살아 있는 노동의 착취를 가로막는 복지 정책과 정부의 규제가 많으면 많을수록 잉여가치를 이끌어낼 가능성은 보다 제한되고 경제에 분배할 수 있는 '부'는 적어진다.

뚜렷한 예를 들자면 의료, 교육, 기타 공공서비스가 복지국가에 의해 운영되는 경우, 그것들은 자본으로서 재투자되는 이익을 창출하는 상품으로서 판매되지 않기에, 자본주의에서 측정된 우리의 사회적 부의 '성장'에 기여하지 않는다는 의미가 된다. 반대로 이러한 공공서비스가 민영화되고 일상용품이 되면(이익을 창출하기 위해 매매의 개념으로 변환된다), 자본의 부의 성장에 공헌한다. 이는 복지국가의 신자유주의적 해체와 고용시장의 규제완화의 근거가 된다. 우리가 자본주의적인 부의 척도를 받아들이는 한, 사회민주주의의 개혁은 본디는 평등하게 분배하려는 목적이었는데도 부를 줄이는 경향이 있다. 마찬가지 이유로 사회민주주의 정책은 경제를 축소하고, 사회적 유동성의 기회를 가장 필요로 하며, 그에 따라 사회의 구성원에게 불가결한 일을 배제한다는 신자유주의의 비판에 대해 취약해진다. 단지 실업자를 복지에 포함시키는 것은 누구나 실행가능한 장기적인 해결책이 아니다. 이는 신자유주의의 개혁과 규제완화를 받아들여야 한다는 게 아니라 사회민주주의의 개혁은 민주사회주의를 끝내기 위한 수단으로서 이해되어야만 한다는 의미다. 따라서 나는 모든 형태의 사회민주주의와 내가 자세히 설명하는 민주사회주의의 개념을 분석적으로 구별하고 있다. 나는 이러한 두 가지 용어(사회민주주의와 민주사회주의)에 대해 각각의 다양한 역사적 의미에 직접 대응하는 정의를 내리지는 않는다. 사회민주주의에 대한 나의 의미는 복지국가정치에 한정되지 않고, 민주사회주의에 대한 나의 개념은 사회주의 이전의 비전으로 되돌릴 수 없다. 오히려 나의 분석적인 정의는 다음과 같다. 내가 사회민주주의라고 부르는 것은 그 자체를 재분배로 제한하고 생산양식에서 가치의 근본적인 문제에 임하지 않는 모든 형태의 사회주의 혹은 마르크스주의를 포함한다. 반면에 민주사회주의는 자본주의적 가치의 척도의 근본적 혹은 실질적인 재평가를 필요로 한다. 20세기 속에서 사회민주주의는 '부드러운soft' 자본주의로 발전했고 그 최고의 성과는 복지국가였다. 나 자신도 가장 성공한 복지국가(스웨덴)에서 성장했다. 스웨덴은 1945년의 대규모 경제성장을 사회전체에 대한 부의 분배로 바꾸었다. 나의 조부모는 스웨덴 북부의 가난한 농민이었지만, 나의 부모는 무료로 제공된 공교육과 경제 덕분에 안정된 중산계급의 삶을 영위할 수 있었다. 내가 성장할 때는 스웨덴인이라면 누구나 무료 진료, 무료 육아의 혜택을 받았고, 대학을 비롯해 모든 교육도 무료였다. 이는 19세기에 시작된 발전의 정점이었고 노동자가 정치세력을 조직하기 시작하고 노동조건을 비롯해 투표권, 공공서비스까지 모든 것이 서서히 개선되었는데, 사회민주주의는 그 자체를 부의 분배의 개혁으로 한정시키고 자본주의의 생산양식에 지속적으로 의존하고 있다. 그 결과, 복지 국가의 운명은 자본주의 경제 시스템에 사로잡혔다. 제2차 세계대전 후 수십 년 동안 사회민주주의가 자본주의를 잠식하면서 이를 공익을 위해 기능할 수 있는 방법을 발견한 것처럼 보일지도 모른다. 하지만 1970년대의 세계 경제의 위기 그리고 그 이후의 느긋한 복합적인 성장은 자본주의가 복지국가를 지배했지, 그 반대가 아님을 분명히 떠올리게 만든다. 복지국가는 자본주의에 의존하지만(사회민주주의의 복지 제도는 말 그대로 임금노동에 의해 창출된 부에 영향을 끼치기 때문에) 자본주의는 복지국가에 의존하지 않는다. 이처럼 경제위기 때문에 사회전체에 분배하는 부가 적어지고 보다 복합적인 성장을 창출하는 신자유주의전략(고용시장의 규제완화, 공공서비스의 민영화 등)이 정치적 동의를 획득했다. 과거 수십 년에 걸쳐 우리가 목격한 신자유주의의 개혁은 분명 해로웠다. 하지만 복지국가의 붕괴는 신자유주의의 이데올로기뿐 아니라 자본의 부의 생성에 대한 일반적인 의존에 의한 것이고 복지국가는 경제위기의 인질로 사로잡혀있다. 복지국가(또는 다른 형태의 재분배적 정의)의 관점에서 신자유주의의 이데올로기를 비판하는 것은 자본주의의 가치 측정과 그 생산양식의 모순으로 사회민주주의와 신자유주의가 어떻게 골치를 썩고 있는지를 무시하는 것이다. 좋은 사례로 기본소득(universal basic income, UBI)에 관해 현재 급속히 확산되는 논의를 들 수 있다. 기본소득의 사고방식은 우리 시대에서 정치적으로 가장 널리 논의되는 주제 중 하나인데, 주로 이전에 필요했던 노동의 자동화, 실업 문제의 증가를 다룬다. 기본소득의 사고방식은 신자유주의의 우파와 사회민주주의의 좌파 모두에서 지지를 얻고 있다. 기본소득은 실업자조차 시장경제에 참가하는데 충분한 구매력을 확보하고 동시에 정부에서 다른 형태의 복지지원을 배제하는 것을 가능하게 하는 방법이다. 대조적으로 사회민주주의자에게는 기본소득(대체가 아닌)은 복지국가를 보완하는 것이 되어야만 하고, 노동자에게 고용주에 맞서기 위한 힘을 부여하는데 충분히 관대해야 하며, 빈곤에 빠지는 일 없이, 착취적인 일을 소외시키는 것이다. 따라서 좌파에서 많은 영향력을 가진 인물은 모든 시민에게 합리적인 생활수준을 유지하는데 충분한 돈을 주는 기본소득의 형태를 제창하고 있다. 자본을 소유하지 않는 사람들은 자신이 바라는 것을 정식으로 '자유롭게' 행사할 수 있지만, 실제로는 살아남기 위해 자본가를 위해 일하지 않으면 안된다. 사회학자인 데이빗 칼니츠키는 기본소득의 가장 사려 깊은 방어책으로서 다음처럼 논하고 있다. "기본소득의 중요한 이유는 좌파의 규범적인 비전의 일부가 되어야 하는데 그 이유는 착취와 지배의 관계에서 빠져나오는 것을 촉진하기 때문이다. 충분히 관대한 기본소득은 사람들에게 억압에서 해방시켜줄 뿐 아니라 살아 있는 현실로서 자유를 누릴 물질적인 자원도 제공해준다. 또한 직접적인 강제로부터의 자유뿐 아니라 악질적인 고용주, 불쾌한 일, 가부장제적 지배에도 '아니오'라고 말할 수 있는 힘을 부여한다.

가령 대단히 흥미로운 경험적 연구 중 하나로서 칼니츠키는 3년 동안 보장된 연봉을 받고 행한 캐나다의 실험에서 가정 폭력을 줄이는데 기여했는데, 폭력적인 배우자에 시달렸던 여성들의 물질적 의존도를 줄임으로써 파괴적인 관계에서 벗어나는데 도움을 주었기 때문이다. 보다 일반적인 경우를 들자면, 기본소득은 '직장과 가정의 양쪽에서 교섭이 이루어지는 배경조건을 바꾸어준다.' 안정된 현금의 흐름은 결혼 혹은 일을 그만두겠다고 으름장을 놓게 해준다. 이러한 으름장이 신뢰성을 가진다면 자신의 속내를 말하는데 보다 우위의 입장에 서게 된다. 기본소득은 이렇듯 해방의 효과를 가져다준다. 하지만 마르크스가 분석한 임금노동의 문제에 대한 잠재적인 해결책으로서 기본소득을 설명하는 것은(칼니츠키를 비롯해 다른 많은 사람들이 그렇듯이) 상당한 오해를 초래한다. 칼니츠키는 '사회주의는 임금관계의 폐지로 인해 정의된 비전으로부터, 우리 모두를 그것에 고정시키는 비전으로부터 방향전환을 하면서 뭔가를 잃었다'라고 강조한다. 또한 그는 임금노동을 철폐하는 규범적인 목표를 깨끗이 인정하고 있다. 왜냐하면 "그 목적은 단지 자본가에서 노동자를 해방시키는 것뿐 아니라 하나의 계급으로서 자본가에서 해방시키는 것이기 때문이다."라고 말하고 있다. 하지만 그는 기본소득이 원칙적으로 임금노동에 대한 의존을 극복할 수조차 없다는 사실을 이해하지 못한다. 모든 형태의 기본소득은 임금노동에 의해 창출된 자본의 부의 재분배이기 때문에 모든 형태의 기본소득은 사회적 형태의 임금노동에 완전히 의존하고 있다. 자본주의에서는 이익을 위한 임금노동은 사회적 부의 필요한 원천이다. 이 임금노동에 대한 의존은 기본소득으로 극복되는 게 아니라 지속적이다. 칼니츠키는 기본임금의 자금조달에는 임금노동이 필요하다고 언급하지만, 이는 기본소득이 하나의 계급으로서 자본가에 대한 의존에서 벗어나 우리를 해방시켜준다는 그의 주장과 모순한다는 것을 무시하고 있다. 이익을 위한 임금노동만이 자본가로부터 기본소득의 형태로 분배되는 부를 창출할 수 있기에 모든 형태의 기본임금도 자본가의 착취로부터 우리를 해방시킬 수 없다. 여기서 기본적인 문제는 칼니츠키의 분석에 한정된 것으로서가 아닌, 사회민주주의 정치의 한계라는 징후다. 해방의 비전은 부의 재분배에 한정되지만, 자본주의에서 부가 어떻게 창출되는지, 라는 근본적인 문제는 잘 알려져 있지 않다. 기본소득(혹은 다른 형태의 재분배를 나타내는 정의)의 옹호자는 자본주의에서의 가치의 의미와 생산에 의문을 던지지 않고 사회전체의 부의 분배에만 초점을 맞추고 있다. 마찬가지 이유로 그들은 진보적인 개혁의 모순을 이해하지도 못한다. 복지국가를 강화하던지, 기본소득을 제공하던지, 혹은 이 두 가지를 조합하던지의 여부에 상관없이 자본주의는 필히 발목이 잡힐 것이다. '우리는 기본소득과 고품질의 공공재, 이 둘을 모두 제공해야만 한다.'라고 칼니츠키는 주장한다. 하지만 자본주의의 가치관을 고려하면 그 같은 사고방식은 늘 모순에 빠지고 추락과 파멸에 대한 책임이 따르게 된다. 이윤을 위해 우리의 삶이 착취당하는 것이 적으면 적을수록 즉 우리의 삶을 복지국가의 공공재나 기본소득이 지원하는 비영리 과제에 바칠수록 복지국가와 기본소득에 대한 재정적인 부는 줄어든다. 부의 재분배에 대한 실질적인 모순은 자본주에서는 피할 수가 없다. 가치의 척도는 사회적으로 유용한 자유 시간이 아닌 사회적으로 필요한 노동시간이기 때문이다. 우리가 살아있는 노동시간의 착취에서 해방될수록 우리의 국가의 상태를 지탱하기 위해 필요한 부는 적어진다.

3
...

민주주의의 가능성에 대한 자본주의적 가치 측정의 결과를 이해하려면 토마 피케티의 널리 알려진 연구인 '21세기 자본'에 눈을 돌리면 유익할 것이다. 피케티의 주장은 신자유자본주의에 대한 사회민주주의적 비판의 전형적인 사례인데, 재분배를 중심으로 한 재평가의 문제를 인식하지는 못하고 있다. 피케티의 목적은 자본주의의 극복이 아닌 부의 불평들을 제한하는 개혁된 자본주의 시스템이다. 피케티의 가장 중요한 논점은 '자유시장free market' 자본주의는 그 자체의 시스템에 맡기면 부의 분배를 촉진하지 않고 개인의 자유를 보호하지 않는다는 것이다. 피케티는 오랜 역사 기간에 걸친 부와 소득의 관계를 추적하는 혁신적인 통계 수법의 전개를 통해 자본주의가 많은 사람이 아닌 소수의 사람들에게만 부를 집중시킨다는 점을 지적하고 있다. 자본가의 부의 축적의 역학은 대다수의 이익이 아닌 그들 자신의 이익을 위해 정치를 조작하기 위한 자원을 갖춘 패밀리 왕조와 과두제의 형성으로 이어진다. 그 역학은 '사람들이 기반을 둔 사회 정의의 가치와 민주적 사회에 위협적인' 것이라고 피케티는 묘사하고 있다.

그에 따르면 자본주의가 부의 불평등을 확대할 경향이 있다는 이유를 설명하는 메커니즘은 공식 r⟩g로 나타낼 수 있다. 자본 수익률(r)은 전체로서의 경제 성장률(g)보다 빨리 성장하거나 천천히 하락한다. 따라서 자본주의의 역학은 수입에 기초를 두고 있다. 상속 혹은 축적된 부의 성장은 소득의 성장을 웃돌고 피케티가 '자본을 소유하는 사람들과 살아남기 위해 임금노동에 복종해야만 할 사람들 사이의 불평등한 부의 분배의 무시무시한 소용돌이'라고 부른 것으로 이어진다. 민주주의는 원칙적으로 증세나 국가에 의한 고용창출 등의 개혁을 통해 '자본주의로의 지배를 되돌리는' 것이 가능하다. 시장의 신자유주의적 규제완화를 촉진하는 사람들과 대조적으로 피케티는 보편적인 건강 보험, 보편적인 교육(고등교육까지 포함해서)을 제공하는 사회민주주의 복지국가를 제창하고 있다. 그러나 부의 불평등에 관한 문제에 피케티가 제안한 해결책은 실용적인 관점에서 종종 비현실적이라고 일컬어지는데, 그의 분석에서 더 심각한 문제는 자본주의의 구조적 역학에 대한 어떠한 체계적인 이해도 엿볼 수가 없다는 점이다. 피케티에게 (기본소득의 지지자로서) 자본주의의 문제는 단지 부의 분배에 관계된 것이지, 자본주의에서의 부의 생산과 측정은 결코 질문의 대상이 아니다. 피케티는 자본주의적 생산양식에 내재하는 모순에 대한 마르크스의 분석을 확실히 무시하지만 반면에 마르크스의 논리도 이해하지 못하고 있다. 피케티에 따르면 '마르크스는 영구적인 기술의 진보와 꾸준한 생산성의 향상에 대한 가능성을 완전히 무시했다. 이는 민간자본의 축적과 집중의 과정에 대한 평형추로서는 어느 정도 도움이 될 수 있다.'

피케티는 분명히 자신의 예측에서 통계학상의 오류를 범하고 있고, 오해를 초래하는 주장을 하고 있다. 기술의 진보와 생산성의 향상은 자본의 축적과 집중의 과정을 추진하는 역학에서 마르크스가 행한 분석의 핵심이다. 또한 마르크스는 자본주의가 어떻게 기능하는지에 대한 예측을 하려고 통계 데이터를 수집하지 않았다. 마르크스는 자본주의의 내적 목적(소비가 아닌 이익을 위해 생산하는)을 분석하고, 그 같은 역학의 구성적 경향을 설명하고 있다. 피케티가 마르크스의 분석의 논리를 이해하고 있었다면, 그는 자신의 데이터의 의미를 이해할 수 있는 자료도 있었을 것이다. 피케티는 자본이 소수의 사람에게 집중하는 경향이 있다는 것을 통계적으로 보여주지만, 그러한 경향을 설명하는 역학과 기계적인 생산에 대한 관련성을 이해하지 못한다. 왜냐하면 그는 자본주의의 생산양식의 특이성을 무시하고, 자본주의에서의 사회적 부의 측정을 마치 자연적인 필요성처럼 취급한다. 그 결과 피케티는 위기에 대한 실업과 그 경향, 이 모두가 자본의 부의 생산에 필요한 특징이라는 사실을 무시한다. 경제위기는 시장의 규제(사회민주주의) 또는 시장의 규제완화(신자유주의)의 어느 쪽에 의해서든 회피할 수가 없다. 위기의 경향은 자본주의의 생산양식 자체에 내재하기 때문이다. 자본주의적 생산양식에서 위기에 대한 고유의 경향을 이해하려면 우리는 마르크스의 '이윤율의 하락 경향의 법칙'의 분석에 주목할 필요가 있다. 이는 그가 '자본론'에서 언급한 것이다. 이윤율 하락 경향의 법칙에 관한 그의 분석은 그의 가장 유명한 논점중 하나이면서 동시에 가장 오해를 많이 받는 것이기도 하다. 피케티나 다른 많은 사람들이 주장하는 것과는 반대로 마르크스는 이윤율이 불가역적으로 하락해서 자본주의의 자기 파괴로 이어진다는 예측을 제공하지 않고 있다. 자본주의의 운명에 대한 그러한 종말론적 비전은 가끔 마르크스에게 화살이 돌려지지만, 그의 실제적인 분석과는 양립하지 않는다. 마르크스는 경험적인 예측을 하지 않는다. 오히려 그는 자본주의의 생산양식에서 '움직이고 있는 모순'을 분석하고 있다. 왜냐하면 그 모순은 역학적이고 동적이기 때문인데, 자본주의 시스템의 계속적인 삶을 유지기 위한 '반작용' 전략이 몇 가지 있을 수 있다. 요점은 자본주의는 필연적으로 그 자신을 스스로 죽인다는 것을 증명하는 것이 아니라, 자본주의 그 자체는 진정한 사회적 부의 생산에 어긋나는 유해하고 자기모순적인 역학에 의해서만 계속 살아갈 수 있다는 것을 보여주는 것이다.

여기서 다시 우리 마을과 물의 공급의 이야기로 돌아가보겠다. 왜 자본주의의 생산양식이 이윤율이 본질적으로 하락하는 것에 따르는지를 이해하기 위해서다. 이윤율은 상품의 생산에 투자하는 자본의 합계액과의 관계이다. 가령, 1갤런의 물을 생산하는 데 필요한 임금, 기계, 원재료의 비용의 합계이다. 그리고 내가 상품의 생산으로부터 이끌어낼 수 있는 잉여가치의 양이다. 이윤율의 상승에 애쓰는 것은 자본주의 기업에게는 본질적인 측면이다. 나의 물 사업을 유지하려면 나는 물의 생산과 유통에서 이윤을 지속적으로 끌어올려야만 한다. 그러한 이윤은 살아있는 노동의 잉여시간을 나의 자본주의 기업의 잉여가치로 변환하는 것으로 정해진다. 다만 근무 일수의 제한과 근로조건의 법적 제약을 생각하면, 노동자의 삶을 얼마나 활용할 수 있는지에 대해서는 제한적이다. 나의 사업을 수익성이 높은 것으로 만들고, 경쟁력을 유지하기 위한 주된 방법은 생산의 기술적 수단을 보다 효율적으로 함으로써 오히려 내가 고용한 노동자로부터 상대적 잉여가치를 이끌어내는 것이다. 그래서 물 사업의 이윤율을 높이려고 마음먹었을 때, 마을 한 가운데 우물을 만들었다. 내가 고용한 노동자가 동일한 시간 내에서 보다 많은 물을 생산하는 게 가능해지고, 그에 따라 나는 그들의 노동으로부터 이끌어 낼 수 있는 상대적 잉여가치를 늘릴 수가 있다. 따라서 이윤율의 상승에 애쓰는 것은 특정한 상품에 사회적으로 필요한 노동시간을 단축하는 것과 떼어놓을 수가 없다. 내가 상품의 생산을 보다 수익성이 높은 것으로 하겠다는 목표를 정하면, 나는 상품의 생산을 보다 효율적으로 하는 것 즉 시간의 절약을 지향한다. 하지만 나는 자본주의의 생산양식을 특징짓는 모순에 휘말리게 된다. 자본가로서 나는 살아있는 노동시간에서만 잉여가치를 이끌어낼 수 있다. 하지만 노동자에게서 보다 많은 잉여가치를 이끌어내는 것을 목표로 삼아, 나는 점점 살아있는 노동시간(잉여가치를 이끌어낼 수 있는)을 비노동생산(잉여가치를 이끌어 낼 수 없는)으로 변환하는 기술을 개발하는 쪽으로 이끌리게 된다. 이 같은 기술개발의 결과, 나의 물 사업의 이윤율은 본질적으로 하락하는 경향이 있다.

나의 물 생산이 보다 효율적이 되면 마르크스가 '자본의 유기적 구성'이라고 일컬은 것으로 변화한다. 살아있는 노동시간(내가 이윤을 높일 수 있다)의 비율은 감소하고 살아있지 않은 생산시간(내가 이윤을 얻을 수 없다)의 비율은 증가한다. 따라서 생산수단으로서의 우물의 효율화에 의해 잉여가치와 이윤의 양이 늘어도 마찬가지 이유에서 물 사업의 이윤율은 하락하는 경향이 있다. 그러므로 자본주의적 생산양식에서 모순의 역학을 특정할 수가 있다. 한편 이윤을 올리려면 나는 지금까지 이상으로 효율적인 기술적 생산수단을 개발한다. 다른 한편으로 나의 기술적인 생산수단이 효율적이 될수록 나의 이윤율은 하락하는 경향이 있다. 이윤율을 유지하려면 자본주의의 생활양식은 기술적 생산성의 향상을 목적으로 한 독자적인 생산력을 억제할 필요가 있다. 살아있지 않은 생산시간의 비율을 무기한으로 증가시키면 살아있는 노동 시간의 비율은 무기한으로 감소하고 이윤을 올릴 가능성이 낮아진다. 마을 한가운데 설치할 우물을 완성시키고 살아있는 노동시간을 거의 필요로 하지 않을 정도로만 하면 이윤을 올리려고 잉여가치를 끌어

올릴 수 있는 것은 거의 없어진다. 이윤율 하락 경향의 법칙은 예측이 아닌 자본주의에서의 반작용 경향을 이해할 수 있도록 해주는 구조적 역학이다. 자본가의 고용주가 살아있는 노동력의 착취를 강화하거나 노동력의 구입이 저렴한 장소에 생산시설을 수출하는 등의 조치를 하지 않으면 이윤율이 하락하는 경향이 있기 때문이다. 사회적으로 필요한 노동시간의 단축을 고려하면, 이윤이 의존하는 상대적 잉여가치의 추출을 늘리는 유일한 방법은 자금의 상대적 가치를 내림으로써 노동자의 착취를 강화하는 것이다. 실업과 고용의 수출은 자본주의에서 배제할 수 있는 게 아닌 자본의 부의 생산에 필요한 조건이다. 임금의 상대적 가치를 낮추는 것과 이윤율의 유지는 국내 혹은 생산시설이 이전하는 가난한 나라에서 보다 적은 임금으로도 일하겠다는 실업자의 잉여인구에 의존한다. 가장 중요한 것은 이윤율 하락 경향의 법칙이 자본주의에서의 위기에 대한 경향을 이해할 수 있게 해준다는 점이다. 기술적 생산성이 계속해서 향상하면 자본주의에서 위기가 발생한다. 이는 살아있는 노동시간을 살아있지 않은 생산시간으로 바꾸면, 이윤율이 하락하기 때문이다. 이윤율의 하락은 많은 전략에 의해 없앨 수가 있지만, 최종적으로는 가치의 저하에 대한 위기, 전쟁처럼 기존 자본의 전면적인 붕괴 혹은 그 밖의 수단에 의한 대량의 자본의 붕괴를 초래한다. 대량의 기계나 그 밖의 형태의 생산자본이 붕괴되면 살아있지 않는 생산의 능력이 떨어지고, 살아있는 노동의 필요성이 높아진다. 이는 전쟁으로 인한 파괴가 자본주의 경제의 활성화로 이어질 수 있는 까닭이다. 파괴는 살아있지 않은 생산능력의 대부분을 배제하고, 재건의 과정은 대량의 살아있는 노동시간을 필요로 하기에 거기서 잉여가치를 이끌어내서 경제의 자본의 부의 '성장'으로 바꿀 수 있다. 따라서 위기에 대한 경향이 자본주의의 종말을 고한다고 생각하는 것은 중대한 잘못이다. 위기는 자본가의 축적의 순환에 불가결하고, 자본의 부의 지속적인 생산에 필요하다. 이윤율이 다시 상승하려면 살아있지 않은 생산 시간에 대한 살아있는 노동 시간의 비율이 증가해야만 하고, 이는 생산자본의 평가 절하 혹은 붕괴를 필요로 한다. 자본주의에 대한 위협이 아닌 그 같은 위기는 그 자체를 재현하는 시스템으로서의 자본주의의 가능성의 조건이다. 물론 각각의 자본가(그리고 자본주의 사회 전체)는 위기에 침몰할 수가 있지만 유지되는 시스템으로서의 자본주의에 필요한 것은 새로운 성장 순환을 재개하는 것뿐이다. 자본주의의 문제는 그것이 붕괴되는 게 아니라 치명적인 사회적 결말을 내재한 자기 모순적 역학을 통해서만이 그 자체를 유지할 수 있다. 사회적 부의 자본주의적 척도를 고려하면 기술효율 덕분에 우리가 얻는 자유시간은 그 자체의 가치로서 인식할 수 없다. 이윤을 위해서가 아닌 해방을 위해서 기술혁신을 추구하는 경우, 기술적 생산성의 향상은 누구나 자신의 삶을 영위하기 위해 보다 많은 자유 시간을 부여할 수 있다. 하지만 우리가 이윤을 위해 생산하는 이상, 기술혁신에 의한 사회적으로 필요한 노동시간의 단축은 심한 모순에 빠지고 만다. 사회적으로 필요한 노동시간의 단축을 그 자체를 목적으로서 추구할 수 없고 노동자에게서 잉여가치를 이끌어내는 수단으로서만 추구하기에 이는 해방이 아닌 실업, 착취, 위기로 이어진다. 자본주의에 대한 엄격한 비판은 시스템의 종말만 예측해서는 안된다. 엄격한 비판은 자본주의에서의 가치의 측정이 자기모순적이고, 가치의 집합적인 재평가를 필요로 하는 이유를 명확히 할 필요가 있다. 가치의 재평가는 경제의 정치적 개혁을 통해서만 이룰 수가 있다. 이에 따라 사회적으로 유용한 자유시간을 그 자체의 목적으로서 인식할 수가 있다. 이처럼 경제의 개혁은 내가 민주사회주의라고 일컫는 것의 핵심이다.

4
...

민주사회주의의 이해관계를 자세히 설명하려면 가장 강력하면서 철학적으로 세련된 사회주의의 비평가인 오스트리아의 경제학자이자 철학자인 프리드리히 하이에크가 큰 도움이 될 것이다. 하이에크는 1974년에 노벨 경제학상을 수상했고, 이른 바 시카고 학파를 주도한 인물이며, '자유시장'의 미덕을 대표하는 신자유주의 사상을 굳게 형성했다. 하이에크의 사회주의 비판은 모든 형태의 사회주의가 톱 다운의 비민주적인 방법으로 구축된 중앙통치 계획의 형태를 필요로 한다는 가정에 토대를 두고 있다.

그가 지적하듯이 '그들의 계획에서 실용적인 측면을 진지하게 검토한 대부분의 입안자들은 계획경제는 어쨌든 독재적인 선에서 운용되어야만 한다는데 일말의 의심도 없다. 왜냐하면 궁극적인 책임과 권력은 민주적 절차에 의한 행위로 속박되어서는 안 되는 사령관commander-in -chief의 손에 맡겨져야만 하기 때문이다.' 그러자면 사회주의는 정치적 민주주의와 경제적 삶의 분리를 필요로 한다. 중앙집중계획의 권위는 우리의 경제적 삶의 형태를 결정하지만, 우리는 다른 점에서 우리의 삶을 자유롭게 이끌어갈 것이다. "그 같은 보장은 즉 우리의 생활의 중요성이 낮은 측면이기에 우리는 보다 높은 가치를 추구하면서 보다 큰 자유를 얻게 될 것이다. 이러한 이유로 정치적 독재의 사고방식을 싫어하는 사람들은 종종 경제 분야의 독재자를 요구한다."라고 하이에크는 쓰고 있다. 반면에 하이에크는 경제적, 정치적 그리고 존재의 자유의 불가분성에 관해 중요한 논의를 추구하고 있다. '인생의 다른 목적과는 별도로 순수한 경제적 목적이 있다는 잘못된 믿음'이라는 것이다. 오히려 '우리의 모든 목적은 동일한 수단을 추구하고 경쟁하는 것'이기에 자유의 중심에는 구조적인 '경제적 문제'가 있다. 한정된 수단에 비추어 어느 목적을 우선할지를 결정할 필요가 있다. 그렇기에 누가 경제를 지배하느냐는 문제가 대단히 중요하다. 따라서 누가 수단의 유일한 통제권을 쥐더라도 경제적 통제는 다른 부분으로부터 분리 가능한 인간의 삶의 일부를 단지 통제하는 게 아니라, 그 수단은 어떤 목적으로 귀속되는지, 어떤 것이 높이 평가받고, 어떤 것이 낮은 평가를 받는지 즉, 각 개인이 믿고 노력해야하는 것인지를 결정해야만 한다.

하이에크는 여기서 내가 마르크스를 읽고 한층 발전시킨 경제적 생활과 정신적 자유의 사이의 본질적인 연결점을 이해하는

데 가까워지고 있다. 그런데도 하이에크는 개인의 목적을 추구하기 위한 단순한 수단과 마찬가지로 경제조직을 엄밀히 도구적인 수단으로서 생각하기에 그 자신의 잠재적인 통찰에 미치지 못하고 있다. 하지만 경제조직의 문제는 우리가 추구하는 목적에 대한 수단으로 환원될 수가 없다. 오히려 우리가 어떻게 우리 삶의 경제를 조직화하느냐는, 그 자체가 우리가 수단과 목적 사이의 관계를 어떻게 가정하느냐를 나타내고 있다. 경제적인 문제는 우리의 우선순위에 관계하기에 모든 형태의 정신적 삶의 중심에 있다. 우리가 어떻게 우리의 삶의 경제를 조직화하느냐는 최종적으로 여러 행위의 가치를 어떻게 이해하느냐 그리고 우리의 시간으로 무엇을 하느냐, 라는 문제다. 우리의 경제적인 자기 조직화는 우리의 수단뿐만이 아닌 우리의 목적도 형성한다. 따라서 우리가 경제를 조직하고 계획하는 방식은 우리의 삶의 모든 측면을 형성하고 있다. 하이에크가 인식하듯이 경제계획은 모든 경제의 구성요소다. 그는 경제계획을 '유용한 자원의 분배에 관한 복잡하고 상호적인 결정'이라고 정의하면서 '모든 경제행위는 이러한 의미에서 계획'이라고 강조하고 있다. 모든 경제가 기능하려면 일종의 계획이 있어야 한다. 그렇기에 문제는 계획이 아니라 누가 그 계획을 실행하느냐이다. 이는 계획이 이루어지느냐의 여부에 관한 논쟁이 아닌 계획이 중앙정부에서 이루어지느냐의 여부에 관한 논쟁이다. 말하자면, 전체적인 경제 시스템을 위해 독재자가 실행하느냐 혹은 많은 개인들로 인해 분리되느냐의 논쟁이라고 그는 주장하고 있다.

모든 형태의 경제계획에 중요한 문제는 전체와 부분의 관계다. 중앙집중계획은 전체와 부분의 관계를 톱다운의 관계로 오해하고 있다. '하나의 통일된 계획에 의한 경제 시스템 전체의 방향성'을 부여하기 때문이다. 그렇기에 중앙집중계획은 경제의 각 부분의 수요와 요구에 동기화하지 못하고 있다. 필요한 것은 그것이 전체로서 누구에게나 주어지지 않는 지식의 이용이 허용되는 경제 계획의 형태다. 모든 형태의 경제계획은 각 개인의 행위자나 혹은 중앙집중계획의 당국에게 주어질 수 없다. 왜냐하면 경제는 앞선 예측이 아닌 필연적으로 실질적인 행위의 형태에 의존하기 때문이다. 경제계획은 일반적인 규칙이나 주어진 통계적 데이터로 치환될 수 없는 실질적인 지식의 형태로 받아들여져야만 한다. 즉, '시간과 공간의 특정한 환경에 대한 지식'을 말한다. 하이에크는 "모든 개인은 그에 따른 결정이 본인에게 맡겨지던가, 본인의 적극적인 협력에 의해 이루어진 경우에만 유익한 사용이 행해질 가능성이 있는 고유의 정보를 갖고 있다."라고 말한다. 따라서 하이에크는 부분과 전체의 관계를 각각의 수요와 욕구(구매자의 수요)를 이용 가능한 자원(판매자의 공급)과 조정하는 기술적인 문제라고 여긴다. 그는 가격 시스템에서 문제의 해결책을 찾는다. 상품의 가격은 공급과 수요의 관계를 반영한다. 자유 시장에서 상품의 가격은 부족한 수준(구매자에게)과 필요성의 수준(판매자에게)을 전달하는 역할이라고 여겨진다. 그러면 가격 시스템은 '합리적인 경제 질서'의 열쇠를 쥐게 된다. 올바른 형식의 실천적 지식과 관련정보가 상호적인 수요와 공급 속에서 경제의 다양한 구성원들에게 전달될 수 있기 때문이다. 하이에크에게 부분과 전체의 이상적인 관계는 '시장의 자발적인 관계는 시장의 자발적으로 형성된 질서에 의해 이루어지고 이는 어떤 설계보다 효율적인 자원의 분배를 창출한다.' 고 한다. 그러나 하이에크의 분석의 문제는 그가 자본주의시장에서 어떻게 가치가 창출되는지를 결코 자문하지 않는다는 사실이다. 다른 자유주의 사상가처럼 그는 자본주의 시장경제를 부의 생산을 위한 고유의 사회적 형태가 아닌 부의 분배를 위한 최적의 도구로 다룬다. 하이에크는 합리적인 경제 질서의 중심적인 이슈 중 하나가 사회 구성원의 누구나 알고 있는 자원을 이들 개인만이 비교적 중요한 목적을 위해 최대한으로 활용하는 방법이어야만 한다는 것이다. 하지만 하이에크는 자본주의의 시장경제가 합리적인 경제 질서에 따르지 못한다는 것을 이해하지 못하고 있다. 개인 자본가로서 나는 유용한 자원을 최선으로 이용하는 데는 관심이 없지만, 가장 효율적으로 이윤을 올리는 방법에는 관심이 있다. 또한 자본주의의 사회로서 우리는 소비를 위해 생산을 공동으로 헌신하지는 않는다. 오히려 자본의 성장으로 전환 가능한 잉여 가치를 이끌어내기 위해 생산하는데 헌신한다. 마찬가지로 자본주의의 가격 시스템은 희소성과 필요성, 수요와 공급의 실제적 관계에 관한 정보를 중계하기 위한 중립적 매체로서 기능할 수 없다. 하이에크에 따르면 가격 시스템의 '경이로움 marvel'은 '누구나 무엇을 해야할지를 말하지 않아도 개인에게 바람직한 것을 시키는' 방법으로 '정보를 전달하기 위한 구조'를 제공한다는 점이다. 하지만 가격 시스템의 그러한 기능이야말로 자본주의에서의 공급과 수요의 양쪽을 조작하기 위한 효율적인 도구다. 자본주의의 자본가로서 나는 상품을 실제로 얼마나 효율적으로 생산 가능한지를 '전달' 하려고 상품의 가격을 설정하지는 않는다. 내 상품의 생산능력을 억제하고, 인위적으로 부족하게 만드는 것이 더 이윤을 올려준다면, 나는 그렇게 할 것이다. 마찬가지로 나는 자본가로서 인구의 실제적인 필요성에 대한 올바른 종류의 '정보'를 얻으려고 하지 않는다. 그럼으로써 나의 공급은 관련된 수요를 채울 수 있다. 나의 목적은 사회적 영향과는 관계없이 최대의 이윤을 얻기 위해 수요와 공급의 양쪽을 조작하는 것이다. 이익을 위한 수요 조절은 각각의 자본가의 도덕적 실패가 아닌 자본주의의 유지에 우리가 공동으로 임하는 생산원리의 효과다. 자본주의에 헌신하는 것은 생산의 목적은 소비가 아닌 이윤이라야 한다고 생각하는 것이다. 따라서 자본주의에서 수요와 공급이 따로 노는 것은 우연이 아니다. 우리가 필요로 하지 않거나 구매할 여유가 없는 상품의 과잉생산과 필요하지만 구입할 수 없는 상품의 과소생산의 양쪽 모두에 해당한다. 이러한 차이점은 필요성의 충족과 정신적 발달을 위한 자원의 제공보다 이윤의 축적을 우선하는 생산의 원칙에 유래한다.

하이에크가 중앙계획에 대해 평준화한 비판은 그 자신이 옹호하는 자본주의의 자유로운 자산에 대해서도 평준화가 가능하다. '부의 생산의 관리는 인간의 삶 그 자체의 관리'라고 그는 주장한다. 이것이 하이에크가 모든 형태의 비민주적인 중앙집중계획에 문제를 제기하는 이유인데, 이는 우리가 경제적 자유를 결정하는 것을 박탈한다. 이러한 경제적 자유는 우리의 정치적 혹은 실존적 자유로부터 분리할 수 없다. 하이에크가 강조하듯이 '우리의 경제적 이익에만 영향을 주는 것은 삶의 기본적 가치를 심각하게 방해할 수 없다.'라고 생각하는 것은 잘못이다. 오히려 우리의 경제적 자유의 상실은 우리가 그저 경제적이라고 경멸을 담아 말할 때, 우리가 염두에 두고 있는 단지 한계 수익점의 필요성에 영향을 주지 않는다. 사실상 우리 개인이 한계라고 간주하는 것의 결정을 이제는 허용되어서는 안 된다는 것을 의미한다. 그럼에도 하이에크는 자본주의에서의 부의 생산의 비민주적인 관리를 무시한다. 자본주의는 우리의 경제적 자유를 지켜주기는커녕, 우리의 경제적 우선순위를 결정하고 우리의 경제적 삶의 형태에 대해 민주적으로 심의하는 기능을 박탈하고 있다. 우리 경제의 우선순위는 우리가 이익을 위해 일하기로 이미 결정되어 있다(이익을 위한 노동으로서). 사회적 부의 자본주의로 구축되어 있기 때문이다. 하이에크는 문제를 문제로서 직시하지 못한다. 그는 해방free을 자유liberty로 단순화하기 때문이다. 우리가 별도의 방법이 아닌 한 가지 방식으로 행동하도록 직접 강제되지 않는 이상 즉 우리가 정식적인 자유를 갖고 있는 한, 우리는 하이에크가 말한 의미에서 자유다. 마찬가지로 하이에크는 사실상 결정을 선택으로 단순화시킨다. 누구도 우리에게 강제하거나 무엇을 해야 할지를 가르치지 않고 선택할 수 있다면 우리는 자유다. 하지만 그 같은 정식적인 자유의 개념은 완전히 개선되지 않았다. 자유로운 삶을 영위하려면 직접적인 강제에서 면제되고 선택이 허용되는 것만으로 충분하지 않다.

자유로운 삶을 영위하려면, 우리의 실천적 행위를 우리 자신의 헌신의 표현으로 간주하려면, 우리가 하는 것에서 자기 자신을 인식해야만 한다. 이는 선택뿐 아니라 우리의 선택의 범위를 결정하는 목적, 우리의 삶을 영위하기 위한 기본적 결정에도 관여할 수 있어야 한다.

자유는 우리가 영위하는 삶의 형태에 관한 결정에 참가할 능력을 필요로 하는 것이지, 선택할 자유만이 아니다. 또한 모든 형태의 선택과 결정은 사회적이기 때문에 우리가 참가하는 제도적 형태에서 우리의 자유에 대한 헌신을 인식해야만 한다. 이는 자본주의가 본질적으로 소외된 사회제도이기 때문이다. 이윤을 위해 우리의 삶을 영위하는 것은 자기모순적이고 소외된 것이다. 이윤의 목적은 우리의 삶을 그 자체의 목적이 아닌 수단으로 취급하기 때문이다. 실제로 자본주의에서는 우리 자신은 인식할 수 없는 목적에 임하고 있는데, 이는 필연적으로 소외된 형태의 사회생활로 이어진다. 우리가 가진 실제적인 필요성과 능력은 이차적이다. 먼저 제일 중요한 것은 자본가가 우리의 필요성에서 이윤을 얻고, 임금노동에서 우리의 능력을 활용할 수 있는지의 여부다. 시장은 우리가 어떤 능력을 이용해야 하는지를 결정하는데, 우리의 필요성은 우리가 구입할 수 있는 것을 고려해서 변한다. 우리가 개발할 수 있는 대부분의 능력은(만일 우리의 삶을 영위할 충분한 시간이 있다면) 이윤을 낳지 않기에 파기되지만, 많은 필요성은 우리로 하여금 만족을 제공하는 게 아니라, 더 많은 상품을 구입하게 만든다. 내가 분명히 하고 싶은 말은 사회의 개혁으로부터 보호되어야 할 순수한 필요성과 능력이 존재한다는 의미가 아니다. 오히려 우리가 무엇을 하고, 무엇을 소중히 여기는지는 처음부터 사회적 실천의 문제이고 모든 형태의 진보는 우리의 관행을 보다 좋은 방향으로 바꿀 것을 요구한다. 하지만 중요한 것은 우리의 관행의 유지 혹은 개혁은 자본의 역학에 의해 우리에게 지시된 것이 아닌 우리의 민주적인 참가에 의해 결정되어야만 한다는 점이다. 우리는 아마도 필요할 것, 아마도 가치가 있을 것을 무리해서 받아들이는 대상이 아니라, 우리는 우리가 하는 것과 소중히 여기는 것의 대상이 되어야 한다. 우리의 삶에서 그러한 혁명이 어떻게 가능할지(우리에게 무엇을 필요로 할지는)는 내가 명확히 밝힌 민주사회주의의 원칙에 의해 특정된다. 민주사회주의의 과제는 비민주적인 중앙 경제나 이윤을 위한 자본주의에 기대지 말고 우리가 공유하는 경제 생활에 참가하고 공헌하는 형태를 발전시키는 것이다. 그에 관련된 원칙의 상황을 파악하려면 일반적인 것과 추상적인 것, 구체적인 것과 특정한 것을 구별하는 게 중요하다. 민주사회주의의 원칙은 우리의 경제문제를 완전히 해결할 추상적인 유토피아의 사고방식에는 매력적이지 않다. 오히려 그 원칙은 어떤 민주주의라도 그 자체가 민주적이기 위한 형태를 갖추어야 하고 유지해야만 한다는 점에 비추어볼 때 일반적인 원칙을 특정한다. 마찬가지로 원칙은 우리의 경제를 어떻게 조직화하느냐에 대해 특정한 청사진을 부여하지 않는다. 오히려 그것은 민주주의 국가나 민주주의 기관에 의해 무효가 아닌, 유효하게 되어야만 하는 경제의 구체적인 개혁을 특정하고 있다. 민주사회주의의 일반적 혹은 구체적인 원칙은 우리의 역사적 생활 형태의 외부에 있는 관념으로서 가정할 수가 없다.

그 경우, 그것은 우리를 주장하지 않기 때문이다. 원칙은 우리가 이미 자유민주주의와 자본주의를 정당화하려는 자유의 사고방식에서 내부적으로 도출되어야만 한다. 내가 줄곧 강조했듯이 자유주의와 자본주의의 비판은 우리가 이미 공언한 헌신의 범위 내에서 해방을 위한 자원을 발견하는 영속적인 비평이라야만 한다. 자유민주주의에서 상정된 정당화는 그것이 우리 한 사람마다 자유로운 삶의 영위를 가능하게 해주는 것이라야 하고, 자본주의에서 상정된 정당화는 그것이 우리의 사회적 부를 서서히 증가시켜야만 할 것이라야 한다. 하지만 자본주의의 가치의 척도는 그것의 해방의 약속과 모순되고 배반된다. 우리가 실제적인 자유로운 삶을 영위하고, 실제적인 사회적 부를 서서히 늘리는 것을 가능하게 하려면 우리는 경제와 물질생산을 형성하는 가치의 척도의 실제적인 재평가를 추구해야만 한다. 그 같은 재평가의 원칙이 바로 민주사회주의의 원칙이다.

5
…

민주사회주의의 첫 번째는 원리는 사회적으로 유용한 자유 시간의 관점에서 우리의 부(개인과 집단의 양쪽의 부)를 측정하는 것이다. 우리의 자유 시간은 사회적 체제적 형태에 따른다. 단지 시간의 양에 관계된 것이 아니기 때문이다. 오히려 우리의 자유시간의 양은 우리의 자유 시간의 질과 분리할 수 없다. 우리의 삶을 영위한다는 관점에서 우리가 헌신을 형성하고 육성하고 개혁할 수 있는 제도를 필요로 한다. 마찬가지로 자유시간은 반드시 여가일 필요는 없지만, 우리에게 그 자체가 목적이라고 간주되는 행위에 전념할 때는 그 모든 시간을 일컫는다. 가령, 내가 이 책을 쓰는데 전념하는 시간은 기본적인 철학적 개념을 숙고해서 명확히 정리하려는 시간을 갖는 자체가 내게는 목적이기에 자유 시간으로 간주한다. 철학적 사고방식을 추구하고 책을 쓰는 것은 나 혼자 힘으로 할 수 있는 게 아니지만, 그 행위에는 내가 하는 것(나 자신과 타인의 양쪽)을 이해할 수 있도록 해주는 제도적 형태가 필요하다. 따라서 자유의 영역(우리의 사회적으로 유용한 시간)은 우리의 제도적 생활형태와 그것의 제도를 어떻게 유지 혹은 변경하느냐에 달려있다.

우리의 사회제도는 반드시 명시적은 아니지만, 우리의 행위를 비롯해 실천적인 정체성(철학자인 것, 아버지인 것)의 모든 형태에서 늘 암묵적이다. 우리가 실천적 정체성의 본질적인 부분으로 간주하는 모든 행위(우리가 특정하는 직업의 본질적인 부분으로서)는 자유의 영역에 속하고, 우리가 그것에 헌신하는 시간은 자유시간으로 간주된다. 목적이 아닌 수단처럼 보이는 행위조차(가령, 엄격한 교육의 실행) 그 교육이 생업에 헌신하는 필요한 수단이라는 의미에서 본질적인 부분이라면 자유의 영역에 속한다. 마찬가지로 단지 실용적인 필요성처럼 보일지 모르는 많은 일(가령, 아이들의 기저귀를 갈아주는 일)은 그 같은 육아가 부모라는 실천적인 정체성의 본질적인 부분으로서 인식되는 한, 자유의 영역에 속한다. 여기서 실천적인 정체성과 단순한 사회적 역할을 주의 깊게 구별할 필요가 있다. 모든 실천적 정체성(부모, 철학자, 정치활동가 등)은 사회적 역할이지만 우리가 받아들인 모든 사회적 역할이 우리의 실천적 정체성으로서 간주되는 것은 아니다. 우리가 그 자체가 목적이라고 특정하는 사회적 역할만이 우리의 실천적인 정체성이고 다른 사회적 역할은 단지 목적을 달성하기 위한 수단으로서 기능한다. 분명히 해두자면 공익을 위해 위생작업에 참가할 때처럼, 단지 사회적 역할조차 우리가 헌신하는 목적에 비추어 달성 혹은 개혁이 가능한 규범적 기준을 갖고 있다. 위생작업 그 자체가 목적이 아닌 목적을 이루기 위한 수단으로서 이해되는 한, 우리는 그것이 요구하는 사회적으로 필요한 노동시간으로 환원하는데 헌신한다. 자유의 영역과 필요성의 영역의 관계를 파악하려면 필연적으로 실천적인 정체성과 단순한 사회적 역할의 구별이 중요하다.

자유의 영역은 우리의 실천적 정체성 또는 우리가 스스로 추구하는 행위에 의해 표현되는 각각의 실존적 정체성의 형태에서 우선순위의 내부관계에 의해 정의된다. 자유의 영역을 확대하려면 사회적으로 유용한 자유시간(실천적 정체성을 추구, 질문하고, 개혁하기 위해 이용할 수 있는 시간)의 양을 늘리고, 질을 향상시킬 필요가 있다. 반면에 필요성의 영역은 사회발전의 현 단계에서 우리 사회의 필요성을 충족시키려고 우리가 부여해야만 할 단순한 사회적 역할에 의해 정의된다. 따라서 필요성의 영역을 줄이려면 양을 줄이고 사회적으로 필요한 노동시간(우리의 필요성을 충족시키기 위해 필요한 시간)의 질을 개선할 필요가 있다. 민주사회주의의 첫 번째 원리(사회적으로 유용한 자유시간의 관점에서의 우리의 부의 측정)에 비추어 볼 때, 우리는 기술혁신을 통해 사회적으로 필요한 노동시간을 단축하는데 헌신하고 있다. 이를테면 버튼을 누르기만 하면 조작 가능한 기계 덕분에 도로 청소에 필요한 살아있는 노동시간을 크게 단축할 수 있다. 기계는 인간보다 효율적은 아니지만 길거리를 청소하는데 동일한 시간(가령 30분)을 필요로 할 경우, 깨끗한 도로에는 사회적으로 필요한 노동시간(기계를 작동하기 위해)이 1분밖에 포함되어 있지 않다. 그리고 누구도 착취 받지 않는 29분의 살아있지 않은 생산시간도 거기에 포함된다. 만일 누군가 길거리 청소를 그 자체의 목적으로 즐겁게 한다면 그 사람은 물론 그런 행위가 자유다. 하지만 그 노동은 더 이상 사회적으로 필요하지 않다. 또한 우리는 자본주의의 가치관을 극복해왔기에 사회적으로 필요한 노동시간의 단축은 사회적으로 유용한 자유시간으로 직접 변환되고 우리가 삶에서 무엇을 해야 할지라는 의문을 던지고, 중요한 행위를 추구하기 위해 사용할 수 있다. 우리가 그 자체의 목적으로서 간주하는 것에 더 많이 시간을 들일수록 (우리가 사회적으로 필요한 노동으로 간주하는 것에 시간을 덜 들일수록) 우리는 개인적으로 더 풍족해지고 사회로서의 우리도 더 좋아진다. 필요성의 영역(사회적으로 필요한 노동시간)에 속하는 것과 자유의 영역(사회적으로 유용한 자유시간)에 속한다고 간주되는 것은 그냥 주어지는 게 아니라 지속적인 민주적 대화를 요구한다. 하지만 중요한 점은 우리의 부의 척도는 사회적으로 필요한 노동시간(자본주의)을 이용하는 헌신이 아니라, 사회적으로 유용한 우리의 시간(민주사회주의)에 대한 헌신을 반영하는 경우에만 그 같은 대화를 추구할 입장이 된다는 것이다. 가치의 재평가만이 자유의 영역을 확대하고 필요성의 영역을 감소시키는 우리의 공동의 헌신을 갖게 해줄 수 있다. 따라서 우리가 자유로운 사회를 구축하고 유지하려면 민주사회주의의 가장 중요한 원칙이 필요하다.

민주사회주의의 두 번째 원칙은 생산수단은 공동으로 소유되고 이윤을 위해 사용할 수 없다는 것이다. 생산수단의 공동소유권은 사회적으로 유용한 자유시간을 우리의 부의 척도로서 인식할 가능성의 중요한 조건이기에 이 두 번째 원칙은 첫 번째 원칙에 따른다. 생산수단이 개인적으로 소유되고 이윤을 위해 사용되는 한 우리의 부의 척도는 살아있는 노동의 착취에서 얻어지는 잉여가치의 양이다. 살아있지 않은 생산의 효율적인 기술은 그 자체의 작동만으로는 우리에게 어떤 가치도 창출할 수가 없다. 만일 사회적으로 유용한 자유시간만을 위해 생산하는 경우라면 우리는 그 가치가 살아있지 않은 기술에 의해 창출된다고 인식할 수 있다. 이러한 실질적인 재평가에는 생산수단의 공동소유권이 필요하다. 우리가 생산수단을 통틀어서 소유하기 때문이다. 우리는 누구에게도 가능한 많은 잉여시간의 창출을 목적으로 기술을 설계할 수 있다. 잉여시간을 자본의 잉여가치로 변환하기를 강요받을 리는 없지만 생산 과정에서 살아있는 노동을 위한 필요성의 감축을 자유롭게 추구할 수 있다. 생산효율은 잉여 노동을 활용하는 새로운 방법을 발견함으로써 '해결' 해야만 할 문제는 아니다. 오히려 생산효율의 향상은 사회의 모든 구성원이 각각의 삶을 영위하기 위해 보다 많은 시간을 해방할 기회. 생산수단의 공동소유권은 우리가 구체적인 의미로서 사유재산의 소유를 가로막는다는 의미가 아니다. 우리는 자신의 집, 자신의 컴퓨터, 자신의 책 등을 자신의 목적을 위해 사용할 수가 있고, 그런 의미에서 누구도 우리의 의지에 반해 그것을 우리에게서 박탈할 권리를 갖고 있지 않다. 구체적인 의미로서 사유재산의 소유는 가능하지만 추상적인 재산의 사유재산을 영리목적으로 매매 가능하게 상품화할 수는 없다. 우리의 재산으로서 우리의 재산에 대한 인식은 상품으로서의(혹은 상품을 생산하기 위한 수단으로서) 그 추상적인 가치에 대한 우리의 권리에 기초하는 게 아닌, 우리에게 가치가 있고 우리가 삶을 이끌어가는 데 도움이 되는 그 구체적인 특징성에 대한 우리의 권리에 토대를 둔다. 마찬가지로 생산수단의 공동소유권은 중앙계획의 톱다운 모델에 우리를 헌신시키지 않는다. 오히려 생산수단의 공동소유권은 하이에크가 자유시장 자본주의에서 이룰 수 있다고 착각한 경제의 일부와 전체의 상호결정을 위한 필요조건이다. 이에 알맞은 사례가 인터넷 서비스다. 민주사회주의에서는 누구나 현재 유용한 기술 덕분에 가능해진 초고속으로 인터넷에 접속할 수 있고, 인터넷 접속의 속도를 더 높여서 사회적으로 필요한 노동을 더욱 감소시키고 유지할 수 있는 기술을 개발한다는 공동의 헌신이 존재한다. 우리의 민주주의 국가는 인터넷 서비스를 제공하는데, 인터넷의 실제 사용과 적용은 중앙계획위원회의 지시로 인해 제한되지 않는다. '시간과 장소의 특정한 상황'에서 발생하는 문제를 해결하는 응용프로그램을 개발하기 위한 중요한 자원과 사회적으로 유용한 자유시간의 양쪽 모두를 갖고 있다. 이는 '전체로서 누구에게도 주어지지 않는 지식의 이용이 허락되고'(하이에크가 언급한내용을 떠올려보자), 그것에 의해 결정이 '개인'에게 위임되던지 그 본인의 적극적인 협조로 인해 이루어진 경우만 유익한 사용이 될 수 있는 고유의 정보를 이끌어낸다.

이러한 구체적인 지식의 이용은 민주사회주의에서 촉진된다. 응용프로그램의 작성 혹은 배포는 이윤을 올리려는 게 아니라 문제를 문제로서 인식하고 필요성을 필요성으로서 인식하는 자체가 문제를 해결해서 필요성을 충족시킬 수 있는 응용프로그램을 제공하는 동기가 된다. 기술적 응용은 민주사회주의에서 독점적이 아니기에, 그것이 출현한 배경이나 상황을 초월해 도움이 된다고 증명되는 범위 내에서 사회적으로 일반화되면서 그것의 추상적인 교환가치가 아닌 구체적인 사용가치를 나타낸다. 반면에 시장에서는 인터넷 서비스는 늘 이윤을 위해 운영되는 지역의 독점에 의해 제공된다. 하이에크가 상정한 것과는 반대로 독점은 필요한 기술 인프라를 사적으로 소유함으로써 지배적인 네트워크를 구축한 기업과의 경쟁이 점점 어렵게 되기에 자유시장에서는 당연한 것이다. 이윤의 동기라는 관점에서 살펴보면, 기업은 되도록 최고의 속도로 일반적인 인터넷 접속을 제공하는 것에 본질적으로 관심이 없다. 만일 반대로 느린 속도가 더 많은 이윤을 얻는다면, 지금보다 느리고 부분적인 접속을 선호할 것이다. 마찬가지로 이윤의 동기를 생각해보면 기술 응용프로그램의 개발은 주로 실질적인 문제를 해결하고 실질적인 필요성을 충족시키려는 시도에 의해 이끌리는 게 아니다. 자본주의의 생산양식은 유용한 자원의 효율적인 배분에도, 기술적 가능성의 진보적인 발전으로도 이어지지 않는다. 이윤의 동기를 배제함으로써만이 우리는 진화하는 자원(전체)과 진화하는 요구(부분)를 상호 결정할 수 있다. 따라서 생산수단의 공동소유권은 우리가 경제생활의 비민주적 관리 아래 놓였음을 의미하지 않는다. 오히려 생산수단의 공동소유권은 실질적인 경제민주주의의 가능성의 물질적 조건이다. 왜냐하면 우리는 생산 수단을 공동으로 소유하고, 무엇을 생산하고 어떻게 생산할지를 민주적 과정을 통해 결정할 수 있기 때문이다. 이는 우리가 육성하려는 능력과 우리가 만족해야만 할 필요성에 토대를 둔 것이다.

우리가 어떤 능력을 육성하고 어떤 필요성을 충족시키느냐에 대한 그러한 공동의 결정은 이미 자본주의에서 기능하고 있다. 하지만 차이점은 자본주의에서의 공동의 자기결정의 과정은 대단히 비민주적이라는 점이다. 우리의 공동적이고 사회적인 생산의 목적은 이미 결정되어 있다. 그것은 바로 착취나 실업, 소외된 가치관으로 이어지는 과잉생산의 위기에도 불구하고 기업의 이윤과 경제에서의 자본의 '성장'을 창출하는 것이다. 가치의 문제가 우리의 시간과 인생의 가치가 아닌, 축적된 이윤의 가치라는 것을 고려하면 우리는 자신이 참가하는 사회 전체 속에서 자신을 발견할 수가 없다. 오히려 우리는 자신을 본질적으로 이기적self-interested이거나 공익에 헌신하는 고유의 동기를 가지지 않은, 산산조각 난 개인으로 간주하게 된다. 반면에 민주사회주의에서는 우리의 기술혁신, 정치적 논의, 진화하는 법률 그리고 선거는 실제로 우리의 경제생활의 목적과 우리가 유지하려는 공동적으로 유지되는 가치에 관련될 수 있다. 우리의 목적을 어떻게 정의하고 어떻게 달성하는지는 민주사회주의에서 지속적으로 헌신할 수 있는 정치적 문제다. 우리는 생산수단을 공동으로 소유하기에 우리가 필요로 하는 상품을 생산하는 것과 누구나 자신의 능력을 탐구하기 위한 사회적으로 유용한 자유시간의 양을 늘리는 것을 모두 목적으로 삼아서 이러한 수단(넓은 의미에서의 기술)을 개발할 수 있다.

따라서 민주사회주의의 세 번째 법칙은 마르크스에 의해 정립된 것이다. '제각기의 능력에 따르는 것부터 제각기의 필요에 따르는 것까지', 마르크스는 원칙의 의미를 발전시키지 않았지만 민주주의의 최초의 두 가지 원칙에 비추어 민주사회주의의 목적은, 우리의 필요성을 충족시킴으로써 우리의 삶을 영위할 뿐 아니라 우리의 능력을 배양함으로써 우리의 삶을 영위할 수 있게 하는 것이다. 우리는 각자에게 중요한(그림 그리기, 글쓰기, 음악, 스포츠, 연극이나 영화) 행위를 추구하려는 수단과 제도와 마찬가지로 필요한 생존수단을 창출하는데 공동으로 헌신하고 있다. 여기서 중요한 특징은 민주사회주의는 우리가 자유의 영역에서 우리의 삶을 영위하려는 방법에 비추어 우리가 필요성의 영역에서 우리의 삶을 영위할 수 있다는 점이다. 필요성의 영역과 자유의 영역을 분리할 수는 없지만 모든 것은 그 사이를 올바른 방법으로 구별하는데 달려 있다. 필연적으로 물, 음료, 옷, 집 등 우리의 필요성을 충족시키기에 필요한 사회재social goods를 생산하지 않으면 안 된다. 그래서 필요성의 영역에서는 우리는 주로 우리의 삶을 유지하기 위해 사회적으로 필요한 노동시간의 양에 관심을 갖고 있다. 민주사회주의에서 우리는 사회적으로 필요한 노동시간을 공유할 뿐 아니라 기술혁신을 통해 되도록 노동시간을 단축하는데 헌신하고 있다. 우리는 여러 능력에 토대해서 공익을 위해 필요하다고 인식하는 사회적 노동(식료품생산, 건설, 의료, 육아, 교육, 과학, 정치적심의 등)에 참가하고 있다. 하지만 민주사회주의에서는 사회의 일원이라는 이유만으로 각자가 자신의 필요성에 따라 제공되기 때문에 누구도 사회노동에 참가하기를 강요받지 않는다. 하지만 사회적 생산이 공익과 우리 자신의 자유로운 삶을 위한 것이라고 인식한다면 우리는 본질적으로 사회적 노동에 참가하는 동기 부여를 느낄 것이다. 자본가의 임금노동은 본질적으로 소외되어 있다. 왜냐하면 우리는 생산하는 것의 목적을 결정하는 것의 일부가 아닌, 우리의 일은 우리의 자유를 향한 수단도 아닌, 그 자체가 목적이라고 여겨지는 이윤을 위한 것이기 때문이다. 반면에 민주적인 사회적 노동은 본질적으로 자유다. 왜냐하면 인생을 영위한다는 우리의 헌신에 토대를 두고 우리가 자유롭게 헌신한다고 인식할 수 있는 생활 형태를 위해 일하고 있기 때문이다. 우리가 필요성의 영역에서 행하는 지루한 작업조차(가령, 매주 마다 근처의 쓰레기 청소 작업에 참여하기) 자유의 영역에 비추어볼 수 있다. 왜냐하면 그 작업은 사회적으로 필요한 노동시간의 단축과 사회적으로 유용한 자유

시간의 증가를 목적으로 하기 때문이다. 자본주의와는 달리 우리가 유지하려는 삶의 형태에 대해 민주적 토론과 교육을 통해 우리가 무엇을 하고 있으며 왜 하는지를 인식할 수 있다. 우리가 살아남기 위해 노력하지 않는다면(혹은 금전적인 이익을 올릴 기회가 없다면) 일할 의욕이 생기지 않는다는 사람은 우리의 정신적 자유에 대한 믿음의 부족을 고려할 필요가 있다. 그런 사람들의 주장은 우리가 일하기 위해서는 단순히 생존이나 이윤 같은 단일성에 강제될 필요가 있고, 우리의 정신적인 자유처럼 이중성에 종사하는 게 허락되지 않는다는 것을 전제로 한다.

생존이나 이윤처럼 단일성은 우리의 정신적인 자유에서 멀어지게 만든다. 왜냐하면 우리가 자신에게 부여한 책임에 따르는 게 아니고 인식된 필요성에 토대를 두고 일할 것을 우리에게 강제하기 때문이다. 우리가 정신적 자유를 행사하기 위해 물질적, 사회적, 제도적 자원을 부여받은 경우에만 우리는 실질적으로 우리 자신의 행위로서 실행하는 것과 동일시할 수 있다. 행위나 정체성을 우리 자신의 것으로 하려고 그것을 필요성으로서 부여할 수는 없다. 자신이 해야 할 것을 해야 하던지 자신이 누구인지를 자유롭게 자문해야 한다. 여기에는 자신의 생존 이외의 목적으로 일할 수 있게 해주는 자원과 이윤이 아닌 다른 목적을 받아들이는 자유시간이 필요하다. 말하자면 우리는 자유의 영역에서 우리의 삶을 영위하는 방법을 통해 우리가 필요성의 영역에서 우리의 삶을 어떻게 살지를 어떤 식으로 결정하는지를 볼 수 있어야만 한다. 따라서 민주사회주의에서는 필요성의 영역과 자유의 영역과의 관계를 어떻게 이해하는지를 보다 특정할 수 있다.

자유의 영역에서는 우리가 누구인지라는 문제에 임하려고 사회적으로 유용한 시간이 있다. 우리가 누구인지는 우리가 유지하는 실천적인 정체성과 우리의 삶의 우선순위(우리의 실존적 정체성)에서 분리할 수 없다. 반면에 필요성의 영역에서는 우리의 정신적인 삶에서 분리 할 수 없는 물질적 조건의 유지에 필요한 사회적으로 필요한 노동시간을 공유한다. 우리가 연약하고 구체화된 존재이기 때문에 우리는 살아남기 위해서만이 아닌 정신적인 헌신을 유지하기 위해서도 쉼터, 영양분, 헬스 케어가 필요하다. 마찬가지로 우리는 정신적인 과제를 수행하기 위한 도구와 각종 형태의 인프라도 필요하다. 우리의 체력도 유한하고 재생이 필요하지만, 우리의 도구와 인프라를 많이 사용해서 낡으면 수리하고 교체해야만 한다. 이 모든 필요한 물질적 조건을 유지하려면 노동시간이 필요하지만 노동시간이 얼마나 될지는 우리의 기술개발과 우리의 노동을 조직하는 방법의 문제다. 민주사회주의에서는 사회적으로 필요한 노동시간을 단축하고 질적으로 개혁하는 세 가지 방법이 있다.

첫째, 우리의 사회적으로 필요한 노동의 대부분은 그 자체가 목적으로서의 직업에 헌신하기에 자신의 삶을 영위한다는 측면에서 비추어 실천적인 정체성으로서, 필요한 사회적 역할을 짊어지는 사람에 의해 실행되는 한, 자유의 영역에서 행할 수가 있다. 가령, 건축은 사회적으로 필요한 노동형태인데, 우리의 행위에 도움이 되는 공간에 살지 못하면 우리의 삶을 영위할 수 없다. 하지만 건축계획의 작업자체가 건축가에게 가치가 있는 경우, 그 사람이 건축에 소비하는 시간은 사회적으로 필요한 노동시간의 부정적인 비용이 아닌 사회적으로 유용한 자유시간에 대한 긍정적인 접속으로 간주된다. 건축가로서의 그 사람의 사회적으로 필요한 노동은 필요성의 영역에서가 아닌 자유의 영역에서 행해진다.

둘째, 누구도 자신을 위해 하고 싶지 않은 사회적으로 필요한 노동을(누구나 필요한 노동시간의 부정적 비용으로서 간주하는) 살아남기 위해 돈을 필요로 하고, 그들이 행하는 사회적 목적과 동일시 할 수 없는 사람들에 의한 소외된 노동으로서 행해지지 않는다. 오히려 사회적으로 필요한 노동시간은 능력과 헌신에 토대를 둔 사회의 구성원에 의해 공유되면서 질적으로 변화하고 누구나 자유로운 삶을 영위하기 위한 자신의 가능성을 향상시키는 것에 전념한다고 인식할 수 있는 공익에 헌신한다는 명확한 목적을 갖고 있다. 또한 우리가 공익의 개념으로 자신을 인식할 수 없는 경우(이미 이루어지고 있는 것에 우리가 반대 혹은 양심적 병역거부자인 경우), 누구도 우리에게 사회적으로 필요한 노동에 참여하기를 강제하지 않지만, 자신의 헌신에 비추어 유의미한 공헌을 하는 방법을 찾을 수 있고, 반대하는 것의 개혁을 지원할 수도 있는 길을 찾게 해주는 다양하고 유용한 자원이 있다.

셋째, 기술개발과 혁신적인 해법을 통해 우리는 삶을 유지하기 위해 사회적으로 필요한 노동시간을 단축하고 우리의 삶을 영위하기 위해 사회적으로 유용한 자유시간을 늘리는 것에 공동으로 헌신하고 있다. 사회적으로 필요한 노동시간의 단축은 꼭 사회적으로 필요한 노동에 소비하는 시간이 적어진다는 것을 의미하지는 않는다. 그러한 노동에 소비하는 시간은 보다 상승적인 차원인 사회적으로 유용한 자유시간의 문제다. 기술적 개선은 서로 다른 직업 간의 관계와 주어진 직업 내에서의 관계 양쪽에서, 우리의 노동시간에 대한 그러한 질적인 변환에 기여할 수 있는 양적인 수단이다. 이를테면 내가 건축가인데, 기술혁신 덕분에 컴퓨터가 설계를 처리하는데 필요한 시간이 단축된 경우, 나의 실천을 위한 물질적 조건은 나의 프로그램이 데이터를 처리하는 것을 기다리는 시간을 단축하도록 변환된다. 대신에 컴퓨터로 자신의 디자인 플랜에 몰두하거나, 인생의 다른 측면을 추구하기 위해 사회적으로 유용한 자유 시간이 있다. 이 같은 개혁의 핵심은 반드시 효율의 최대화가 아니다. 최대한으로 효율적일 필요가 있는 혹은 설계에 모든 시간을 소비할 필요가 있다는 필수조건이 없기 때문이다. 중요한 것은 주어진 물질적 조건(컴퓨터의 동작 속도 등)에 의한 노동시간의 제약을 완화하는 것이고, 일에 소비하고 싶은 시간에 대한 자유로운 헌신의 문제다. 사회적으로 유용한 자유시간과 사회적으로 필요한 노동시간의 차이점은 제약되지 않은 것과 제약된 것의 차이가 아닌 우리가 전념하는 실천에 있어서 중요하지 않은 것보다, 중요한 것이라고 인식되는 제약을 받아들이느냐의 차이다. 가령, 악기의 물질적 내성으로 말미암아 어떤 부분이 약해지는 게 아니라, 연습 자체에 불가결하다고 간주되는 연습이 있다. 여기서는 많은 종류의 음악 연습이 뚜렷한 사례가 된다. 하지만 그러한 사례는 우리가 사회적으로 필요한 노동시간을 단축하고 사회적으로 유용한 자유시간을 늘리는 것에 헌신한다고 말해주지 않는다. 오히려 그러한 경우는 악기의 물질적 내성의 정도(가령 섹소폰의 구성적 제약으로 인해 우리에게 필요한 노력의 양)에 따라 연습에 애쓰도록 필요한 시간은 그 자체가 사회적으로 필요한 노동 시간이 아니라 사회적으로 유용한 자유 시간으로 인식된다. 물질적 내성의 정도는 우리가 임하는 실천의 본질적 부분으로서 인식되기 때문이다. 건축 혹은 음악을 추구하면서(실용적 행위의 추구) 우리는 자신이 할 수 있는 것을 가능하게 하거나 제약하는 물질적 도구에 의존한다. 어떤 형대의 물질직 도구에 대한 의존은 실천의 본질적인 제약이지만, 우리는 사회적으로 필요한 시간을 단축하고 사회적으로 유용한 자유 시간을 늘린다는 우리의 과제의 일환으로서 우리의 실천에 중요하지 않다고 생각하는 물질적 제약을 줄일 것을 여전히 목표로 삼는다. 하지만 사회적으로 필요한 노동시간을 단축하는 과제는 사회적으로 필요한 노동시간을 배제한다는 소망과 혼동되어서는 안 된다. 사회적으로 필요한 노동시간을 완전히 배제하는 것은 불가능하고 바람직하지도 않다. 우리의 삶은 늘 어떤 형태의 유지를 필요로 하고 우리의 물질적 삶을 어떻게 유지하느냐의 문제는 우리의 정신적인 자유의 본질적인 부분이다. 사회적으로 필요한 노동시간을 없애는 것은 자유로운 삶을 이해할 수 있는 목표조차도 아니다. 왜냐하면 필요성과 자유를 어디서 구별하느냐는 문제 자체가 자유로운 삶을 영위하려는 사람에게는 계속 살아있는 문제이기 때문이다. 사회적 역할과 실천적 정체성을 어떻게 구별하는지는 필요성의 영역과 자유의 영역을 어떻게 구별하는가에 나타난다. 민주사회주의에서 이러한 구별을 어떻게 교섭하는지에 대한 문제는 정치적 논의의 중심에 있다. 우리의 공유된 생활을 유지하기 위해 필요한 노동과 그러한 노동에 필요한 사회적 역할의 관점에서, 우리는 필요성의 영역을 특정한다. 우리는 사회적으로 필요한 노동시간을 단축하고 우리의 목적에 따라 필요한 사회적 역할을 개혁할 수 있음으로써 필요성의 영역을 줄이는 것을 지향하고 있다. 마찬가지로 우리가 늘리려고 지향하는 사회적으로 유용한 자유시간과 우리가 그 자체의 목적으로서 헌신하는 사회적 역할의 관점에서 자유의 영역을 특정한다(우리의 실천적 정체성).

이는 자유의 문제이기 때문에 누구나 동일한 일련의 실천적 정체성을 갖고 있다고 보장할 수 없다. 또한 내게 실천적 정체성으로 간주되는 것은 아마 단지 당신을 위한 사회적 역할이고 그 반대도 마찬가지다. 또한 우리 각자에게도 우리의 실천적인 정체성과 그것의 우선순위(우리의 실존적 정체성)로서 간주되는 것은 문제가 그대로 남게 되기에, 변경할 수 있어야 한다. 민주사회주의의 과제는 우리의 실천적 정체성으로서 간주되는 시민의 사회적 역할에 의존한다. 하지만 시민으로서의 우리 자신의 그 같은 기민한 식별은 위에서 내리누를 수는 없지만, 우리의 사회적 관행 덕분에 밝혀지고 유지되어야만 한다. 시민이라는 것 즉 민주사회주의의 과제에 참여하는 것의 실천적 정체성은 그 자체가 목적으로서 추구되기 때문에 비로소 그 같은 헌신의 의미 자체는 의문의 여지가 있다.

민주사회주의에서 우리는 누구나 자신이 무엇이 되고 싶으냐는 질문에 헌신하는 사회적으로 유용한 자유 시간을 제공할 뿐 아니라, 여러 형태의 창조적 활동이나 교육을 통해 구체적인 질문을 추구하기 위해 사회적으로 유용한 기관을 제공하기로 약속한다. 그 자체는 개정의 여지가 있다. 교육을 통해 자신의 능력과 헌신에 대해 발견한 것은 사회에 공헌하기 위해 행하는 일의 종류를 보여준다(환자의 치료, 집의 설계, 자식 돌보기, 새로운 형태의 약의 발명, 보다 뛰어난 기계의 설계 등). 문제가 되는 실천적 정체성은 (의사, 건축가, 보육사, 과학자, 엔지니어) 당신이 무엇을 해야 할지라는 감각을 필요로 하지만, 민주사회주의에서는 당신이 평생을 통해 단 하나의 직업을 선택해야만 할 고유의 요구는 없다. 당신은 살아남기 위해 일할 필요가 없기에 주어진 실천적 정체성을 유지해야 할지의 여부 그리고 실천을 개혁해야 할지 혹은 포기해야만 할지를 자문하는 정신적인 자유가 있다. 당신은 당신의 인생에서 무엇을 해야 할지라는 문제(당신의 실존적 정체성의 문제)는 더 이상 간단히 할 수 없는 것으로 인식되고 그것은 어떤 중요한 정신적 삶에서도 명백히 남도록 허용해야만 한다.

경제의 본질적인 문제(우리의 우선순위, 우리가 가치를 두는 것, 우리의 시간으로 행할 가치가 있는지)는 우리의 정신적 삶의 중심에 있는 것으로 인식된다. 우리의 경제를 조직하는 방법은 우리가 함께 살아가는 방법(우리가 집을 공유하는 것 등)과 분리할 수 없다. 왜냐하면 우리가 경제를 조직화하는 방법은 최종적으로는 우리의 우선순위와 가치관을 표현하는 방법이기 때문이다. 민주사회주의의 목적은 우리의 경제적 문제에 완전한 해답을 주는 게 아니라 우리가 공유생활의 가장 중요한 문제로서 그 문제를 '소유' 할 수 있도록 해주는 것이다. 따라서 민주사회주의의 세 가지 원칙은 경제적 혹은 정신적 삶의 불가분성의 인식을 나타내고 있다. 자유로운 삶을 영위하려면 사회적으로 유용한 자유시간의 관점에서 부를 측정하고 생활수단을 공동적으로 소유하고, 각각의 능력에 맞춰 각각의 필요성에 따른 노동을 추구할 필요가 있다.

6
...

본서를 통한 나의 주장은 민주사회주의의 원칙으로 정리된다. 민주사회주의는 정신적 자유를 위한 제도적, 정치적, 물질적 조건을 제공하려고 한다. 따라서 민주사회주의의 과제는 통속적 믿음에 따른다. 왜냐하면 우리에게 공유된 유한한 삶에 대한 헌신을 그 자체가 목적이라고 인정하고 실천하는 것이 필요하기 때문이다. 민주주의사회에서 우리는 자신의 시간을 어떻게 사용할지라는 문제를 '소유' 할 수가 있다. 이는 우리의 시간이 우리의 소유물로서 우리에게 속한다는 것을 의미하는 것이 아니다. 오히려 우리의 인생의 시간을 소유함으로써 우리는 자신의 행위가 위기에 처할 수 있고, 시간의 손실에 대해서도 취약하다는 것을 인식한다. 통속적 믿음의 역학에 따라 우리 삶의 취약성을 인식하는 것은 민주사회주의의 과제에 대한 우리의 헌신을 활기차게 해주는 본질적인 부분이다. 이 과제는 단 한번에 완수될 수 없지만, 시민으로서의 지속적인 헌신에 달려 있다. 민주사회주의의 목적은 유한함의 극복이 아니라 우리가 우리의 유한한 삶을 어떻게 영위할지라는 질문을(개인적으로 그리고 공동으로) 소유하도록 해주는 것이다. 따라서 민주사회주의의 사고방식은 자본주의 극복과 유한함을 극복하자는 어떠한 공상적 형태로부터도 분리되어야만 한다.

그 같은 공상적 형태의 영향력 있는 사례로는 철학자인 테오도어. W. 아도르노에게서 찾아볼 수 있다. 비판이론의 프랑크푸르트학파를 이끌었던 아도르노는 민주사회주의에 필요한 통속적 믿음과 정신적 자유에 대해 생각하지 못했던 수많은 마르크스주의자 중에서도 가장 세련된 인물이다. 아도르노는 해방에 전념했는데, 우리는 그가 최종적으로는 통속적인 자유의 개념(유한한 삶의 해방)을 종교적인 구원의 개념(유한한 삶으로부터의 해방)과 융합시킨 것을 알 수 있다. 그 결과로서 자유와 해방의 가능성에 대한 그 자신의 귀중한 통찰이 훼손되고 있다. 그 적합한 사례가 아도르노가 만년에 쓴 에세이 '자유시간Free Time'인데 그는 민주사회주의의 중심에 있는 자유와 시간의 관계를 파악하는 것에 가장 근접하고 있다. 아도르노는 자신의 에세이 중에서 자유는 자신의 의도에 대한 자신의 일을 찾고 해결하는 물질적 혹은 사회적 자원의 소유에서 분리할 수 없다는 전제를 내세우기에 올바른 방향으로 나가고 있다. 자유롭게 되는 것은 그 자체의 목적으로서 자신의 행위를 헌신하는 것으로 자유가 사람들이 그들의 삶과 그들 자신에 대한 그들 자신의 결정을 내리기를 요구하기 때문이다. 자유의 중요한 과제는 어떻게 '자유 시간이 자유로 바뀌는 것'을 돕느냐이다. 이에는 여가뿐 아니라 교육이나 기타 형태의 제도적 행위를 통해 자신의 헌신을 탐구하기 위해서라도 자유시간이 필요하다. 자유는 개인의 성과로 환원할 수가 없다. 왜냐하면 우리가 얼마나 자유시간을 가졌는지, 우리가 자유시간으로 무엇을 할 수 있는지는 우리가 사회를 어떻게 조직하느냐에 달려있기 때문이다. 혹은 아도르노가 언급했듯이 '자유시간은 사회적 조건의 전체에 의존한다.'

만일 아도르노의 압축된 공식의 의미를 발전시킨다면, 우리의 자유시간의 양과 질의 양쪽을 우리가 어떻게 공동적으로 조직하느냐에 달렸다고 말할 수 있다. 또한 그가 지적하듯이 양적인 감각에서 자유 시간은 생산을 자동화하는 기술적 발명 덕분에 '이미 어쩔 수 없이 확대'되었고 그로 인해 '자유시간이 상당히 증가할 것이다.' 하지만 아도르노는 이 문제를 자본주의의 가치의 척도와 우리 가치의 개념의 재평가에 대한 필요성과 연결시키지는 않고 있다. 내가 지금까지 언급했듯이 자본주의에서는 자유시간의 양이나 질도 그 자체가 가치를 갖는다고 인식되지는 않는다. 왜냐하면 가치의 척도는 노동시간이고 상품화된 행위만이 우리의 경제적 '성장'에 공헌할 수 있기에 그 자체가 모든 가치를 가져다주기 때문이다. 우리의 경제성장의 개념을 결정하는 가치의 척도는 자연스러운 것으로 취급되지만, 우리의 자유의 실현에 어긋나는 공동적이고 규범적인 헌신이라는 것을 인식할 필요가 있다. 자본주의 시스템에서는 우리가 경제적인 자본의 성장에 공헌하는 상품을 자유롭게 소비하는 한 우리의 행위가 본질적으로 우리에게 유의미한지의 여부는 문제가 아니다. 그렇기에 자본주의는 우리 삶의 시간을 조직화하는 역사적으로 특정한 형태이고 우리 삶의 시간을 어떻게 평가하는지와 분리할 수 없다는 것을 강조한 것이다. 자본주의의 사회적 형태는 우리 각자의 개인을 본질적으로 가치 있는 삶을 '소유'한다고 인식하지만(조직적으로 시간의 소유권이 거부된 노예를 유지하는 사회와는 대조적으로), 우리의 삶은 자본의 형태로 잉여 가치를 축적한다. 자본주의에서의 수단과 목적 사이의 모순된 관계는 임금노동의 사회적 형태에 기인하는 일과 자유시간 사이에서 대조적인 형태로 확실하게 나타난다. 임금을 받을 때, 우리의 노동은 보통 우리가 보상받아야만 할 부정적인 '비용'으로서 인식된다. 우리의 임금노동은 우리의 노동시간을 초과해서 펼쳐지는 자유의 영역에서 우리의 삶을 영위하려는 목적을 위한 수단이다. 하지만 자본주의에서 가치의 척도는 사회적으로 필요한 노동시간이기에 일 이외의 우리의 자유 시간은 우리의 체력과 일의 능력을 회복하기 위한 수단이 된다. 아도르노가 관찰했듯이 임금노동의 형태를 고려하면, '노동에서 자유로운 시간은 노동력을 창출할 것이다. 그 결과 자유시간에는 어떻든 간에 일을 제시해서는 안 된다. 그래야 아마도 그 후에 그만큼 더 많은 일을 할 수 있을 테니까' 그리고 '노동시간의 상실(단지 노동에 대한 부속물이라는 이유만으로)은 후자의 순수한 열의에서 분리된다.' 따라서 자유시간은 여가시간으로 환원된다. 우리가 누구이며 무엇이 중요한지, 라는 문제에 임하는 형태가 아닌 우리의 자유시간은 이윤을 위해 상품화되고 '레저산업이 제공하는 공급에 일치하는 취미의 선택'으로 환원된다. 반면에 아도르노는 자유에는 일과 자유시간의 대립을 극복할 필요가 있다고 생각한다. 특이하게도 아도르노는 자신의 삶을 예로 든다. 유명한 철학자로서 그는 정기적으로 자신의 '취미'에 대한 인터뷰에 응하고 있다. 그는 질문에 답하는 게 아니라 질문 자체가 일과 자유시간의 분리가 치명적으로 오해를 초래한다는 것을 증명한다고 강조한다.

"나는 질문을 받을 때마다 놀란다. 취미는 없다. 내가 일중독자이고 다른 어떤 것도 할 줄 모르는 사람은 아니지만, 일에 임하면 해야만 할 것을 할 뿐이다. 오히려 나는 자신의 직업의 틀을 넘어서 예외 없이 자신의 행위를 하기 때문에 사람들이 취미와 관계가 있다고 여기는데 솔직히 충격을 받을 정도다. 즉, 그것은 내가 오직 시간을 때우려고 무의식 중에 빠져드는 행위일 뿐이다… 작곡을 하거나, 음악 감상, 집중적으로 독서하기는 나의 존재의 불가결한 요소를 구성한다. 취미라는 말은 사람들의 비웃음일 것이다. 반대로 나의 일, 철학적 혹은 사회학적 연구 활동, 대학에서 가르치는 것은 지금까지는 대단히 즐거웠기에 현재의 사람들로부터 예민한 분류가 요구되는 자유시간에 반대하면서까지 그것을 대놓고 표현할 수는 없다."

아도르노는 개인적인 부와 탁월한 교육의 양쪽에서 특권을 누리고 있는 인물로서의 자신을 잘 인식하고 있다. 그것이 그의 열정을 발견하게 하고, 육성하게 해주었다. 아도르노는 성공한 철학자 혹은 사회학자일 뿐 아니라 저명한 작곡가인 알반 베르크에게 작곡을 배우고, 고전음악의 훈련을 거쳐 그 자신의 음악을 작곡할 정도의 피아니스트이기도 하다. 그 같은 사람에게 일과 자유시간 사이의 어긋남이 있어야 할 필요는 없다는 사실은 쉽게 알 수 있다. 우리가 직업으로서 행하는 일(가령, 대학의 철학교수)은 그 자체가 유의미하고 우리 자신의 헌신을 표현하기에 그것이 우리가 일에 전념하는 시간을 힘들게 해도 자유시간으로서 간주할 수 있다. 마찬가지로 여가에 행하는 행위(작곡 등)는 시간을 때우기 위해 설계된 단순한 취미가 아닌, 그 자체가 유의미하고, 자신이 누구인지를 표현하는 것이다. 우리가 정식적인 일로서 하는 일은 자유시간으로서 간주할 수 있지만, 우리가 그 일에 속하지 않는 자유시간은 그 자체가 헌신적인 일의 형태일 수도 있다. 이는 아도르노가 언급한 자유의 모델model of freedom이다. "만일 자유시간이 이전에는 소수파의 특권이었던 것을 누구나 즐길 수 있는 상황이 된다면 조건이 바뀐 상황에서도 그 모델이 마찬가지로 바뀐다고 해도 내 자신에게서 관찰한 모델의 개념에서 그 상황을 유추해 볼 수 있다." 아도르노는 바뀐 조건이 어떻게 되는지에 대해서는 아무런 설명도 없지만, 민주사회주의의 원칙에 비추어 일과 자유시간 사이의 대립을 극복하는데 무엇이 위기에 처할 지를 밝힐 수는 있다. 먼저, 우리의 직업이나 다른 행위도 자유로서 간주되려면 이른 바 고급문화high culture에 속할 필요는 없다는 것을 명확히 해두고 싶다. 우리가 지금까지 봐왔듯이 마르크스가 작곡의 활동을 '실제적인 자유노동'으로서 언급할 때, 그는 우선적으로 작곡이나 철학에 대해 생각하고 있지 않다. 작곡의 자유로운 행위는 그 자체를 음악이나 철학을 포함해 요리, 수확, 건축을 비롯해 육아, 육상경기, 연구 그룹에 이르기까지 각종 사회적 프로젝트로 표현할 수 있다. 우리가 선택한 직업으로서 행하는 것과 여가에 행하는 것의 차이점은 임금노동이 아닌 헌신의 성질의 문제다. 우리가 선택한 직업과 여가 시간으로서 그 문제를 추구할 수 있는 것이다. 만일 당신이 직업으로서 의사가 되는 것에 헌신한다면 당신의 여가시간에 연구회에 참가하기로 헌신하는 경우와는 다른 일련의 의무에 사로잡힌다. 어떤 경우도 자신을 구속하는 제약이 있지만, 그러한 중압감과 중요성은 다른 성질을 띤다. 실질적인 자유노동은 제약이 없는 자유의 문제가 아니라 우리가 자신에게 부여한 제약과 동일시할 수 있다는 문제다. 따라서 마르크스의 자유로운 노동과 소외된 노동에 대한 논의에서 중요한 용어는 'aneignen'이다. 이 독일어는 '무엇을 자신의 것으로 삼는다'는 뜻의 동사다. 자본주의는 노동을 소외시키고 이윤을 위해 사유재산의 소유권과 그것을 일치시킴으로서 우리의 삶을 추상적으로 소유하는 것에 대한 의미를 이해한다. 오히려 마르크스가 주장하는 우리의 삶을 소유한다는 구체적인 감각은 우리가 하는 것에 자신을 그것에 관심을 둠으로써 우리의 삶을 자신의 것으로 만들 수 있다는 것에 대한 문제다. 그 예로 예술작품의 생산과 소비를 들 수 있다. 자본주의에서 예술작품을 '소유'한다는 것은 그 대상을 평가해서 이해하는 구체적인 능력을 구비하는 게 아닌 예술작품에 대한 추상적인 재산권을 갖는 것으로 이해한다. 자본주의에서는 우리가 그 대상과 단지 추상적인 관계를 맺으면서 예술작품의 '소유자'가 될 수 있다. 세잔느를 감상하는 시간이나 그 중요성을 이해하기 위한 교육을 받지 않아도 사회적 명성의 증거로서 세잔느를 벽에 걸어둘 수 있다. 또한 자본주의에서 예술가는 자신의 작품에 대한 추상적인 재산권을 갖지만, 그들은 생계를 유지하려고 자신의 작품을 영리의 목적으로 판매해야만 한다. 반면에 민주사회주의에서 예술작품은 영리의 목적으로 판매되는 상품이 될 수 없지만, 예술가는 그들의 의지와는 반대로 그것을 박탈할 수 없다는 의미에서 그 작품을 창작한 덕분에 그들의 작품에 대한 구체적인 권리를 갖고 있다. 예술작품은 다른 사람에게 보여지고 평가받는 것을 전제로 창작하는 것임을 고려하면 예술가가 자신의 작품을 화랑, 도서관, 가정, 사무실 혹은 공립미술간에 기부하면서 왜 그것이 가치있는지를 주장할만한 본질적인 동기가 있다. 마찬가지 이유로 민주사회주의에서 예술작품을 '소유'하는 것은 예술작품과의 관련을 우선하는 사람뿐이다.

예술작품 그 자체는 원칙적으로 예술가 자신 혹은 그들의 작품의 지지자에 의해 모든 공립미술관이나 다른 장소에서 전시된다. 다만 실제로는 그러한 예술작품은 전시회에 가거나 미술사에 관한 교육을 받거나 예술 본연의 모습에 열띤 의욕을 보이는데 자신의 시간을 할애할 사람만 관람할 수 있다. 구체적으로 말하자면 예술작품을 '소유'하려면 시간을 들여 예술작품에 임하고, 이해하는 방법을 배우고 그 의미에 관심을 가질 필요가 있다. 중요한 것은 누구나 예술애호가가 될 필요는 없다는 것이다. 하지만 누구나 사회적으로 유용한 자유 시간을 갖고 자신이 무엇을 좋아하고 어떤 행위에 임할지의 문제를 탐구할 필요가 있다. 이는 우리에게 중요한 것을 탐구하기 위해 우리 자신의 감각에 관여하고, 육성하고 그리고 개혁하기 위한 물질적 또는 사회적 자원이 필요하다. 마르크스가 강조하듯이 우리의 감각은 우리가 행하는 노동의 종류와 우리가 살아가는 조건에 의해 형성된다. 소외된 노동의 하루 일과가 끝나고 피곤에 지쳤을 때, 우리의 삶의 다른 측면에 헌신할 능력 자체가 떨어지고, 우리의 자유 시간은 우리가 자신의 삶을 이끌어가는 형태가 아닌 우리의 노동력을 회복하는 수단이 된다. 반면에 실질적인 자유노동은 우리가 자신의 삶을 어떻게 할지라는 문제를 자신의 것으로 할 수 있는 사회적으로 유용한 자유 시간을 필요로 한다. 실질적인 자유노동은 우리가 하고 싶은 것을 무엇이든지 할 수 있다는 의미가 아니다. 우리가 정식으로 택한 직업에 종사하는 것과 여가 시간에 할 수 있는 것은 우리의 구체적인 능력에 의해 달라진다. 가령, 민주사회주의에서는 누구나 무료로 교육을 받을 수 있고, 의학부에 신청서류를 제출할 수 있지만 우리 중 누군가가 의사가 되느냐는 우리가 얼마나 그 일을 잘할 수 있느냐의 문제다. 마찬가지로 누구나 악기 연주를 배울 기회가 있지만(만일 우리가 공동적으로 우리 삶 속에서 음악에 헌신한다면), 우리 중 누가 그것을 직업으로서 고려할 것인지 또는 우리의 여가 시간에 유의미하게 연주하기에 충분할지라도 헌신과 재능의 문제가 된다. 실질적인 자유는 성공을 보장한다는 의미가 아니라 우리가 누구인지를 탐구하고 구조적인 불공정이 아닌 우리자신의 한계로 말미암아 실패하는 자유를 의미한다. 예술 혹은 돈 때문에 다른 사람에게 영향을 주거나 사랑받는 예술 애호가 또는 영향력이 있는 사람이 되는 것은 우리가 가진 구매력이 아니라 우리가 실제로 누구냐에 따라 정해진다.

"당신은 사랑을 사랑으로만 교환하고, 신뢰를 신뢰로만 교환할 수 있다. 당신이 예술을 즐기고 싶다면, 당신은 예술적으로 성장한 사람이라야만 한다. 당신이 다른 사람에게 영향력을 행사하고 싶다면, 당신은 다른 사람에게 자극적이고 격려를 주는 효과를 가진 사람이라야만 한다. 당신의 인간과 자연과의 모든 관계는 특정한 표현이라야 하고, 당신의 의지의 목적과 부합되는 당신의 실제의 개인적인 삶의 특정한 표현이라야 한다. 만일 당신의 사랑이 그 보답으로 사랑을 불러일으키지 않는다면 즉, 당신의 사랑이 동등한 사랑을 창출하지 못하면, 사랑하는 사람으로서 자신의 살아 있는 표현을 통해 자신을 사랑받는 사람으로 못 만든다면, 당신의 사랑은 무력하다. 불행하기 때문이다."

민주주의사회는 위 같은 불행에 반해 우리에게 보장하는 설계를 결코 하지 않는다. 자유로운 삶의 영위는 우리가 무엇을 하고, 어떻게 받아들이느냐에 따라 정의된다. 이는 마르크스가 일컫는 본질적으로 특정된 개인적 삶의 생생함을 말한다. 우리가 무엇을 하고 어떻게 받아들이느냐에 따라 정의되기 때문에 비로소 우리의 삶의 영위는 우리가 되려는 사람이 되지 못하는 위험을 내포해야만 한다. 우리는 사랑해야 할 사람, 예술적으로 성장한 사람, 정치적으로 영향력이 있는 사람이 될 수 있는 자원을 받아들일 권리가 있다. 하지만 우리가 사랑해야 할 사람, 예술적으로 성장한 사람, 정치적으로 영향력이 있는 사람으로 성공할 것을 보장할 수는 없다. 우리는 본질적으로 사회적 존재이기에 우리의 성공과 실패는 그 자체가 우리의 행위의 사회적 인식의 문제라야만 한다. 물론 우리는 오해받고, 우리의 행위에 주어진 사회적 인식에 이의를 제기할 수도 있지만, 이러한 걱정을 판단할 수 있는 사회 외부의 공간은 없다. 우리의 삶을 소유하는 것은 우리가 본질적으로 사회적 성과라는 것을 소유하는 것이라서 그것은 늘 실패의 위험이 따른다. 마찬가지로 우리 자신의 실질적인 자유는 타인의 자유에 의존한다. 우리 자신의 행위에 의해 사회적 지위를 이루었다고 진실로 인정받으려면(가령, 사랑스럽거나 혹은 위대한 작곡가) 타인은 우리가 누구인지 우리가 무엇을 하는지를 알기 위해 사회적으로 유용한 자유시간을 가질 필요가 있다. 그러려면 타인은 우리의 행위의 의미를 판단하는 물질적이고 정신적인 자원을 가질 필요가 있다. 타인의 시간이 소외된 노동에 의해 소비되는 경우, 혹은 우리가 타인에 대해 구매력을 행사했기에 타인이 우리를 사랑스럽거나 혹은 위대한 작곡가로서 어쩔 수 없이 인정하는 경우, 우리는 기껏해야 우리의 상정된 성과에 강제적으로 동의하겠지만, 진정한 의미의 인정은 아니다. 왜냐하면 우리가 하는 모든 것과 우리에게 중요한 것은 모두 사회적 행위의 하나의 형태이기에 우리 자신의 자유를 실현하려면 타인의 자유를 실현할 필요가 있기 때문이다. 우리 중 누군가가 자유라고 인정받으려면 타인이 우리의 자기개념self-conception을 확인하거나 도전하기 위한 자유 시간을 가져야만 한다. 반대로 타인이 자유를 행사하는 것에서 소외되는 한, 우리도 자신의 자유로부터 소외된다. 우리의 자유는 우리가 되려고 애쓰는 존재와 우리가 하려고 애쓰는 우리의 주장을 인정하거나 이의를 제기하거나 논쟁하려는 타인의 자유와 분리할 수 없다. 우리가 누구인지 무엇을 하는지는 타인의 인식 없이는 이해할 수 없기에 우리 중 누군가가 자유의 영역에 존재하는 게 불가능하다. 따라서 우리의 사회적으로 유용한 자유시간을 공유하고 늘리는 요건은 기회의 진정한 평등에 대한 헌신이고 사회적 개인으로서의 우리 자신의 자유의 조건이기도 하다. 자유롭다는 것은 우리의 헌신에 비추어 우리가 무엇을 하는지를 볼 수가 있다는 의미다. 그렇기에 철학을 가르치거나 책을 쓰거나 작곡처럼 좋아하는 것에 인생을 바쳐도 아도르노를 비롯해 나 자신과 다른 누구도 자본주의에서는 우리의 자유를 완전히 실현할 수 없다. 우리가 의존하는 조직이 우리에게 자유시간을 부여하는 것과 마찬가지로 다른 사람의 노동 시간을 착취하는데 의존하는 한, 우리 자신은 실질적인 자유를 이루지 못한다. 따라서 민주사회주의는 우리의 물질적 삶과 정신적 삶이 똑같은 동전의 양면이라는 것을 명확히 파악할 수 있도록 해주는 실천의 개발이 필요하다. 우리가 필요성의 영역에서 보내는 시간(가령, 우리의 삶을 함께 유지하기 위해 필요한 어떤 형태의 노동을 하는 것)은 사회적으로 공유되고, 우리의 공동적인 자유의 영역의 확대에 공헌한다고 간주할 수 있다. 그러면 지겨운 노동의 형태조차 자유로운 삶을 영위하는 우리의 헌신의 표현이 될 수 있다. 가령, 내가 하루의 한 시간을 강의실 바닥을 걸레질하거나, 카페에서 식기세척기를 돌려도, 우리의 삶이 사회적으로 필요한 형태의 노동을 공유하는 방법으로 조직화되어 있다면 대학 교수인 나의 헌신을 그 자체로 표현할 수가 있다. 내가 자유의 영역에서 보내는 시간(대학에서 강의)과 필요성의 영역에서 보내는 시간(강의실 바닥의 청소) 사이에는 여전히 차이가 있다. 내가 대학에서 강의하는데 소비하는 시간은 그 자체가 가치가 있고, 줄어들 수가 없다(내 강의에 시간을 소비하고 싶은 사람이 있는 한). 하지만 강의실 바닥을 청소하는데 소비하는 시간은 그 자체로는 가치가 없고, 진화된 기술을 사용해 기꺼이 줄일 수 있다. 다만 중요한 점은 자유의 영역과 필요성의 영역의 구별은 자유 노동과 소외 노동의 구별일 필요는 없다는 것이다. 필요성의 영역에서 소비되는 시간은 이윤을 위해 이용되지 않는 경우는 소외된 노동이 아니라 인식 가능한 공익을 위해 행해진다. 이는 또한 사회적으로 필요한 노동을 단축하려는 우리의 공동적인 헌신을 구체화해준다.

따라서 실질적인 노동의 자유에는 우리가 물질의 생산과 삶의 재생산의 부담을 분담하는 것도 포함될 필요가 있다. 영향력을 가진 많은 철학자가 주장하는 것과는 반대로 (한나 아렌트를 비롯해 미셸 앙리에 이르기까지) 마르크스가 언급한 자유는 노동과 필요성으로부터의 해방으로 구성되어 있지 않다. 자본주의의 극복은 우리를 '과잉'의 상태로 이끌어갈 것이 아니기에, 거기서 우리의 필요성은 자동적으로 충족되고, 물질적인 삶을 유지하기 위해 노력할 필요가 없다. 이 같은 과잉 상태는 달성하려는 것이 불가능할뿐더러 영역에 구속되지 않는 자유의 영역이 존재하지 않기에 바람직하지도 않다. 우리가 자신의 삶을 유지할 필요가 없으면 우리가 어떻게 삶을 보내야만 할지라는 의문도 사라진다. 따라서 나는 오랫동안 정신적인 삶을 물질적인 삶에서 분리할 수 없다고 주장해왔다. 자유의 영역은 우리가 필요성의 영역에서 우리의 삶을 유지하는 방법과 떼어놓을 수 없다. 왜냐하면 모든 형태의 정신적 삶은 유지하지 않으면 안 되는 연약한 물질적인 신체에 의존하기 때문이다. 또한 모든 형태의 자유로운 삶을 영위하려면, 구체화된 질병이나 장애 그리고 그럴 리가 없다고 생각했지만 실패할 가능성이 있는 정신적 삶을 영위함으로써 시간을 낭비하거나 또한 그 자체가 잘못된 방향으로 이끌어준 원칙에 의해 시간이 손실될 가능성을 고려해야만 한다. 정신적으로 자유로운 존재로서 우리는 주어진 정체성의 요구를 따르지 못할 수도 있지만, 실체적인 정체성 그 자체가 실패로서 살아간다는 대단한 향상심을 느낄 수도 있다. 우리의 삶에 늘 암묵적으로 깃들어 있는 질문(우리의 시간으로 무엇을 할 가치가 있느냐는 질문)은 살아가면서 그 후에 명백해진다.

본격적인 위기 속에서 우리가 이끌어가려는 인생 그 자체 즉 우리의 실존적인 정체성을 정의하는 우선순위는 우리가 시간을 낭비하는 것처럼 느낄 수 있다. 여기서는 우리 자신의 시간을 헛되게 한다는 것을 판단하는 능력이 관심거리다. 그러한 판단을 하는 능력(실존적 위기에 따르는)은 우리의 정신적 자유를 행사하는 것과 분리할 수 없다.

만일 우리의 시간이 헛되었다고 판단하지 못할 경우, 우리 자신이 소외되었다는 생각도 들지 않고, 어떤 형태의 해방에도 고생을 겪지 않았을 것이다. 민주사회주의에서는 잉여가치의 창출에 시간을 낭비할 수가 없지만, 그래도 잉여시간을 낭비할 위험성은 있다. 그 같은 위험은 자유로운 삶의 영위에 고유한 것이기 때문이다. 해방되는 것은 우리의 유한한 시간을 어떻게 할지의 문제와 그에 따라 우리의 시간을 헛되게 할 위험성에서 해방되어야 하는 게 아니다. 오히려 해방의 핵심은 우리의 우선순위의 문제 즉 우리가 무엇을 지향하고 무엇을 포기하느냐는 문제를 우리의 삶의 중요한 문제로서 소유함으로써 그 위험성마저 소유하게 되는 것이다. 그러므로 자본주의의 극복은 유한함의 극복과 결코 일치하지 않는다. 하지만 이는 그야말로 아도르노나 다른 많은 이상적인 마르크스주의자가 실수를 범한 것이다. 아도르노는 '제한이 없는 삶의 개념이 없다면, 죽음으로부터의 해방, 유토피아의 개념, 유토피아 그 자체를 전혀 생각할 수 없었다고 나는 믿는다.'라고 강조한다. 아도르노는 시간의 유한함에 대한 극복을 대단히 강조한다. "죽음의 배제는 실제로 매우 중요하다. 왜냐하면 유토피아의 개념은 죽음의 배제 없이는 생각할 수 없기 때문이다. 이것은 그 개념에 내재되어 있다,"라고 그는 힘주어 말하고 있다. 아도르노는 동일한 논의선 상에서 '완전히 해체된 현실의 가능성은 변함없이 효과적이다.'라고 주장한다. 그는 그처럼 완전히 해체된 현실은 '모든 무의미한 고생도 존재하지 않게 되는 곳'이고 '온갖 무의미한 고통의 가장 미진한 흔적도 제거되는 곳'이라고 특정한다.

우리의 삶이 어떻게 죽음이나 고통에서 해방되느냐라는 방법에 관한 아도르노의 요구사항을 고려하면, 그가 자신의 유토피아의 적극적인 개념을 형성하지 못했다는 것이 그리 놀랄 일은 아니다. 아도르노는 유토피아의 '이미지의 금지'가 필요하다고 반복해서 강조한다. 이것은 부정적인 부재로서만 주장할 수 있다. 하지만 아도르노는 죽음과 고통에서 해방된 삶을 그려낼 수가 없지만, 그것이 바람직하다고 확신하고 있다. 그래서 아도르노가 우리의 유한함에 대해 이해하는 것은 내가 사용하는 용어의 의미에서는 본질적으로 '종교적인' 것이다. 비록 아도르노는 우리가 영원한 삶을 이룰 수 있다고 믿지 않아도, 우리의 유한함을 부정석인 제한으로 간주하고 있다. 그는 마찬가지로 유한함이 자유의 가능성의 조건인 것을 이해하지 못한다. 유한한 인간만이 자유롭게 될 수 있다. 왜냐하면 자신의 시간으로 어떤 것을 할 가치가 있는지, 라는 질문에 임해, 자신의 인생을 어떻게 이끌어갈지에 이르게 되면 자신의 인생을 파악할 수 있기 때문이다. 무한한 존재는 자신의 인생으로 결코 자유로운 삶을 영위할 수가 없다. 왜냐하면 그 자신의 삶은 그 자신의 행위로 이루어질 수 없기 때문이다. 무한한 존재의 삶은 자기 유지에 의존하지 않기에 살아갈 인생이 전혀 없다. 아도르노의 유토피아적인 삶의 문제는 그것이 달성 불가능이라는 것이 아니라 바람직하지 못하고 취약한 자유의 가능성과 양립하지 않는다는 점이다. 취약한 자유의 가능성은 배제할 수가 없으며 자유 자체에 고유한 것이다. 죽음이 면제된 인생의 영위를 우리가 생각하는 이유는 인지적 혹은 역사적인 제한 때문이 아니라 그 같은 인생의 개념을 이해할 수 없기 때문이다. 아도르노는 인생과 자유를 위한 지성의 조건에 결코 대처할 수 없었지만, 그러한 조건을 역사적으로 특정된 조건과 고집스럽게 하나로 묶으려고 한다. '자유 시간'이라는 에세이에서는, 그가 지루함의 문제를 다루는데 혼란이 엿보인다. 그는 지루함의 문제는 '일에 대한 강제와 엄격한 분업에서 생활의 기능'으로서 간주할 수 있다고 주장한다. 그는 "우리의 노동 시간이 지루함에 사로잡히는 이유는 자유로운 헌신이 아닌 강제적이기 때문이다. 한편 우리의 노동시간이 지루함에 사로잡히는 또 다른 이유는 그것이 일의 에너지를 불러일으키기 위한 초사회적 '기분전환'을 필요로 하기 때문이다."라는 것이다. 만일 우리가 그의 관찰이 역사적으로 특정한 지루함의 형태에 관련된 것임을 이해한다면, 아도드로는 여기서 중요한 점을 제시하고 있다. 자본가의 노동조건은 지루함의 문제를 질적으로 바꾸고 우리의 자유 시간을 정식으로 인정하지만, 우리의 물질적 혹은 사회적 조건이 우리의 시간을 어떻게 할지라는 문제를 소유할 수 있도록 한 경우보다 우리의 삶을 훨씬 지루하게 만든다. 하지만 아도르노는 자본주의적 노동조건 아래서 역사적으로 특정된 지루함의 문제를 지루함 그 자체가 존재하는 범주와 혼동하고 있다. 그는 '지루함은 불필요하다. 사람들이 자신과 자신의 삶에 대해 스스로 결정할 내릴 수 있다면, 영원한 동일성에 이용되지 않으면, 지루할 필요가 없을 것이다. 지루함은 객관적인 둔함에 대한 반사적인 반응'이라고 주장한다. 만일 아도르노의 주장이 맞다면 자유로운 삶의 영위는 자신이 하는 일에 지루함이 없다는 것을 의미한다. 그의 설명에 따르면 지루함은 세상에 객관적으로 잘못된 것이 있고(둔함), 우리의 지루함은 객관적인 둔함에 대한 단순한 자동반응(반사)이라는 것이라고 말할 수 있다. 지루함을 없애야 한다고 주장함으로써 아도르노는 우리가 세상이 둔하다고는 결코 생각할 수 없으며 늘 우리의 행위에 완전히 몰입하는 유토피아의 개념에 빠져 있다. 하지만 우리가 자유롭게 되기는커녕 그 같은 유토피아는 객관적 혹은 주관적 자유 모두의 문제를 배제할 것이다. 객관적 자유의 문제도 없을 것이다. 왜냐하면 우리가 속한 세상의 어떤 결핍(둔함)도 구별할 수 없기 때문이다. 오히려 우리는 세상을 본디 그래야만 하는 것으로 받아들일 것이다. 또한 우리의 객관적인 사회적 조건의 개혁도 요청하지 않을 것이다. 마찬가지로 주관적인 이유의 문제도 없을 것이다. 우리가 자신의 삶을 어떻게 영위하는지에 대한 결함(둔함)을 결코 구별할 수가 없기 때문이다.

오히려 우리는 자신이 본디 그래야 할 모습과 우리가 행하는 모든 것을 무조건 흥미진진하다고 간주할 것이다. 아도르노에게 '부정성negativity'의 감각, 그 자신이나 세상에 뭔가 문제가 있다는 감각은 우리가 유토피아적 삶을 영위하지 않는 경우에만 기능한다. 우리에게 유토피아적 삶이 주어진 경우, 우리는 아무런 고통도, 지루함도 어떤 이유로 죽지도 않는다. 아도르노는 부정적인 관계(고통, 지루함, 죽음)가 자유의 긍정적 가능성에 내재된 것을 이해하지 못한다. 죽기 전의 고통, 지루함, 불안은 심리적 상태 혹은 역사적으로 특정한 상태로 환원될 수 없지만, 자유로운 삶을 영위하는데 필요한 조건이다. 고통, 지루함, 그리고 죽음과의 관계는 본디 우리의 삶의 영위가 우리에게 얼마나 중요한지를 이해할 수 있게 해준다. 어떤 것도 우리의 고통으로 간주할 수가 없다면 우리에게 일어난 것에 이의를 제기할 이유도 없고 우리의 상태를 바꾸거나 개선할 이유도 없다. 마찬가지로 우리가 어떤 것에 지루해하거나 자신의 행위에 지루함을 느끼지 못한다면 우리의 삶의 방식을 바꾸려고 시도할 이유도 없다. 또한 우리가 유한한 존재이고 죽기 전에 불안을 느끼는 존재임을 이해하지 못하면, 인생의 빠른 단계와 늦은 단계를 구별할 수 없기에 과제나 행위를 수행하는데 그 긴급함을 이해할 수도 없다. 고통과 지루함, 그리고 죽음과의 관계는 정신적 자유를 위한 필수조건이다. 우리가 고통도 받지 않고, 지루하지도 않고, 죽지도 않는다면 성공과 실패, 관여와 무관심, 생과 사의 구별도 없다. 마찬가지로 우리는 결코 어떤 것에도 헌신하지 않을 것이다. 그런다고 우리에게 어떤 차이점도 안겨줄 수 없기 때문이다. 아도르노의 유토피아적 삶의 비전은 우리가 무엇을 할 필요가 없는 상태의 사고방식으로 계속 원위치시킨다는 것을 분명히 보여준다.

"사람이 전혀 아무 것도 하지 않는 동물의 단계는 되돌릴 수가 없다."라고 아도르노는 한탄하듯이 말하고 있다. 그가 어떤 동물을 지칭하는지는 모르겠지만, 동물이 된다는 것은(실제로 그처럼 산다는 것은) 살아남기 위해 쉬지 않고 뭔가를 해야 한다는 것을 의미하기 때문이다. 아도르노는 그 같은 의문에는 귀를 기울일 생각도 하지 않고, '어떤 추상적인 개념이라도 영원한 평화의 개념보다 더 충실한 유토피아에 근접할 수 없다.'라고 단언한다. 그는 '아무 것도 하지 않는 동물처럼 물위에 누워 있거나 평화롭게 하늘을 바라보거나, 더 이상의 정의를 내릴 필요조차 없고 최상의 만족도를 누리는 존재 그 외는 아무 것도 없는 곳'을 상상하면서 그러한 충실한 유토피아의 추상적인 개념에 확신을 심어주려고 애쓴다. 물 위에 떠 있거나 하늘을 올려다보는 시간을 갖는 것은 나름대로 이치에 맞다. 하지만 그런 행위가 내게 중요하고 내 자유를 표현하는 것이려면 내가 하는 것이라야만 한다. 심지어 내가 '아무 것도 안 하는' 경우라도 나는 뭔가를(휴식, 인생의 소중한 날을 감사하거나, 물의 부드러운 움직임을 흡수하거나, 구름의 아름다움을 관조하는 등) 하고 있는 것이다. 만일 내가 정말로 아무 것도 하지 않았다고 치면(그것이 '순수한 존재' 혹은 '영원한 평화'의 경험이라면) 그것은 전혀 경험이 될 수 없고, 나는 그곳에 없었던 셈이다. 그저 물에 사체가 뜰 것이다. 그리고 그것은 사람이 아니다. 중요하다고 여겨지는 사람이 누구도 없기 때문이다. 물에 떠 있는 동안 누구도 고통받지 않고, 하늘을 올려다보는 행위에 질리지도 않고, 죽음에 비추어 자신의 인생을 어떻게 할지를 자문할 일도 없다. 아무도 살려고 애쓰지 않기 때문이다. 이는 영원한 평화의 비전이 영원한 무관심과 구별이 되지 않는 이유이고 아도르노의 유토피아적 '삶'의 개념이 의미를 갖지 못하는 이유이기도 하다. 순수한 존재는 달리 말해 아무 것도 될 수 없다. 그러므로 아도르노가 하나로 묶은 두 가지 수준의 분석을 주의 깊게 구별할 필요가 있다. 한편 우리가 극복하려고 애쓰는 역사적 혹은 사회적으로 특정한 형태의 고통이 있다. 우리는 자본주의에 부당하게 고통받을 필요가 없고 일종의 지루함을 만연시키는 노동시간과 여가시간 사이의 반대편에 처할 필요도 없으며 현재의 우리의 삶을 좌절시키는 많은 요인으로 인해 죽을 필요도 없다. 우리는 보다 낫게 할 수가 있고, 그래야만 한다. 다른 한편으로 역사적 혹은 사회적으로 특정한 형태의 고통, 지루함, 그리고 죽음을 고통과 지루함 그리고 죽음 자체의 실존적인 범주와 혼동하면 우리가 극복하려는 고통의 실질적인 형태를 정의하려는 능력을 자신에게서 빼앗는 셈이다. 우리가 어떻게 유한한 삶을 영위하는데 있어서 유해한 방법을 특정하거나 바꾸는 게 문제가 아니라, 우리가 유한한 삶을 영위한다는 사실과 하나로 묶는다는 게 문제다. 따라서 우리는 유한한 삶에 대한 종교적 절망의 막다른 곳으로 이끌려가고 있고, 유한한 상태에서 속죄에 대한 종교적 동경을 품게 된다. 그것은 아도르노가 우리를 이끌고 가는 막다른 곳이기도 하다. 그는 저서인 '미니마 모랄리아'의 끝부분에서 다음처럼 선언하고 있다. '절망에 직면한 책임감을 갖고 실천할 수 있는 유일한 철학은 구원의 관점에서 자기 자신을 제시하듯이 모든 것을 심사숙고하는 시도다.' 위 같은 심사숙고의 속죄의 관점에서 세상은 '구원의 빛 속에서 언젠가 나타날 것과 마찬가지로 곤궁하고 왜곡되게 나타난다.' 아도르노는 우리가 세상에 대해 그 같은 시점을 갖는 것은 '전혀 불가능'이라고 인정한다. 왜냐하면 '존재의 범위에서 제외된 입장을 전제로 하기 때문이다.' 하지만 아도르노는 그 같은 입장의 불가능성을 한탄하면서 그것이 우리 쪽의 부정적인 무능함을 증명한다고 생각하고 있다. '무조건'을 지지해서 조건을 극복함으로써 우리는 존재에서 제외된 구원의 낙관적인 입장을 견지할 수 있고, 세상을 구원의 빛으로 비출 수 있다. 그래서 아도르노는 마르크스의 해방에 관한 가장 기본적인 통찰을 배반한다. 마르크스에게 존재에서 배제된 명상적인 방식은 완전히 불가능할 뿐 아니라 전혀 바람직하지 않고 도무지 일관성이 없는 사고방식이기도 하다. 왜냐하면 세상은 자신의 삶을 영위하려고 취약점을 가진 행위에 몰두하는 사람에게만 중요성을 띠기 때문이다.

마르크스는 우리를 이해할 수 없는 구원의 약속으로 향하게 하지 않고 모두가 우리의 유한한 시간과 공유된 삶에서 무엇을 할지를 우리에게 인식시키려고 한다. 이는 애초의 마르크스의 자본주의 비판이 그의 종교적 비판과 얽혀있는 이유이고, 한편이 다른 한편 없이는 이해할 수 없는 이유이기도 하다. '종교의 비판은 모든 비판의 전제'라고 마르크스는 적고 있다. 자본주의와 종교는 너무 잘 맞는다는 것이 증명되었고, 마르크스의 관점에서는 우연이 아니다. 그는 자본주의와 종교가 모두 자기 소외self-alienation의 형태인지에 대해 계속 탐구한다. 자본주의나 종교는 우리의 시간이 우리에게서 박탈될 때, 우리 자신의 삶(우리의 유일한 인생)이 우리에게서 박탈되는 것을 실제로 인식하는 것을 방해한다. 자본주의는 그것을 이윤의 목적에 종속시킴으로서 우리 자신의 시간을 멀리하게 하지만, 종교는 우리의 시간이 최종적으로는 무의미하기에 영원히 구원받는다는 위로를 제공한다. 자본주의는 빈곤을 영원히 지속시키고 부의 의미를 왜곡하지만, 종교는 빈곤을 미덕으로서 그리고 구원의 길로서 찬양한다. 자본주의는 우리의 자유로운 삶을 영위할 능력을 무효로 만들지만, 종교는 복종이 해방으로 이어진다고 가르치고 있다. 말하자면 자본주의와 종교 양쪽이 우리가 유한한 시간에서 무엇을 해야 할지라는 문제를 우리가 소유할 수 있도록 해주지 않고 우리의 삶을 부정하게 만든다. 그래서 마르크스는 종교는 '사람들의 아편'이라는 유명한 말을 남겼다. 그 고통은 종교적 구원의 약속에 의해 사회적 불공정이 경감됨으로써 생긴다. 종교는 우리가 풍요로운 삶을 영위할 수 없다는 고통을 완화시키고 우리의 심정을 가라앉힌 다음, 눈을 크게 뜨고 우리의 상태를 바꾸기 위해 행동하는 게 아니라 불가능한 영원한 행복을 꿈꾸게 하는 '아편'이라는 형태로서 기능한다. 마르크스가 강조했듯이 '인간의 환상적인 행복으로서의 종교의 폐지'는 그들의 진정한 행복을 위한 요구로 이해되어야 한다. 그들의 환경에 대한 그들의 환상을 포기한다는 선언은 환상을 부추기는 조건을 포기한다는 선언이다. 만일 우리가 단지 종교적 신념을 환상이라고 비판한다면(이러한 환상에 동기 부여를 해주는 사회적 불공정 형태의 극복을 헌신하지 않고) 그 종교의 비판은 공허하고 기껏해야 선심을 쓰는 정도일 것이다. 오히려 사람들이 더는 종교의 아편에 기댈 필요가 없고 자신의 삶에서 매우 소중한 가치를 긍정적으로 인식할 수 있도록 우리의 사회적 조건을 바꾸는 것이 과제다. 마르크스가 자신의 가장 아름답고 중요한 공식적인 언급 중 하나로서 설명하듯이 그의 종교비판은 '쇠사슬에서 가공의 꽃을 따고 있었지만, 그것은 인간이 변덕이나 위로 없이도 그 쇠사슬에서 견디기 위해서가 아니라, 살아 있는 꽃을 따려고 그 쇠사슬을 던져 버리기 위해

서다.'

'살아 있는 꽃'은 우리의 삶 속에 존재하는 시간을 나타낸다고 해석할 수 있다. 모든 생물과 마찬가지로 우리는 자기 유지의 행위로 인해 잉여시간을 창출한다. 하지만 우리를 정신적인 존재로서 구별하는 것은 우리의 여가를 우리의 삶의 영위를 위한 자유시간으로서 간주한다는 (꽃을 따는) 것이다. 마찬가지로 우리는 자신을 착취하고 자신의 관심을 다른 데로 돌릴 수도 있다(자신을 계속해서 쇠사슬에 묶는다).

자본주의에서 우리의 쇠사슬은 우리 삶의 잉여시간을 잉여가치로 변환하지 않으면 안 되는 것으로 구성되어 있다. 그래서 우리는 자신의 자유의 실현에 어긋나는 목적(이윤)에 의해 지배된다. 살아 있지 않은 생산을 위한 우리의 기술적 수단조차 (살아 있는 존재로서 우리의 목적에 기여하는) 해방이 아닌 착취를 위해 이용되고 있다. 반면에 민주사회주의의 목적은 우리 삶의 잉여시간을 사회적으로 유용한 자유 시간으로 바꾸는 것이다. 이러한 개혁은 우리의 정신적 자유를 촉진하는 제도를 설립하고 유지하는 것과 사회적으로 필요한 노동시간을 단축하고 삶의 잉여를 늘리기 위한 살아있지 않은 생산의 수단을 개발함으로써 이루어진다. 자본주의와 종교는 우리가 초월적인 원칙(이윤이 되었든 신이 되었든)에 의존하는 것처럼 보이지만 우리만이 쇠사슬 안으로 들어갈 수 있고, 우리만이 자유가 될 수 있다는 민주주의의 진실을 파악할 필요가 있다. 우리의 삶의 힘은 우리가 하는 것과 떼놓을 수 없다. 사람들의 힘과 분리할 수도 없다. 우리의 쇠사슬을 끊고 시간을 붙잡으려면 우리가 가진 모든 것(우리가 누구인지)이 우리의 삶을 재현하고 변환하는 물질적 혹은 사회적 관행에서 분리할 수 없다는 것을 이해해야만 한다. 그러한 민주적 해방은 우리의 현재의 쇠사슬을 견딜 수 있다고 생각하게 만드는 '가공의 꽃'을 제거할 필요가 있다. 가공의 꽃이 자유시장의 약속이든, 영원한 인생의 종교적 약속이든 간에 그것은 우리에게 주어진 인생의 불공정함을 받아들이거나 잊어버리게 하는 데 도움이 될 뿐이다. 마르크스가 언급했듯이 많은 사람이 종교의 아편에 기대고 있다는 사실은 '진정한 고통의 표현과 진정한 고통에 대한 항의'로 볼 수 있다. 하지만 유한함에 대한 종교적 이해는 우리가 극복하려는 고통에 대해 우리를 잘못 인식하게 만든다. 우리에게 부족한 것은 영원한 생명이 아니라 우리의 풍요로운 삶을 영위할 수 있는 사회적 혹은 제도적 형태의 공동체다. 해방된 삶의 풍요로움(생기 넘치게 재배되어 살아 숨쉬는 꽃)은 그 자체가 유한하고, 실제로 최대한의 주의를 기울일 필요가 있다. 우리가 영원한 가공의 꽃을 제거하면 (영원한 삶은 죽음이고, 또한 생명의 형태가 아닌 것을 인식하면) 우리의 유한함 자체가 '제한'이 아님을 알게 된다. 오히려 풍요로움의 유한함은 우리가 풍요로움을 현실화하고 그것을 지속적으로 살리는 것에 전념할 이유의 본질적인 부분이다. 따라서 종교에 대한 비판은 자본주의에 대한 비판처럼 영속적인 비판이라야만 한다. 우리는 믿음의 실천과 공유된 사회생활에 대해 헌신함으로써 유한함에 대한 종교적 이해를 극복하기 위한 자원을 발견해야만 한다. 종교적 신앙의 실천은 연대적인 중요한 공동체의 표현으로서 종종 도움이 되었다. 그리고 지금도 많은 사람에게 도움이 되고 있다. 마찬가지로 종교단체는 가난하고 힘든 사람들에게 자주 도움을 제공한다. 제일 중요한 것은 종교적 헌신이 불공정에 대한 구체적인 투쟁 속에서 가끔 동원되었다는 것이다. 하지만 그러한 사회적 헌신의 어떤 것도 종교적 신앙 혹은 종교적 형태의 조직을 필요로 하지 않는다. 해방의 약속을 완수하려는 그러한 헌신을 위해 종교적 신앙은 통속적 믿음으로 변환되고 그 자체의 목적으로서 사회정의에 전념해야만 한다. 우리는 가난한 사람들의 구원을 약속한 게 아니라, 빈곤을 없앨 것을 약속한다면, 우리가 함께 살아가는 것을 우리의 궁극적 목적으로서 인정하는 것이기에 우리가 실제로 구현하는 신앙은 종교적인 아닌 통속적이다. 이 논의는 실제적인 해방을 추구하는 데 있어서 통속적인 믿음과 정신적인 자유를 이어주는 것이며, 본서의 결론으로 우리를 이끌어준다.

결론

...

우리의 유일한 삶

우리의 실존적 정체성을 유지하는 것은 우리가 소중히 여기는 것에 따라 인생을 영위하는 것이다. 우리에게 필요한 것은 우리가 누구이며 우리에게 무엇이 중요한지를 이해하기 위한 시간이다.

1
...

1968년 4월 3일, 마틴 루터 킹 주니어는 테네시주 멤피스 공항에 도착했다. 비가 내리는 가운데 폭풍우가 다가 올 것이라는 예보가 있었다. 혼란에 빠진 시민들의 항의 행진이 일주일 전에 있었고, 그 후 킹은 멤피스에 돌아와 시내의 흑인 청소노동자들의 파업을 지원했다. 저녁까지 돌풍이 테네시주 서부를 강타했고 12명이 사망했다. 경보 사이렌이 멤피스 전역에 울려 퍼지고, 천둥과 번개가 거리를 떨게 만들었다.

킹은 가난한 흑인들을 위한 지지 행사 때문에 여행하느라 몹시 지쳐 있었다. 발열과 목의 통증 탓에 연설을 포기하고 싶었지만, 마지막 순간에 그는 지역 조합을 위한 약속을 지키기로 했다. 킹은 폭풍우를 뚫고 운전해서 메이슨 템플 집회에 도착했다. 악천후 탓에 많은 사람들이 참가 못했지만 그래도 2천 명 이상의 조합원과 파업 지지자들이 킹의 마지막 연설이 될 것을 듣게 되었다. 그는 오후 9시 30분에 모여든 군중 앞에서 연설했는데, 준비한 메모는 없었지만 군중의 반응은 몹시 뜨거웠다. 킹이 24시간 이내에 죽는다고는 누구도 알지 못했지만, 암살 위협에 대한 루머는 끊임없이 있었다. 애틀랜타에서 킹과 그의 동료를 태운 비행기는 폭탄의 위협 때문에 꼼짝하지 못하고 있었다. 킹이 멤피스에 도착했을 때, 그의 목숨의 위협에 대한 구체적인 보고가 있었지만 신뢰할만한 것이 못되었다. 그 같은 루머는 당시는 흔한 것이었다.

1955년에 발생해 1956년까지 이어진 몽고메리 버스 보이콧(몽고메리에서 버스 내 인종 차별에 흑인들이 항의한 사건-옮긴이)의 지도자로서 등장한 이후, 그가 목숨을 위협받는 일은 자주 있었다. 몽고메리에서는 그의 집이 백인 분리주의자에 의해 폭격되었고 그의 부인인 코리타와 딸인 욜란다는 하마터면 죽을 뻔했다. 버밍엄과 셀마에서 열린 대중집회에서 그는 얼굴을 구타당했다. 시카고에서 백인만 사는 동네를 가로질러 행진할 때 그는 돌에 맞았다. 지방당국은 그를 적어도 18회 체포했고 킹의 주변 사람들은 그가 정치활동으로 인해 암살당할지도 모른다는 두려움을 끊임없이 안고 살아가고 있다는 것을 알고 있었다. 게다가 킹의 인생의 최후의 해에는 그에 대해 이전과는 비교도 안 될 만큼의 주위의 적의가 넘쳤다. 자유주의적 조직(킹이 아프리카계 미국인의 정식적인 시민권의 취득에 초점을 맞출 때 지지했던)은 그가 불공정한 인종적인 형태에 정보를 제공하고 지지하는, 경제적인 불공정의 체계적인 형태로 관심을 돌렸기에 킹에 대해 점점 더 적대적이 되었다. 킹은 베트남 전쟁에도 강하게 반대하면서 공적으로 선언했고, 그가 미국의 '하드코어 경제문제'라고 부른 것을 강조하면서 언론과 존슨 정권이 모두 그에게 등을 돌렸다. FBI 국장인 후버(1961년부터 킹을 도청했다)는 '킹을 그의 나라와 인종의 배신자로서 폭로한다'는 것을 목표로 삼아 새로운 '인종정보' 부서를 꾸렸다. 이 부서는 항의 집회의 폭력적인 혼란 등을 통해 킹이 이끄는 가난한 흑인들의 집회를 방해할 계획을 세웠다. 존슨 대통령, 법무장관, 국무부, 백악관 경호팀 그리고 주요 언론은 '마틴 루터 킹 주니어- 신뢰에 대한 문제- 공산주의자'라는 제목의 문서를 FBI로부터 계속해서 제공받았다. 동시에 신좌익과 새롭게 부상한 블랙 파워의 양쪽에서도 킹을 시대에 뒤떨어진 자로 폄하하곤 했다. 특히 1960년대 후반에 시작된 폭동을 계기로 킹의 비폭력적인 방법과 그의 연립정치는 당시의 시대 요구에 맞지 않는다는 조롱을 받았다. 당국은 킹을 너무 급진적이라고 여겼지만, 과격파는 그를 충분히 과격하지 않다고 여겨서 기본적으로 중산계급의 목표를 추구하는 중산계급의 목사라고 비판했다. 하지만 킹을 단지 개혁가로서 보는 것은 대단히 오해를 불러일으킨다. 킹 자신은 시민권 운동의 두 가지 단계를 구별했는데, 제2단계에서는 보다 근본적인 대책이 필요했다. 제1단계는 1955년의 몽고메리 버스 보이콧에서 1965년 8월 6일의 투표권법의 성립까지 계속되었다. 이 단계의 주된 목적은 남부의 흑인 인구의 기본적 권리와 자유의 형태를 확보하는 것이었다. 킹이 지적했듯이 이러한 개혁의 비용은 정치적으로 풀어도 얼마 안 되는 금액이고 직접적인 경제적 요구는 포함되지 않았다. '지금까지의 국가의 변화의 실질적인 비용은 저렴했다'라고 킹은 자신의 저서인 '우리는 어디로 갈 것인가(1967년)'에서 쓰고 있다. '한정된 개혁은 할인된 요금으로 얻었다. 비용이 들지 않는다. 세금도 요구하지 않는다. 흑인들이 점심 식사를 할 수 있는 장소를 공유하고, 도서관, 공원, 호텔, 그 밖의 시설을 백인과 공유하기 위해 비용과 세금은 필요 없다.' 또한 '유권자 등록에 따른 보다 중요한 변경조차 많은 돈 혹은 심리적 희생을 필요로 하지 않는다. 요구를 극적으로 표현한 혼란함과 파격적인 사건으로 인해 무거운 부담이 따른다는 잘못된 인식을 심어주었을 뿐이다.'

우리는 마르크스주의의 역사가가 그랬듯이 남부의 인종차별 철폐를 지지하기 위한 정치적 확립의 구조적 혹은 경제적 인센티브가 있었다고 덧붙일 수 있다. 이중적인 노동시장(흑인과 백인)의 유지는 자본주의에서는 경제적으로 불합리하다. 왜냐하면 노동자의 채용에 인위적인 장벽을 쌓고 효율을 위해 각 단위가 추상적으로 동등하게 취급되는 것을 방해하기 때문이다. 단순하지만 분명한 사례(나는 아돌프 리드를 인용하겠다)를 들자면, 공장 내에서 두 종류의 다른 화장실(각각 흑인용과 백인용)을 유지하는 것은 경제적으로 쓸모가 없다. 더 일반적인 것으로는 남부 지역 분리주의자의 폭력적인 불안감은 그 자체가 불안했기에 자본주의기업이 확대하려면 제거해야할 필요가 있는 장애물이었다. 1965년에 시민권의 승리가 정점에 달한 후, 킹은 가장 어려운 과제가 또 다가왔음을 알고 있었다. "진정으로 치러할 비용은 앞에 놓여 있다. 백인들의 저항이 심해졌다는 것은 사실을 인식하고 있다는 증거다."라고 '우리는 어디로 갈 것인가'에서 쓰고 있다. '흑인들도 받을 수 있는 저렴한 비용의 교육은, 미래에 질이 뛰어난 교육이 실현된다면 그들은 제값을 내고 그 교육을 구매할 것이다. 선거인명부보다 고용을 창출하는 것은 힘들고 비용이 든다. 수백만 명이 수용된 빈민가의 근절은 버스나 점심식사 장소의 통합을 훨씬 능가하는 복잡한 사안이다.'

시민권운동의 제2단계의 중심에 있는 킹은 실질적인 경제적 정의의 문제를 풀어나가야 했다. 린든 B. 존슨 대통령이 투표권법에 서명하고 불과 닷새 후인 1965년 8월 2일에 제2단계가 개시되었다. 8월 2일, 와츠 근교에도 폭동이 발생하면서 로스앤젤레스 중남부로 급속히 퍼졌다. 그 같은 폭동은 킹의 마지막 인생의 해에도 이어졌는데, 그는 도시의 흑인 슬럼가가 시민권운동의 새로운 개척지라는 것을 이해하고도 남았다. '와츠의 화염은 서쪽 하늘보다 밝게 빛나고 있었다'라고 킹은 폭동이 발생한지 며칠이 지났는데도 그렇게 회상했다. '그들은 시민권운동의 불완전함과 일촉즉발의 흑인 슬럼가에 대한 백인의 인종정책의 비극적인 처사에 빛을 비추었다.' 하지만 해방을 위한 비폭력적인 투쟁은 남에서 북으로 확대되었고 계층의 차별을 단호히 넘어서야 한다고 킹은 확고한 결심을 굳혔다. 킹이 인식했듯이 '시민권 운동은 너무 중류계층 지향이라서' 빈곤을 종식시키고 노동착취를 방지하며 경제적 정의의 창출을 목적으로 '우리의 커뮤니티의 풀뿌리 수준을 지향할 필요가 있었다.' 킹은 가족과 함께 시카고 웨스트사이드의 흑인 슬럼가로 이사했다. 킹의 목표는 단지 흑인 슬럼가에 대해 언급하는 게 아닌 도시의 빈민들을 동원해 조직화해서 자기해방 운동을 펼쳐나가는 것이었다. 킹은 눈앞에 닥친 사회문제, 비폭력 정치에 대해 말해주려고 자신의 집으로 갱단 멤버들을 초청하는 등 주목할 만한 캠페인을 추구했다. 킹이 밝혔듯이 비폭력 행동은 수동적이고 순종적인 태도가 아니라 전투적이고 공모적이며 '비폭력은 도시의 조건과 도시의 기분에 적응해야만 한다.' 또한 킹은 '우리는 정부의 선의에 기대지 않는 새로운 전술을 짜내야 하지만 대신에 뜻하지 않게 당국으로부터 정의의 명령에 대한 굴복을 강요당할 수도 있다.'고 솔직히 인정했다. 그리고 킹은 불평등한 권리만이 아닌 경제적 불평등도 공격하려면 사악한 불복종이 필요하다고 강조했다. 킹은 '과격한 비폭력'은 도덕적뿐 아니라 폭력적인 폭동보다 실천적 혹은 정치적으로 뛰어나다고도 주장했다. 킹은, 폭동은 흑인집단의 우익의 악마화를 강화하고 통치당국의 억압적 조치를 촉진할 뿐이라고 올바르게 예측했다. 반면에 정치적으로 유기적으로 결합된 대규모의 시민적인 불복종의 형태(인종적 혹은 경제적 불평등의 실제적 형태의 핵심)는 실제적으로 도덕적 권위를 나타내기에 정부를 압도적인 힘으로 진압하는 것을 더욱 어렵게 만든다. 킹의 조직화에 대한 노력은 어려운 점이 산더미처럼 많았지만, 1966년 미시시피의 자유의 행진과 그해 여름에 시카고에서 열린 오픈 하우징(open-housing, 사용자의 다양한 요구에 적응하는 것을 목적으로 하는 개념-옮긴이) 행진에서 바이스 로드, 로만 세인츠, 블랙 스톤 레인저 같은 갱단의 멤버들을 동원하는 데 성공했다. 브랜든 M, 테리가 자신의 중요한 연구에서 시사했듯이 흑인 슬럼가에서 킹이 한 일은 블랙 파워 운동에 대한 논쟁과의 실제적 혹은 비판적 관여의 형태였다. 블랙파워의 많은 지도자들처럼 킹도 폭동에 의한 범죄는 그 근원이 사회적 혹은 경제적 불공정에서 '파생된 범죄'라는 관점을 갖고 있었다(킹은 이를 백인사회의 범죄라고 불렀다).

그렇지만 무엇을 할 필요가 있는지에 대한 킹의 개념은 블랙 파워의 지지자들과는 크게 달랐다. 블랙 파워의 지도자들의 행동은 해방의 과제의 일부로서 폭동을 지지했지만, 킹은 그들이 폭동의 전개 상황을 실제로 통제하지 못했기에 폭동자의 행위에 대한 표면상의 의미에 관해 실질적인 권위를 갖지 못했다고 지적했다. 조직화된 정치적 행동만이 그 같은 권한을 주장할 수 있는 것이다. 또한 킹은 흑인 민족주의 혹은 분리주의가 인종의 경계를 초월한 계급과 경제적 정의의 문제를 무시했기에 길이 막힌 경우를 많이 봤다.

킹은 '권력과 만족으로 가는 길에 분리된 검은 길black road은 없다'라고 재차 강조했다. 그는 노동조합자체 속에서 지속적인 형태의 인종차별과 투쟁하면서 인종을 초월한 노동 운동의 필요성을 명확히 하고, 노동활동가와 깊은 친분을 쌓았다. 그래서 킹은 가난한 사람들의 행진을 주도했는데, 1968년 멤피스에서 암살당할 때는 그에 대한 조직화가 한참 진행되고 있는 중이었다. 가난한 사람들의 행진the Poor people's Campaign은 인종이나 민족의 경계선을 초월해 미국 원주민과 히스패닉 계도 포함한 그야말로 진짜 계급운동이 되었을 터였다. 또한 도시의 비산업화, 시골의 자동화에 의해 뒤처진 가난한 백인과 실업자도 포함되었다. 이 비폭력의 군대는 근본적인 경제적 문제에 초점을 맞추려고 시민 불복종의 많은 대중적인 형태에도 관여할 터였다. 킹은 이 운동의 일환으로서 흑인여성들의 폭력적인 저항 집단인 국민복지권리협회와도 협조하기 시작했다. 자신의 마지막 때, 킹은 워싱턴 DC에서의 새로운 행진을 계획하고 있었다. 그것은 미국의 수도를 점령하고 가난한 사람들의 서로 다른 인종간의 동맹을 과시할 터였다. 그가 암살 직전에 멤피스의 기자에게 "우리는 계급투쟁에 종사한다고 말할 수 있다, 정말 그렇다."라고 말했다.

킹은 권력자의 의향을 잘 알고 있었지만, 그것이 자신의 공공연한 급진주의를 방해하지는 못했다. '미국의 경제 시스템에 뭔가 문제가 있다'라고 강조하면서 최후의 인생의 해에서는 '자본주의에 뭔가 문제가 있다'라고 강조한 적이 많아졌다. 이는 추상적인 주장이 아니라 남부의 도시나 시골의 가난한 사람들과 마찬가지로 그가 북부의 흑인 슬럼가에서 일하면서 겪은 주택, 교육, 복지에 관한 구체적인 문제와 직접 관련된 것이었다. "몇년 동안 사회 기존의 제도를 개혁하려는 생각과 씨름했다. 여기서 조금 변화가 있어야 할 것 같고, 저기서도 조금 변화가 필요했다. 지금은 전혀 다른 생각을 갖고 있다. 사회전체의 재건, 가치관의 혁명을 일으켜야 한다."라고 킹은 1967년도의 인터뷰에서 말했다. 킹은 자신의 과격한 사상이 자신의 정치적 활동을 더 어렵게 만들고 그가 추진하는 계급 혁명이 그가 법적인 차별의 종식을 요구하는 행진보다 더 위험한 폭력을 불러일으킬 수 있다는 것을 알고 있었다. 1966년 11월의 남부 기독교 지도협회SCLC에서 킹은 진정한 경제 정의의 요구는 월스트리트나 업계 최고 경영자들을 괴롭히기 때문에 위험한 곳에 서는 것을 의미한다는 것을 분명히 했다. 다음 해 (1967년 8월의 SCLS 집회)에서 킹은 "우리는 사회 전체에 대한 질문을 시작해야만 한다. 또한 자본주의 경제에 대한 질문을 시작해야만 한다."라고 강조했다. 그는 이미 20대 후반부터 줄곧 마르크스를 연구해왔으며, 마르크스의 구조적 불공정에 대한 경제적 분석에 감사를 표한다고 말했다. "우리는 인생의 시장에서 낙담한 거지를 도울 의무가 있다."라고 킹은 집회에서 대중에게 호소했다. '언젠가 우리는 거지를 만들어내는 시스템의 재건축이 필요하다는 것을 알 수 있는 날이 올 것이다… 이 문제에 부딪치면 여러분은 물어야만 한다. 누가 석유를 소유하고 있지? 또한 계속해서 질문해야 한다. 누가 철광석을 소유하고 있지?'

킹의 자유에 대한 탐구와 빈곤을 종식시키려는 그의 헌신은 자본주의에 의문을 던지고 있다. 그가 줄기차게 주장하듯이 '인종 차별의 문제, 경제적 착취의 문제 그리고 전쟁의 문제는 모두 연결되어 있다.' 그는 20세기의 가장 유명한 미국의 정치적 인물이지만 흑인 시인인 칼 웬델 하인즈는 "죽은 자들은/ 그 같은 편리한 영웅을 만든다."라고 썼다. "그들은/ 일어설 수 없다/ 우리가 그들의 삶에서 만들 이미지에 도전하지 않으면/ 게다가 기념비를 세우는 편이 더 쉽다/ 더 나은 세상을 만들기보다는…"라는 시를 발표할 만큼 오늘날 킹의 급진적인 유산은 거의 잊혀졌다.

킹의 죽음 이후 그를 기리며 많은 기념비가 세워졌다. 워싱턴 D.C에서는 국회의사당의 중앙 원형 홀에 킹의 흉상(최초로 명예를 수여받은 흑인)이 세워졌고, 내셔널 몰(워싱턴D. C의 국립공원-옮긴이)에서는 거리를 내려다보는 킹의 거대한 조각상이 전시되어 있다. 가장 놀랄만한 일은 마틴 루터 킹 주니어 데이가 미국의 민간인을 기념하는 유일한 연방 기념일이라는 것이다. 콜롬버스 데이를 제외하면 개인의 이름을 딴 유일한 기념일이다. 하지만 이러한 형식적인 의식의 기념일은 우리가 킹의 유산을 존속시키고 있다는 보장이 없다. 오히려 그의 유산은 그가 실제로 언급하고 이루려고 했으며 투쟁하려고 했던 것이 희생되면서 점점 평화와 합의의 메시지로만 바뀌고 있다. 킹은 달성한 시민권과 공식적인 인종평등에 관한 화해의 이야기에 자주 회자되지만 그는 실제의 화해와 평등을 이루기에 가장 중요한 과제는 아직 미래에 놓여있다는 점을 강조했다. 또한 그러한 과제는 오늘날에도 우리 앞에 놓여있다. 시민권운동으로 킹과 긴밀히 협조한 호세아 윌리엄스는 다음처럼 말하고 있다. "미국은 마틴 루터 킹 주니어를 그의 본래의 모습으로부터 엉클 톰 아저씨의 이미지로 바꾸려고 꽤나 애썼다. 내 생각에 그는 세기의 과격파였다."

그래도 우리는 그가 추구했던 급진적인 노선으로 이끌어주는 링컨 기념관 계단에서의 연설(1963년 8월 28 일의 그 유명한 '내게는 꿈이 있다 Have a Dream')에 귀를 기울여야만 한다. 여기서 킹은 '헌법과 독립선언의 장대한 언어'에 담겨 있는 자유에 대한 헌신으로 향하고 있다. 이러한 문서를 작성할 때 미국 건국의 아버지들은 '모든 미국인이 상속인이 되는 약속의 내용에 서명'했다. 즉, 각 개인은 '생명, 자유, 그리고 행복의 추구에 대한 불가침 권리가 보장된다.'는 것이었다. 자유에 대한 헌신의 역사적 위업을 볼 때, 우리는 건국의 아버지들이 그들이 공언한 원칙에 따르지 않았다는 것을 비판할 수 있다.(가령, 노예제의 유지, 여성을 남성에 종속시키는 것). 이는 우리가 자유에 대한 헌신에 실패함으로써 현재의 사회를 비판하는 것과 마찬가지다.

"오늘에야 비로소 명확해졌다. 미국은 이 약속을 지키지 않았다. 미국의 유색인종 시민에 관한 한."라고 킹은 연설에서 말했다. 킹의 헌법과 독립선언에 관한 호소는 우리가 이미 누구인지 충실히 그 모습을 계속 유지하기 위한 호소가 아니다. 오히려 자유와 평등에 대한 우리 자신의 헌신에 비추어 우리가 이전에는 그렇지 않았지만 그렇게 되어야만 할 사람이 되어야 한다는 개혁적인 호소다. 킹은 일찍기 '자유를 향한 대행진'이라는 자신의 저서(1958년)에서 자유와 평등은 경제적 정의에서 '분리할 수 없는' 것임을 분명히 했다. 1963년의 링컨 기념관에서 그는 "미국은 흑인들에게 부도난 수표를 내주었고, 되돌아온 수표는 불충분한 자금으로 판명되었다. 우리는 이 나라의 커다란 기회의 금고에 충분한 자금이 없다는 것을 믿을 수 없다. 그래서 우리는 이 수표를 현금으로 바꾸려고 여기에 왔다. 이는 자유의 풍요로움과 정의의 안전함을 우리에게 줄 수표다."라고 말했다. 킹이 언급한 경제적 측면은 그가 시민권운동의 제2단계로 전진하면서 점점 구체적이 되었다. 1968년의 그의 연설에서 다시 건국의 아버지들의 수표에 관한 이야기를 꺼냈을 때, 그는 자유와 행복의 추구는 인생을 영위하기 위한 경제적 자원을 필요로 한다고 거듭 밝혔다. '그것은 아주 잔혹한 농담이다'라고 킹은 강조한다.

"아무런 도움이 되지 않는 남자에게 자력으로 자신을 들어올려야만 한다고 말하는 셈이니까." 그는 아프리카계 미국인에게 정식적인 자유(노예제로부터의 자유)가 주어지는 한편 그들의 자유를 추구하고 발전시키기 위한 자원은 주어지지 않는다는 사례를 들고 있다. "1863년에 아프리카계 미국인이 육체적 노예제의 속박에서 해방되었을 때, 그들은 자신의 인생을 영위할 수 있는 토지, 돈 혹은 교육기관에 다가갈 수가 없었다. 그것은 몇 년이고 계속해서 남성을 형무소에 감금시키는 것과 똑같다. 그러다 갑자기 그가 감금될 이유가 없다는 것을 깨닫는다. 그러자 당신은 그에게 '지금부터 당신은 자유'라고 말한다. 하지만 당신은 그에게 마을에 가기 위한 버스 요금을 주지 않는다. 당신은 그가 입을 옷을 살 돈도 주지 않는다… 우리는 문맹이고 빈털털인데 그저 '당신은 자유'라는 말만 듣는다."

킹은 미국 역사의 위의 시기에 미국 의회가 유럽에서 건너온 백인 소작농에게 수백만 에이커의 토지를 제공하는 한편 그들에게 농업을 가르치려고 랜드 그랜트 대학교(land-grant college- 미국의 주가 지정한 고등 교육 시설-옮긴이)를 설립하고, 해당 주의 담당자에게 농업의 전문지식을 제공하면서 그 후 그들이 농장을 기계화할 수 있게 저금리 융자를 제공했다는 사실을 상기시킨다. 이러한 특권의 분할은 킹이 '두 개의 미국'이라고 부른 이후로 오늘날까지 계속 이어지고 있으며, 이는 '부자를 위한 사회주의'와 '가난한 사람을 위한 철저한 개인주의'를 일컫는다.

하나의 미국에는 '자신의 몸을 위해 음식과 물질적인 필수품, 마음을 위해 문화와 교육, 정신을 위해 자유와 인간의 존엄성을 가진 수백만 명의 사람들'이 있다. 반면에 또 다른 미국에는 '충분하지 못한데다 때로는 황폐한 주거 조건에서 살 수 밖에 없고, 아이들은 학생 수가 너무 많거나 표준 이하로 환경이 뒤떨어진 질이 낮은 학교에 다닐 수밖에 없다. 이러니 마음속에 좋은 생각이 나올 리가 없다.'

나도 코네티컷 주의 뉴헤이븐에서 일할 때, 킹의 분석에 따른 두 개의 미국이 여전히 계속되고 있다는 것을 매일 실감했다. 내가 강의를 하는 예일대는 세상에서 가장 유복한 교육기관 중 하나다. 반면에 대학에서 불과 몇 블록 떨어진 곳에는 심각하고 광범위한 도시의 빈곤이 존재했고, 거기의 인구 구성은 주로 아프리카계 미국인이다. 예일대 내부에서 조차 미국의 노예제의 유산은 명백했는데, 학교 교원의 과반수는 백인이었고, 서비스 요인의 과반수는 흑인이었다. 1960년대와 비교하면 보다 진보된 헌신 덕분에 현재 교원의 민족적 혹은 성별이 다양해졌다. 하지만 킹이 잘 파악하고 있었듯이 그러한 해결책은 경제적 문제에 근본적으로 대처할 수 없다. 기회의 진정한 평등을 촉진하려는 사회는 경제적 소외의 구조가 대다수에게 기능하고 있어도, 권력의 지위에 윤리적으로 정의된 단체의 소수의 대표자를 두는 데 제한을 둘 수 없다. 오히려 기회의 진정한 평등을 촉진하려면 모든 시민이 물질적인 행복, 교육 혹은 사회적 인식을 위한 충분한 자원을 가질 것을 필요로 한다. 그러한 목적을 이루기 위한 킹의 공식적인 제안은 주로 부의 재분배에 관심을 갖는다. 그는 정부에 의한 고용창출, 주택지원프로그램, 무상 의료지원, 공립학교 제도의 활성화로 보완된 빈곤을 없애는 보장된 연수입을 제창했다. 이러한 개혁은 내가 제6장에서 '사회민주주의'의 기능으로서 분석한 것과 일치하고, 그러한 제창은 기본소득 혹은 다른 형태의 재분배는 자본주의에서의 경제적 불공정에 대한 해결책으로서 오늘날 진보적인 좌파에서 선두 이론으로 공감을 얻고 있다.

하지만 킹은 또한 자본주의에서 가치에 대한 심각한 문제가 있고, 그것은 부의 재분배로 해결할 수 없다는 것을 느꼈다. 지금까지 봐 왔듯이 가치의 문제는 살아있는 노동시간을 살아있지 않은 자동화된 생산시간으로 변환하는 것이다. 킹은 연설이나 자신의 저서 중에서 양날의 현상double-edged phenomenon으로서 자동화를 지속적으로 언급하고 있다. 이전의 필요한 노동의 자동화는 해방되어야 한다. 왜냐하면 지루한 형태의 일에 우리의 삶을 소비할 필요에서 우리에게 자유를 부여해주기 때문이다. 하지만 자본주의에서 자동화는 노동자의 해방으로 이어지는 게 아니라 오히려 그들의 실업으로 이어지면서 그들은 임시방편의 일에 종사하게 되고, 보다 낮은 임금으로 더욱 착취에 이용될 수 있다. 기계가 남성들을 대신하기에 우리의 사회적 사고방식의 깊이가 우리의 기술적 창조성의 성장과 일치하는지의 여부를 한 번 더 의문시할 필요가 있다. '킹은 1962년의 노동조합의 연설에서 강조했다. "인간의 이윤을 위해 그 같은 기계의 힘을 이용하는 사회적 혹은 경제적 재편성에 어울리는 아이디어를 동시에 창출하지 않는다면, 산업에 혁명을 일으키는 기계도 만들어낼 수 없다. 이 문제를 처리하지 않는 이상 새로운 시대는 희망의 시대가 아닌 두려움과 공허의 시대가 될 것이다."

킹이 구상한 사회적, 경제석 재편성은 내가 자본주의의 가치의 척도의 재평가라고 부르는 것이 필요할 것이다. 자본주의에서 기술은 우리의 삶에 혜택을 주기 위해서가 아닌 이윤을 위해 개발된다. 그러한 이윤은 잉여시간의 변환에 의존한다. 살아있는 노동시간에서 잉여가치를 끄집어내는 것만이 이윤을 창출하고, 자본의 부의 축적으로 이어질 수 있다. 이는 자본주의에서의 가치의 창출이(우리가 지금까지 익히 봐 왔듯이) 사회적으로 필요한 노동시간의 형태로 측정되기 때문이다. 기계가 아무리 효율적이라도 스스로의 조작으로 잉여가치를 창출할 수가 없고, 그 기계를 조작하는 인간의 삶을 이용할 뿐이다.

따라서 자본이득의 목적(자본의 부의 생성과 축적)에는 사회적으로 필요한 노동시간의 착취가 요구된다. 자본이득의 목적은 기계의 사용뿐 아니라 본디 관련된 기술의 개념과 구축에도 해당한다. 자본주의에서 노동자의 삶의 착취는 필요하다. 착취가 아닌 해방에 도움이 되는 기술력을 위해 우리는 가치의 척도를 사회적으로 필요한 노동시간에서 사회적으로 유용한 자유시간으로 변환해야만 한다. 제5장과 제6장에서 논의한 것처럼 그러한 재평가에는 이론 뿐 아니라, 기술, 교육, 노동을 통해 우리의 삶을 재창출하는 방법의 실질적인 개혁도 필요하다.

자본의 부를 위해 사회적으로 필요한 노동시간을 착취하는 생산수단을 개인적으로 소유하는 게 아니라, 그 생산수단을 공유해야만 하고, 기술을 개발하고, 사회적으로 유용한 자유시간을 늘리기 위한 상품을 생산해야만 한다. 사회적으로 유용한 자유시간은 단순이 여가 시간이 아니라 우리 자신이 유의미하다고 간주하는 행위에 소비되는 시간이라는 것을 떠올렸으면 한다. 이러한 행위는 공익을 위해 필요하다고 우리가 인식하는 노동 형태에 대한 참여를 비롯해 유의미한 행위일지도 모르는 것에 부여된 규범에 도전하는 각각의 과제의 추구까지 그 범위가 이를 수 있다. 가치로서 인정되는 사회적으로 유용한 자유시간을 위해 우리는 그 자체의 목적인 사회적 개인으로서 서로를 인식하는 민주적이고 제도적인 형태를 발전시켜야만 한다. 이러한 제도적 형태의 민주적 삶은 우리가 커뮤니티에서 무엇을 할 필요가 있는지를 공동으로 토론하는 것과 사회적으로 필요한 노동시간을 단축함으로써 창출되는 사회적으로 유용한 자유시간으로 무엇을 해야 가치가 있는지, 라는 문제에 개별적으로 임하는 것, 이 모두를 가능하게 할 필요가 있다.

자본주의와 더불어 살아가는 삶의 문제는 우리가 임금노동을 해야만 할 처지에 놓여있다는 것뿐 아니라, 사회적으로 유용한 자유 시간의 가치를 인식하고 육성하기 위한 적절한 제도적 형태를 갖고 있지 않다는 점이다. 자본주의에서 사회적으로 필요한 노동 시간의 단축은 실업의 문제와 존재감의 상실로 이어지는데, 민주 사회주의에서의 사회적으로 유용한 자유시간의 증가는 우리의 우선순위와 중요한 것을(다양한 형태의 교육, 공익을 위한 일의 형태, 공유 과제, 여가활동 및 개인적인 추구) 탐구할 가능성으로 이어진다.

부의 재분배에 의한 자본주의의 개혁은 분배되는 부가 자본의 착취와 상품화의 사회적 관계에 의해 창출되기에 그 같은 사회의 개혁은 견코 이룰 수가 없다. 착취와 상품화를 제한할수록 분배해야할 부는 적어진다. 우리가 자본주의에서 살아가는 한, 부를 재분배하려는 진보적인 시도에서 보이는 이러한 실질적은 모순은 피할 수 없다. 모든 재분배의 개혁이 직면한 구체적인 과제를 이해하려면 실질적인 모순을 인식하고 그것을 고려한 정치 전략을 수행하고, 우선순위를 명확히 할 필요가 있다. 하지만 실질적인 모순이 재분배의 개혁이 무의미하고 포기되어야 할 것임을 의미하지 않는다는 점을 알아야한다. 로자 룩셈부르크가 20세기 초에 논한 바와 같이 '개혁, 기존의 사회질서 틀 안에서의 노동자의 상태의 개선, 그리고 민주적 제도를 위한 매일 같은 투쟁', 사실 이러한 개혁 작업은 절대로 필요하다. 그래도 룩셈부르크가 줄곧 강조했듯이, 개혁은 임금 노동의 극복을 필요로 하는 '사회적 혁명'의 목적을 위한 수단으로서 이해되어야 한다. 이것이 내가 사회적 민주적 개혁(기본수입이 되었든, 복지국가의 강화가 되었든 간에)이 자본주의에서의 가치의 기본적인 문제에 대한 해결책으로 뭉뚱그려지지 말아야 한다고 주장한 이유다. 오히려 사회적 민주적 개혁은 재분배가 아닌 재평가에 의한 민주사회주의의 형태에서 우리의 경제적 시스템의 근본적인 변환의 목적을 위한 수단으로서 고려되고 발전되어야 한다.

그의 인생의 마지막 해에, 킹은 그러한 통찰을 향해 자신만의 길을 걸었다. 그는 개혁을 주장하는데 그치지 않고 '민주사회주의'의 개념에 관련된 가치관의 급진적인 혁명에 계속 호소했다. 1955년 몽고메리에서 킹은 다음처럼 선언했다. "우리는 모든 착취에 반대해야만 한다. 우리는 계급 차별, 신분 차별을 원하지 않는다. 우리는 모든 사람이 자유롭기를 바란다." 1960년도에 접어들면서 킹은 '일시적인 사회적 항의를 사회 개혁의 햄머로 때려 박는다.'며 그의 결의를 나타냈다. 그는 자신의 추종자들에게 '우리의 운동을 흑인을 미국사회의 기존의 가치관에 통합하려는 것이라고 생각하지 않도록' 일러주었다. 또한 그는 자본주의에 대한 분명한 언급을 하면서 '우리는 이 가치관 구조에 통합되는 데 흥미가 없다'라고 강조했다. 킹은 '가치관의 급진적인 혁명'이 무엇을 의미하는지는 상세하게 설명하지 않았지만, 그것이 '물건에 기반을 둔 사회에서 사람에 기반을 둔 사회로의 이행' 즉, 서로를 우리 자신의 이익의 목적으로 인식하는 것에 찬성하고 있다. 나아가 킹의 사회혁명의 비전은 그의 공식적인 발표보다 더 급진적이라는 징후가 보였다. 1968년 1월의 가난한 사람들을 위한 행진의 스태프들과의 회의에서 킹은 민주사회주의에 관한 그의 생각을 피로

하기 전에 테이프 레코더의 전원을 끄도록 부탁했다. '그는 구축된 자본주의가 가난한 사람들의 필요성을 충족시킬 수 없다고 믿고 있으며, 우리가 바라볼 필요가 있는 것은 일종의 사회주의이지만 민주적인 사회주의라야 한다는 것에 대해 말했다.' 위의 내용은 목격자의 기록에 나와 있다. 그리고 '이 말을 공공연하게 할 수는 없다.'라고 킹은 스태프들에게 말했다. '그리고 설혹 여러분이 말했다 해도 나는 그것을 인정할 용의가 없다.'

그로부터 불과 3개월 후 킹은 멤피스에서 암살당했다. 그의 가치에 대한 급진적인 혁명의 개념도 민주사회주의에 대한 그의 비전도 지금까지 진전된 바가 없다. 그 진화의 몫은 바로 우리 손에 달렸다. 지금까지 나는 왜 자본주의에서 사회의 부의 척도가 자기 모순적이며 가치의 재평가를 요구하는지를 철학적, 경제적, 정치적 관점에서 제시했다. 또한 민주사회주의의 3가지 원칙을 특정했다. 사회적으로 유용한 자유시간의 관점에서 바라본 부의 측정, 생산수단의 공동소유권 그리고 각각의 필요성을 위한 개인의 능력에 따른 노동의 추구다. 이러한 원칙은 가치의 재평가가 실제로 무엇을 요구하는지를 보여주고 있다. 민주사회주의의 원칙은 우리가 영위하는 삶의 외부에 있는 이상형으로서 존재하지 않는다. 물론 원칙은 우리가 이미 자유민주주의와 자본주의경제를 정당화하려는 평등과 자유에 대한 헌신에 암시된 것을 명확히 하고 있다. 평등에 대한 헌신은 우리가 각각의 능력에 따라 각자의 필요성에 맞춰 노동을 추구할 것이 필요하다. 자유에 대한 헌신은 사회적으로 유용한 자유 시간의 관점에서 우리의 부를 측정할 것을 필요로 한다. 그리고 이러한 모든 요구는 우리가 생산수단을 공유하고 이윤을 위해서가 아닌 우리의 공유생활의 이익을 위해서 그 것을 채택 혹은 개발하는 경우에만 실제로 충족시킬 수가 있다. 하지만 이러한 원칙들은 그 자체로는 우리 사회의 효과적인 개혁이 뒤따라오지 않는다. 우리가 살고 있는 자본주의의 권력 관계를 고려하면, 민주사회주의의 달성은 지속적이고 힘든 정치적 투쟁의 결과로밖에 얻을 수 없다. 하지만 투쟁에서 불가결한 부분은 우리의 현재의 삶의 형태에서 무엇이 나쁜지 그리고 우리가 어디에 헌신하는지를 자기자신에게 분명히 밝히는 것이다. 내가 민주사회주의에 대해 언급한 설명은 그것을 달성하는데 충분하다는 환상은 갖고 있지 않지만, 자유를 위한 투쟁을 방향 설정해서 진정으로 자유로운 사회개혁의 의미를 이해하는데 필요하다고 생각하고 있다. 변화의 가능성은 중립적인 관점에서 관찰되는 세상의 특정한 사실이 아니다. 변화의 가능성은 새로운 빛 속에서 변화의 가능성 그 자체를 명확히 설명함으로써 변환된다. 마찬가지로 나는 자신의 철학적인 설명을 사회혁명을 위한 투쟁의 외부가 아니라 그 자체가 그 같은 혁명의 일부라고 생각한다. 자유로운 삶의 영위라는 우리의 헌신에 따라오는 철학적인 설명(내가 본서를 통해 증명하려고 애썼던 종류의 설명)은 분리할 수 없고 관찰할 수도 없지만 우리가 누구이며 누구이어야만 하는지라는 우리의 감각을 바꿀 수 있는 실질적인 헌신을 보여준다.

　　우리는 단지 자신이나 세상을 관찰하는 독립적인 입장이 될 수 없다. 모든 행위는 실천적이다(관찰의 행위를 포함해). 그리고 모든 실천적 행위와 마찬가지로 철학은 세상을 바꿀 수가 있는데 탐색하는 범위를 필연적으로 고려한다. 따라서 마르크스의 유명한 주장(철학자는 여러 방법으로 세상을 해석할 뿐이지만 요점은 그 세상을 바꾸는 것이다)은 오해를 초래한다. 엄밀히 말하자면 우리가 어디에 있으며 우리가 누가 되려는지를 제대로 인식하거나 잘못 인식한다고 해도 세상의 해석은 이미 세상을 바꾸고 있다. 많은 철학자는 자신이 단지 세상을 해석할 뿐이지만 그렇게 하는 자체가 그들을 잘못 이끌어가고 있다. 중요한 것은 철학이 세상을 바꾼다는 것이다. 그러니 문제는 철학이 세상을 바꿀 수 있는지의 여부가 아닌 그것이 세상을 어떻게 바꾸느냐이다. 마르크스가 자신의 가장 중요한 의도를 갖고 언급한 것 중 하나(그의 친구인 아르놀트 루게에게 보낸 공적인 편지)에서 명시되었듯이 "우리는 독단적으로 미래를 예측하지는 않지만, 낡은 것에 대한 비판을 통해서만 새로운 세계를 발견하고 싶다." 그러한 비판은 "모든 형태의 이론적 혹은 실천적 의식을 품고 기존 현실의 독자적인 형태로부터 그 규범 혹은 최종목적으로서의 참된 현실로 발전시킴으로써 진행된다." 여기서 참된 현실은 추상적인 이해가 아닌 자유와 평등에 대한 헌신의 역사적 성과에서 이끌어내지는데, 이는 마르크스가 "우리는 독자적인 원칙을 개발한다."라고 주장한 것이다. 이러한 비판적 실천은 마르크스가 '의식의 개혁'이라고 부른 것을 승계한 것으로 '세상이 의식을 명확히 하고, 그 자체에 대한 꿈에서 깨어날 수 있는' 것으로부터 이루어진다.

그 과제는 '그 자체의 투쟁과 그 자체의 욕망의 의미를 분명히 하려는 우리 시대의 일(비판적 철학)에 대한 추구를 세상에 보여주는 것'이다. 마르크스가 주된 비판의 대상으로서 특정하는 두 가지 의식의 형태는 종교적 혹은 정치적이다. 우리의 종교적 혹은 정치적 자기 이해self-understanding는 마르크스에게 주된 비판의 주제다(본서를 통해 내게도 그렇듯이). 왜냐하면 종교와 정치는 우리가 투쟁하는 것, 우리가 꿈꾸는 것, 우리가 욕망하는 것, 우리가 무엇을 하느냐 대한 이해를 나타내는 지배적인 형태이기 때문이다. 따라서 우리의 투쟁, 우리의 꿈 그리고 우리의 욕망의 이해를 바꾸려면 우리는 종교와 정치에 대한 실천을 바꾸어야만 한다. 마르크스가 아르놀트 루게에게 보낸 편지에서 다음처럼 쓰고 있듯이.

"우리의 전체적인 목적은 종교적 혹은 정치적 질문을 자기의식적인 인간의 형태로 하는 것만으로 구성할 수 있다… 우리의 좌우명은 다음과 같다. 의식의 개혁은 신조나 교리를 통해서가 아니라, 신비한 자각을 분석하는 것이다. 그 자체로는 분명하지 않고, 종교적 혹은 정치적 형태로 나타난다. 그리고 만일 세상이 그것을 의식하게 되면 실제로 자신이 만들 수 있는 뭔가를 오랫동안 꿈꾸어왔다는 것을 나타낼 것이다. 과거와 미래 사이에 커다란 경계선을 긋는 게 아닌, 과거의 생각을 실행하는 것임을 나타낼 것이다. 그리고 마지막으로 인류는 새로운 일을 시작하지 않고 의식적으로 그 낡은 일을 수행한다고 나타낼 것이다."

이는 킹의 '나는 꿈이 있다'는 마르크스의 버전이다. 자유와 평등에 대한 헌신은 과거에 결코 이루어지지 않았던 것을 약속하는 것으로, 이것을 실현할 수 없었던 앞 세대에 의해 우리에게 남겨진 꿈이며, 시작되었지만 지금도 남아 있는 일로서 미래를 향해 실행할 필요가 있다. 마르크스가 강조했듯이 꿈에서 깨어나기 위해 중요한 것은(꿈을 실질적인 현실로 바꾸는 것) 자각의 형태다. 이는 우리의 꿈이고 실질적인 행위를 통해 우리 자신의 것으로 해야만 할 인식이다. 꿈의 실현은 우리의 일에 대한 문제다. 왜냐하면 그 것은 구원의 종교적인 꿈(유한한 생명으로부터의 해방)이 아닌 자유의 통속적인 꿈(유한한 생명의 해방)이기 때문이나. 우리가 이끌어가는 삶, 우리가 유지하는 사회의 형태는 늘 우리와 우리의 시간으로 무엇을 할지에 따라 결정된다.

2
...

통속적인 것과 종교적인 것의 차이는 마르크스와 킹의 결정적 차이처럼 생각될지 모른다. 킹은 자신의 기독교적 저서에서 그 자신의 종교적 단식과 마르크스의 통속적인 헌신 사이에 예민한 선을 긋고 있다. 킹은 마르크스의 경제적 정의에 대한 열정에 동정을 표명하면서 마르크스가 인생의 '정신적' 측면을 부정하는 물질적인 결정론자라고 믿고 있다. 또한 킹 자신의 종교적 견해에서 '신의 힘에 의지하지 않는 사람이 자신을 구원하고, 새로운 사회의 출현을 알릴 수 있다는 장대한 환상'이라고 킹 자신이 마르크스에 대해 표현하고 있다. '현실의 중심은 가슴이고, 그 가슴은 그의 자녀들을 구원하려고 역사를 통해 작용하는 사랑하는 신에게서 비롯된다. 사람은 스스로 자신을 구원할 수 없다. 사람은 모든 것의 척도가 아니고 인류는 신이 아니기 때문이다. 인간은 그 자신의 죄의 사슬과 유한함에 묶여 있으며, 구세주를 필요로 한다.'

그러나 그의 신에 대한 언급은 그의 정치적 연설에서는 어떤 역할도 해내지 못한다. 그의 종교적 설교는 '이 우주는 무의미한 혼돈의 비극적인 표현이 아닌, 질서 잡힌 우주의 훌륭한 표현'이 담긴 신의 지혜와 사랑이며, 우리를 죽음의 골짜기에서 영생의 밝은 새벽으로 인도해 줄 것이라고 확신한다. 킹이 해방을 위한 투쟁과 사회적 변화의 가능성에 대해 연설할 때, 초자연적인 행위와 저 세상의 구원에 대한 언급은 없었다. 반면에 나는 킹의 정치적 연설 속에서 보여준 종교적인 레토릭(은유)이 통속적인 믿음의 관점에서 보다 잘 이해된다는 점을 언급할 예정이다. 중요한 것은 우리가 소외감을 극복하고 주어진 삶에서 해방될 수 있다는 점이다. 마찬가지로 우리는 실제로 우리의 정신적 자유가 물질적 조건에 대한 의존과 취약한 형태의 사회적 인식에서 어떻게 분리될 수 없는지를 보게 될 것이다. 우리의 유한함은 영원한 구세주에 의해 해방될 필요가 있는 쇠사슬이 아니라, 우리의 자유와 서로를 돌볼 가능성의 조건이다. 킹에 대한 나의 통속적인 독서는 우리가 제5장에서 처음에 만난 철학자의 통찰을 빌려온 것이다. 그 철학자는 마르크스와 킹 둘 다 가장 영향을 많이 받았다는 게오르크 빌헬름 프리드리히 헤겔이다.

1956년의 버스 보이콧 당시 킹은 몽고메리 신문과의 인터뷰에서 헤겔은 자신이 마음에 들어 하는 철학자이고, 자신의 일을 통해 헤겔을 반복해서 언급한다고 말했다. 킹은 이미 크로저 신학교의 학생으로서 헤겔을 읽고 보스턴 대학에서 박사학위를 취득하는 사이에 헤겔의 '정신현상학'과 '역사철학' 그리고 '법철학'을 공부했다. 실제로 킹이 보스턴의 아파트에서 주최한 철학 토론 그룹은 '변증법적 사회'라고 불리웠는데, 헤겔이 명확히 서술하고 마르크스가 독자적인 방법으로 발전시키려던 철학의 변증법을 따서 그 이름이 지어졌다고 한다. 헤셀은 처음부터 끝까지 사회적 개인으로서의 우리의 자유의 조건을 파악하는 데 관심을 두었다. 헤겔은 1770년대의 미국독립전쟁에서 산업혁명의 시작 그리고 1800년대 경제적 글로벌의 초기 수십 년 동안 자유가 무엇을 의미하는지를 이해하는 데 있어서 크나큰 정치혁명과 심원한 개혁을 특징으로 하는 역사적 시대(1770년-1831년)에 유럽에 살았다. 헤겔에게 두 가지 중요한 것을 꼽으라면 임마누엘 칸트의 혁명적인 철학서 3부작의 출판(순수이성비판-1781, 실천이상비판-1788, 판단력비판-1790)과 1789년에 시작된 프랑스 혁명이었다. 이 두 가지 모두 헤겔이 자신의 철학적인 궤적을 통해 추구한 현대의 통속적인 자유의 개념에 대한 도전을 명백히 해주고 있다. 칸트의 혁명적인 움직임은 권위의 문제는 종교, 전통, 국가의 법률에 대한 호소로서 해결할 수 없다고 주장하는 것이다. 국가의 법률이 구속력을 가지려면 우리는 그에 구속된 듯 자신을 다루어야 한다. 주어진 법률은 자동적으로 그리고 그 자체로 권한을 가질 수가 없다. 그것이 우리에 대한 권한을 행사하려면 우리가 그것에 권위를 부여해야만 한다. 마찬가지 이유로 주어진 법률은 우리에 대한 지배력을 상실하던지 우리에 의해 의문시될 가능성이 있다. 이는 프랑스 혁명으로, 그리고 보다 일반적으로 말하자면 군주제에서 민주주의로의 이행에 의해 극적으로 제시되었다. 이러한 극적인 변화는 칸트의 유명한 말처럼 우리가 '자유의 개념 아래서' 행동한다는 것을 밝혀주고 있다.

실질적인 행위로서 우리는 늘 암묵적으로 자유였지만, 자유에 대한 계몽적인 헌신(칸트는 '자주적인 미숙함'으로부터의 출현이라고 묘사하지만)은 우리의 자유를 명확히 해준다. 칸트는 우리의 자유의 철학적 근거를 명확히 할 때, 우리가 자유의지를 갖고 있다는 것을 제3자의 관점에서 증명하려고 하지 않았다. 오히려 그는 우리가 1인칭의 관점에서 해방되기 위해 우리 자신을 필연적으로 이해하고 있음을 우리에게 알려주고 있다. 우리의 자유는 자신의 인생의 영위라는 실질적인 행위에 종사하는 사람으로서의 1인칭의 관점에 의해 전제되기에, 우리가 무엇을 해야 할지, 무엇을 믿어야 할지에 대해서 이론적인 의심으로 반박할 수는 없다. 자유롭게 된다는 것은 강제적이 아니라 우리가 무엇을 해야 할지, 우리가 무엇을 믿어야 할지에 대한 질문에 직면하는 것이다.

우리의 1인칭 관점에서 그러한 질문은 암묵적이긴 해도 늘 기능하고 있다. 어떤 것을 하면서(우리는 늘 뭔가를 하고 있다) 우리는 무엇을 해야 할지, 무엇을 믿어야 할지에 대한 질문의 과정에 관여하고 있다. 그러한 질문에 포함되지 않은 경우(우리 입장에서 생각해볼 수 있는 망설임, 변경, 심사숙고가 없이 뭘 해야 할지가 즉각적으로 주어지지 않는다면) 우리는 자신을 행위자로서 이해하지 못할 것이다. 우리가 하는 게 아무 것도 없기 때문에 그저 자동적으로 흘러간다. 따라서 우리의 자유는 세상의 배우로서 우리의 자각에서 분리할 수 없다. 우리의 자각은 분명할 필요는 없지만 실질적인 행위자로서 우리가 하는 모든 것에 본디 내재되어 있는 것이다. 선구적인 헤겔학자인 로버트 피핀에 따르자면, 자각에 대한 칸트의 통찰이 헤겔에 의해 어떻게 심화되었고 급진화되었는지를 알 수 있다. 헤겔이 밝혔듯이 우리가 자각한다는 것은 우리 자신과 세상에 대해 분리해서 취급할 수 있다는 의미가 아니다. 우리는 단지 세상을 인식하는 게 아니라, 실질적인 행위에 대해 헌신하고 세상에 종사한다는 것을 필연적으로 자각하고 있다. 마찬가지로 자각 혹은 자의식의 개념은 내면이나 관찰을 통해 얻을 수 있는 내면적 자아의 개념으로서 이해되어서는 안 된다. 우리가 자각한다는 것은 우리 자신이 늘 명백한 것이 아니라, 우리가 늘 자신과 세상의 개념에 토대를 두고 행동하는 것이다. 그 개념은 자기기만적이고 수정 혹은 의문시될 필요가 있을지도 모른다. 간단한 예를 들자면, 내가 블루컬러를 지각하는 경우, 나는 단지 블루 컬러를 지각하는 게 아니다. 나는 자신이 블루컬러를 지각한다고 여긴다. 이러한 자각은 생각의 제2단계에서 지각에 추가되는 게 아니라 지각 그 자체의 형태에 들어있다. 마찬가지로 내가 우정의 행위를 한 경우, 나는 단순히 뭔가를 한 게 아니다. 나는 자신을 친구로서 행동한다고 간주하기에 이 자기이해self-understanding는 그 행위 자체에 들어있다. 나의 색 감각이 정확한지 혹은 친구로서의 자기 이해가 적절한지 확신할 수는 없다. 오히려 내가 자신의 색 감각에 관해 교정을 받거나, 친구로서의 자기 이해에 관해 도전을 받아들일 수 있는 것은 자각이라는 형태 덕분이다. 나에 대한 지각이 즉각적일 경우(지각의 행위에 자각의 형태가 관여하지 않는 경우), 지각에 대해 나 자신의 행위가 관여한다는 것을 이해할 수 없기 때문에 나의 지각이 잘못될 가능성이 있다고 생각하지 못한다. 마찬가지로 나의 우정의 행위가 즉각적일 경우, 즉 내가 친구라는 것에 어떤 형태의 자각이 관여하지 않으면 나의 행위가 우정의 행위라는 것에 실패할 가능성이 있다고 하는 것을 도무지 믿지 못한다. 자각의 형태는 타인에게 보호받을 수 있기 위한 조건이고 자기 수정(self-correct)과 자기 변화(self-transformation)의 가능성을 위한 조건이기도 하다. 나는 자신이 블루 컬러를 지각한다고 생각하기에, 내가 지각한 것의 색에 대해 잘못 받아들여질 수도 있다고 간주한다. 또한 우정이 요구하는 것에 관해 내가 지각한 것이 잘못 받아들여질 수도 있다고 생각하기에 비로소 나 자신을 친구로서 간주할 수 있다. 따라서 내가 누구인지는 나의 행위나 인식이 다른 사람에게 어떻게 인식되는지와 마찬가지로 내가 실제로 무엇을 하는 지로 정해진다. 블루 컬러를 보려면 내가 블루 컬러를 보고 있는 존재라는 것만으로는 불충분하다. 또한 친구가 되려면 친구가 되는 것만으로 불충분하다. 뭔가를 보려면 그 뭔가(블루 컬러)를 보고 있는 존재인 나 자신을 받아들여야 하지만, 나는 내가 보고 있는 것을 잘못 볼 수도 있다. 마찬가지로 누군가가 되기를 원하면, 나는 누군가(친구)가 되려는 나 자신을 받아들여야하지만, 나는 친구가 되지 못할 수도 있다. 이러한 잘못과 실패의 가능성은 헤겔이 '자각의 부정성'이라고 일컬었던 것이다. 자각의 모든 행위(가장 직접적인 인식조차)에는 다른 방법으로 경쟁하거나 바뀌거나 부인할 수 있는 헌신의 형태가 있다. 이 부정성은 우리의 가장 깊은 자기관계self-relation조차도 특징짓는다. 사람이 된다는 것은 한번에 이루어지는 게 아니고, 그 목적의 행위는 무너지기 쉬운 취약성이지만 지속적이라야만 한다. 하지만 헤겔이 강조하듯이 그같은 '부정성'은 뭔가 중요한 사람이라는 것에 대한 의미로 긍정적 혹은 불가결한 부분이기에 단순히 부성적이라고 이해되어서는 안 된다. 우리의 자각에 취약함이 들어있지 않다면 (우리가 누구이며 무엇을 보는지가 그저 주어만 진다면), 어떤 것을 한대도 위험에 처할 일은 아무 것도 없을 것이다. 따라서 자각의 형태에 관한 헤겔의 통찰은 통속적인 믿음의 관점에서 이해할 수가 있다. 자각의 근본적인 형태(나는 생각한다)는 이론적이고 명상적인 지식을 가진 모델이 아니라 실질적인 헌신을 유지하는 모델(나는 믿는다)로 생각해야 한다. 신념을 유지하려면(내가 누구인지에 대한 신념을 지각하는 것에 관한 모든 방식의 신념) 그저 마음의 상태로 단순화할 수 없다. 오히려 신념을 유지하는 것은 내가 믿음을 유지해야만 하는 것에 헌신하는 것이다. 마찬가지로 나는 자신에게 내 신념에 대한 가능한 논쟁과 나의 자아개념 self-conception의 취약성을 열어놓도록 유지해야만 한다. 내가 누구라는 신념과 취약성은 금세 주어지거나 최종적으로 확립될 수 없지만, 나의 실천에 구체화되어야만 하고 내가 누구이며 무엇을 해왔는지에 대해 나의 개념에 도전할 수도 있는 타인의 인식에 의존한다.

헤겔은 '정신현상학'에서 자각의 개념을 깨달음과 신앙(여러 형태의 종교적 신앙의 총칭)과의 관계에 대해 새롭게 이해시키고 명확하게 밝히고 있다. 한편 헤겔은 종교적 신앙에 대한 일반적인 계몽적 비판에 동의한다. 이 비판은 우주에 신, 혹은 다른 형태의 무한한 행위자는 존재하지 않는다고 주장한다. 무엇이 옳고 무엇이 공정한지(우리의 규범)에 대한 우리의 개념은 신에 의해서도 우주 자체의 특성에 의해서도 입법화되지 못한다. 오히려 우리의 규범은 우리의 실천을 통해 확립되고 우리로부터 독립해서 존재할 수 없다. 한편 헤겔은 규범의 상태를 주관적인 태도와 특정한 이윤의 추구로 단일화하는 계몽주의의 개념에 반대한다. 우리의 규범은 신이나 자연에 의해 주어진 것이 아니다. 우리 자신의 태도와 이윤은 처음부터 사회적으로 공유된 관행에 의해 형성되었기에 그러한 권위는 단지 주관적인 것이 아니다. 이러한 규범은 우리가 사람으로서 어떻게 취급되는지(우리가 타인에게 어떻게 인식되는지), 우리가 어떻게 행동하는지에 대해 제정되어야만 한다. 종교적 신앙의 전통에서 헤겔은 실천의 우위성을 암묵적으로 인정한다고 여긴다. 대중적인 숭배, 계몽지도, 사회복지를 통해 종교공동체는 각 구성원에게 존엄의 감각을 부여하면서 동시에 통치하는 일련의 규범을 제정한다. 그 바람직한 예로는 킹처럼 아프리카계 미국인의 기독교 전통이고 상호 존중, 지원, 상호작용의 커뮤니티 구축에 큰 중점을 둔다. 정기적으로 교회에 출석하고, 신도들의 헌신적인 표현(노래하고, 기도하고 찬미하는)에 참가함으로써 공동체 감각이 생기고, 이것이 사회적 조직화의 플랫폼으로서 기능한다. 이러한 커뮤니티는 강력하고 적극적인 사회적 인식의 원천이 될 가능성이 있지만 쇠약하게 만들고 억압할 가능성도 있다. 이미 킹의 생애에서 시민권운동의 종교적 뿌리에 대한 중요한 비판도 있다. 그러한 운동에서 엘라 베이커와 다른 페미니스트 활동가는 권위 있는 리더십의 전통, 여성의 종속, 그리고 킹이 이어받은 남부의 종교적 전통의 일부인 핵가족의 보수적인 개념에 대해 문제의식을 품고 있었다. 그 같은 유산을 비판하고 개혁하려는 능력은 우리가 실천을 통해 유지하는 규범에 책임에 있다는 통속적인 인식에서 비롯된다. 우리는 결코 처음부터 시작하지 않지만(우리는 늘 무엇을 해야 할지를 알려주는 전통을 이어받고 있다) 문제의 전통을 어떻게 접목해야 할지는 알려주지 않는다. 우리는 다만 자신이 무엇을 해야 할지(주어진 규범)를 이해하는 데 그치지 않는다. 또한 우리가 해야 할 일이라고 생각되는 것을 해야만 할지 어떨지의 여부를 자문할 능력도 있다. 이 이중적인 '해야만'의 구조는 내가 우리의 정신적 자유라고 부르는 것의 중심에 놓여있다. 헤겔의 말에 따르면, 우리는 자신이 하고 있는 것을 단지 의식하는 게 아닌 자신이 하는 것에 답할 수가 있고, 그에 의해 우리의 실천의 원칙에 의문을 던질 수 있는 자각을 갖고 있다. 헤겔에게 중요한 것은 우리가 정신적 자유를 인정하고 그것의 육성을 가능하게 하는 제도적 관행을 구축하는 것이다. 그러므로 종교적 신앙의 문제는 그것이 우리의 정신적 자유를 최종적으로 인정하지 않는다는 것이다. 우리가 누구이고 무엇을 해야 할지에 대한 문제에 임하려면 우리는 자신이 포용,

비판, 개혁하려는 공동규범을 창출한다고 인식해야만 한다. 반면에 종교적 신앙의 형태는 우리의 실천을 통해 구축하는 생활의 형태에 대해 책임을 소유하는 우리의 능력을 제한한다. 마지막까지도 그것은 독립해서 존재하는 신에게 맡겨지기에 무엇이 선이고 정당한지에 대한 책임도 부인한다. 헤겔의 설명에 의하면 종교 신자의 자기이해는 그들 자신의 실질적인 행위와 대립한다. 신앙의 실천에서 헌신의 실질적인 목적은 공동체 그 자체다. 기독교의 삼위일체는 독립해서 존재하는 현실이 아닌, 신자의 공동체의 구조를 마치 그림처럼 표현한 것이다. '성부'는 자기입법화된 공동체의 규범(구성원이 그 자체를 유지하는 원칙)의 이름이다. '성자'는 구체화된 실천을 통해 규범을 유지하는 사회적 행위자의 이름이다. '성령'은 규범이 실현되는 교회의 제도적 관계의 이름이다. 교회에 가서 함께 예배함으로써 구성원들은 정신적인 삶의 형태가 된다. 그들은 서로 책임을 지고, 서로를 헌신적으로 다루며, 서로의 개인적인 존엄을 인정한다. 그 같은 상호의존은 모든 형태의 정신적 삶의 중심이다. 이것은 물질적으로 구체화된 인식의 사회적 실천을 통해 유지되고 발전되어야 한다. 하지만 종교단체는 그 자체가 목적이라는 자신의 행위를 이해하지 못한다. 오히려 각각의 구성원은 종교적 공동체를 독립해서 존재하는 신에 바치고, 공유된 구성원들의 삶의 취약성을 초월하는 구원을 얻으려는 수단이라고 생각한다. 종교적 신앙의 대상은 신이든, 다른 형태의 무한한 존재이든, 어떠한 형태의 유한한 생명에는 의존하지 않기에 최종적으로는 신앙의 실천에서 분리 가능하다고 간주된다. 반면에 헤겔의 신앙에 대한 이해는 내가 사용하는 언어의 의미에서 통속적이다. 그는 우리에게 신앙의 목적이 신앙의 실천에서 분리 할 수 없다는 것을 인식시키려고 한다. 우리 헌신의 목적은 우리가 함께 살아가는 것 즉 우리의 유일한 삶이고 다른 세상의 것이 아니다. 그래서 헤겔이 기독교 개념인 성육신(육신이 되어 지상에 온 신)을 왜 그 정도로 중요시했는지를 이해할 수 있다. '정신현상학'에 대한 결론은 헤겔의 성육신에 대한 철학적 개념과 그가 종교적 이해로서 설명하는 것의 차이에 달려 있다. 성육신을 통해 신앙의 대상인 신은 물질적으로 구현화되고, 파괴되기 쉬운 것으로 인식된다. 하지만 종교적 관점에서는 유한한 삶에서의 신의 성육신은 부차적인 역사적 일이다. 삼위일체의 신 그 자신은 영원하고 불변하다. 어떤 시점에서 그는 예수의 형태로 인간이 되지만, 그 화신의 형태는 그리스도로서의 그의 영원한 존재와의 관계에서 일시적인 것이다. 그가 지구상에서 예수로서 존재할 때, 그는 공복, 목마름, 권태감, 고통, 불안 그리고 죽음에 처해져 있었지만, 그 같은 제한은 영원의 삼위일체의 그리스도를 고통스럽게 하지 못한다. 반면에 헤겔의 입장에서는 파괴되기 쉬운 물질의 구체화는 모든 형태의 정신적 삶에 내재된 필요조건이다. 성육신이 의미하는 것은 신이 역사적인 시간의 순간에 인간이 되는 것이 아니라, 모든 형태의 정신적 삶은 탄생되어야만 하고 죽음에 처해지는 것이다. 우리가 품고 있는 인생을 정의하는 규범(신)은 살아서 인식될 수 있는 각각의 사회적 행위자(그리스도)로서 우리의 실천에 구체화됨으로써만 존재할 수 있다. 또한 사회적 행위자는 우리가 공유하는(성령) 제도적 관계를 통해서만 우리가 누구인지 인식할 수 있고, 함께 살아갈 수 있다.

　이러한 삼위일체의 구성은 헤겔이 예수의 탄생, 삶, 죽음 그리고 부활을 통속적으로 읽기 위한 힌트다. 헤겔이 영혼(Geist)이라고 부른 것은 그 물질적인 상태와 별개의 것이 아니다. 정신적 삶은 결코 영원하지 않고 그것을 유지하는 사회적 관행을 통해서만 존재할 수 있다. 마찬가지로 부활은 구원의 결과가 아니지만 우리가 공유하는 정신적 삶을 통해 우리가 개인으로서 살아가는 형태다. 예수의 종교에 대한 이해는 부활을 유한함의 극복과 영생의 구원으로 이어지는 역사적인 일로서 묘사되고 있다. 헤겔에게 부활의 유일한 형태는 개인이 커뮤니티에 의해 인식되고 기념되는 방식이다. 커뮤니티는 개인이 기억 속에서 살아가게 해주지만 커뮤니티 자체는 무너지기 쉽고 우리가 유지하는 헌신에 좌우된다. 따라서 헤겔은 정신적 삶의 결정적인 특징은 죽은 자의 매장이라고 주장한다. 매장의 행위를 통해 개인을 기념함으로써 우리는 실제로는 물질적 혹은 정신적 삶이 불가분하면서도 구별할 수 없다는 것을 인식하고 있다. 한편, 매장의 행위는 인간의 정신적 삶이 인간의 물질적인 삶의 상실로 인해 완전히 상실된다는 것을 인식하고 있다. 자신의 삶을 영위했던 인간을 영원히 되돌릴 수 없기에 우리는 슬퍼한다. 상대가 죽었다는 것 즉 상대가 더 이상 나를 위해 존재하지 않는다는 것을 이해하는 것은 정신적 삶이 물질적 삶에서 분리될 수 없다는 것을 이해하는 것이다. 한편, 매장의 행위는 인간의 정신적 삶이 자신의 물질적 삶과 구별될 수 있다는 것을 인정하는 것이다. 헤겔이 말했듯이, 매장의 행위를 통해 고인을 애도하는 것은 '개인의 궁극적인 존재는 자연에만 속한 것이 아니다. 죽은 몸은 사라졌지만, 우리는 아직 고인을 기억하고 존경할 수 있다'는 것을 표현하는 것이다. 비록 죽은 몸의 '특정한 물질적 원소'가 산산히 분해되어도, 우리는 여전히 생전의 그 사람의 고유한 개성으로서 고인을 기억하고 존경할 수 있다. 우리는 단지 자연스러운 일로 죽음을 받아들이는 게 아니라, 고인에 대한 정신적 충실함을 유지한다. 단지 누가 죽었다는 기록이 아니라, 그 사람이 우리의 기억 속에 계속 살아있어야 할뿐더러, 그 사람의 죽음을 애도하면서 고통스러워해야 한나고 생각한다. 매장의 행위를 통해 커뮤니티의 일원으로서 고인에 대한 규범적인 입장을 우리가 인식하고, 고인이 이미 우리의 삶에 함께 공헌할 수 없다고 해도 우리의 헌신을 받아야 마땅하다고 확신한다.

헤겔에 따르면, 매장의 행위는 이미 인정된 '주관의 권리'를 확인하는 것이다. 고인을 매장하면서 우리의 사회가 독립된 전체가 아닌 세상에 하나밖에 없는, 반복이 불가능한 삶이 존재하는 단일한 사회적 개인으로 구성되었다는 것을 인정한다. 고인의 부재를 분명히 정하고 기념함으로써 우리는 자급자족self-sufficient이 아닌 본질적으로 우리 이전에 왔다 간 사람들과 우리의 뒤에 올 사람들에 관련되어 있음을 인정한다. 우리의 정신적 삶은 과거와 더불어 미래에 대한 투영에 의존하고, 그것은 늘 불안정한 채로이다. 과거는 우리의 헌신과 사회적 관행을 통해 계속 살아있을 수 있지만, 그렇게 살아가는 행위는 정신적 삶에 대한 물질적 지원에 의존한다. 매장의 행위는 물질적 삶과 정신적 삶을 구별하지만 분리할 수 없는 것으로서 소급해서 인식하는 것이다. 하지만 그 인식은 자신을 각각의 행위자로서 이해하는 사람에게는 예측으로서 기능한다. 우리의 인생을 영위하려면 우리의 정신적인 헌신은 우리의 물질적인 삶과 구별해야만 한다. 우리가 자신의 물질적인 삶의 요건에 따르는 것만으로는 자기 자신의 헌신을 가진 개인으로서 이해할 수 없다. 우리의 인생이 우리의 것으로서 인식되려면 우리의 인생으로 무엇을 해야 가치가 있는지에 대한 문제가 틀림없이 우리에게는 중대한 과제가 된다. 우리는 자신의 삶을 위험에 처해지게 하며, 스스로에게 자신의 생존을 우선할 것인지의 여부를 물어야만 한다. 우리의 인생이 위험에 처해지지 않으면 우리는 자신의 인생을 평가할 수 없다. 우리의 인생은 단지 주어지거나 상실되는 대상이 아니기 때문이다. 우리의 인생은 살아갈 가치가 있다고 단언할 능력(내 삶보다 더 가치가 있다고 확신하는 능력)은 우리의 인생은 우리가 가치를 부여한 것을 위해 위험을 무릅쓸 수 있는 것임을 전제로 한다. 따라서 우리의 인생을 위험에 처해지게 하는 능력은 우리를 움직이게 만들 가능성의 조건이다.

어떤 것에 가치를 두고, 자신의 것에 헌신을 표명하려면, 우리는 단지 물질적인 삶의 요구에 따를 수는 없다. 오히려 자신의 삶을 위험에 처하도록 하고, 무엇을 우선순위로 할 가치가 있는지에 대한 질문에 매진해야 한다. 이러한 올바른 감각으로 우리의 정신적인 자유를 우리의 물질적인 삶과 구별할 수 있다. 하지만 마찬가지로 우리의 정신적 자유는 우리의 물질적 삶과 분리할 수 없다. 우리의 삶을 위험에 처하게 하면, 우리는 자신의 물질적 삶에 무관심해질 수가 없고 그것을 우리가 누구인지에 대한 불필요한 것으로 취급할 수 없다. 오히려 우리는 자신의 물질적 삶을 자신이 누구인지에 대한 불가결한 것으로 평가하기 때문이다. 우리의 정신적 삶은 우리의 물질적 삶과 분리할 수 없음을 이해하기에 우리의 인생의 위험은 위험으로서 이해할 수 있다. 종교적 순교자는 물질적인 죽음이 영생으로 이어진다고 믿기 때문에 신앙의 관점에서는 실제로 목숨을 희생시키는 게 아니다. 통속적인 믿음의 관점에서만 즉 본질적으로 죽어야 할 운명의 존재이고 죽어야 할 운명의 손재로서 본질적으로 가치가 있다고 스스로를 유지하는 관점에서만 우리는 자신의 생존보다 중요한 뭔가를 위해 우리의 목숨을 희생시킬 수 있다. 마찬가지로 우리 한 사람마다에 속하는 '주관의 권리'를 인정할 수 있는 것은 통속적인 믿음의 관점뿐이다. 만일 어떤 것을 정당하게 당신의 것으로 인식하려면(어떤 것을 당신 자신의 것으로 인식하는 것) 나는 당신을 자급자족이 아닌 물질적 삶에 의존한다고 이해해야만 한다. 마찬가지로 우리 중 누군가가 스스로 뭔가를 만들려면 우리의 인생이 우리의 행위로 인한 위기에 처해있고 죽음에 의해 모든 것(스스로를 포함)을 상실한다고 인식해야만 한다. 우리 자신의 죽음에 대한 예견은 헤겔이 '절대적 두려움'이라고 부른 문제다. 우리 자신의 죽음에 대한 두려움은 특정한 대상이나 주제에 대한 두려움이 아니라 모든 대상을 체험할 능력을 상실하는 것에 대한 두려움이기에(우리 자신의 주관을 상실하는 두려움) '절대적'인 것이다. 절대적 두려움은 우리 자신의 존재가 사라지는 두려움이기에 두려움의 주체와 대상은 동일하다.

헤겔은 그것을 인상적인 한 구절로 표현했다. 우리가 자신의 개성을 느끼고, 자신의 삶을 자신의 것으로 하려는 과제에 종사할 수 있다는 절대적 두려움에 '지속적으로 감염되고, 그 핵심에 흔들린다.'

그렇기에 헤겔의 절대적 두려움의 개념은 죽음을 앞에 둔 불안에 대해 내가 분석한 것으로 이해할 수 있다. 본서 제4장에서 논했듯이 죽기 전의 불안은 심리적, 인류학적, 생물학적 현상으로 일반화시킬 수 없다. 오히려 죽기 전의 불안은 정신적 자유를 이해하기 위한 조건이다. 유한한 삶이라는 불안을 통해서만 자신의 인생에서 무엇을 할 가치가 있는지, 무엇을 우선할 가치가 있는지를 자문하고 그에 따라 자신의 것을 만들어갈 수 있다. 따라서 헤겔은 정신적 삶은 죽음과의 관계를 통해서만 존재할 수 있다고 주장하고 있다. '죽음은 가장 두려운 것이고, 고인을 유지하려면 최대의 힘이 필요하다.' 하지만 죽음에 직면함으로서(살아있는 행위를 통해 고인을 유지하면서) 정신의 생명이 비롯된다.

"정신의 생명The life of spirit은 죽음에서 축소되거나 황폐한 영향을 받지 않는 생명이 아니라 황폐함에 견디고 그 속에서 자신을 유지하는 생명이다. 정신은 절대적 해체에 몸을 둠으로써만 진리를 획득한다. 정신은 이러한 힘이고 부정성에서 눈을 돌리는 긍정성이 아니다. 그것이 아무 것도 아니고 또한 잘못되었다고 말할 때처럼(그것으로 인해 행해지면) 다른 무엇으로 바뀐다. 오히려 정신은 부정적인 얼굴을 보고, 그것을 받아들임으로서만 힘이 된다."

정신적 삶의 영위는 늘 황폐함과 죽음의 가능성에 관련되어서 살아가는 것이다. 우리가 질병에 걸리거나 장애를 짊어질 가능성이 있다. 우리가 인생을 바치는 과제는 실패할 가능성이 있고 우리 자신이 유지하는 성실함을 무너뜨릴 가능성이 있다. 또한 우리가 유지하는 성실함의 기준은 의문시될 가능성이 있다(우리 자신이든 혹은 타인에 의해서든). 그리고 우리가 영위하려는 애쓰는 삶이 시간의 낭비로 보일 수도 있다. 요약하자면 우리는 되려는 자신과 우리가 헌신해온 것이 무의미해질 수도 있고, 우리를 황폐하게 만들며 그 마지막 순간은 죽음이라는 것이다. 헤겔이 밝혔듯이 그러한 부정성(negativity, 부정과 상실의 가능성이 늘 존재하는)은 불필요한 것이라고 버릴 수는 없지만, 모든 형태의 정신적인 삶의 본질적인 것으로 인식되어야만 한다. '절대적 해체absolute dismemberment'의 위험은 우리가 무엇을 함께 유지하는 것이 중요한 이유에 내재되어 있다. 실패의 가능성이 없으면 성공의 개념 그 자체를 이해할 수 없고, 죽음의 가능성이 없으면 생명의 형태 그 자체는 자기유지의 형태이며 목적이 없다. 내가 '종교적' 이상이라고 부르는 것의 공통분모는 상실의 고통에서 면제되고 부정성에서 면제된다는 것이 목표다. 헤겔은 '정신현상학'에서 그러한 종교적 면제를 달성하려는 세 가지 패러다임을 제시하고 있다. 금욕주의stoicism, 회의주의skepticism, 그리고 헤겔이 불행한 의식Unhappy Consciousness이라고 부른 것이다.

이 세 가지에 공통된 것은 마음의 평안을 달성하려고 통속적 믿음(유한한 생명체에 대한 헌신에서 해방되는 것)을 극복하려는 것이다. 금욕주의에서 이상적인 마음의 평안은 무관심apatheia의 상태로 간주된다. 그리고 회의주의에서 그것은 무엇에도 방해받지 않는 상태ataraxia로 가정한다. 불행한 의식에서는 이상적인 마음의 평화는 이번 생에서 달성할 수 없지만 다른 세상의 영원한 행복 속에서만 달성된다. 자신의 특징적인 철학적 방법으로 헤겔은 금욕주의, 회의주의, 불행한 의식을 외부의 관점에서 비판하지 않고 오히려 이들의 종교적 삶의 형태는 그들 자신의 모순을 해결하지 못하고 그들 자신의 자기 이해의 개혁을 필요로 한다는 것을 보여주려고 한다. 헤겔의 출발점은 금욕주의다(제1장과 제 2장에서 내가 그랬듯이). 왜냐하면 금욕주의는 유한한 생명체에 대한 헌신을 부정하는 가장 기본적인 형태이기 때문이다. 금욕주의는 명확하고 실용적인 지혜에 더해 불교와의 친화성으로 오늘날에도 인기가 있다. 금욕주의는 자신의 몸이 허약해지거나, 모든 사회적 관계(타인에 대해 자신이 의존하는 모든 형태)가 불안정하다는 것을 인정한다. 그래도 금욕주의는 자신의 몸이나 세상에서 자신의 사회적 위치로 인해 일어난 일에 대해 영향을 받지 않는다는 것을 장점으로 여긴다. 그것을 달성하기 위한 방법은 우리를 고통스럽게 만드는 신념 즉, 실질적인 헌신을 포기하는 것이다. 만일 내가 나의 육체적 행복이 중요하다고 믿는다면, 나는 아프면 고통받을 것이다. 왜냐하면 나는 내 건강을 유지하는데 실질적으로 헌신했기 때문이다. 마찬가지로 내가 자유로운 삶의 영위를 위해 물질적 혹은 사회적 자원의 소유가 중요하다고 믿는다면, 나는 자신의 자유에 실질적으로 헌신하기에 노예가 된다면 고통스러울 것이다. 하지만 금욕주의는 내가 병에 걸리든, 내가 사슬에 묶인 채 인생을 살아가든 그건 문제가 아니라고 설득하려고 한다. 금욕주의의 장점은 그 같은 걱정을 떠나보내고 우주의 합리적인 질서를 심사숙고함으로써 스토아학파의 철학자인 스피노자가 말해 유명해진 '신에 대한 지적인 사랑intellectual love of God'이라고 표현한 것을 달성하는 것이다. 신에 대한 지적인 사랑은 우리의 신체 조건이나 사회적 지위에 관해 우리가 가진 판단과는 관계없다. 스피노자에 따르면 우리의 모든 고통은 우리가 선과 악, 성공과 실패, 선과 악으로 간주하는 것을 구별하는 실질적인 헌신에서 비롯되는 '잘못된 신념false beliefs'에 의해 생긴다.

이 잘못된 신념은 우리로 하여금 스피노자가 '완전한 마음의 평안을 지닌 축복'이라고 부르는 것을 갖지 못하게 방해한다. 완전한 마음의 평화의 달성은 스피노자에게 진정한 종교적 구원이고 우리에게 일어난 모든 것을 우리가 바꿀 수 있는 게 아닌 우리에게 필요한 것으로 받아들이게 만든다. 헤겔이 지적하듯이 그 같은 마음의 평안의 문제는 그것이 완전히 공허하다empty는 것이다. 금욕주의자는 자신이 '진', '선', 그리고 '정의'에 헌신한다고 말하지만 그러한 개념에 대해 결정적인 내용을 제공할 수 없다. 진, 선, 정의가 결정적인 내용을 가지려면 우리는 진, 선, 정의라고 하는 것을 갖고 있어야 한다. 또한 우리가 생각하는 선과 악, 진실과 거짓, 정의와 부당함을 구별해야만 한다. 그 같은 구별을 어떻게 하는지는 논쟁거리고, 수정이 가능하지만 모든 형태의 책임을 위해 그것을 작성making할 필요가 있다. 어떤 것을 진, 선, 정의로 결정하는 것은 우리가 거짓이나 악, 부당함으로 간주하는 것에 맞서 우리를 고통스럽게 하고 눈을 돌리게 만드는 것에 대한 실질적인 헌신을 필요로 한다. 하지만 금욕주의자가 상정하는 지혜는 그 같은 헌신에서 물러서는 것이다. 왜냐하면 금욕주의자는 세상의 상태에 고민하거나 투쟁에 대해 무방비이기 때문이다. 그래서 금욕주의자는 자기모순에 휩싸인다. 금욕주의는 우리를 고결한 시민으로 만드는 삶의 방식이어야 하지만, 진, 선, 정의의 결정적인 개념의 의문을 없애는 공허한 마음의 평안을 우리에게 제시할 뿐이다.

헤겔이 적절히 돌려서 표현했듯이 금욕주의가 주장하는 무관심의 목표는 '존재의 행위에서 일관되게 물러서고 실질적인 행위, 고통에서도 물러서는 죽은 상태의 삶lifelessness'이다. 따라서 금욕주의의 '진실'은 어떤 의미에서 회의론이다. 이 회의론은 모든 형태의 헌신에 대해 명백히 부정한다. 이는 금욕주의에 절대적이다. 금욕주의와 마찬가지로 회의론도 고대 그리스에서 사상의 학교라는 형태로 설립되었고, 모든 고통이 따르는 혼란에서 해방되는 삶의 방식을 학생들에게 가르치는 것을 사명으로 삼았다. 금욕주의와는 달리 회의론자는 그 같은 해방은 진, 선, 정의에 대한 헌신과 양립하는 척 한다. 게다가 회의론자는 무관심한 마음의 평안은 생각이나 행위의 결정적 내용을 부정함으로써만 이룰 수 있다고 인식한다. 이 목적을 위해서 회의론자는 모든 신념의 유효성을 부정하는 방법을 배운다. 진, 선, 정의에 관한 신념을 포함해 누구나 모든 형태의 실질적 헌신에서 해방되고, 자신들이 '아타락시아ataraxia'라고 부르는 마음의 평안을 달성하는 것이 목적이다. 하지만 마찬가지로 회의론자는 자신의 모순에 빠진다. 회의론은 모든 신념을 부정하는 그 방법이 마음의 평안으로 이어진다는 것을 약속함으로써 치유적인 삶의 방식으로서 자신을 다독인다. 하지만 실제로 회의론자는 자신이 허위인 것을 믿고 있다고 반박하는 것에 모든 시간을 쏟아부어야만 한다. 회의론자가 뭔가를 하는 한, 자신이 반박해야만 할 적어도 한 가지의 신념이 늘 존재하는데, 즉 자신이 하고 있는 것이 중요하다는 신념이다. 또한 회의론자는 마음의 평안에 대한 자신의 헌신을 정당화할 방법이 없다. 열정적으로 헌신하기 보다는 마음의 평안을 갖는 게 왜 더 좋을까? 우리에게 일어난 것에 감동해 깊은 영향을 받는 것보다 방해받지 않는 편이 왜 더 좋을까?

회의론자는 마음의 평안이 최종적으로 중요하다고 주장하면서도 무엇이 최종적으로 중요한지는 부정하고, 어떤 것에도 헌신하지 않는다고 해놓고 자신이 뭔가에 헌신하는 것은 부정한다. 회의론자는 무관심하다고 주장하지만 본인이나 타인이 무관심에 실패한다는 사실에는 무관심하지 않다. 그래서 회의론의 '진실'은 불행한 의식Unhappy Consciousness이다. 금욕주의자와 회의론자 둘 다 그들 자신의 행위로 종교적 사면(완전한 마음의 평안)을 달성하려고 한다. 그래서 그들 자신의 행위는 그들이 무시하고 싶어 하는 유한한 조건에 의해 특징지어지기에 그들은 자신에게 불만을 갖고, 화해하지(불행, Unhappy) 않는다. 피할 수 없는 불만은 금욕주의와 회의론에 암시되어있을 뿐이지만, 그것은 불행한 의식 속에서 명백해진다. 헤겔의 '정신현상학'에서는 불행한 의식은 주로 여러 형태의 기독교 신앙을 지칭하는데, 그것은 또한 우리의 유한함을 부정적 제한으로 간주하고 우리가 바란다고 생각되는 구원의 달성을 가로막은 모든 관점으로서 보다 널리 이해되어야만 한다. 불행한 의식은 이 주어진 삶에서 유한함에 대한 구원은 있을 수 없다고 인정하는데, 그것은 우리의 물질적인 지원과 타인의 취약한 인식에 대한 의존을 한탄스러운 상태로 취급한다. 이는 헤겔이 극복하려고 했으며 우리가 저버려지는 것을 도우려고 했던 관점이다. 헤겔의 '정신현상학'의 목적은 우리의 유한함이 절대적인 달성을 가로막는 제한이 아님을 이해한다는 의미에서 우리의 유한함과의 통속적인 '화해'로 간주할 수 있다. 오히려 모든 형태의 정신적 삶을 얼마나 이해할 수 있느냐의 조건으로서 유한함을 파악하는 것은 헤겔이 '절대적 정신의 절대적 지식'이라고 부른 것이다. 헤겔이 이들 용어를 사용하는 것은 몇 세기나 걸쳐 오해를 초래했는데, 그로 인해 헤겔은 인류 역사상 우주의 정신Cosmic Spirit 혹은 절대 신Absolute God을 다루는 모든 종류의 신학을 떠받쳐주는 것으로서 읽혀지고 있다. 하지만 진실과 다른 점이 있으면 안 된다. 절대적 정신을 절대적으로 아는 것은 신의 마음의 행위가 아닌 정신적인 삶의 조건을 철학적인 관점으로 파악한 것이다. 이러한 철학적인 파악은 죽음이 없는 인생, 문제가 없는 정신, 실패가 없는 성공은 있을 수 없다는 것을 명백하게 해준다. 그 같은 유한함은 그것이 영원한 생명에 뒤지지 않는다는 의미에서 '절대적'인데, 모든 형태의 생명의 가능성에 대한 조건이다. 이처럼 헤겔의 성육신에 대한 통속적인 이해 방식과 내가 제3장에서 다룬 예수의 십자가형에 대한 나의 통속적인 이해 방식으로 그 전반적인 이해관계를 파악할 수 있다.

기독교 신앙의 불행한 의식 때문에 우리는 영원한 생명의 부재와 우리의 유한함에서 구원이 필요하다는 생각에 고통을 받는다. 예수의 탄생과 죽음은 그러한 구원을 이루는 것이다. 성경이 '성육신kenosis'라고 일컬은 행위를 통해 신은 예수의 유한한 몸에 강림한다. 신은 그로 인해 고통과 죽음의 영향을 받게 되고, 마침내 예수는 견디기 어려운 십자가형에 처해진다. 십자가형은 성육신의 가장 밑바닥 형태이지만 최종적으로 신은 그것의 중력에 굴하지 않는다. 오히려 가장 고통스러운 형태가 따른 황폐함과 죽음조차도 초월할 수 있음을 보여줌으로써 종교적 관점에서 예수의 부활과 천국으로의 승천은 구원에 대한 길을 열어준다. 루터의 독일어 성경에서는(헤겔에게는 중요했다) 성육신kenosis은 'entausse-rung(소외된 것이라는 뜻-옮긴이)'으로 번역되어 있다. 이는 창조의 순간에는 신 자신의 행위를, 성육신의 순간에는 예수의 몸에 신이 몸소 깃들었음을 나타낸다. 유한한 존재가 됨으로써 신은 전지전능을 포기한다. 루터의 번역은 신이 정성껏 세상에 몸을 맡기고, 아쉬움 없이 죽어야할 인생에 속한다는 것을 선언한듯이 신 자신을 모조리 내주는 행위를 헌신의 표현으로서 묘사한다. 하지만 기독교인의 신앙과 불행한 의식의 입장에서는 우리는 주어진 삶에 진심으로 전념할 수가 없다. 신이 유한한 육신에 강림한 것은 천국으로의 승천이 이어지는 중간 단계에 불과하다. 예수의 유한한 육신은(필요성, 붕괴, 그리고 피할 수 없는 죽음이 그 대상이다) 최종적으로 불멸한 부활의 '영광스러운' 육신에서 분리된다. 루터가 언급했듯 이 지상에 살았던 역사적인 예수는 '인간으로서는 진짜 죽었지만' 그리스도의 신성으로서 '그는 늘 살아 있다. 죽을 수가 없다.'

　마찬가지로 불행한 의식은 자신의 구원의 개념을 지상에 매여 있는 유한한 육체의 운명으로부터 분리한다. 우리의 죽음은 우리가 영원한 생명으로의 상승에 의해 구원될 필요가 있는 하강(추락)의 영역으로 여겨진다. 반면에 헤겔에게는 예수의 죽음이 우리로 하여금 어떤 정신적 삶의 형태와도 분리될 수 없는 취약하고 물질적인 구체화를 인식하도록 이끌어준다. 정신적 삶은 하강하거나 유한함에 '추락' 하는 일은 없다. 오히려 정신적 삶은 처음부터 유한한 생명의 대상이고 유한한 삶의 형태의 주제이다. 루터의 성육신에 대한 종교적 개념을 신의 사랑에 의해 정신적인 헌신의 통속적인 개념으로 바꾸게 되면 헤겔이 이 점을 어떻게 지적하는지를 알 수 있다. 성육신entausserung이라는 용어는 헤겔의 '정신현상학'과 '논리학'의 두 저서에서 빈번히 사용된다. 헤겔이 모든 페이지에서 그 용어를 사용하는 '정신현상학'의 마지막 부분에서는 특히 중요해진다. 여기서 위기에 처한 것은 개인적이나 공동적으로 정신적 삶을 영위할 가능성의 조건이다. 정신적 삶의 영위는 우리가 개인으로서 그리고 커뮤니티로서 누구인가라는 개념이 필요하다. 이는 헤겔이 우리가 누구인가라는 '아이디어Idea'라고 부른다. 헤겔의 성육신에 대한 통속적인 개념에 따라 우리가 누구인가라는 생각은 별도의 영역에서 존재할 수 있는 게 아니다. 그것은 우리의 실천으로 인해 물질적으로 구체화된 것이라야 한다. 우리가 누구인가라는 생각은 명상적이 아니다. 내면성찰로 인해 자신이 누구인가를 알 수도 없지만 자신의 행위나 타인으로부터의 인식에 마음이 관여하는 즉 위기에 처하거나 위험에 놓여지는 것이라는 의미에서 자신을 텅빈 것으로 할 때뿐이다. 우리가 누구인가라는 생각은 우리의 생활형태의 외부에 있는 추상적인 이상이 아니다. 그것은 우리가 지향하는 사람이 되는 것에 성공하거나 실패할 수 있는 관점에서 명료한 원칙이다. 가령 마틴이 된다는 생각은 나의 실존적 정체성을 유지하기 위해 노력한다. 즉 나의 인생에서 무엇을 서둘러야 하고 무엇을 느긋하게 해야 하며 언제 중요하고, 무엇이 중요한지를 내게 부여해주는 실천적 정체성 중의 우선순위다. 마틴이 된다는 것이Idea 무엇을 의미하지는지를 모른다면 자신의 삶에서 무엇이 중요하고 무엇이 중요하지 않은지를 구별할 수 없기에 누군가가 되려고 노력하거나 무엇을 할 수도 없다. 그렇게 되면 긴급하거나 혹은 지루하거나 중심적이거나 혹은 주변적인 것으로서의 현상이 아무 것도 없다. 우선순위의 문제를 내가 이해할 수 없기 때문이다. 마찬가지로 미국인이 된다는 생각은 Idea 우리가 시민으로서 특정한 원칙을 지키려고 노력한다. 만일 우리가 미국인이 되려는 생각이 없으면 우리는 미국인이 되려고 노력하거나 미국인이 되려고 무엇을 할 수도 없다. 입법이나 정치적 관행의 형식은 우리가 무엇인지에 대한 생각이 없기 때문에 미국에 대한 우리의 헌신과 일관성이 있거나 혹은 모순되게 보이는 일도 없다. 따라서 삶의 형태에 대한 생각Idea은 모든 형태의 충실함과 모든 형태의 배신이 명확해지는 조건이다. 이는 내가 마틴이 된다는 것이 무엇을 의미하는지 생각하기 때문에 한 사람으로서 나 자신을 배반할 수 있고, 내가 미국인이 된다는 생각을 갖고 있기 때문에 나라로서 우리 자신을 배반할 수 있다. 마틴으로 있는다는 것은 자동적으로 일어나는 게 아니다. 나는 마틴이 되려고 애써야만 하고, 내가 마틴으로 있는다는 데 실패할 수도 있다. 마찬가지로 미국인이 되는 것은 자동적으로 생기지 않는다. 우리는 미국인이 되려고 노력해야만 한다. 또한 우리가 그 자신이 되려고 생각하는 사람이 되지 못할 수도 있다. 나아가 마틴이 되려고 노력하는 것은 완료 가능한 일이 아니고, 미국인이 되려고 애쓰는 것은 달성 가능한 사명이 아니다. 오히려 마틴이 되는 것이 마틴의 본질이듯이 미국이 되는 것이 미국의 본질이다. 마찬가지로 우리가 누구인가라는 생각은 그 자체가 도전받고 개혁될 가능성이 있는 것이다. 개인이든 집단이든 어떤 생각도 실제로 구체화되지 않으면 안 되기에 우리가 누구인지라는 생각Idea은 늘 다른 방법으로 거론되고 의문시되며 개혁의 대상이 될 수 있다. 이는 헤겔의 성육신entausserung 개념의 근본적 의미다. 세상의 외부 운명에 처하는 애초의 내부 생각inner Idea은 없다. 또한 타인의 인식에 존재하는 내면의 자기inner self도 애초에는 없다. 오히려 생각이나 자신의 감각은 애초부터 그것이 유지하는 물질적인 실천에서 외부화되어야만 한다. 우리는 자신이 헌신하는 행위에 자신을 쏟아붓고, 자신을 비우지 않으며, 자신을 위험에 처하게 하지 않고

,뭔가를 하려고 하는 것조차 불가능하다. 이러한 유한함은 정신적 삶의 위험과 약속에 모두 해당한다. 우리는 유한함과의 통속적인 화해에 관심을 가지면, 이 주어진 삶의 실들을 서로 잇게 할 수 있다. 종교적 신앙의 불행한 의식은 고통, 상실 그리고 죽음에 대해 취약하다는 의미에서 살아 있는 것과는 조화할 수 없다. 우리가 지금까지 봐 왔듯이 모든 형태의 생명도 그것이 그 무엇이 되려면 그 자체(파괴되기 쉬운 물질적인 몸을 유지하기 위해서)를 유지하려고 노력하지 않으면 안 된다. 가장 충실한 정신적 삶의 형태조차 우리 자신이 되기 위해 노력하는 것은 우리 자신을 위해서도 불가결하다. 하지만 불행한 의식은 우리가 노력에 종지부를 찍고, 평안하게 쉬기를 절실히 원한다고 생각한다. 따라서 종교적인 화해는 우리가 인생의 유한함에서 해방될 때, 늘 달성 불가능한 미래로 연기된다. 반면에 통속적인 화해는 '살아 있는 것을 퇴화시킬 것은 아무 것도 없다'는 것을 인식하고 있다(헤겔은 이를 신랄하게 말하고 있다). 중요한 것은 고통, 상실, 죽음을 받아들여야만 한다는 것이다. 그러한 수용의 생각은 취약성에서 해방된다는 종교적 이상의 별도의 버전일 뿐이다. 고통을 받아들여도 고통스러울 일은 없다. 우리가 슬픔이 없는 상실을 받아들이고, 죽음을 받아들인다면 우리의 삶은 걱정할 게 없다. 그렇게 상처를 전혀 받지 않는 생각과는 달리 유한함과의 통속적 화해는 우리가 취약해야만 하는 것을 인정하고 있다. 우리의 삶을 영위하기 위해서, 서로가 보살피기 위해서 우리는 고통의 아픔, 상실로 인한 한탄, 죽기 전의 불안을 겪음으로써 특징지어져야만 한다. 그러한 인식을 통해서만이 우리는 종

교적 사면에서 벗어나, 함께 우리의 시간을 향할 수가 있다. 그 같은 인식을 통해 우리의 삶을 바꾸는 것의 긴급성을 이해할 수 있다. 우리는 살아가는 것과 화해하고 있지만 그 때문에 우리는 삶의 영위와는 화해하지 못하고 있다. 우리는 보다 좋은 사회를 원하고 그것은 우리에게 달려 있다는 것을 알고 있다. 행동을 하는 데 있어서 우리는 시대를 초월한 미래를 기다리는 게 아니라 실제로 우리의 시간은 우리가 갖고 있는 모든 것임을 인식할 필요가 있다.

3
...

이제 우리는 1968년의 멤피스로 되돌아갈 준비가 되었다. 2월 12일(에이브러햄 링컨의 생일)에 약 1,300명의 흑인 청소노동자가 파업을 감행했다. 그들은 노동조건에 견딜 수 없었고, 시민권운동의 법적 승리 이후조차 흑인 커뮤니티를 고통스럽게 만든 경제적 형태의 착취의 징후를 여실히 보여준 것이었다. 풀타임으로 일했음에도 청소노동자들은 빈곤을 벗어나지 못했고, 가족을 부양하는데 충분한 건강상태를 유지하지 못했다. 그들은 보험에 들지 못했고, 쓰레기차나 화물차를 취급하는 육체적으로 힘든 작업으로 인해 혹독한 부상을 입었다. 그들은 종일 더러운 일을 했지만 멤피스시는 그들에게 작업용 장갑 제복, 샤워할 수 있는 장소조차 제공하지 않았다. 자유롭게 사용할 수 있는 설비는 무척 낡았지만 시는 그것을 개선하는데 비용을 지출하기를 거부했다. 또한 청소 노동자들은 조합 결성이 허락되지 않았고, 흑인 종업원은 노예제 시대의 명확한 반영을 보여주듯 그들의 백인 상사는 흑인들을 '소년boys'이라고 불렀다. 노동 상황의 불안정은 2월 1일에 정점에 이르렀다. 두 명의 흑인 노동자(에콜 콜과 로버트 워커)가 시에서 교환을 태만히 한 탓에 구조적 결함으로 인해 화물차에 치여 죽었을 때였다. 2주간도 지나기 전에 파업이 일어났고, 청소노동자는 조합 결성의 권리와 노동조건의 개선을 요구했다. 그들은 백인 시장과 시의회의 격렬한 저항에 직면했다. 경찰은 파업자들과 그 지지자들을 멤피스에서 막무가내로 진압했다. 기본적인 권리의 요구는 언론에 의해 비난받았다. 하지만 멤피스의 흑인 커뮤니티는 청소노동자들을 지원하려고 모여들었다. 별도의 커뮤니티를 조직해 일상적인 행동에 동원하려고 교회에서 매일 밤 집회가 열렸다. 종교인들이 노동자들에 가세했고, 학생, 주부, 다른 시민도 피켓을 들고 시위에 나섰다. 그들은 항의 행진을 했고, 시내의 상점에 대해 보이콧 운동을 벌였다. 집회가 커지면서 윌리엄 루시나 제시 엡스, 조 페이즐리처럼 전국조합의 조직자들이 멤피스에 파견되어 파업자들을 지원했다. 멤피스 시 당국은 경찰의 대응, 폭력적인 위협, 제재를 더욱 강력히 하는 것으로 이에 맞섰다. 멤피스는 노동자와 자본의 소유자 사이의 심각한 대립의 위기에 처했다. 이 때, 킹은 가난한 사람들을 위한 행진에 대한 지원을 호소하려고 미국 전역을 다니고 있었다. 그의 급진적인 전략은 비록 그것이 해방을 의도했지만, 대규모의 저항과 회의론에 맞닥뜨렸다. 킹은 깊게 낙담

했고, 그의 동료들은 가장 가난한 지역부터 시작해서 진정한 계급 운동을 구축하자는 그의 비전에 의문을 가졌다. 하지만 멤피스의 파업 소식은 킹의 전략이 통할 새로운 최전선으로 부상했다. 청소 노동자들은 멤피스의 흑인 커뮤니티의 거의 전체를 통틀어 단결시켰고, 그들이 파업에 대한 지지를 표명하도록 와 달라고 요청받았을 때, 킹은 주저하지 않았다. 그는 동료들의 반대에도 불구하고 멤피스로 향했다. 킹은 파업의 결정적인 순간인 3월 18일에 멤피스에 도착했다. 킹이 연설할 예정이었던 밤, 15,000명 이상의 군중이 메이슨 템플 교회에 모였다. 시민권 운동의 모든 역사를 통틀어 가장 많은 군중이 모인 실내 집회였다. 이는 대중에 대한 킹의 신뢰를 회복시켜주었다. "멤피스만큼 함께 뭉친 커뮤니티를 본 적이 없다. 가난한 사람들을 위한 행진에서 내가 바라던 바를 여러분은 이곳 멤피스에서 이루어냈다."라고 킹은 증언했다.

메이슨 템플 교회의 종교적 숭배를 위해 지정된 공간이 해방에 대해 공유된 통속적인 헌신의 축하와 재활력을 위한 장소로 바뀌었다. 1930년대와 1940년대의 노동운동과 1960년대의 시민권 운동을 위해 오래된 찬송가들을 군중이 불렀다. 이러한 찬송가들은 우리의 헌신을 초월적인 신이 아닌 우리가 함께 일어나 정신적인 자유에 대한 헌신을 계속 믿음으로써 이룰 수 있는 것으로 향하고 있다. 3월 18일에 군중은 '나는 내 마음이 자유에 머물러 있다는 사실과 함께 오늘 아침 잠에서 깨어났다Woke Up This Morning with My Mind Stayed on Freedom'에 이어서 '우리는 움직이지 않으리We shall not be moved'라는 찬송가를 불렀고, 가장 유명한 찬송가인 '우리는 승리하리라We Shall Overcome'를 합창했다. 이 찬송가는 상징적이 되었고 그 강력한 공명이 현대의 우리에게는 잊혀져가는 경향이 있지만, 그 핵심에 있는 통속적인 믿음의 단호한 표현을 듣는 것은 대단히 중요하다. 우리가 마음 깊은 곳에서 믿는 것(그 찬송가를 인정하는 것)은 신이 우리를 구원해주는 게 아닌 집단행동을 통해 우리의 종속을 우리의 손으로 끝내는 것이다. 이 찬송가는 1946년에 사우스캐롤라이너주 찰스턴에서 파업을 일으킨 흑인여성들에 의해 최초로 노동운동의 대표곡으로서 채택되었는데, 킹의 시민권운동에서도 필수곡이 되었다. 사람들이 노래 부르는 동안 파업 중인 청소노동자들에 대한 기부가 이루어졌다. 참가자들은 자신이 투쟁하는 무가치한 노동조건을 증언했으며, 2월 1일에 잔혹한 죽음을 맞은 두 명의 노동자를 추도했다. 자유를 위해 투쟁하는 상호 인식과 재확인이 연설자와 군중 사이에서 강화되었다. 그날 하룻밤은 '멤피스의 정신'으로서 알려지게 되었고 즉 사람들이 자신의 상태를 바꿀 수 있다는 결의를 표명한 강력한 시위였고, 이는 킹에게 새로운 희망을 안겨주었다. '그는 이 모든 것에 전율했다. 그러한 부류의 지원은 전례가 없었다. 지금까지 그 많은 군중이 모인 적이 없었다.'라고 제임스 로손은 나중에 회상했다. 그리고 킹이 거기서 행한 두 가지의 연설은 통속적 믿음의 심원한 표현으로서 볼 수 있다. 그 연설에 함축된 의미를 이해하려면, 우리는 여기서 통속적 믿음의 마지막 측면을 명확히 해둘 필요가 있다. 통속적 믿음의 대상은 늘 정신적인 원인이고 그것은 우리를 행동으로 옮기게 하며 우리에게 무엇이 중요한

지를 결정하게 해준다. 정신적인 원인은 우리가 인생을 영위하고, 실질적인 정체성의 요구에 답하려고 하는 것이다. 가령, 정신적 원인은 우리의 주의를 집중시키는 부모의 사랑이나 우리의 희망에 방향성을 부여하는 예술적인 직업이 될 수 있거나 혹은(킹이나 멤피스의 다른 모든 정치활동가의 경우처럼) 우리의 삶을 위험에 처하게 하는 정치적 원인일 가능성이 있다. 원인은 여러 가지이지만 어떤 형태의 정신적 삶에도 정신적 원인이 있다. 우리가 누구이고, 무엇을 하는지(우리의 노력이 성공하고 있는지 혹은 실패하는지)라는 문제는 우리의 행위를 위한 정신적 원인으로부터 떼놓을 수 없다.

이러한 것은 정신적 원인이다(자연스러운 원인과는 구별되는). 왜냐하면 그러한 효과는 우리가 유지하는 헌신에 좌우되기 때문이다. 자연스러운 원인(이를테면, 낙하물체의 자연스러운 원인으로서의 중력)은 우리가 무엇을 하고, 무엇을 바라는 지와는 관계없이 기능한다. 반면에 정신적인 원인은 우리가 그것을 믿는 한, 원인으로서만 존재한다. 정신적인 원인에 대한 신념은 꼭 명확하지만은 않고, 의식적으로 유지되는 신념에 선행한다. 왜냐하면 그것은 우리가 누구인지 그리고 본디 우리에게 무엇이 중요한지라는 감각을 우리에게 부여하기 때문이다. 또한 우리가 자신의 정신적인 목적을 자유롭게 선택할 수 있는 중립적인 입장은 없다. 우리가 무엇을 결정하기 전에 우리는 이미 우리가 태어난 사회적 세계에서 받아들인 정신적 원인에 의해 제약된다. 그럼에도 우리는 우리의 행위를 결정할 원인을 유지, 투쟁, 또한 변화할 책임이 있다. 부모자식 간의 관계, 예술적 소명, 정치적 목적의 요구가 있으려면 우리는 그

러한 요구에 매달려 그에 의해 그것이 중요하다고 믿어야만 한
다. 우리가 통속적인 믿음을 소유할 때, 우리는 자신의 믿음의 목
적(우리의 정신적 원인)이 우리의 믿음의 실천에 의존한다는 것을 인
정한다. 믿음의 실천은 우리의 실질적인 정체성(가령, 정치활동가)이
고 믿음의 대상은 우리의 정신적 원인(가령, 우리의 정치적 목적)이다.
통속적인 믿음은 모든 형태의 보살핌을 이해하는 조건이지만, 우
리가 통속적 믿음을 얼마나 소유 혹은 부인하느냐 즉, 우리 자신
의 존재가 우리의 행위가 위험에 처하게 하는 것을 얼마나 인정하
느냐라는 문제가 늘 존재한다. 우리의 정신적 목적은 우리의 헌신
에 따른다. 본서를 통해 나는 우리가 개인적 혹은 집단적으로 우
리의 통속적 믿음을 소유할 때 비로소 열리는 해방적이고 혁신적
인 가능성을 보여주려고 노력했다. 반대로 내가 종교적 신앙이라
고 부르는 것은 우리의 통속적인 믿음을 부정한다. 신뢰할 수 있
는 신앙은 신앙의 대상을 신, 혹은 다른 형태의 무한한 존재로 간
주한다. 그것은 우리의 믿음의 실천과는 관계없다. 우리의 정신적
원인이 우리에게 의존하는 게 아닌 우리를 지배하고 힘을 가진 존
재인 것처럼 취급된다. 이것은 킹이 그의 종교적인 설교에서 지지
하는 내용의 믿음이다. 기독교의 설교자로서의 역할에서 그는 '우
주는 무한한 사랑이 모든 인류를 감싸주는 자비스러운 지성에 의
해 인도되고 있다. 즉, 유일하고 영원한 신으로, 그는 무한한 권력
으로 우리를 지켜주시며 우리는 신의 은총에 힘입는다.'고 강조한
다. 이러한 종교적 관점에서 우리는 집단행동을 통해 자신을 구할
수가 없다. 오히려 우리는 자신의 이해를 초월한 영원한 구세주를

믿어야만 한다. 왜냐하면 '그의 의지는 너무 완벽해서 유한한 시간과 좁은 지구의 틈새에 집어넣을 수 없을 정도로 광활' 하기 때문이다. 하지만 마찬가지 이유로 신과 우리의 해방 사이에 상정된 관계는 이해할 수 없게 된다. 우리가 악이고 부당하다고 간주하는 것은 신의 '계획' 또는 신의 알 수 없는 '목적'의 일부일 가능성이 있다. 나아가 신이 우리의 이해를 초월하는 경우, 신의 선과 정의의 개념은 우리 자신과 완전히 대립할 가능성도 있다. 킹은 그의 종교적 설교의 하나로 다음처럼 말하고 있다. "나는 신의 모든 길과 악을 물리치려는 신의 특정한 시간을 이해하는 척 하지 않는다. 아마 우리가 바란다면 신은 압도적인 방법으로 악을 물리칠 것이다. 그는 궁극적인 의도를 파괴할 것이다." 종교적 신앙인 점을 감안해도, 궁극적 의도(정신적 이유)라는 생각 자체가 공허하고 이해 불가능하다. 신의 '무한한 사랑'의 목적은 무엇이 될 수 도 있고 아무 것도 아닐 수도 있다. 명백한 내용이 없기 때문이다. 어떠한 한정된 내용이라도 우리가 유지하는 것이고(우리가 선하고, 공정하며 진실이라고 믿는 것) 우리만이 스스로가 헌신하는 정신적 목적에 책임을 질 수 있다. 통속적 믿음을 소유하는 것은 이러한 책임감을 인식하는 것이고 우리를 우리가 유지하는 헌신을 위해 다른 사람들에게 답할 수 있도록 해준다.

　　반면에, 종교적 신앙의 불행한 의식(우리가 죄 많고 치명적으로 제한된 생물이고, 이해할 수 없는 신에 맡겨져야만 한다는 사고방식)은 그 자체가 회의론과 스토아학파(금욕주의)로 되돌아가는 것을 막을 수가 없다. 만일 우리가 악이라고 간주하는 것이 신의 눈에도 보기 좋다면, 우리는 도덕적 판단에 대한 모든 권위도 부정할 수 있다(회의론). 그리고 우리가 불공정하다고 간주하는 것이 신의 정의의 계획의 일부가 될 수 있다면, 우리는 우리에게 일어나는 무슨 일이라도 평등하게 받아들이도록 서로에게 부과할 수 있다(금욕주의). 킹이 그의 종교적 연설에서 명백히 강조했듯이 '우리에게는 지상의 원자폭탄 대피소가 필요 없다. 왜냐하면 신이 우리의 영원한 대피소이기 때문이다. 우리는 결코 신의 팔을 넘어선 여행을 할 수 없다는 믿음으로 원자 폭탄이 발생했다는 두려움에 맞설 필요가 있다.'

이처럼 신의 종교적 개념은 킹의 정치적 연설에서 어떻게 그 용어가 사용되는지는 설명할 수 없다. 킹이 '신'이 가난한 사람들이 자신들을 해방시키는 일을 도우도록 우리에게 명령했고, 그리고 킹 자신이 그 자체의 목적으로서 사회적 자유를 추구함으로써 '신의 의지'를 실천하고 있다고 말할 때, 킹은 영원한 신의 종교적 개념에 대해 언급할 수 없다. 왜냐하면 그 자신이 승인한다고 그러한 신의 의지를 결정할 수 없기 때문이다. 신의 명령 혹은 신의 의지는 우리가 그 용어를 헤겔학파의 방법으로 이해한 경우에만 의미가 있다. '신'이란 우리가 자신에게 법제화하고 자신이 지키고 있는 공통적 규범의 이름이다. 킹이 정치적 연설에서 신의 의지와 명령을 호소할 때, 그는 우리가 모든 사람의 사회적 자유에 헌신할 것을 우리에게 주지시킨다. 그 자체의 목적으로서 서로의 사회적 자유에 대한 헌신(우리가 행동하도록 명령하는 정신적 원인으로서)은 우리의 통속적인 성과이고 종교적 계시에 의한 것이 아니다. 그 자체의 목적으로서의 자유는 세상의 종교가 되었든 그 창시자가 되었든 그들에 의해 촉진되는 게 아니다. 예수도 붓다도 무함마드도 그 자체가 목적인 자유에 대해 말할 게 없다. 우연은 아니지만 그들의 가르침과 일치한다. 종교적 관점에서 최종적으로 중요한 것은 자유가 아닌 구원이다. 최종적으로 중요한 것은 인생의 영위가 아닌 살아있음에서 구원받는 것이다. 킹은 그 자체가 목적으로서 사회적 자유를 위한 투쟁을 추구할 때, 그는 종교적 목적이 아닌 통속적 목적에 따랐다. 킹 자신의 설명으로는 신뢰할 수 있는 계시 때문이 아니라 '사회에 봉사하고 싶다는 피할 수 없는 충동' 때문에 봉사라는 그 수단을 택했다. '수단에 대한 나의 호소는 기적적 혹은 초자연적인 것이 아니다. 인류에 봉사하라고 내게 일러주는 내적인 충동이었다.'

킹의 전기 작가인 데이비드 J. 개로우에 따르면 킹은 이미 젊은 시절에 "많은 목사가 현대 사회를 개선하는 데 교회가 어떤 역할을 할 수 있느냐가 아닌 내세에 대해서만 설교하는 방식에 불만을 품었다."라고 한다. 종교적 구원이 아닌 통속적 자유로의 전환은 그가 암살당하기 전날 밤인 1968년 4월 3일에 있었던 킹의 최후의 연설에서 뚜렷이 부각되었다. 폭풍우가 메이슨 템플 교회의 창문을 몹시 두드리고 있을 때, 킹은 자신의 유산에 대해 밝혔다.

"…하지만 궁극적으로 우리는 이 삶에서 제대로 된 옷이나 드레스, 신발을 갖고 싶어 합니다. '젖과 꿀이 흐르는 땅'에 대해서 이야기하는 것도 괜찮겠지만, 신은 우리에게 여기 빈민가와 하루

세끼를 제대로 못 먹는 아이들을 걱정하도록 일러주셨습니다. 새로운 예루살렘에 대해서 이야기하는 것도 괜찮겠지만, 언젠가 신의 설교자는 새로운 뉴욕, 새로운 필라델피아, 새로운 로스앤젤레스, 새로운 테네시에 대해 말해야만 합니다. 이는 우리가 꼭 해야 할 일입니다."

　새로운 멤피스에 대해 이야기 하는 것은 (새로운 예루살렘보다) 우리가 이 삶에서 공통적인 해방을 이룰 수 있도록 맹세하는 것이다. 새로운 멤피스는 우리의 자유를 서로 인정하기 위한 사회적 조건을 확립하려고 행동을 일으키고, 투쟁하도록 우리를 움직이게 만드는 정신적 원인이며 통속적 믿음의 대상이다. 그래서 새로운 멤피스에 대한 헌신은 기독교의 자선활동에 대한 헌신과는 구별되어야 한다. 기독교신자의 자선활동은 이 삶에서 빈곤을 없애려고 하진 않지만, 가난한 사람들을 자선활동을 제공하는 사람들에게 의지하는 비대칭적 입장으로 만들고, 영생(새로운 예루살렘)에서 구원을 기다린다.
　하지만 새로운 멤피스에 헌신하는 것은 이 삶에서 빈곤으로부터의 실제적인 해방에 대해 헌신하는 것이다. 누구나 자신의 필요에 따라 저마다의 능력에 비추어 서로에게 도움을 약속하는 사회의 일부가 되어야만 하기에 누구도 자선활동에 의존해서는 안 된다. 이것이 민주사회주의의 핵심이다. 민주사회주의의 정신적 원인은 통속적 믿음에 의해서만 유지된다. 새로운 멤피스는 우리가 그것을 이루려고 노력하는 한, 존재한다. 그것을 이루려고 하는 한, 그것은 늘 부서지기 쉬운 채로 존재할 것이며, 우리가 하는 것과 우리가 서로를 어떻게 인식하느냐에 늘 좌우될 것이다.

새로운 멤피스를 이루려고 노력하든지, 그것을 유지하려고 애쓰든지에 관계없이 통속적 믿음의 이중적인 행위를 하는 게 늘 중요하다. 우리의 삶을 이어주는 것 즉, 우리의 제도, 우리의 공동노동, 우리의 사랑, 우리의 상실에 대한 완전한 취약성을 인정해야만 하지만, 최종적인 보장을 제공하지 않는 것도 계속 믿을 수밖에 없다. 이것이 통속적 믿음의 이중적인 행위다. 우리가 믿는 것은 우리가 그것을 위해 행동하지 않으면 상실하거나 상실할 수 있기에 우리의 헌신이 필요하다. 우리의 정신적 원인이 무너지기 쉽기 때문에(우리를 지탱해주었던 것이 산산조각날 수도 있기에) 우리가 무엇을 하고 서로를 어떻게 취급하는지가 중요하다.

킹이 그의 최후의 연설에서 새로운 멤피스를 언급할 때, 그의 말은 약속의 땅에 대한 종교적 개념을 심오한 통속적 변화로 바꾸어놓았다. 킹은 준비한 원고도 없이 연설했는데, 그 순간의 핵심은 마지막 말에 묵직하게 포함되었다. 그 자신의 생애가 마지막을 향해 가고 있을지도 모른다고 느끼면서(그는 정신적 목적을 위해 그의 목숨을 위험에 처하게 하고 있었다) 그의 말은 모두가 위험에 처한 미래의 중압감을 짊어지고 있었다. 그는 약속의 땅을 개인적인 여생으로서가 아닌 나중의 나중에도 살아갈 사람들을 위한 서로 다른 사회의 가능성으로서 언급했다.

"누구나 그렇듯이 나도 오래 살고 싶습니다. 하지만 나는 걱정하지 않습니다. 나는 단지 신의 의지를 실천하고 싶으니까요. 그리고 신은 내가 산상에 오르도록 허락하셨습니다. 나는 그 곳에서 굽어보았습니다. 나는 약속의 땅을 보았습니다. 나는 여러분과 함께 그곳에 이르지 못할지도 모릅니다. 하지만 나는 오늘밤, 우리가 한 백성으로 약속의 땅에 들어갈 것이라는 사실을 여러분도 믿기를 바랍니다."

약속에 땅에 대한 킹의 비전은 영생의 비전도 새로운 예루살렘의 비전도 아닌 우리가 무엇을 하느냐에 대한 비전이다. 사람들은 새로운 멤피스를 이룰 수 있다. 그것은 우리 세대의 노력에 의해서만 실현 가능한 공동적 해방의 비전이기에 우리 모두가 하나가 되는 즉, 시대를 초월한 영원함의 과제가 아니다. 오히려 킹의 새로운 멤피스에 대한 비전은 우리 자신이 볼 수도 살아갈 수도 없는 일시적인 미래에 헌신하는 것이다. 킹처럼 우리는 그곳에 갈 수 없을지도 모른다. 그래도 우리는 새로운 멤피스를 지지하는 행동을 일으킬 수 있다. 우리는 그것을 정신적 원인으로서 소유할 수 있고, 우리의 행위를 통해 그것을 우리의 신조로 삼을 수가 있다.

메이슨 템플 교회에서 열린 최초의 대중집회(3월 18일)에서, 킹은 신념을 혁명적인 행위로 바꿀 수 있다고 약속했다. 그는 15,000명의 군중에 힘입어 멤피스의 총동맹 파업을 호소하면서 연설을 마무리했다. 그의 연설이 담긴 녹음테이프가 끝나기 전에 중대한 반응을 들을 수 있다. 노동역사학자인 마이클 K 허니는 그 상황을 언급했는데, "메이슨 템플 교회는 군중의 우레같은 박수갈채로 뒤덮였고, 사람들은 일어나서 환호하고 기쁨을 나누며 손뼉을 치고 노래하고 춤추면서 킹의 대담한 호소에 열광했다… 각 커뮤니티와 연대한 흑인 노동자들은 멤피스를 곧 장악할 수도 있을 터였다."

허니가 우리에게 상기시켜주듯이 시민권운동을 하면서 흑인들의 총동맹 파업을 제안한 사람은 누구도 없었고, 미국의 노동역사에 비추어 봐도 총동맹파업은 드물다. 킹에게 그것은 분수령의 순간이었다. 총동맹파업을 요구하는 그의 호소는 시민권을 위한 투쟁에서 경제적 정의를 위한 투쟁으로의 전환을 구체화했다. 총동맹 파업은 다른 어떤 형태의 집단행동보다 우리의 삶을 유지하는 노동의 사회적 분업을 명확히 보여준다. 멤피스의 총동맹파업은 풀타임으로 일하지만 빈곤을 벗어나지 못하는 흑인 노동력이 없이는 도시가 기능할 수 없다는 가장 구체적인 방법의 표명이다. 허니가 멤피스의 파업에 대한 연구에서 논하듯이 '그정도 규모의 비폭력적인 직접 행동은 1960년대의 흑인의 자유투쟁에 대한 궤도의 전환점을 이루어냈을 것이다.' 이는 킹이 주도하는 해방운동에서 보다 급진적인 방향으로 이어질 가능성이 있었다. 하지만 멤피스의 총동맹 파업은 결코 일어나지 않았다. 킹은 총동맹 파업의 주도권을 쥐려고 3월 22일에 멤피스로 돌아올 계획을 세웠다. 하지만 그가 추진하려던 해방운동의 정신적인 원인은 예기치 못한 자연의 원인에 의해 분열되었다. 대규모의 눈보라(멤피스 역사상 두 번째로 발생)가 따뜻한 이른 봄에 발생했다. 총동맹 파업 대신에 눈보라가 도시를 마비시켰고, 땅에 쌓인 40cm가 넘는 눈이 모든 사람들의 발을 꽁꽁 묶어놓았다. 눈보라로 인해 최소한 9명이 사망했고, 멤피스의 해방운동에 대한 악천후의 영향은 심각했다. 킹은 3월 28일, 시내의 대규모 항의 행진을 이끌 때까지, 시내에 되돌아올 수 없었다. 눈보라로 인해 총동맹 파업의 기세는 한풀 꺾였고 경찰과 FBI에게 대중집회에 잠입할 방도를 궁리할 시간적 여유마저 주었다. 군중에 잠입한 스파이는 행진 중에 창문을 부수기 시작했고, 이는 경찰에게 시위대를 공격할 명분을 주었다. 격렬한 대립의 결과, 700명 이상이 병원으로 실려갔고, 무장하지 않은 흑인인 16살짜리 래리 페인이 경찰에 의해 사망했다. FBI는 킹을 비판하는 비밀 내용을 퍼뜨렸고, 전국의 언론은 킹의 리더십과 파업 행위를 비난하기에 바빴다. 멤피스의 파업뿐 아니라 워싱턴에서 가난한 사람들을 위한 킹의 행진 계획도 곤란에 빠졌다. 그럼에도 킹은 4월 3일에 멤피스로 되돌아와 별도의 항의 행진을 계획하고 메이슨 템플 교회의 집회에 참석했다. 다음날(1968년 4월4일의 이른 저녁), 그는 모텔방의 바깥에서 암살당했다. 그의 나이 39살이었다.

4
...

킹의 죽음에 대한 모든 결과를 평가하거나, 킹이 무엇을 이루었는지를 추정할 수는 없다. 말할 수 있는 것은 킹의 죽음은 자유를 위한 투쟁을 서서히 약하게 만든 다른 형태의 폭력적인 억압이

자, 1960년대의 사회주의조직에서 발생한 많은 살인에 속한다는 것이다. 멤피스의 청소노동자는 파업으로 승리를 쟁취했고 노동조건도 개선되었지만, 파업에 속한 보다 큰 과제(가난한 사람들을 위한 행진)는 그가 죽고 나서 얼마 지나지 않아 패배했다. 워싱턴 대행진은 1968년 5월과 6월에 이루어졌다. 킹은 없었지만 그의 유지를 받들었고, 수천 명의 가난한 사람들이 수도 워싱턴에 '부활의 도시'라고 부르는 캠프를 꾸렸다. 6월에 워싱턴 경찰이 부활의 도시를 짓밟고 최루가스와 곤봉으로 가난한 사람들을 공격했다. 내가 이러한 사건들을 관련짓는 이유는 사회주의운동의 역사적 패배가 단지 불충분한 분석이나 불충분한 전략의 문제가 아님을 결코 잊지 못하게 해주기 때문이다. 또한 패배는 자본주의의 권력관계의 비대칭성과 사회의 서로 다른 비전을 위해 조직화하려는 시도를 억제하기 위해 행사된 대단히 현실적인 폭력과 깊게 관련되어 있다.

1970년대, 1980년대, 1990년대의 정치경제적 틀이 서서히 신자유주의적 자본주의로 이행함에 따라 '자유'라는 개념 그 자체가 주로 우익에서 말하는 것 중의 일부로 전락되고, 이윤을 위해 기능하는 자유시장은 우리가 유지하는 조직 속에서 우리가 우리 자신을 인식하는(우리의 헌신을 인식하는) 자유에 명백히 앞서가고 있었다. 하지만 내가 지금까지 논해왔듯이 민주사회주의에 대한 헌신을 추구하려면 신자유주의적 자본주의를 비판하는 것만으로는 충분하지 않다. 오히려 자본주의에서의 가치의 개념 그 자체 즉 자본주의사회에서 가치가 어떻게 창출되고 측정되는지, 우리의 자유의 실현, 물질적 조건의 배려 그리고 우리의 생애에서 어떻게 비현실적인지를 파악할 필요가 있다.

이렇게 함으로써 내가 본서를 시작하게 된 문제, 그리고 명백히 우리 시대의 가장 절박한 지구 규모의 문제(기후변동)로 되돌아 갈 수가 있다. 우리의 생태계의 위기는 우리의 삶이 물질적인 몸에 대한 파괴되기 쉬운 자기 유지뿐 아니라 우리가 속한 지구생태계의 파괴되기 쉬운 물질적 자기유지에도 의존하고 있음을 분명히 떠올리게 한다. 또한 우리의 생활양식이 우리가 의존하는 생태계를 파괴한다는 통찰은 주류의 정치적 논의에서조차 '자본주의'의 실행가능성에 관한 의문을 다시금 되짚어보게 한다. 그래도 관련된 기본적인 문제를 파악하기 위해 필요한 자본주의의 체계적인 이해는 놀랄 만큼 부족하고 내가 분명히 언급한 가치의 재평가를 등장시키지 않을 수 없다.

알기 쉬운 사례로 나오미 클라인의 저서 '이것이 모든 것을 바꾼다. 자본주의 대 기후'를 들 수 있다. 클라인은 기후변동의 문제는 주로 개인 차원에서 임할 수는 없지만, 우리가 살고 있는 경제 시스템의 관점에서 이해할 필요가 있다는 올바른 주장을 펼치고 있다. 클라인은 폭넓은 연구를 통해 우리의 경제적 우선순위 즉 이윤의 창출과 자본의 '성장'이 환경재해를 방지하기 위해 필요한 대책을 실시할 수 없는 주된 이유라고 밝히고 있다. 이윤을 위한 조직화에 관해서 정부는 세계적, 효과적으로 협조할 수 있지만(세계무역기구의 창설처럼), 우리의 생존이 달린 생태계를 위한 조직화에 관해서는 그 같은 협조나 효율적인 움직임이 없다. 이윤을 창출하지 못하기 때문이다.

우리는 이윤을 위해 지금까지 필요이상으로 많은 천연자원을 계속 이용하고 있는데, 그렇게 함으로서 우리 자신의 환경조건을 파괴하고 있다는 것이 분명한 경우라도 그렇다. 또한 클라인이 우리에게 상기시켜주듯이 우리는 현재의 경제시스템이 부당이익이나 승자와 패자를 분리시키는 야만적인 행위를 가속시키면서 연속된 기후관련 재해의 현실에 어떻게 대처하는지를 잘 알고 있다. 그래서 기후변동의 문제로 인해 제기된 커다란 질문은 '문명의 알람a civilizational wake up call'으로서 이해되어야 한다. 강력한 메시지(화재, 홍수, 가뭄, 절멸이라는 언어로 말해지는)는 전반적이고 새로운 경제 모델과 지구라는 행성을 공유할 새로운 방식이 필요하다고 우리에게 일러주고 있다. 기후변동이 초래할 문제에 맞서려면 집단, 공동체, 공통계, 시민, 그 자체를 재창조할reinventing 필요가 있다. 그러려면 우리는 경제성장과 기업의 이윤보다 우리가 공동으로 가치를 더 두는 것이 무엇인지에 대한 질문에 전략적으로 임해야 한다.

클라인이 반복해서 강조하듯이 '우리는 뚜렷한 선택의 길에 놓여있다. 기후변동이 우리가 사는 세계의 모든 것을 바꾸도록 내버려두던가, 아니면 그 운명을 피하기 위해 우리 경제의 대부분을 바꾸던가 둘 중의 하나다.' 클라인은 근본적인 경제시스템의 변환을 호소하면서도 자본주의에서의 부의 생산과 그에 대한 가치의 척도에 대해 논하지 않는다. 그녀가 쓴 책의 부제는 '자본주의 대 기후'로 자본주의를 문제의 근원으로서 특정하지만, 실제로 이 책에서 자본주의의 정의는 보이지 않는다. 클라인 자신이 의미하는 것을 정의할 때, 그녀는 경제시스템으로서 자본주의에 관해 말하는 게 아니라, 단지 그녀가 '규제완화된 자본주의'라고 부르는 것(가령, 신자유주의)과 그녀가 '우리의 경제, 정치적 과정, 우리의 주요한 언론 전반에 걸쳐 목을 조르고 있는 소수 엘리트의 악행'에 대해서만 말할 때다.

우리의 정치경제에 대한 기업의 목조르기는 분명히 사악하고, 긴급힌 비판이 필요하지만, 그것을 자본의 구조적 모순의 원인으로서 취급하는 것은 우리가 참여하는 경제적 시스템에서 우리가 이해해야만 하는 것을 못 보게 한다. 이윤의 우선순위는 우리가 어떻게 사회적 부를 측정하는지에 관한 초기적 관점에서 구축되었기에 이윤을 우선하는 것은 기업 엘리트의 조작이라고는 말할 수 없다. 마찬가지로 우리가 경제의 최종목적으로서 자본의 '성장'을 공통적으로 인정하는 것은 신자유주의적 자본주의의 지배적인 이데올로기 때문이라고 치부할 수도 없다. 오히려 우리의 경제적 목적은 자본주의의 모든 형태 속에서도 민주적인 분배를 초월한다. 왜냐하면 자본축적의 명확한 목적은 본디 우리가 사회적 부를 창출하는 방법에 포함되어 있기 때문이다. 또한 내가 상세히 언급했듯이 자본주의의 가치의 척도는 사회적으로 유용한 자유시간이 아닌 사회적으로 필요한 노동시간을 평가하고, 구조적 특징으로서 실업을 필요로 하며, 위기에 대한 고유의 경향이 있기에 실제적인 사회적 부의 생산에는 비현실적이다. 클라인에게 결정적인 문제는 부의 생산이 아닌 분배라고 그녀 자신이 상정하기 때문에, 자본주의의 생산양식의 이 모든 것의 특징은 전혀 보이지 않는다. 그녀가 프란츠 파농(프랑스의 작가, 흑인차별에 대한 통찰로 유명함-옮긴이)을 기꺼이 인용한 것처럼 '오늘날 중요한 것은, 지평선을 가로막는 문제로, 부의 재분배의 필요성이다.'

그렇기에 클라인의 논의는(파농처럼) 자본주의의 분석과 비평에는 미치지 않는다. 주어진 자본의 부의 분배를 비판하고 그 재분배를 주장하는 것은 자본주의의 비판이 될 수 없다. 여기서의 결점은 클라인 특유의 문제는 아니지만, 제6장에서 언급했듯이 현대 좌익의 사고방식이 많이 보이는 특징이다. 문제는 자본주의라고 주장하는 것은 의미가 없고 해결책이 자본의 부의 재분배라고 주장하는 것도 무의미하다. 하지만 이러한 논의는 오늘날 좌익 진영에서 일상적으로 이루어진다. 그들은 문제는 자본주의이고 해결책도 자본주의라고 주장한다. 그러니 논의의 형식이 용어 속에서 모순된다. 모순된 형식의 논의는 교묘하게 덮여지면서 그에 따라 자본주의는 신자유주의로서 암묵적으로 정의되고 재분배는 자본주의의 대체로서 마찬가지로 암묵적인 정의가 내려지고 있다. 이러한 혼란은 앞으로도 계속 이어질 테지만, 그렇다고 정당화될 수는 없다. 불평등, 착취, 상품화는 수시로 비난받지만, 자본주의의 생산양식과의 관계는 고려되지 않고 중대한 사안은 재분배의 요구에 한정되어 있다. 재분배 개혁은 자본주의에서 정치적 변화를 위한 유용한 수단이 될 수 있다. 하지만 우리의 재분배 개혁이 직면한 실질적인 과제를 이해하려면 그리고 그러한 과제에 관련된 우리의 정치적 전략을 생각하기 위해서라도 우리는 자본주의의 부의 생산에 내재된 모순을 파악할 필요가 있다. 또한 우리가 자본주의의 경제적 불평등을 극복하는데 헌신한다면 재분배는 우리 목적의 종착지가 될 수가 없다. 부 자체는 생산, 착취, 상품화의 불평등한 관계로 창출되기에 불평등, 착취, 상품화는 원칙적으로 자본의 부의 재분배에 의해 극복할 수조차 없다. 따라서 우리에게 결여된 것은 자본주의의 죄를 기소하는 게 아닌 자본주의의 엄밀한 정의와 분석, 그리고 자본주의를 초월한 경제형태에 기반한 삶의 원칙(민주사회주의의 원칙)이다. 이야말로 내가 제안한 것이다. 그렇기에 여기서 내가 제5장에서 체계적으로 상세히 언급한 것을 다시 거론하겠다.

자본주의의 기본적인 정의는 하나뿐이다. 자본주의는 임금노동이 사회적 부의 기반이 되는 역사적인 생활형태다. 우리는 글로벌 자본주의의 세상에 살고 있다. 우리 모두는 살아남기 위해서 노동으로 창출된 사회적 부에 의존하기 때문이다. 임금관계의 사회적 형태를 통해서 부를 창출하려면 노동시간을 이용하고 이윤을 위해 생산된 상품을 소비하지 않으면 안 된다. 우리의 모든 상품이나 서비스의 생산은 사회적 형태의 임금노동에 의해 이루어진다. 왜냐하면 비영리 목적의 상품, 서비스를 생산하는데 필요한 자유시간조차 노동하고 받는 임금이나 자본에 의존하기 때문이다. 또한 임금의 형태로 분배되는 자본의 부의 생산은 경제에서 가치의 '성장'을 필요로 한다. 이는 우리가 이윤을 위해 우리의 삶을 상품화하고 착취를 계속할 때만 가능하다. 자본주의에서 우리의 공동적인 정신적 원인(우리가 일하기 위한)은 이윤이다. 이는 이윤율의 저하가 우리에게 '위기'의 한 가지 형태로 나타나는 이유이며, 이윤을 창출하는 새로운 가능성을 낳기 위한 대책을 강구해야만 할 이유이기도 하다. 자본주의에서 우리의 정신적인 원인이 이윤이라는 것은 관념적인 세계관, 의식적인 신념, 그리고 심리적인 기질로 치부할 수 없다. 이윤은 우리가 생각해야만 할 것을 위한 게 아닌 자본주의에서 우리가 해야만 할 것을 위한 우리의 정신적 원인이다. 잉여가치가 이익으로 변환되고, 부로서 분배되는 자본의 형태로 축적되지 않으면 우리는 자신을 유지할 수가 없다(우리의 삶을 재생산할 수 없다).

우리의 생활이나 환경을 이용해 상품화하면 할수록 우리는 보다 많은 부를 분배해야만 한다. 우리의 생활이나 환경을 이용해 상품화하는 것이 적으면 적을수록 우리가 분배해야만 할 부는 적어진다. 여기서 강조하고 싶은 것은 자본주의는 역사적인 생활형태이고, 이윤은 우리가 행하는 것의 정신적 원인이며, 자연적인 원인이 아니라는 점이다. 중요한 것은 자본주의는 본래의 자연상태를 반영하지 못하고 우리가 누구인지를 최종적으로 결정하지 않는다는 것이다.

살아있는 존재로서 우리는 자기만족self-satisfaction을 추구한다(살아간다는 것은 품격이 떨어지는 일도 없고, 자기만족을 추구하는 것에 대한 죄책감도 없다). 하지만 우리는 정신적으로 살아가기에 자기만족이라고 여겨지는 것은 자연적으로 주어지지 않는다. 중요한 것은 우리가 자기만족이라고 간주하는 것은 우리의 사회에서 무엇이 중요하고 우리를 움직이게 하는 정신적 요인에 좌우된다는 점이다.

우리의 정신적 원인이 이윤이라면, 이윤의 목적에 도움 되는 실용적인 정체성의 요구를 충족시키는 것(가령 냉혹한 자본가가 될 것)은 설혹 타인이나 환경을 위해 우리의 행위의 결과를 무시할 필요가 있어도 만족할만한 것으로 간주될 것이다. 또한 우리의 공동적인 정신적 원인이 이윤이라면, 우리 모두는 우리 자신을 공익에 헌신하는 본질적인 동기가 없는 개인으로서 이해하려는 경향이 생길 것이다. 왜냐하면 우리 자신을 우리 사회의 공동적 목적에서 찾아볼 수 없기 때문이다. 이는 우리의 삶을 그 자체의 목적으로서가 아닌 수단으로서 취급하기에 누구도 이윤의 목적 속에서 자신의 모습을 찾아볼 수 없다. 자본주의가 본질적으로 소외된 사회생활의 형태이기 때문이다. 이윤은 우리의 삶을 물질적으로 재생산할 방법을 결정하는 자본주의에서 우리의 공동적인 정신적 원인이기에 우리는 단지 개인의 의지나 사회의 공식적인 관념의 변화로 그 힘을 극복할 수가 없다. 오히려 어떻게 우리는 필요로 하는 사회재의 생산을 모든 면에서 감소시켜서 우리의 삶을 유지할지를 실질적으로 개혁시켜나가야만 한다. 생산수단은 이윤을 위해 개인적으로 소유 혹은 고용되는 게 아니라 민주적으로 결정된 공익을 위해 공동으로 소유 혹은 고용해야만 한다. 공동소유권의 원칙은 민주사회주의의 기타 두 가지 원칙의 가능성에 대한 필수적 조건을 특정짓는다. 사회적으로 유용한 자유시간의 관점에서의 부의 측정, 개인의 능력이나 필요에 따른 각 개인에 의한 노동의 추구다. 생산수단이 사유인 이상, 우리는 삶의 잉여시간을 잉여가치로 변환함으로써만 부를 창출할 수 있다. 우리 사회에서 살아

있지 않은 생산의 기술 향상에 의한 자유 시간의 증가는 자본주의에서 그 자체로는 아무런 가치도 지니지 못한다. 왜냐하면 가치는 살아있는 노동시간을 이용함으로서만 창출되기 때문이다. 우리는 가치가 있는 사회적으로 필요한 노동시간의 전반적인 단축에 대한 상황을 확인할 수는 없지만, 우리의 삶의 시간을 착취하는 것과 우리의 노동으로 만들어진 것의 상품화에 대한 새로운 방법을 찾아내야만 한다. 반면에 우리의 생산수단을 공동으로 소유한다면, 우리는 우리 모두를 위한 사회재social goods의 생산과 우리 각자를 위한 사회적으로 유용한 자유시간의 증가를 위한 기술적 발전을 추구할 수 있다.

우리의 생애를 착취하기 위해서가 아닌 우리의 해방을 위해(우리의 삶을 영위하기 위한 시간을 부여하기 위해) 살아있지 않은 생산능력을 고용할 수 있다. 따라서 실제로는 사회적으로 유용한 자유시간은 사회적으로 필요한 노동시간을 부정적 가치의 척도로서 이해할 수 있게 해주는 긍정적 가치의 척도라고 인정할 수 있다. 우리는 사회적으로 필요한 모든 사람의 노동시간을 줄이고 우리의 삶의 잉여시간을 사회적으로 유용한 자유시간으로 변환함으로써 부를 창출할 수 있다. 마찬가지로 우리는 자신의 능력에 따라 각자에게 공익에 민주적으로 관여할 시간을 부여할 수 있다. 사회적으로 유용한 자유시간의 육성에는 진화한 민주적 교육기관, 노동의 물리적인 조직, 정치적 심의, 예술적 창조, 신체적 여가 등이 필요하다. 이러한 제도적인 생활형태에 참가함으로써 우리는 무엇을 자신의 능력으로서 간주해야 할지, 무엇을 우리의 필요성으로 간주해야 할지라는 질문에 임할 수 있다. 우리는 교육, 학습, 여가의 행위를 통해 개인의 능력을 발견하고 사회적으로 필요한 형태의 노동을 공유함으로써 비로소 우리의 공동적인 필요성을 이해하게 된다. 그럼으로써 우리는 자신이 할 수 있는 것과 우리가 소중히 여기는 것을 탐구할 시간이 주어진다. 우리는 어떤 행위가 필요하고 어떤 행위가 우리의 자유의 표현인지, 그 자체가 목적인지를 우리가 특정하려는 추구, 우리가 실질적인 정체성으로서 헌신하는 사회적 역할에 대해 적극적으로 교섭할 수가 있다. 우리에게는 자신의 능력을 추구하는 실질적 정체성도 우리의 필요성의 틀을 만들어주는 사회적 조건이 한번도 주어진 적이 없다. 우리는 헌신에 기초해 제도적 생활에 참여하기에 제도 개혁의 가능성의 일부이기도 하다. 민주사회주의의 요점은 무엇이 중요한지에 대해 일반적인 합의를 밀어부치는 게 아니라 우리의 삶에서 단축이 불가능한 질문으로서, 우리가 자신의 삶으로 가치 있게 만드는 것(공동적이나 개인적으로 가치를 두는 것)이 무엇인가에 대한 질문을 우리에게 소유할 수 있게 해주는 삶의 형태를 유지하는 것이다. 마찬가지로 민주사회주의는 우리 모두가 적개심 없이 마법처럼 협조하고 사회적 인연의 취약성에서 해방되는 것을 상정하지는 않는다. 우리가 어떻게 함께 살아가야만 할지라는 문제는 말 그대로 늘 문제이고, 우리를 연결해주는 것들을 산산조각낼 위험도 있다. 중요한 것은 서로의 자유를 상호 인정하기 위해 협조한다는 보장된 사회를 갖고 있지 않다는 것이다. 상호인정을 확보하는 것은 불가능하고 바람직한 것도 아니다. 그 같은 안전한 보장은 우리의 자유를 배제하기 때문이다. 그러니 서로의 자유를 상호인정하기 위해 협조가 가능한 사회를 만드는 것이 중요하다. 상호인정의 실제적인 행사를 보장하는 것은 없지만, 사회적 공간과 시간에서 행위를 촉발시키는 정신적 원인과 ,우리가 자신을 유지하려고 애쓰는 원칙에 따라서 상호인정을 유효 혹은 무효로 할 수가 있다. 우리의 상호인정이 무효가 아닌 유효가 되려면 우리 사회의 목적의 원칙은 공익과 우리 개인의 생활능력의 양쪽을 취하는 것임을 실제로 이해해야만 한다. 소외되는 게 아닌 해방되기 위해 우리 사회의 목적의 원칙 속에서 우리는 자신을 바라볼 수 있어야만 한다(사회적 자유에 대한 우리 자신의 헌신을 인식하기 위해). 이러한 원칙은 우리의 물질적 삶과 정신적 삶의 불가분한 관계, 우선순위의 경제적 문제가 개인적이나 공동적으로도 자유의 행사의 중심에 있어야 함을 정당화할 필요가 있다.

민주사회주의의 원칙은 자유사회의 그러한 원칙이 어때야 하는지를 특정한다. 민주사회주의에서 우리는 규범에 대한 권위의 근본이 되는 책임을 소유할 수 있다. 우리가 안고 있는 규범은 신에 의해서나 자연에 의해서 규정되지 않는다고 인식할 수 있고, 우리가 지지하는 헌신과 우리의 행위에 대해 서로 도움이 될 수 있다. 따라서 이전에는 종교적 의식의 형태로 소외된 공동체에 대한 승인의 의식을 우리는 소유할 수 있고 적극적으로 바꿀 수도 있다. 민주사회주의에서 우리는 신의 이름으로 세례받을 일이 없지만, 각자의 능력에 따라, 각자의 필요성에 따라 우리가 헌신하는 안녕에 대해 독창적이고 연약한 개인으로서 신생아를 인정하고 축하하는 의식을 얼마든지 가질 수 있다. 마찬가지로 결혼 제도는 종교적 신앙이나 자본주의의 재산권을 거치지 않고 제도화된 다양한 파트너십의 형태가 될 것이다. 하지만 바로 그렇기에 그 파트너십은 그 자체가 목적이라고 분명히 인식된다. 따라서 타인에게 인생을 결정지을 약속을 하는 위험을 무릅쓰는 것을 개의치 않는 사람을 인정하고, 축하하는 의식을 거행하는 것은 당연히 합리적이다.

끝으로(내가 제1장에서 추구한 것을 떠올려주길 바란다) 우리의 장례식은 세상에 둘도 없는 사람의 파멸적인 상실을 인정하고 존중하게 될 것이다. 영원한 생명의 위안이라고 여겨지는 것을 통해 우리의 슬픔을 부정하는 게 아닌, 우리가 죽음에 직면해서 느껴야만 할 것으로서 우리의 고통을 소유할 수 있다. 나아가 우리는 그들의 유한함을 인정하고 존중을 표하며 그들이 이미 존재하지 않아도 책임을 지는 우리의 커뮤니티의 구성원에 대한 우리의 공통적인 헌신의 실제적인 표명으로서 상실의 표현을 인식할 수 있다. 그 같은 통속적인 의식은 그러한 종교적 유사물의 대안 혹은 대체가 아니다. 오히려 세례, 결혼, 장례식의 실제적인 중요성은 그것을 유지해야만 하기에 중요한 역사적 헌신의 표현으로서 통속적인 믿음의 관점에서만 이해할 수 있다. 그러므로 종교적 관행에 관한 헤겔학파의 통찰(신은 우리 자신이 법제화한 공동규범의 이름이다)이 필요하지만, 충분하지는 않다. 우리의 해방을 완료하려면 최종적으로 중요한 것이 우리의 상호관계라는 명확한 민주적 의식을 지지하고 신에 대한 호소를 극복하고 동시에 남은 모든 형태의 정치

신학을 극복해야만 한다. 정치적 생태학의 기본적 전제는 늘 우리 국민은 우리의 권리에 대한 책임을 최종적으로 함께 소유할 수 없다는 것이었다. 결국, 모든 형태의 정치신학은 반민주주의적이다. 왜냐하면 그것은 우리가 커뮤니티로서 단결하기 위해 우리 국민보다 높은 권위에 복종할 필요가 있다고 상정하기 때문이다. 따라서 민주사회주의에 대한 행위는 정치신학의 극복과 종교적 신앙의 쇠퇴를 빼놓고는 생각할 수 없다. 우리는 우리의 유한함이 우리의 존엄과 서로에 대한 배려를 빼놓고는 생각할 수 없다는 것을 알게 될 것이다. 우리는 모든 것이 우리 국민에 의존한다는 것을 알게 될 것이다.

두말할 것도 없지만, 우리에게 민주사회주의의 달성이 성공한다는 보장은 없다. 설혹 성공한다 해도 상상 이상으로 몇 세대가 걸릴지도 모른다. 내가 보여주려고 한 것은 거기에 도달할 수 있다는 것, 즉 민주사회주의의 원칙을 우리 자신의 약속으로서 인식할 수 있다는 것, 자본주의 너머의 삶을 이해할 수 있다는 것, 기다릴 시간이 없다는 것이다. 우리의 해방을 현실로 만들려면 우리의 정치적 결집과 합리적 토론이 모두 필요하다. 그것은 총파업과 체계적인 반성, 노동과 사랑, 불안과 정열을 필요로 할 것이다. 우리가 유한한 시간 속에서 함께 무엇을 하느냐에 모든 것이 걸려 있다는 것을 파악해야만 민주사회주의를 이룰 수 있는 기회가 생긴다. 우리가 서로의 유일한 삶을 가질 수 있도록 도울 때만이 우리는 그것을 실현할 기회가 있다. 이것이 우리가 극복하고 나아갈 방법이다. 그 목적은 새로운 예루살렘이 아니라 새로운 멤피스, 새로운 시카고, 새로운 뉴헤이븐, 새로운 뉴욕으로 향하기 위해서이다.

Adorno, Theodor W. "Free Time" In Adorno, Critical Models, translated by Henry Pickford. New York: Columbia University Press, 2005.

————. Negative Dialectics. Translated by E. B. Ashton. New York: Continuum, 1973.

————. Minima Moralia. Translated by E. F. N. Jephcott. London: Verso, 2005.

————. "Something's Missing: A Discussion between Ernst Bloch and Theodor W. Adorno on the Contradictions of Utopian Longing." In Bloch, The Utopian Function of Art and Literature, translated by Jack Zipes and Frank Mecklenburg. Cambridge, MA: MIT Press, 1989.

Adorno, Theodor W., and Max Horkheimer. "Towards a New Manifesto?" New Left Review 65 (2010), pp. 34–61.

Ansbro, John J. Martin Luther King, Jr.: Nonviolent Strategies and Tactics for Social Change. New York: Madison Books, 2000.

Arendt, Hannah. The Human Condition. Chicago: University of Chicago Press, 1998.

———. Love and Saint Augustine. Edited by Joanna Vecchiarelli Scott and Judith Chelius Stark. Chicago: University of Chicago Press, 1996.

Aristotle. Nicomachean Ethics. Translated by Terence Irwin. Bloomington, IN: Hackett, 1999.
———. The Art of Rhetoric. Edited and translated by Hugh Lawson-Tancred. New York: Penguin Classics, 1992

———. Politics. Translated by Ernest Barker. Oxford: Oxford University Press, 2009.
———. De Anima. Translated by Hugh Lawson-Tancred. New York: Penguin Classics, 1987.

Augustine. Confessiones. Cambridge, MA: Harvard University Press, 1912.

———. Confessions. Translated by Rex Warner. New York: New American Library, 1963.

———. Eighty-three Different Questions. Translated by David L. Mosher. Washington, DC: Catholic University of America Press, 1982.

———. On Faith in Things Unseen. Translated by Roy J. Deferrari and Mary Francis McDonald. New York: Fathers of the Church, Christian Heritage, Inc., 1947.

———. On Free Choice of the Will. Translated by Thomas Williams. Bloomington, IN: Hackett, 1993.

———. The City of God. Translated by Henry Bettenson. New York: Penguin Classics, 2003.

Berlin, Isaiah. "Two Concepts of Liberty." In Berlin, Liberty, edited by Henry Hardy. Oxford: Oxford University Press, 2002.

Bernstein, J. M. "To Be Is to Live, to Be Is to Be Recognized." In Torture and Dignity: An Essay on Moral Injury. Chicago: University of Chicago Press, 2015, pp. 175–217.

———. "Remembering Isaac: On the Impossibility and Immorality of Faith." In The Insistence of Art: Aesthetic Politics After Early Modernity. Edited by Paul Kottman. New York: Fordham University Press, 2017, pp. 257–288.

Björk, Nina. Drömmen om det röda: Rosa Luxemburg, socialism, språk och kärlek [The Dream of the Red: Rosa Luxemburg, Socialism, Language, and Love]. Stockholm: Wahlström & Widstrand, 2016.

———. Lyckliga i alla sina dagar: Om pengars och människors värde [Living Happily Ever After: On the Value of Money and Human Beings]. Stockholm: Wahlström & Widstrand, 2012.

Böhm-Bawerk, Eugen. Karl Marx and the Close of His System. Edited by Paul Sweezy. Clifton, NJ: Kelley, 1975.

Brandom, Robert. "The Structure of Desire and Recognition: Self-Consciousness and Self-Constitution." In Philosophy and Social Criticism, Vol 33, no. 1: 127–150.

———. A Spirit of Trust. http://www.pitt.edu/~brandom/spirit_of_trust_2014.html.Calnitsky, David. "Debating Basic Income." Catalyst 1, no. 3: (2017).

Collins, Steven. Nirvana: Concept, Imagery, Narrative. Cambridge: Cambridge University Press, 2010.

———. "What Are Buddhists Doing When They Deny the Self?" In Collins, Religion and Practical Reason: New Essays in the Comparative Philosophy of Religions.Albany: State University of New York Press, 1994, pp. 59–86.

Coogan, Michael D. The New Oxford Annotated Bible. Oxford: Oxford University Press, 1989.

Dante. The Divine Comedy. Edited and translated by Robin Kirkpatrick. New York: Penguin, 2012.

Davenport, John. "Faith as Eschatological Trust in Fear and Trembling." In Ethics, Faith, and Love in Kierkegaard, edited by Edward Mooney. Bloomington: Indiana University Press, 2008, pp. 196–233.

———. "Kierkegaard's Postscript in Light of Fear and Trembling." Revista Portuguesa de Filosofia 64, nos. 1–2 (Dec. 2008), pp. 879–908.

———. "Eschatological Faith and Repetition: Kierkegaard's Abraham and Job." In Kierkegaard's Fear and Trembling: A Critical Guide, edited by Daniel Conway. Cambridge: Cambridge University Press, 2015, pp. 97–105.

Dennett, Daniel. Breaking the Spell: Religion as a Natural Phenomenon.

New York: Penguin, 2006.

Dreyfus, Hubert. "Kierkegaard on the Self." In Ethics, Faith, and Love in Kierkegaard, edited by Edward Mooney. Bloomington: Indiana University Press, 2008, pp. 11–23.

Dreyfus, Hubert, and Sean Dorrance Kelly. All Things Shining: Reading the Western Classics to Find Meaning in a Secular Age. New York: Free Press, 2011.

Dreyfus, Hubert, and Jane Rubin. "Kierkegaard, Division II, and the Later Heidegger." In Dreyfus, Being-in-the-World. Cambridge, MA: MIT Press, 1991, pp. 293–340.

Epictetus. The Discourses. Edited by Christopher Gill. Translated by Robin Hard. London: Everyman Library, 1995.

Fairclough, Adam. "Was Martin Luther King a Marxist?" History Workshop Journal 15, no. 1 (1983): 117–125.

Fanon, Frantz. The Wretched of the Earth. Translated by Richard Philcox. New York: Grove Press, 2004.

Garff, Joakim. Søren Kierkegaard: A Biography. Translated by Bruce H. Kirmmse. Princeton, NJ: Princeton University Press, 2005.

Garrow, David J. The FBI and Martin Luther King, Jr.: From "Solo" to Memphis. New York: Penguin Books, 1983.

———. Bearing the Cross: Martin Luther King, Jr. and the Southern Christian Leadership Conference. New York: William Morrow, 1986.

Gordon, Peter E. "Critical Theory Between the Sacred and the Profane." Constellations 23, no. 4 (2016): 466–481.

———. "The Place of the Sacred in the Absence of God: Charles Taylor's A Secular Age." Journal of the History of Ideas, 69, no. 4 (2008): 647–673.

Hägglund, Martin. Dying for Time: Proust, Woolf, Nabokov. Cambridge, MA: Harvard University Press, 2012.

Harcourt, Bernard E. The Illusion of Free Markets: Punishment and the Myth of Natural Order. Cambridge, MA: Harvard University Press, 2011.

Harding, Vincent Gordon. "Beyond Amnesia: Martin Luther King, Jr., and the Future of America." Journal of American History 74, no. 2 (1987): 468–476.

Hayek, Friedrich. The Road to Serfdom. Edited by Bruce Caldwell. Chicago: University of Chicago Press, 2007.

———. "The Use of Knowledge in Society." In Individualism and Economic Order.Chicago: University of Chicago Press, 1948.

———. The Constitution of Liberty. Edited by Ronald Hamowy. Chicago: University of Chicago Press, 2011.

———. New Studies in Philosophy, Politics, Economics, and the History of Ideas. Chicago: University of Chicago Press, 1978.

Hegel, G. W. F. The Berlin Phenomenology. Translated by Michael Petry. Dordrecht, Netherlands: Reidel, 1981.

———. Elements of the Philosophy of Right. Edited by Allen Wood. Translated by H. B. Nisbet. Cambridge: Cambridge University Press, 1991.

———. Faith and Knowledge. Translated by Walter Cerf and H. S. Harris. Albany: State University of New York Press, 1977.

———. Philosophy of Nature. Translated by A.V. Findlay. Oxford: Oxford University Press, 2004.

———. The Encyclopedia Logic. Translated by H. S. Harris. Bloomington, IN: Hackett, 1991.

———. The Phenomenology of Spirit. Translated by Terry Pinkard. Cambridge: Cambridge University Press, 2018.

———. The Science of Logic. Translated by George di Giovanni. Cambridge: Cambridge University Press, 2010.

———. Die Phänomenologie des Geistes. Hamburg: Felix Meiner, 1999.

———. Wissenschaft der Logik. 2 vols. Hamburg: Felix Meiner, 1969.
Heidegger, Martin. Being and Time. Translated by John Macquarrie and Edward Robinson. New York: Harper & Row, 1962.

————. The Fundamental Concepts of Metaphysics: World, Finitude, Solitude. Translated by William McNeill and Nicholas Walker. Bloomington: Indiana University Press, 1995.

————. Sein und Zeit. Tübingen, Germany: Niemeyer, 1972.

Henry, Michel. Marx: A Philosophy of Human Reality. Translated by Kathleen MacLaughlin. Bloomington: Indiana University Press, 1983.

Honey, Michael K. Going Down Jericho Road: The Memphis Strike, Martin Luther King's Last Campaign. New York: W. W. Norton, 2007.

James, William. The Varieties of Religious Experience. New York: Penguin Classics, 1982.

Jameson, Fredric. An American Utopia: Dual Power and the Universal Army. London: Verso, 2016.

Jevons, William Stanley. The Theory of Political Economy. New York: Macmillan, 1931.

Kant, Immanuel. Critique of Pure Reason. Translated by Paul Guyer and Allen Wood. Cambridge: Cambridge University Press, 1999.

————. Critique of Practical Reason. Translated by Mary Gregor. Cambridge: Cambridge University Press, 2015.

————. Critique of Judgment. Translated by Werner S. Pluhar. Bloomington, IN: Hackett Classics, 1987.

————. "What Is Enlightenment?." In Kant, Political Writings, edited by H. S. Reiss. Cambridge: Cambridge University Press, 1991.

Keynes, John Maynard. "Economic Possibilities for Our Grandchildren." In The Essential Keynes. Edited by Robert Skidelsky. New York: Penguin Classics, 2016, pp. 560–585.

Kierkegaard, Søren. Samlede Vaerker. 20 vols. Copenhagen: Gyldendal, 1962–1964.

————. Christian Discourses. Edited and translated by Howard V. Hong and Edna H. Hong. Princeton, NJ: Princeton University Press, 1997

————. Concluding Unscientific Postscript. 2 vols. Edited and translated by Howard V. Hong and Edna H. Hong. Princeton, NJ: Princeton University Press, 1992.

———. Eighteen Upbuilding Discourses. Edited and translated by Howard V. Hong and Edna H. Hong. Princeton, NJ: Princeton University Press, 1990.

———. Fear and Trembling. Edited and translated by Howard V. Hong and Edna H. Hong. Princeton, NJ: Princeton University Press, 1983.

———. The Concept of Anxiety. Translated by Alastair Hannay. New York: W. W. Norton, 2014.

———. The Sickness unto Death. Edited and translated by Howard V. Hong and Edna H. Hong. Princeton, NJ: Princeton University Press, 1980.

———. Søren Kierkegaard's Journals and Papers. Vol. 1. Edited and translated by Howard V. Hong and Edna H. Hong. Bloomington: Indiana University Press, 1967.

———. "At a Graveside." In Three Discourses on Imagined Occasions, edited and translated by Howard V. Hong and Edna H. Hong. Princeton, NJ: Princeton University Press, 1993, pp. 71–102.

———. "On the Occasion of a Wedding." In Three Discourses on Imagined Occasions, edited and translated by Howard V. Hong and Edna H. Hong. Princeton, NJ: Princeton University Press, 1993, pp. 43–68.

King, Martin Luther, Jr. Stride Toward Freedom: The Montgomery Story. Boston: Beacon Press, 2010.

———. Strength to Love. Minneapolis: Fortress Press, 2010.

———. Where Do We Go from Here: Chaos or Community?. Boston: Beacon Press, 2010.

———. The Trumpet of Conscience. Boston: Beacon Press, 2010.

———. "I Have a Dream." In A Testament of Hope: The Essential Writings and Speeches of Martin Luther King, Jr. Edited by James M. Washington. New York: HarperCollins, 1986, pp. 217–220.

———. "Next Stop: The North." In A Testament of Hope, pp. 189–194.

———. "Where Do We Go from Here?." In A Testament of Hope, pp. 245–252.

———. "A Time to Break Silence." In A Testament of Hope, pp. 231–244.

———. "Hammer on Civil Rights." In A Testament of Hope, pp. 169–175.

———. "I See the Promised Land." In A Testament of Hope, pp. 279–286.

———. "The Other America." In "All Labor Has Dignity," edited by Michael K. Honey. Boston: Beacon Press, 2011, pp. 155–166.

———. "I am in one of those houses of labor to which I come not to criticize, but to praise." In "All Labor Has Dignity," pp. 49–54.

———. "A New Sense of Direction." Transcript available at www.carnegiecouncil.org/publications/articles_.papers_reports/4960.King, Richard H. Civil Rights and the Idea of Freedom. Athens: University of Georgia Press, 1992.

Klein, Naomi. This Changes Everything: Capitalism vs. the Climate. New York: Simon & Schuster, 2014.

Knausgaard, Karl Ove. Min kamp: Sjette bok. Oslo: Forlaget Oktober, 2012.

———. My Struggle: Book One. Translated by Don Bartlett. New York: Farrar, Straus & Giroux, 2013.

———. My Struggle: Book Two. Translated by Don Bartlett. New York: Farrar, Straus & Giroux, 2014.

———. My Struggle: Book Three. Translated by Don Bartlett. New York: Farrar, Straus & Giroux, 2015.

Korsgaard, Christine. The Sources of Normativity. Cambridge: Cambridge University Press, 1996.

———. Creating the Kingdom of Ends. Cambridge: Cambridge University Press, 1996.

———. The Constitution of Agency: Essays on Practical Reason and Moral Psychology.Oxford: Oxford University Press, 2008

———. Self-Constitution: Agency, Identity, and Integrity. Oxford: Oxford University Press, 2009.

Krishek, Sharon. "The Existential Dimension of Faith," in Kierkegaard's "Fear and Trembling": A Critical Guide. Edited by Daniel Conway. Cambridge: Cambridge University Press, 2015.

Lewis, C.S. A Grief Observed. San Francisco: HarperCollins, 1996.

Lippitt, John. Kierkegaard and "Fear and Trembling." London: Routledge, 2003.

Luther, Martin. The Letters of Martin Luther. Selected and Translated by Margaret A. Currie. London: Macmillan, 1908.

———. Luther's Catechetical Writings, 2 volumes. Translated by J. N. Lenker. Minneapolis: Luther Press, 1907.

———. Martin Luthers Werke: Kritische Gesamtausgabe. Weimar: 1883–2009.
Luxemburg, Rosa. Reform or Revolution. In Reform or Revolution and Other Writings. New York: Dover, 2006.

———. The Russian Revolution, in Reform or Revolution and Other Writings. New York: Dover, 2006.

Marcus Aurelius. Meditations. Edited and translated by Gregory Hays. New York: Modern Library, 2002.

Marx, Karl. Marx-Engels Werke. Vols. 1–42. Berlin: Karl Dietz Verlag, 1956–1981.———. Economic and Philosophic Manuscripts of 1844.

In The Marx Reader, translated by Martin Milligan, edited by Robert C. Tucker. New York: W. W. Norton, 1978, pp. 67–125.

———. "Discovering Hegel." In The Marx Reader, pp. 7–8.

———. "The German Ideology." In The Marx Reader, pp. 147–200.

———. "Contribution to the Critique of Hegel's Philosophy of Right: Introduction." In The Marx Reader, pp. 16–25.

———. "Theses on Feuerbach." In The Marx Reader, pp. 143–145.

———. "For a Ruthless Criticism of Everything Existing." In The Marx Reader, pp. 12–15.

———. Critique of the Gotha Program. In Karl Marx: Selected Writings, edited by David McLellan. Oxford: Oxford University Press, 2000, pp. 525–541.

———. Critique of Hegel's Doctrine of the State. Translated by Rodney Livingston and Gregor Benton. New York: Vintage, 1975.

———. Grundrisse. Translated by Martin Nicolaus. New York: Penguin Classics, 1973.

———. Capital. Vol. 1. Translated by Ben Fowkes. New York: Penguin Classics, 1980.

———. Capital. Vol. 2. Translated by David Fernbach. New York: Penguin Classics, 1992.

———. Capital. Vol. 3. Translated by David Fernbach. New York: Penguin Classics, 1991.

McDowell, John. Mind and World. Cambridge, MA: Harvard University Press, 1996.

———. Mind, Value, and Reality. Cambridge, MA: Harvard University Press, 2001.

———. The Engaged Intellect. Cambridge, MA: Harvard University Press, 2013.

———. "Why Does It Matter to Hegel that Geist Has a History?" In Hegel on Philosophy in History, edited by James Kreines and Rachel Zuckert. Cambridge, Cambridge University Press, 2017, pp. 15–32.

Meister Eckhart. "Detachment." In The Best of Meister Eckhart, edited by H. Backhouse. New York: Crossroad, 1993.

Menger, Carl. Principles of Economics. New York: New York University Press, 1981.

Mill, John Stuart. On Liberty. Edited by Elizabeth Rapaport. Bloomington, IN: Hackett, 1978.

———. Principles of Political Economy. Oxford: Oxford University Press, 1994.

Mooney, Edward. Knights of Faith and Resignation: Reading Kierkegaard's "Fear and Trembling." Albany: State University of New York Press, 1991.

Neuhouser, Frederick. Foundations of Hegel's Social Theory: Actualizing Freedom. Cambridge, MA: Harvard University Press, 2003.

Nietzsche, Friedrich. The Gay Science. Edited by Bernard Williams. Translated by Josefine Nauckhoff. Cambridge: Cambridge University Press, 2001.

———. Ecce Homo. In On the Genealogy of Morals and Ecce Homo, edited and translated by Walter Kaufmann. New York: Vintage, 1989, pp. 217–338.

Nightingale, Andrea. Once Out of Nature: Augustine on Time and the Body. Chicago: University of Chicago Press, 2011.

Nussbaum, Martha. The Therapy of Desire: Theory and Practice in Hellenistic Ethics.Princeton, NJ: Princeton University Press, 1994.

———. Upheavals of Thought: The Intelligence of Emotions. Cambridge: Cambridge University Press, 2001.

Nygren, Anders. Agape and Eros. Translated by Philip S. Watson. New York: Harper & Row, 1953.

Oates, Stephen B. Let the Trumpet Sound: The Life of Martin Luther King, Jr. New York: HarperPerennial, 2013.

Piketty, Thomas. Capital in the Twenty-First Century. Cambridge, MA: Harvard University Press, 2014.

Pinkard, Terry. Hegel: A Biography. Cambridge: Cambridge University Press, 2000.

———. Does History Make Sense? Hegel on the Historical Shapes of Justice. Cambridge: Cambridge University Press, 2017.

Pippin, Robert. Hegel's Idealism. Cambridge: Cambridge University Press, 1989.

———. Idealism as Modernism: Hegelian Variations. Cambridge: Cambridge University Press, 1997.

——. Hegel's Practical Philosophy. Cambridge: Cambridge University Press, 2008.

——. Hegel on Self-Consciousness. Princeton, NJ: Princeton University Press, 2011.

——. "Hegel's Logic of Essence." In Schelling-Studien, Bd. 1, 2013, pp. 73–96.

——. "The Many Modalities of Wirklichkeit in Hegel's Science of Logic." In Hegel: Une pensée de l'objectivité, edited by J. Seba and G. Lejeune. Paris: Éditions Kimé, 2017, pp. 13–32.

——. "Hegel on Logic as Metaphysics." In The Oxford Handbook to Hegel. Edited by Dean Moyar. Oxford: Oxford University Press, 2017, pp. 199–218.

Postone, Moishe. "Necessity, Labor, and Time: A Reinterpretation of the Marxian Critique of Capitalism." Social Research 45, no. 4 (1978): 739–788.

——. Time, Labor, and Social Domination: A Reinterpretation of Marx's Critical Theory. Cambridge: Cambridge University Press, 1993.

Proust, Marcel. À la recherche du temps perdu. Vol. 3. Edited by J-Y Tadié. Paris: Gallimard, 1988.

——. À la recherche du temps perdu. Vol. 4. Edited by J-Y Tadié. Paris: Gallimard, 1988.

——. Sodom and Gomorrah. Translated by John Sturrock. New York: Penguin, 2002.

——. Finding Time Again. Translated by Ian Patterson. New York: Penguin, 2003.

Quine, Willard Van Orman. Word and Object. Cambridge, MA: MIT Press, 2013.

Ransby, Barbara. Ella Baker and the Black Freedom Movement: A Radical Democratic Vision. Chapel Hill: University of North Carolina Press, 2005.

Rawls. John. A Theory of Justice. Rev. ed. Cambridge, MA: Harvard University Press, 1999.

——. The Law of Peoples. Cambridge, MA: Harvard University Press, 1999.

Reed, Adolph, Jr. "Black Particularity Reconsidered." Telos, no. 39 (1979): 71–93.

Reginster, Bernard. The Affirmation of Life: Nietzsche on Overcoming Nihilism. Cambridge, MA: Harvard University Press, 2006.

Robbins, Bruce. "Enchantment? No, Thank You!" In The Joy of Secularism: 11 Essays for How We Live Now, edited by George Levine. Princeton, NJ: Princeton University Press, 2012, pp. 74–94.

Roberts, William. Marx's Inferno: The Political Theory of Capital. Princeton, NJ: Princeton University Press, 2017.

Rödl, Sebastian. Self-Consciousness. Cambridge, MA: Harvard University Press, 2007.
Scheffler, Samuel. Death and the Afterlife. Oxford: Oxford University Press, 2013.

———. Equality and Tradition: Questions of Value in Moral and Political Theory. Oxford: Oxford University Press, 2010.

Seneca. Dialogues and Essays. Translated by John Davie. Oxford: Oxford University Press, 2007.

Singer, Tania: "Empathy and Compassion." In Current Biology, vol. 25, no. 18, pp. 1–4.

———. "What Type of Meditation Is Best for You?" In Greater Good Magazine, July 2, 2018.

Spinoza. "A Portrait of the Philosopher as a Young Man" In The Spinoza Reader: The Ethics and Other Works, edited and translated by Edwin Curley. Princeton, NJ: Princeton University Press, 1994, pp. 3–6.

———. The Ethics. In The Spinoza Reader, pp. 85–265.

Staten, Henry. Eros in Mourning. Baltimore: Johns Hopkins University Press, 1995.

Stork, Theophilus, ed. The Life of Martin Luther and the Reformation in Germany. New York: Wenthworth Press, 2016.

Sturm, Douglas. "Martin Luther King, Jr. as Democratic Socialist." Journal of Religious Ethics 18, no. 2 (1990): 79–105.

Suther, Jensen. "Hegel's Logic of Freedom." Manuscript under review.

———. "Hegel's Materialism." Manuscript under review.

———. Spirit Disfigured: The Persistence of Freedom in Modernist Literature and Philosophy. Dissertation, Department of Comparative Literature, Yale University, 2019.

Taylor, Charles. A Secular Age. Cambridge, MA: Harvard University Press, 2007.

Terry, Brandon M. "Requiem for a Dream: The Problem-Space of Black Power." In To Shape a New World: Essays on the Political Philosophy of Martin Luther King, Jr., edited by Tommie Shelby and Brandon M. Terry. Cambridge, MA: Harvard University Press, 2018, pp. 290–324.

Thompson, Michael. Life and Action: Elementary Structures of Practice and Practical Thought. Cambridge, MA: Harvard University Press, 2008.

Threadcract, Shatema, and Brandon M. Terry. "Gender Trouble: Manhood, Inclusion, and Justice." In To Shape a New World, pp. 205–235.

Tillich, Paul. Dynamics of Faith. New York: Harper One, 2009.

Uebel, Thomas. E. Otto Neurath: Philosophy Between Science and Politics. Cambridge: Cambridge University Press, 2008.

Varoufakis, Yanis. "Introduction." In Marx and Engels, The Communist Manifesto. London: Vintage, 2018, pp. vii–xxix.

Volf, Miroslav. "Time, Eternity, and the Prospects for Care." Evangelische Theologie 76, no. 5 (2013): 345–354.

Weber, Max. "Science as a Vocation." In The Vocation Lectures, edited by David Owen and Tracy B. Strong, translated by Rodney Livingstone. Bloomington, IN: Hackett, 2004.

———. Gesammelte politische Schriften [Collected Political Writings]. Edited by Johannes Winckelmann. Stuttgart: UTB, 1988.

Westphal, Merold. Kierkegaard's Concept of Faith. Cambridge: Eerdmans Publishing Company, 2014.

Zuckerman, Phil. *Living the Secular Life: New Answers to Old Questions.* New York: Penguin, 2014.